ENCÍCLICAS SOCIAIS

ENCÍCLICAS SOCIAIS

Francisco de Aquino Júnior

ENCÍCLICAS SOCIAIS

Um guia de leitura

Dados Internacionais de Catalogação na Publicação (CIP)
Angélica Ilacqua CRB-8/7057

Aquino Júnior, Francisco de

Encíclicas sociais : um guia de leitura / Francisco de Aquino Júnior. –
São Paulo : Paulinas, 2023.

376 p. (Coleção Fé & Justiça)

ISBN 978-65-5808-229-3

1. Encíclicas papais 2. Doutrina da igreja 3. Religião e sociedade
I. Título II. Série

23-4951

CDD 262.91

Índices para catálogo sistemático:
1. Encíclicas papais

1ª edição – 2023

Direção-geral:	*Ágda França*
Editores responsáveis:	*Andreia Schweitzer*
	Antonio Francisco Lelo
	Fabíola Medeiros de Araújo
	João Décio Passos
	Marina Mendonça
	Matthias Grenzer
	Vera Bombonatto
Copidesque:	*Ana Cecilia Mari*
Coordenação de revisão:	*Marina Mendonça*
Revisão:	*Sandra Sinzato*
Gerente de produção:	*Felício Calegaro Neto*
Capa e diagramação:	*Tiago Filu*

Nenhuma parte desta obra poderá ser reproduzida ou transmitida
por qualquer forma e/ou quaisquer meios (eletrônico ou mecânico,
incluindo fotocópia e gravação) ou arquivada em qualquer sistema ou
banco de dados sem permissão escrita da Editora. Direitos reservados.

Paulinas

Rua Dona Inácia Uchoa, 62
04110-020 – São Paulo – SP (Brasil)
Tel.: (11) 2125-3500
http://www.paulinas.com.br – editora@paulinas.com.br
Telemarketing e SAC: 0800-7010081
© Pia Sociedade Filhas de São Paulo – São Paulo, 2023

Para Francisco, bispo de Roma,
em seu empenho por uma "Igreja pobre e para os pobres",
pela "fraternidade e amizade social",
pelo "cuidado da casa comum".

Sumário

Abreviações 9

Introdução 11

Carta Encíclica *Rerum Novarum* 19

Carta Encíclica *Quadragesimo Anno* 43

Carta Encíclica *Mater et Magistra* 71

Carta Encíclica *Pacem in Terris* 101

Carta Encíclica *Populorum Progressio* 129

Carta Apostólica *Octogesima Adveniens* 155

Carta Encíclica *Laborem Exercens* 181

Carta Encíclica *Sollicitudo Rei Socialis* 211

Carta Encíclica *Centesimus Annus* 241

Carta Encíclica *Caritas in Veritate* 271

Carta Encíclica *Laudato Si'* 303

Carta Encíclica *Fratelli Tutti* 335

Considerações finais 369

Abreviações

CA   Carta Encíclica *Centesimus Annus*

CV   Carta Encíclica *Caritas in Veritate*

FT   Carta Encíclica *Fratelli Tutti*

LE   Carta Encíclica *Laborem Exercens*

LS   Carta Encíclica *Laudato Si'*

MM   Carta Encíclica *Mater et Magistra*

OA   Carta Apostólica *Octogesima Adveniens*

PP   Carta Encíclica *Populorum Progressio*

PT   Carta Encíclica *Pacem in Terris*

QA   Carta Encíclica *Quadragesimo Anno*

RN   Carta Encíclica *Rerum Novarum*

SRS   Carta Encíclica *Sollicitudo Rei Socialis*

Introdução

As encíclicas sociais têm uma importância muito grande na reflexão sobre a presença e atuação da Igreja na sociedade: seja no sentido de explicitar e reafirmar a dimensão social da fé e da evangelização, seja no sentido de historicizar essa dimensão social da fé e da evangelização em situações e contextos bem concretos. Ao mesmo tempo que são expressão da preocupação e do envolvimento da Igreja com os problemas da sociedade, essas encíclicas se tornaram ocasião e lugar privilegiados de sistematização e elaboração do magistério social da Igreja. Daí sua importância fundamental no magistério social da Igreja, bem como na pastoral e na teologia sociais como um todo.

Este livro foi pensado como um "guia de leitura" das encíclicas sociais. Tem um objeto de estudo bem definido (encíclicas sociais) e um objetivo muito claro (ajudar na leitura e compreensão das encíclicas sociais). Além disso, responde a uma carência ou escassez de estudos e publicações sobre esses documentos do magistério social da Igreja. Em geral, as publicações nessa área são de caráter mais sistemático e abrangente, abordando determinados temas ou princípios e critérios da doutrina ou do ensino social da Igreja. Sempre retomam e citam as encíclicas sociais, mas com um recorte temático-principial e nem sempre atento à especificidade das referidas encíclicas. E aqui, precisamente, está o enfoque e a contribuição desta obra: estudo das encíclicas sociais em seu contexto histórico e em seu conteúdo próprio e específico.

É importante situar as *encíclicas sociais* no contexto mais amplo do *magistério social da Igreja*, que, por sua vez, deve ser situado no contexto mais amplo da *teologia social* que trata da *dimensão social da fé e da evangelização*. Isso é fundamental para se compreender adequadamente tanto a importância da "questão social" na Igreja quanto o lugar e o papel do "magistério social" – em seu conjunto e, concretamente, nas encíclicas sociais – no enfrentamento prático-teórico das questões sociais na Igreja.

Antes de tudo, é preciso insistir na *dimensão social da fé e da evangelização*. A fé tem uma dimensão pessoal irredutível e intransferível. Nasce do encontro pessoal com Jesus Cristo e da adesão pessoal ao seu Evangelho. Ninguém nasce cristão nem se torna cristão por imposição. A fé é uma proposta/possibilidade (dom) a ser apropriada/assumida (compromisso). Daí seu caráter pessoal fundamental. Mas a fé tem igualmente uma dimensão social irredutível e inegável: seja pelo caráter social da pessoa (ser de relação), seja pela dimensão socioestrutural da vida humana (sociedade). A pessoa é um ser de relação, e essa relação não se restringe ao âmbito interpessoal, mas vai se objetivando em estruturas e instituições econômicas, sociais, políticas e culturais que, por sua vez, configuram, regulamentam e condicionam a vida das pessoas e da sociedade. Ao mesmo tempo que a fé vai configurando a vida do crente, vai interferindo, através dele e da comunidade eclesial, na configuração da sociedade. Daí o caráter ou a dimensão social da fé. Isso faz com que o social não seja algo externo nem secundário à fé: não é algo meramente consecutivo (consequência), mas constitutivo (constituição) da fé. A tal ponto que, sem essa dimensão social, a fé ficaria gravemente comprometida, reduzida ao âmbito privado, sem eficácia social, quando não instrumentalizada por interesses e/ou processos sociais contrapostos ao Evangelho. Isso tem muitas implicações na ação evangelizadora da Igreja. O Evangelho que ela anuncia é boa notícia para as pessoas e para a sociedade. Exige/provoca tanto "conversão do coração" quanto "transformação da sociedade". E isso explica e justifica o envolvimento da Igreja com os problemas sociais e seu empenho na construção de uma sociedade mais justa e fraterna.

Essa dimensão social da fé e da evangelização exige e tenciona o desenvolvimento de uma *teologia social*. A teologia é inseparável da fé:

nasce da fé e está a serviço da fé. Na medida em que a fé tem uma dimensão social irredutível, a ação evangelizadora da Igreja e sua reflexão teológica têm, também e necessariamente, uma dimensão social fundamental e irredutível. Isso leva ao desenvolvimento de uma pastoral social que promova o desenvolvimento da dimensão social da evangelização no conjunto da Igreja e que qualifique sua presença e atuação na sociedade junto aos pobres e marginalizados em suas lutas por direitos e justiça social. E leva ao desenvolvimento de uma teologia social que ajude a Igreja a compreender e assumir a dimensão social da fé e da evangelização, bem como a discernir caminhos e formas de atuação na sociedade. Assim como a pastoral social é tanto uma dimensão da ação evangelizadora da Igreja em sua totalidade (pastoral social) quanto um serviço eclesial junto a comunidades/grupos/setores marginalizados da sociedade na luta por seus direitos (organismos e pastorais sociais); também a teologia social é tanto um aspecto da teologia cristã em sua totalidade (dimensão social da teologia) quanto uma área da teologia que se dedica a explicitar e desenvolver essa dimensão social da fé e da evangelização (teologia moral social). Enquanto "dimensão" da teologia, deve ser considerada e tematizada em qualquer área, tema ou corrente teológica. Enquanto "área" da teologia, deve desenvolver de modo sistemático essa dimensão social da fé e da evangelização: seja em relação a outras dimensões da fé e da evangelização, seja em relação a outras áreas da teologia, seja em relação aos diversos aspectos ou problemas da realidade social em que a Igreja está inserida e deve atuar.

O *magistério social da Igreja* tem um lugar e um papel fundamentais no desenvolvimento da teologia social. É tanto uma das "fontes" da teologia social quanto um dos seus "critérios" de discernimento. Nem se pode reduzir as fontes da teologia ao magistério nem se pode prescindir do magistério na reflexão teológica. Como bem recordava o teólogo alemão Joseph Ratzinger, "o concílio muito contribuiu para que se alargassem os horizontes teológicos e para que na Igreja toda se passasse para além de uma 'teologia de encíclica'", isto é, "um tipo de teologia que se restringia cada vez mais a escutar e a analisar as declarações e os documentos papais"; ele fez com que "a teologia voltasse a considerar todas as fontes e em toda a sua integridade" e mostrou que "a teologia não deve considerar todas as fontes através do filtro da interpretação do magistério dos últimos anos, mas que as deve ler e procurar compreendê-las como são em si mesmas"; mostrou, inclusive, a necessidade de "estudar também seriamente o desenvolvimento da teologia de outras igrejas e de outras denominações cristãs" e de dar atenção aos "problemas do homem de hoje".[1] Isso vale para a teologia como um todo e, também, concretamente, para a teologia social. Ela não se reduz ao magistério social, mas tampouco pode prescindir dele.[2] O conjunto das reflexões e dos ensinamentos do magistério em matéria social constitui o que chamamos "magistério social". Certamente, pode-se e deve-se distinguir o grau de autoridade implicado num ensinamento social do magistério: opinião pessoal, documento; bispo, conferência episcopal, concílio, bispo de Roma; homilia, discurso, mensagem, exortação, encíclica, constituição etc. É importante considerar o magistério social da Igreja em sua totalidade e complexidade, distinguindo, entretanto, o nível de elaboração e o grau de autoridade implicado em cada caso.

Um capítulo particularmente importante no magistério social da Igreja são as *encíclicas sociais*. Embora não esgotem o magistério social da Igreja, nem sequer os documentos papais acerca de questões sociais, constituem expressão privilegiada de desenvolvimento, sistematização e difusão do magistério social, a ponto de muitas vezes se identificar o magistério social com as encíclicas sociais. Ao mesmo tempo que recolhem e sistematizam reflexões desenvolvidas ao longo do tempo pelo magistério e pelo conjunto da teologia, na medida em que confrontam essas reflexões com situações sociais concretas, procurando compreendê-las à luz da fé e orientar a ação dos cristãos nessa realidade, as encíclicas sociais reelaboram e enriquecem o ensino social da Igreja. Nesse sentido, nem se pode compreender uma encíclica social sem considerar a reflexão social da Igreja até então desenvolvida, nem se pode dar por suposto seu conteúdo, como se não houvesse nada de novo em relação ao que já foi dito. Mesmo quando usa os mesmos conceitos e se refere aos mesmos documentos, o faz num contexto novo, com um enfoque novo, com uma preocupação e uma sensibilidade

---

[1] RATZINGER, Joseph. *O novo povo de Deus*. São Paulo: Paulinas, 1974, p. 267.

[2] Cf. BIGO, Pierre. *A Doutrina Social da Igreja*. São Paulo: Loyola, 1969, p. 63s.

novas. O tema "propriedade" é o exemplo mais emblemático nas encíclicas sociais: se na *RN* aparece quase como um direito absoluto; a partir da *QA* vai progressivamente sendo ponderado e subordinado ao princípio mais fundamental e tradicional da destinação universal dos bens. Isso expressa bem o caráter aberto, dinâmico e criativo do magistério social da Igreja. Na encíclica *SRS*, João Paulo II fala explicitamente de "continuidade" e "renovação constante" na Doutrina Social da Igreja (*SRS 3*). Não se pode tomar uma afirmação isolada como se fosse sem mais a doutrina da Igreja. Ela precisa ser situada no texto em que aparece (encíclica) e no processo mais amplo de desenvolvimento do ensino social da Igreja (magistério social). Daí a necessidade de um estudo atento de cada encíclica social, no contexto mais amplo do magistério social e do conjunto da teologia social. Sem isso, nem se pode compreender a especificidade de cada encíclica nem o desenvolvimento do magistério social.

E esse é o propósito deste livro. Como bem indica seu subtítulo, pretende ser um "guia de leitura" das encíclicas sociais. Nada mais que isso. Não trata do magistério social em seu conjunto nem muito menos da teologia social como um todo. Tampouco oferece um estudo sistemático do magistério social nas encíclicas sociais. Nem sequer consiste num estudo aprofundado de cada encíclica social. É apenas um "guia de leitura" dessas encíclicas que ajuda a situá-las em seu contexto socioeclesial e fazer uma leitura do texto que não perca a visão de conjunto nem a riqueza de seu conteúdo. Como "guia de leitura" de texto, ao mesmo tempo que supõe sua leitura atenta, exige ulteriores aprofundamentos. Nem substitui a leitura direta do texto nem esgota sua compreensão.

O livro tem uma estrutura bastante simples e didática. Cada capítulo trata de uma encíclica social, seguindo a ordem cronológica de sua publicação. O estudo de cada encíclica segue uma estrutura padrão. Começa tratando do *contexto histórico* em que ela se insere e com o qual interage: contexto social mais amplo e contexto eclesial mais específico. Não se trata de um estudo abrangente e aprofundado, mas de mera contextualização, na qual se indicam alguns traços ou características desse contexto que ajudam a compreender a relevância do texto. Em seguida, passa a tratar do *texto* tal como foi publicado, procurando identificar sua estrutura externa (ordem dos capítulos) e interna (lógica argumentativa) e oferecendo um resumo de seu conteúdo. Esse resumo, como advertiremos insistentemente, não dispensa nem substitui a leitura direta do texto. Seu objetivo, vale repetir, é ajudar a não perder de vista o conjunto do texto nem a riqueza de seu conteúdo. Por fim, faz alguns *destaques* que ajudam a perceber e compreender melhor algumas características e especificidades do texto (assunto, estrutura, conteúdo, enfoque etc.) no contexto mais amplo do magistério social desenvolvido nas encíclicas sociais. É claro que se poderia destacar outros pontos em cada encíclica. Não temos a pretensão de esgotar o tema nem nas indicações feitas nem nos enfoques dados nas indicações. Queremos simplesmente destacar alguns pontos que nos parecem relevantes.

Certamente, essa não é a única forma nem a forma mais habitual de abordar as encíclicas sociais. Pelo contrário. A tendência mais comum é uma abordagem de cunho mais sistemático do ensino social da Igreja (princípios e temas), na linha do Compêndio de Doutrina Social da Igreja.[3] Nosso estudo, por sua vez, segue um enfoque de cunho mais histórico-analítico, centrado na análise de cada encíclica, procurando compreendê-la em sua especificidade no contexto mais amplo do desenvolvimento histórico do magistério social da Igreja, na linha do meu antigo professor de Teologia moral social, Ildefonso Camacho.[4] Não são enfoques contrapostos, mas complementares. Mas cada um tem sua especificidade. Dada a importância fundamental das encíclicas sociais no conjunto do magistério social, bem como do magistério social na teologia social como um todo, vale a pena dedicar-se ao estudo atento das encíclicas sociais, no que cada uma delas tem de próprio/específico e no que tem de novidade em relação a outras encíclicas sociais e ao conjunto do magistério social.

Oxalá esse "guia de leitura" das encíclicas sociais ajude a explicitar e compreender melhor a dimensão social da fé e da ação evangelizadora

---

[3] PONTIFÍCIO CONSELHO JUSTIÇA E PAZ. *Compêndio da Doutrina Social da Igreja*. São Paulo: Paulinas, 2011.

[4] CAMACHO, Ildefonso. *Doutrina Social da Igreja*: abordagem histórica. São Paulo: Loyola, 1995.

da Igreja e, assim, fortalecer e dinamizar, na lógica do Evangelho de Jesus Cristo, o compromisso dos cristãos e do conjunto da Igreja com os processos de transformação da sociedade, a partir dos pobres e marginalizados e de suas lutas por direitos e justiça social. Eles são, n'Ele, juízes e senhores de nossas vidas, igrejas, teologias e sociedades...

Francisco de Aquino Júnior

Carta Encíclica
Rerum Novarum [1]

A Carta Encíclica *Rerum Novarum* (*RN*) do Papa Leão XIII, "sobre a condição dos operários", foi publicada no dia 15 de maio de 1891. É a primeira intervenção oficial do magistério romano sobre a "questão social" e chegou a ser considerada como "Carta Magna" da atividade cristã no campo social (Pio XI) e como "texto fundador" do ensino/ Doutrina Social da Igreja (Jean-Marie Mayeu). Sem desconsiderar o movimento prático-teórico que se convencionou chamar "catolicismo social", que antecedeu e, de certa forma, preparou este documento, ele pode ser tomado como "ponto de partida" de uma tradição recente do pensamento social católico. E tanto em relação ao magistério do bispo de Roma que vem publicando uma série de encíclicas sociais por ocasião do aniversário da *RN* quanto em relação ao desenvolvimento da reflexão social e teológica sobre as questões sociais por parte de teólogos e cientistas católicos, quanto, ainda, no que diz respeito à atuação dos católicos no campo social e político. [2]

---

[1] Publicado em: *REB* 313 (2019), 468-489.

[2] Por ocasião da celebração dos cem anos da *RN*, a revista *Concilium* publicou um número monográfico intitulado "*Rerum Novarum*: cem anos de doutrina social católica", no qual situa a encíclica no contexto mais amplo dos movimentos sociais católicos e trata de sua recepção e de seus desdobramentos em diferentes países, bem como na teologia feminista e na teologia da libertação (cf. *Concilium*, p. 1-154).

Antes de apresentarmos a *estrutura* e o *conteúdo* fundamentais da *RN* e de destacarmos *alguns pontos* importantes para sua adequada compreensão e interpretação, convém apresentar, em grandes linhas, o *contexto histórico* socioeclesial em que ela surge e ao qual procura responder.

I – Contexto histórico

Nenhum *texto* importante pode ser compreendido adequadamente fora do *contexto* que o possibilita, em que surge e ao qual responde. E a *RN* não é uma exceção. Ela tem calendário (século XIX) e tem geografia (Europa industrial). É uma tomada de posição do magistério romano sobre uma *questão/situação* bem concreta, em uma *época* e em um *contexto* determinados. Por isso mesmo é importante começar nosso estudo sobre este documento considerando seu contexto histórico.

O século XIX foi um século determinante na história do Ocidente. Ele pode ser considerado como "o século de consolidação da sociedade moderna"[3] – um processo em curso na Europa desde a época renascentista e que se consolida com a Revolução Francesa e a Revolução Industrial. Na verdade, "os dois acontecimentos que mais profundamente alteraram a forma da civilização ocidental foram a Revolução Francesa e a Revolução Industrial. É com elas que começa a história 'moderna'. Todos os principais fatos do século XIX e começos do século XX – a disseminação do liberalismo burguês e o êxito da economia da classe média, o declínio das antigas aristocracias fundiárias e o desenvolvimento da consciência de classe entre os trabalhadores urbanos – tiveram origem nessas duas revoluções".[4] Elas determinaram, em boa medida, o modo e as relações de produção, a forma de organização política e de legitimação ideológica.

E é nesse contexto mais amplo que se insere a *RN* e no qual ela deve ser lida e interpretada.[5] Mas nem temos condição nem pretensão de

---

[3] CAMACHO, *Doutrina Social da Igreja*, p. 33.

[4] BURNS; LERNER; MEACHAM, *História da civilização ocidental*, p. 478.

[5] Cf. CAMACHO, *Doutrina Social da Igreja*, p. 31-74; MATOS, Leão XIII e a questão social, p. 105-134; MATOS, *Caminhando pela história da Igreja*, p. 114-129; GOMES, *Rerum Novarum*, p. 395-397; TERRA, A *Rerum Novarum* dentro de seu contexto sociocultural, p. 347-366.

desenvolvê-lo aqui.[6] Nosso propósito é bem mais modesto. Restringe-se a esboçar minimamente a "condição dos operários" com a qual se confronta a encíclica, no contexto da *Revolução Industrial* e do chamado *catolicismo social*.

A Revolução Industrial não pode ser reduzida a uma questão meramente técnica, como se as transformações tecnológicas fossem um fato social, político e culturalmente neutro. Nem sequer pode ser reduzida a um fato puramente econômico, como se a economia fosse independente da política e prescindisse de algum tipo de legitimação ideológica. Ela tem aspectos técnicos, econômicos, políticos, sociais, ideológicos, dentre outros. De modo que se pode afirmar que as *transformações tecnológicas*, fruto do desenvolvimento das ciências experimentais; a *fábrica* com seu modo e suas relações de produção, jornada de trabalho, salário; o êxodo rural e o crescimento das *cidades* com seus problemas de moradia, saneamento, saúde e infraestrutura em geral; e a *ideologia liberal* como mentalidade que legitima essa nova situação, em conjunto e em mútua interação, determinaram, em grande medida, as condições e o modo de vida da população europeia no século XIX. E a tal ponto que Henrique Cristiano Matos chega a afirmar que "a máquina, a fábrica e a cidade são os três símbolos daquilo que podemos chamar de 'civilização industrial'".[7]

Mas é preciso deixar bem claro que, nessa mesma "civilização industrial", a situação dos *operários* é completamente diferente da situação da *burguesia*, de modo que "a máquina, a fábrica e a cidade" têm consequências e significados completamente diferentes para os operários e para os burgueses.[8]

A jornada de trabalho de 14 a 16 horas, os salários miseráveis, as péssimas condições de trabalho, de moradia e de saneamento, a ausência de seguridade social em caso de doença, acidente de trabalho,

---

[6] Cf. BURNS; LERNER; MEACHAM, *História da civilização ocidental*, p. 498-596, 603-622; HOBSBAWM, *A era das revoluções*; IGLESIAS, *A Revolução Industrial*; DECCA, *O nascimento das fábricas*.

[7] MATOS, Leão XIII e a questão social, p. 107.

[8] Cf. BURNS; LERNER; MEACHAM, *História da civilização ocidental*, p. 529-541; MARTINA, *História da Igreja*, p. 25-28.

desemprego e invalidez, a inexistência de organizações de reivindicação e defesa de direitos, dentre outros, tornavam a vida das massas operárias, particularmente das mulheres e das crianças, muito difícil, obrigando grande parte do operariado a viver em condições de extrema pobreza e miséria.[9]

Toda essa situação foi levando o operariado a criar mecanismos de ajuda mútua e de defesa de condições mais dignas de trabalho e de vida e, aos poucos, constituindo-o como classe operária.[10] É a origem do sindicalismo moderno, no qual se pode identificar uma "dupla evolução": *externamente*, foi passando da "ilegalidade" à "tolerância" e, finalmente, ao reconhecimento jurídico por parte do Estado. *Internamente*, ele assume, num primeiro momento, "o caráter de uma sociedade de mútua ajuda (e, nesse sentido, goza de certa simpatia por parte dos patrões!), para depois se preocupar prioritariamente com a elevação social dos operários e seus direitos inalienáveis ante o poder econômico, tornando-se o órgão por excelência de defesa de seus interesses".[11] Nesse contexto, foi progressivamente se vinculando aos partidos socialistas que, por sua vez, se constituíam como instrumento privilegiado de atuação política da classe operária.

É verdade que desde o final do século XVIII vários pensadores foram desenvolvendo e propagando ideais e utopias socialistas, o que se convencionou chamar "socialismo utópico". A ele estão vinculados nomes como o do inglês Robert Owen (1771-1858)[12] e os dos franceses Saint-Simon (1760-1825), Charles Fourier (1772-1837) e Pierre Joseph Prudhon (1809-1865).[13] Mas é com Karl Marx (1818-1883) e Friedrich Engels (1820-1895) que esses ideais passam do pleno meramente utópico e voluntarista para o plano científico e político com textos como o Manifesto do Partido Comunista (1848) e o Capital (1867) e com a

---

[9] Cf. MATOS, Leão XIII e a questão social, p. 109-111; MATOS, *Caminhando pela história da Igreja*, p. 114-117.

[10] Cf. THOMPSON, *A formação da classe operária inglesa*.

[11] MATOS, Leão XIII e a questão social, p. 112s; cf. MARTINA, *História da Igreja*, p. 33.

[12] Cf. REALE; ANTISERI, *História da Filosofia III*, p. 312s.

[13] Cf. REALE; ANTISERI, *História da Filosofia III*, p. 174-183.

organização política que se desenvolve a partir da Primeira Internacional dos Trabalhadores (1864).[14] Tudo isso foi fundamental para a constituição e organização da classe operária no século XIX.

Fato é que o sindicalismo europeu esteve sempre muito ligado aos partidos socialistas. A classe operária foi se constituindo, não sem tensões e ambiguidades, num movimento simultaneamente social (sindical) e político (partidário). Daí a vinculação histórica entre classe operária e socialismo.[15]

Mas isso não é tudo. Embora não se possa negar que os movimentos e partidos socialistas tenham sido os primeiros e mais importantes aliados da classe operária, não foram os únicos. Não se pode contestar a importância do chamado "catolicismo social",[16] sobretudo a partir da segunda metade do século XIX, não obstante suas ambiguidades e contradições. Se é verdade que, "a despeito da onda reacionária consecutiva à crise de 1848, Marx conseguiu organizar em 1864 a Primeira Internacional e animar numa comum esperança o proletariado industrial, ao passo que a maioria dos católicos e das autoridades eclesiásticas, até o fim do século, se recusou a encarar a necessidade de 'reformas estruturais', considerando como sendo perigosamente revolucionários os esforços que visavam modificar institucionalmente a condição operária"; também é verdade que "uma minoria mais clarividente de leigos, padres e bispos assumiu, de imediato, verdadeiras preocupações sociais, ao perceber que a questão operária colocava um problema não apenas de caridade mas sobretudo de justiça".[17]

Já advertimos acerca do caráter ambíguo e contraditório do chamado "catolicismo social". Ambiguidade e contradição que dizem respeito, antes de tudo, ao fato de grande parte de seus integrantes e propagadores serem provenientes da aristocracia rural e dos adversários mais

---

[14] Cf. REALE; ANTISERI, *História da Filosofia III*, p. 184-206.

[15] Cf. MARTINA, *História da Igreja*, p. 31-35.

[16] Cf. AUBERT, *A Igreja na sociedade liberal e no mundo moderno*, p. 141-160; AUBERT, A Encíclica *Rerum Novarum*, ponto final de um lento amadurecimento, p. 7-28; MARTINA, *História da Igreja*, p. 35-52; GOMES, Catolicismo social (século XIX), p. 76-77; MATOS, Leão XIII e a questão social, p. 113-121.

[17] AUBERT, *A Igreja na sociedade liberal e no mundo moderno*, p. 141.

ferrenhos do liberalismo. Embora não se possa negar em absoluto sua real preocupação com a situação das massas operárias, sua ação social, em geral, além de ter um caráter bastante paternalista, era encarada "como um meio de conseguirem a adesão das massas populares para sua causa, para sua luta contra a oligarquia burguesa anticlerical, por eles duplamente detestada: porque era anticlerical e porque pretendia substituir as antigas autoridades sociais pelo poder do dinheiro".[18] Daí seu caráter reacionário, nostálgico e restauracionista.

O "catolicismo social", sem deixar de ser antissocialista, nasce, fundamentalmente, como antiliberal, vinculando preocupações sociais com resistência antiliberal. Aos poucos, ele vai se desenvolvendo e se propagando pela Itália, França, Alemanha, Áustria e Bélgica e criando uma rede de articulação mediante publicações e contatos mais ou menos ocasionais. Merecem destaque aqui o *Círculo de Estudos Sociais* em Roma (1882) e a *União Católica de Estudos Sociais* em Friburgo (1884).

Através desses grupos e de suas articulações, vai se desenvolvendo uma ampla reflexão sobre questões de economia social do ponto de vista da doutrina católica, em particular no que diz respeito à situação dos operários. Reflexão que, por um lado, explicita os princípios católicos da vida social e, por outro lado, orienta a ação dos católicos quanto à organização e à legitimação da vida social.

O Papa Leão XIII (1878-1903) tinha grande interesse pela "questão social" em geral e pela "questão operária" em particular – já da época em que foi núncio na Bélgica (1843-1846) e bispo de Perúgia (1846-1877). Acompanhava com regularidade os estudos e as discussões da União de Friburgo, bem como as controvérsias sobre a questão social dentro da própria Igreja, inclusive dentro do chamado "catolicismo social", como se pode ver, por exemplo, no conflito entre o que se convencionou chamar *Escola de Liege* (partidária da intervenção do Estado nas questões socioeconômicas) e *Escola de Angers* (desconfiada de qualquer intervenção do Estado). Tudo isso ia pressionando/forçando o Papa a tomar uma posição oficial sobre a questão operária.

---

[18] AUBERT, *A Igreja na sociedade liberal e no mundo moderno*, p. 142.

Além do mais, uma série de acontecimentos no final do século XIX reforçou a necessidade e urgência de uma intervenção oficial do Papa: peregrinação da "França do Trabalho" a Roma (a partir de 1885); defesa dos Knights of Labour, primeira organização operária estadunidense, pelo Cardeal Gibbons (1887-1888); apoio do Cardeal Manning à greve dos doqueiros de Londres (1889); conferência do trabalho em Berlim (1890); surgimento de um tímido sindicalismo confessional, entre outros.

É nesse contexto que o Papa Leão XIII publica no dia 15 de maio de 1891 sua Encíclica *Rerum Novarum* sobre a "condição dos operários".[19] Trata-se de uma encíclica que conjuga, paradoxalmente, a preocupação com a crescente adesão do operariado ao socialismo e o "desejo de encontrar para a Igreja, nas massas populares em vias de obterem o direito ao sufrágio universal, um contrapeso para a política anticlerical frequentemente praticada pelo 'país legal burguês'",[20] portanto, uma encíclica antissocialista e antiliberal.

II – Texto: estrutura e conteúdo

Tendo esboçado minimamente o contexto social e eclesial em que surge a Encíclica *RN*, podemos nos dedicar agora a um estudo mais analítico do texto, explicitando sua *estrutura básica* e apresentando, ainda que de modo muito resumido, seu *conteúdo fundamental*.

Antes, porém, convém chamar atenção para um dado redacional que consideramos de extrema importância para uma compreensão adequada e global do texto. A publicação, em 1957, das sucessivas redações e correções que culminaram no texto definitivo ajudam-nos a compreender melhor as tensões e ambiguidades que marcaram o processo redacional e que estão presentes na versão final do documento.[21] Um primeiro texto, marcadamente antiliberal e restauracionista, foi escrito pelo jesuíta Matteo Liberatore, editor da revista *Civiltà Cattolica*

---

[19] Cf. MARTINA, *História da Igreja*, p. 52-56.

[20] AUBERT, *A Igreja na sociedade liberal e no mundo moderno*, p. 15.

[21] Cf. CAMACHO, *Doutrina Social da Igreja*, p. 53-58; CAMACHO, *La Chiesa di fronte al liberalismo e al socialismo*, p. 219-233.

e ligado à União de Friburgo. Um segundo texto, radicalmente antis-socialista e com tendência liberal, foi escrito pelo cardeal dominicano Tommaso Zigliara. Esses dois textos foram fundidos em um único, traduzido para o latim, no qual predominava a linha de Zigliara e que foi, posteriormente, revisado e reelaborado por Boccali, secretário pessoal do Papa. Depois de muitas correções, precisões e ponderações, o texto foi finalmente publicado como documento oficial. Aqui, interessa-nos simplesmente chamar a atenção para as duas linhas fundamentais que, em tensão e em mútua ponderação e correção, determinaram tanto o processo redacional quanto a versão final do documento: a tendência antiliberal do jesuíta Liberatore e a tendência antissocialista do dominicano Zigliara.

Dito isso, passemos, então, para o estudo do texto.

1. Estrutura

No texto original não constam subdivisões nem sequer numeração.[22] Somente a partir da *PT* de João XXIII as encíclicas sociais têm numeração oficial. Em todo caso, é possível, a partir do próprio texto, identificar uma estrutura lógico-argumentativa no modo como o conteúdo é desenvolvido e apresentado.

Além de uma introdução (1-2) e de uma conclusão (37), algumas traduções e alguns autores dividem o texto em quatro partes: a questão social e o socialismo (3-9), a questão social e a Igreja (10-18), a questão social e o Estado (19-30), a questão social e a ação conjunta de patrões e operários (31-36).[23] Mas é possível identificar ainda, como faz Ildefonso Camacho, um esquema mais elementar e mais fundamental, no qual o texto, além da introdução (1-2) e da conclusão (37), pode ser dividido em duas partes: uma parte menor, que apresenta e refuta a solução socialista (3-9), e uma parte bem maior, que apresenta o que considera a solução verdadeira que

---

[22] Por questão de praticidade, usaremos a tradução do documento feita por Paulinas Editora e seguiremos a numeração aí proposta (LEÃO XIII, Carta Encíclica *Rerum Novarum*). A partir de agora, os números entre parêntesis, sem outra indicação, remetem à numeração desta obra e as letras aos parágrafos de cada número.

[23] Cf. PONTIFÍCIO CONSELHO JUSTIÇA E PAZ, *Da Rerum Novarum à Centesimus Annus*, p. 73-110; GOMES, *Rerum Novarum*, p. 396; MATOS, Leão XIII e a questão social, p. 124-131; FOYACA, *As encíclicas sociais*, p. 13-32.

envolve a Igreja, o Estado e os patrões e operários (10-36).[24] E, assim, o texto pode ser esquematizado da seguinte forma:

– Introdução (1-2)
– Primeira parte: solução socialista (3-9)
– Segunda parte: solução verdadeira (10-36)
– A Igreja (10-18)
– O Estado (19-30)
– Os patrões e os operários (31-36)
– Conclusão (37)

2. Conteúdo

Tendo identificado e esquematizado a estrutura básica ou elementar do texto, passaremos a apresentar, ainda que de modo muito resumido e condensado, seu conteúdo fundamental. E o faremos seguindo o esquema acima esboçado.

Introdução

A *introdução* (1-2) contextualiza e justifica a intervenção do magistério na questão operária através de uma encíclica e esboça o que considera as causas fundamentais da situação da classe operária.

No que diz respeito ao contexto e à justificação da encíclica, o texto começa reconhecendo a "sede de inovações" no âmbito da "economia social": a Revolução Industrial resultou num "temível conflito" (1a), e essa situação "preocupa" e envolve a todos, também a Igreja (1b); afirma que a pretensão da encíclica é "pôr em evidência os princípios duma solução conforme à justiça e à equidade"; que esse problema "nem é fácil de resolver, nem isento de perigos" (1c); mas que "é necessário, com medidas prontas e eficazes, vir em auxílio dos homens das classes inferiores, atendendo a que eles estão, pela maior parte, numa situação de infortúnio e de miséria imerecida" (2).

Já no que diz respeito às causas dessa situação, o texto se refere à destruição, sem substituição por nada semelhante, das antigas

---

[24] Cf. CAMACHO, *Doutrina Social da Igreja*, p. 51s.

"corporações" e ao desaparecimento dos "princípios e [do] sentimento religioso das leis e das instituições públicas", deixando os trabalhadores "isolados e sem defesa", "entregues à mercê de senhores desumanos e à cobiça duma concorrência desenfreada". Sem falar da "usura voraz" praticada por "homens ávidos de ganância e de insaciável ambição" e do "monopólio do trabalho e dos papéis de crédito" por parte "dum pequeno grupo de ricos e opulentos, que impõem assim um jugo quase servil à imensa multidão dos proletários" (2).

Primeira parte

A *primeira parte* da encíclica (3-9) apresenta e refuta como falsa e injusta a solução socialista para o problema da classe operária.

Segundo o documento, "para curar este mal", os socialistas "instigam nos pobres o ódio invejoso contra os que possuem e pretendem que toda propriedade de bens particulares deve ser suprimida". O "remédio" que propõem é, portanto, a "transladação das propriedades" e a "igual repartição das riquezas e das comodidades que elas proporcionam entre os cidadãos" (3).

Mas essa "teoria", diz o texto, "longe de ser capaz de pôr fim ao conflito, prejudicaria o operário" e, além do mais, "é sumamente injusta, por violar os direitos legítimos dos proprietários, viciar as funções do Estado e tender para a subversão completa do edifício social" (3).

Em primeiro lugar, *prejudicaria o operário*, pois a "conversão da propriedade particular em propriedade coletiva [...] não teria outro efeito senão tornar a situação dos operários mais precária, retirando-lhes a livre disposição do seu salário e roubando-lhes, por isso mesmo, toda esperança e toda possibilidade de engrandecerem o seu patrimônio e melhorarem a sua situação" (4).

Em segundo lugar, é *sumamente injusta*, "porque a propriedade particular e pessoal é para o homem de direito natural" (5). Enquanto "senhor das suas ações", o homem deve prover suas necessidades no "presente" e no "futuro". Para isso, "deve ter sob o seu domínio não só os produtos da terra, mas ainda a própria terra, que, pela sua fecundidade, ele vê estar destinada a ser sua fornecedora no futuro" (6). Além do mais, na medida em que cultiva a terra, o homem deixa nela a sua marca e, por isso, é justo que ela lhe pertença (7). Tudo o que foi dito sobre o indivíduo deve ser dito com "maior força" ainda com respeito ao "homem constituído chefe de família" ou "pai de família" (8a).

Em terceiro lugar, *vicia as funções do Estado*, pois a "providência paterna" não pode ser substituída pela "providência do Estado". Em casos extremos, o Estado deve vir em "auxílio" de uma família e, em caso de "graves violações de direitos mútuos", deve intervir para "restituir a cada um os seus direitos". Mas não deve "ultrapassar esses limites". "A autoridade paterna nem pode ser abolida nem absorvida pelo Estado, porque ela tem uma origem comum com a vida humana" (8b).

Em quarto lugar, tende para *subversão completa do edifício social* pelas "funestas consequências" que produz na sociedade: "perturbação de todas as classes"; "odiosa e insuportável servidão para todos os cidadãos"; desestimula "o talento e a habilidade" e, assim, leva a um estancamento das riquezas em sua fonte; "igualdade na nudez, na indigência e na miséria" (9).

Por tudo isso, o documento afirma: "compreende-se que a teoria socialista da propriedade coletiva deve absolutamente se repudiar como prejudicial àqueles mesmos que se quer socorrer, contrária aos direitos naturais dos indivíduos, como desnaturando as funções do Estado e perturbando a tranquilidade política". E conclui sustentando que "o princípio fundamental a estabelecer para todos aqueles que querem sinceramente o bem do povo é a inviolabilidade da propriedade particular" (9).

Segunda parte

A *segunda parte* (10-36) indica "onde convém procurar o remédio tão desejado" (9), isto é, "por quem e por que meios esta questão tão difícil demanda ser tratada e resolvida" (37): Igreja, Estado, patrões e operários (10).

A) Igreja (10-18)

A Igreja tem o "direito" e o "dever" de intervir e colaborar na solução da questão social. Mais. Sem a Igreja não há "solução eficaz" para essa questão, e a atividade e os esforços do Estado e dos patrões e operários terminarão na "inanidade". Sua contribuição específica dá-se em três campos fundamentais: "doutrina", orientações sobre "a vida e os costumes" e "instituições benéficas" (11).

Quanto à *doutrina*, o texto afirma que "o homem deve aceitar com paciência a sua condição" (11a) e que, depois do pecado, "a dor e o sofrimento são o apanágio da humanidade" (11b). Afirma que "é impossível que na sociedade civil todos sejam elevados ao mesmo nível". Isso é "contra a natureza" que "estabeleceu entre os homens diferenças tão múltiplas como profundas". Dessas diferenças "nasce espontaneamente a desigualdade das condições" que, por outro lado, "reverte em proveito de todos" (11a). Tal como no "corpo humano", assim "na sociedade". De modo que "as classes estão determinadas pela natureza a unirem-se harmoniosamente e conservarem-se mutuamente em perfeito equilíbrio" (11b).

Quanto às *orientações sobre a vida e os costumes*, elas visam, acima de tudo, a "aproximar e reconciliar os ricos e os pobres". O texto começa lembrando às duas classes "seus deveres mútuos" (11c). Avança, ao propor a "união das duas classes" mediante "laços de verdadeira amizade" (13a), relativizando, em vista da "felicidade eterna", a riqueza e a pobreza (13) e estimulando a prática da caridade no contexto da distinção entre "a justa posse das riquezas e o seu legítimo uso" (14). Para chegar finalmente ao "amor fraterno": a comunhão nos "bens da natureza" e nos "bens celestes" (16a). Assim, mediante a observância dos *deveres*, os *laços de amizade* e a vivência do *amor fraterno*, será possível restabelecer a "pacificação" social (16b).

Quanto às *instituições benéficas*, criadas e desenvolvidas ao longo da história da Igreja e facilmente comprováveis, elas dizem respeito tanto à orientação e instrução dos homens segundo os princípios e a doutrina católica (17) quanto à caridade e ao socorro aos pobres (18ab). O texto reage contra os que fazem da caridade uma "arma para atacar a Igreja" e contra a tendência a "uma beneficência estabelecida pelas leis civis" em substituição à "caridade cristã", afirmando que esta caridade "não pode ser suprida por nenhuma intervenção humana" (18c).

B) Estado (19-30)

O texto começa afirmando que entende por Estado "não um governo estabelecido num determinado povo particular, mas todo governo que corresponde aos preceitos da razão natural e aos ensinamentos divinos" (19a). O que se espera de um governo é que faça "leis" e "instituições" que favoreçam a "prosperidade tanto pública como particular". E isso se dá mediante "os costumes puros, as famílias fundadas sobre bases de ordem e de moralidade, a prática da religião e o respeito da justiça, uma imposição moderada e uma distribuição equitativa dos cargos públicos, o progresso da indústria e do comércio, uma agricultura florescente", dentre outros. Dessa forma, o Estado torna-se útil a todas as classes – "e isto em todo o rigor do seu direito e sem ter a temer a censura de ingerência, porque, em virtude mesmo do seu ofício, o Estado deve servir o interesse comum" (20a). Sem falar que "a razão formal de toda sociedade é una e comum a todos os seus membros, grandes e pequenos" (20b). De modo que, "os pobres, com o mesmo título que os ricos, são, por direito natural, cidadãos" e, por isso, "a autoridade pública deve também tomar as medidas necessárias para zelar pela salvação e os interesses da classe operária. Se ela faltar a isto, viola a estrita justiça que quer que a cada um seja dado o que lhe é devido" (20b). Respeitando a legítima autonomia do "indivíduo" e da "família", que não podem ser absorvidos pelo Estado, mas tampouco podem atentar "contra o bem geral" nem prejudicar ninguém, "cabe aos governantes proteger a comunidade e suas partes" (21).

Em seguida, o documento passa a indicar algumas ações/intervenções importantes e necessárias por parte do Estado: a) assegurar os direitos de "todos os cidadãos", de maneira especial "dos fracos e dos indigentes", da "classe pobre" que, "sem riquezas que a proteja contra as injustiças, conta principalmente com a proteção do Estado" – "que o Estado se faça, pois, sob um particularíssimo título, a providência dos trabalhadores que em geral pertencem à classe pobre" (22); b) "assegurar a propriedade particular por meio de leis sábias" (23); c) impedir as greves com a "autoridade da lei" e "removendo a tempo as causas das quais se prevê que possam nascer os conflitos entre operários e patrões" (24); d) proteger "os bens da alma" (25), garantindo o "repouso festivo", um "repouso consagrado à religião" (26); e) proteção do trabalho dos operários, em especial das mulheres e das crianças: "horas de trabalho", "quantidade de repouso" proporcionais "à qualidade do trabalho, às circunstâncias do tempo e do lugar, à constituição e saúde dos operários" (27-28); f) auxiliar e apoiar, quando necessário, às "corporações ou sindicatos" (29c) na "fixação do salário" (29a), segundo a "lei de justiça natural" que determina que "o salário não deve ser insuficiente para assegurar a subsistência do operário sóbrio e honrado" (29b); g) "que as leis favoreçam o espírito de propriedade, o reanimem e desenvolvam, tanto quanto possível nas massas populares" (30a), e que "a propriedade particular não seja esgotada por um excesso de encargos e de impostos", embora o Estado possa "regular o uso" do direito de propriedade e "conciliá-lo com o bem comum" (30c).

C) Patrões e operários (31-36)

Eles podem auxiliar na solução da questão operária, sobretudo, através de "corporações" ou de "associações", importantes para "aliviar eficazmente a indigência" e para "operar uma aproximação entre as duas classes". O texto constata, "com prazer", a multiplicação dessas "corporações" ou "associações" por toda parte – "quer compostas só de operários, quer mistas, reunindo ao mesmo tempo operários e patrões" – e passa a falar sobre "a sua oportunidade e o seu direito de existência" e a indicar "como devem organizar-se e qual deve ser o seu programa de ação" (31).

Há uma "propensão natural" no homem para a associação e a cooperação. Daqui nasce a "sociedade civil" e, em seu seio, "outras sociedades" (32b). Enquanto a "sociedade civil" visa ao "bem comum" e tem um fim universal (32c), as "outras sociedades" visam ao bem "exclusivo de seus membros" e têm um fim "particular". Ambas têm origem em um "mesmo princípio: a natural sociabilidade do homem". Por isso, o Estado não pode negar o direito natural de existência a essas sociedades, a não ser que, "em virtude mesmo dos seus estatutos orgânicos, trabalhasse para um fim em oposição flagrante com a probidade, com a justiça, com a segurança do Estado" (32d). Ao falar dessas sociedades particulares, o texto faz referência às "confrarias", às "ordens religiosas de todo gênero" (33), mas, sobretudo, às "associações operárias" – sejam as que são "governadas por chefes ocultos e que obedecem a uma palavra de ordem [...] hostil ao nome cristão e à segurança das nações" (34a), sejam as que se constituem inspiradas na doutrina e nos princípios católicos (34). Ao Estado cabe "respeitá-las, protegê-las e, em caso de necessidade, defendê-las" (33).

Pensando concretamente nas associações operárias católicas, o texto afirma que, para que haja nelas "unidade de ação e acordo de vontades, elas precisam evidentemente de uma sábia e prudente disciplina". E, embora não se proponha a "dar regras certas e precisas para lhes determinar os pormenores", afirma que elas devem "tomar como regra universal e constante e organizar e governar por tal forma as corporações que proporcionem a cada um dos seus membros os meios aptos para lhe fazerem atingir, pelo caminho mais cômodo e curto, o fim que eles se propõem, que consiste no maior aumento possível dos bens do corpo, do espírito e da fortuna" (35a), insistindo em que seu objetivo principal deve ser o "aperfeiçoamento religioso" (35b). Assim, "constituída a religião em fundamento de todas as leis sociais, não é difícil determinar as relações mútuas a estabelecer entre os membros para obter a paz e a prosperidade da sociedade" (35c). O texto conclui falando da necessidade de "prover de modo especial a que em nenhum tempo falte trabalho ao operário" e de criar "um fundo de reserva" para casos de "acidentes de trabalho", "doença", "velhice" e "reveses da fortuna" (36a); destacando a importância das corporações católicas tanto para "assegurar aos fracos a subsistência e um certo bem-estar" quanto para a "prosperidade geral" (36b); e exortando os operários católicos a tomarem parte nessas associações, entrando "no caminho em que seus antepassados encontraram o seu bem e o dos povos" (36c).

Conclusão

A *conclusão* (37) exorta todos os implicados a assumirem sua tarefa e reafirma o compromisso da Igreja com a questão operária.

Referindo-se ao conteúdo desenvolvido na segunda parte – "por quem e por que meios" a questão operária "demanda ser tratada e resolvida" –, o texto exorta a que "cada um tome a tarefa que lhe pertence, e isso sem demora, para que não suceda que, diferindo-se o remédio, se torne incurável o mal, já por si tão grave".

No que diz respeito à Igreja, afirma que "a sua ação jamais faltará por qualquer modo, e será tanto mais fecunda, quanto mais livremente se possa desenvolver". E conclui expressando o desejo de que isso seja compreendido, sobretudo, pelos que têm a missão de "velar pelo bem público" e exortando os "ministros do santuário" a empregarem "toda a energia de sua alma e generosidade do seu zelo" recomendando "a todas as classes da sociedade as máximas do Evangelho" – centrado na caridade, "senhora e rainha de todas as virtudes" (37).

III – Destaques

Depois de contextualizar a encíclica e de apresentar sua estrutura e seu conteúdo fundamentais, destacaremos, quase a modo de teses, algumas questões importantes e necessárias para sua adequada compreensão; questões que dizem respeito ao seu contexto, à sua elaboração, ao seu conteúdo e aos seus desdobramentos.

1. A *RN* tem uma dupla importância. Por um lado, é uma resposta do magistério papal à questão operária. Pio XI se referiu a essa encíclica como a "'Magna Carta' em que deve basear-se como em sólido fundamento toda atividade cristã no campo social" (*QA* 39). E não se deve esquecer a importância e o peso de um pronunciamento papal, sobretudo num contexto de centralização e absolutização do papado. Mais ainda, em se tratando de algo novo, inédito, como era o caso de uma encíclica social. Por outro lado, ela acabou adquirindo o caráter de "texto fundador", de "ponto de partida" de uma tradição importante que, desde essa época, vem sendo mantida e desenvolvida por todos os Papas e que é conhecida como "doutrina" ou "ensino" social da Igreja. Uma série de encíclicas sociais foi publicada por ocasião do seu aniversário: *Quadragesimo Anno* (1931), *Mater et Magistra* (1961), *Octogesima Adveniens* (1971), *Laborem Exercens* (1981), *Centesimus Annus* (1991). E a reflexão sobre as questões sociais foi amplamente desenvolvida por teólogos e por cientistas sociais católicos.[25] Desse modo, a importância dessa primeira encíclica social deve ser medida tanto pelo impacto que ela produziu no final do século XIX na Igreja e na sociedade (acontecimento) quanto por suas consequências ou pelo processo que ela desencadeou (efeitos).

---

[25] AUBERT, A Encíclica *Rerum Novarum*, ponto final de um lento amadurecimento, p. 7.

2. Essa encíclica não surgiu do nada nem é um fato absolutamente isolado na Igreja, nem sequer no papado de Leão XIII. Considerando apenas seu contexto mais imediato, ela se insere dentro do grande projeto restauracionista de Leão XIII ante o liberalismo e o socialismo[26] e dentro do movimento tenso e ambíguo que se foi desenvolvendo ao longo do século XIX em diferentes países da Europa, conhecido como "catolicismo social". Em boa medida, é "resultado" da reflexão e das iniciativas desse "catolicismo social".[27] Há até quem se refira à *RN* como "uma conquista dos movimentos sociais cristãos 'de base'".[28] Na formulação de Roger Aubert, "não somente ela se inscrevia como novo elemento no projeto global de restauração da sociedade cristã que Leão XIII elaborava peça por peça desde o início do seu pontificado, mas além disso ela consagrava uma série de iniciativas, nos domínios doutrinal e prático, tomadas um pouco em toda parte, no curso das duas décadas precedentes, pela comunidade eclesial – bispos, padres, religiosos, mas também leigos – animada pela preocupação de traduzir a mensagem evangélica na vida cotidiana da sociedade do tempo".[29] E, assim, ela aparece não apenas como "ponto de partida", mas também como "ponto de chegada" ou, para sermos mais precisos, como parte de uma tradição maior e mais ampla que nem começa com ela nem termina com ela.

3. A posição da *RN* com relação à questão operária é bem mais complexa do que parece e do que dão a entender interpretações simplistas e ideologicamente interessadas. Ela não é sem mais uma encíclica antissocialista nem muito menos uma encíclica liberal. É verdade que refuta explícita e radicalmente a solução socialista, considerada do ponto de vista da abolição da propriedade privada e da luta de classes e, nesse sentido, aproxima-se, sob muitos aspectos, da posição liberal, como se pode constatar, sobretudo, na primeira parte do documento. Mas

---

[26] CAMACHO, *Doutrina Social da Igreja*, p. 75-94; AUBERT, *A Igreja na sociedade liberal e no mundo moderno*, p. 11-18.

[27] AUBERT, A Encíclica *Rerum Novarum*, ponto final de um lento amadurecimento, p. 22.

[28] Cf. SCHÄFERS, *Rerum Novarum*, p. 12-27.

[29] AUBERT, A Encíclica *Rerum Novarum*, ponto final de um lento amadurecimento, p. 7s.

é verdade também que critica fortemente a solução liberal, responsabilizada pela situação de "infortúnio e de miséria imerecidas" em que se encontra a classe operária, como se pode ver na introdução, e se afasta radicalmente dela em pontos importantes e decisivos como intervenção do Estado na economia, defesa das associações operárias e determinação do salário não apenas segundo o critério de livre acordo entre patrões e operários, mas também da necessidade e da garantia da subsistência do operário, como se pode constatar na segunda parte do documento. E, aqui, aproxima-se, em certo sentido, de algumas posições socialistas. Essa tensão e ambiguidade com relação ao socialismo e ao liberalismo, já presentes no chamado "catolicismo social", devem-se, em boa medida, aos principais redatores do documento: Liberatore com sua tendência antiliberal e Zigliara com sua tendência antissocialista.

4. Não se pode negar sem mais o interesse e a preocupação de Leão XIII com a questão operária. Interesse e preocupação que o acompanham desde os tempos em que foi Núncio Apostólico na Bélgica (1843-1846), país em pleno desenvolvimento industrial, e bispo de Perúgia na Itália (1846-1877). Mas isso não é tudo nem é suficiente para explicar as origens da encíclica. A RN é parte do projeto restauracionista mais amplo de Leão XIII em sua luta contra o liberalismo e contra o socialismo. Em boa medida, ela é motivada pelo temor com a crescente adesão das massas operárias ao socialismo e pela intuição de que, nessas mesmas massas, a Igreja poderia encontrar uma nova estratégia de intervenção política na sociedade liberal. De fato, "a tendência antissocialista é um traço marcante nos documentos leoninos".[30] Mas isso não significa sem mais adesão ao liberalismo. Basta recordar, além do que dissemos no item anterior, que, antes da publicação dessa encíclica, Leão XIII havia publicado cinco encíclicas sobre questões políticas nas quais se enfrenta diretamente com o liberalismo.[31] Sua preocupação com a "con-

---

[30] MATOS, Leão XIII e a questão social, p. 124-131.

[31] *Diuturnum Illud* [29 de junho de 1881], sobre a origem do poder; *Humanum Genus* [20 de abril de 1884], sobre a franco-maçonaria; *Immortale Dei* [1º de novembro de 1885], sobre a constituição cristã do Estado; *Libertas Praestantissimum* [20 de junho de 1888], sobre a liberdade humana e o liberalismo; *Sapientiae Christianae* [10 de janeiro de 1890], sobre os deveres do cidadão cristão (cf. CAMACHO, *Doutrina Social da Igreja*, p. 75-87).

dição dos operários" é inseparável de sua angústia "ante os progressos do socialismo e a esperança de suplantá-lo", bem como do seu "desejo de encontrar, para a Igreja, nas massas operárias em vias de obterem o direito ao sufrágio universal, um contrapeso para a política anticlerical frequentemente praticada pelo 'país legal burguês'".[32]

5. É curioso que, numa encíclica dedicada à questão operária, o confronto com o socialismo acerca da propriedade privada gire em torno da propriedade da terra e não da propriedade dos meios de produção industrial (*RN* 3-9). Nesse ponto, a *RN* parece se situar "na perspectiva de uma economia agrária relativamente primitiva sem olhar as modalidades próprias da propriedade industrial numa economia capitalista completa".[33] Ela "recorre a uma argumentação não adaptada à realidade de uma sociedade que deixara de ser agrícola ou que, pelo menos, não encontrava nesse terreno seus problemas mais graves".[34] E não deixa de ser curioso também que, embora defenda o direito universal da propriedade privada como um direito que emana da própria natureza humana (*RN* 5, 6, 7, 14b, 30), o documento "pouco diz sobre o que deve ser feito a fim de facilitar o acesso dos operários à propriedade".[35] Nesse ponto, o único indicativo que aparece é o salário, mediante a força do trabalho (*RN* 4, 30). No confronto com o socialismo, a defesa da propriedade privada deixou de lado ou pelo menos considerou como questão menor e secundária o problema de sua repartição, isto é, de sua verdadeira universalidade. Como afirma Camacho, a insistência no direito "individual" de propriedade deixou em "segundo plano" o princípio do "destino universal dos bens", tão arraigado na tradição da Igreja e do qual não resta na encíclica senão um "vestígio" (*RN* 6).[36]

---

[32] AUBERT, *A Igreja na sociedade liberal e no mundo moderno*, p. 15. "Reconhecendo, finalmente, com realismo, que a era dos príncipes católicos estava, na maioria dos países, definitivamente encerrada, Leão XIII procurou recristianizar os governos a partir de baixo, a fim de encontrar neles apoio para a Igreja" (AUBERT, *A Igreja na sociedade liberal e no mundo moderno*, p. 16).

[33] AUBERT, A Encíclica *Rerum Novarum*, ponto final de um lento amadurecimento, p. 27.

[34] CAMACHO, *Doutrina Social da Igreja*, p. 59.

[35] SCHOOYANS, *Centesimus Annus* e a "seiva generosa" da *Rerum Novarum*, p. 42.

[36] CAMACHO, *Doutrina Social da Igreja*, p. 63.

6. Além dessas questões relativas ao direito de propriedade, Roger Aubert indica uma série de "limites e pontos fracos" da encíclica, tanto no que diz respeito à abordagem teórica da questão operária quanto no que diz respeito à eficácia da solução proposta: "perspectiva de restauração da cristandade"; "pregações moralizantes"; "reformismo moral" que denuncia muito superficialmente "as verdadeiras raízes do mal", isto é, "as estruturas do regime capitalista concreto tal como se apresentava no final do século XIX"; falta de um "exame crítico, mesmo sumário, do mecanismo moderno da produção"; "ausência de uma reflexão sobre a noção de capital [...] não trata do capitalismo numa perspectiva econômica"; apresentação "muito superficial" do socialismo, "identificado com o comunismo absoluto ou com o anarquismo, quando por volta de 1890 a social democracia [...] tinha já com nitidez tomado suas distâncias em relação às correntes utópicas".[37] Isso não nega a importância do documento, particularmente no que diz respeito ao enfrentamento dos problemas do seu tempo, colocando-se "com realismo num terreno análogo ao do socialismo reformista, procurando a elevação da classe operária no quadro das instituições existentes" (salário, intervenção do Estado, associações profissionais etc.), bem como ao fato de que "pela primeira vez os direitos dos operários e a injustiça do sistema liberal fossem solenemente proclamados pela mais alta autoridade espiritual".[38] Isso teve muita repercussão e muitas consequências dentro e fora da Igreja.

7. Por fim, convém advertir com Hackmann que, "como esta encíclica de Leão XIII inaugura a Doutrina Social da Igreja, apresenta um magistério social ainda embrionário. Só mais tarde, com as encíclicas sociais subsequentes e a evolução do pensamento, os conceitos adquirem mais clareza e profundidade teológica [...]. Não se pode querer encontrar nela os conhecimentos de hoje, pois está situada numa época determinada, com uma realidade específica. Por isso, deve ser estudada com conhecimento da situação de então e com a concepção

---

[37] AUBERT, A Encíclica *Rerum Novarum*, ponto final de um lento amadurecimento, p. 26s.

[38] AUBERT, A Encíclica *Rerum Novarum*, ponto final de um lento amadurecimento, p. 27s.

teológica e eclesial característica do final do século XIX e do período posterior ao Concílio Vaticano I".[39] Se é verdade que grande parte dos temas e princípios abordados e desenvolvidos nas encíclicas posteriores já se encontra na *RN* e, nesse sentido, pode-se falar de uma *continuidade* na doutrina ou no ensino social da Igreja; também é verdade que nessas abordagens e nesses desenvolvimentos houve mudanças, deslocamentos e retificações significativos e, nesse sentido, pode-se também falar de *ruptura* na doutrina ou no ensino social da Igreja.[40] Basta lembrar, aqui, a posição com relação à propriedade privada e com relação ao socialismo, dois temas centrais na *RN* e que sofreram em encíclicas posteriores deslocamentos e retificações significativos. Por isso, é bom ser mais cauteloso e prudente ao se falar *da* doutrina ou *do* ensino social da Igreja sobre determinado tema e não identificar, apressada e/ou interessadamente, a posição do magistério da Igreja com a posição que aparece em um determinado documento, sem considerar o contexto desse documento e o desenvolvimento do tema em encíclicas posteriores.

IV – Referências

AUBERT, Roger. *A Igreja na sociedade liberal e no mundo moderno.* Petrópolis: Vozes, 1975. v. 1.

---

[39] HACKMANN, Aspectos teológicos da *Rerum Novarum*, p. 119.

[40] Em sua introdução à publicação conjunta da *RN* e da *CN* pelo Pontifício Conselho Justiça e Paz, Schooyans destacou a "fecundidade duradoura" da *RN*, "mostrando que esta encíclica isolou e identificou alguns dos principais temas que alimentam o pensamento social da Igreja até nossos dias" (cf. SCHOOYANS, *Centesimus Annus*, p. 29-72). Em sua recensão a esta obra, Libanio destaca a importância do trabalho de Schooyans "para uma consulta rápida a qualquer uma dessas questões [abordadas]", embora, concretamente no que diz respeito à crítica ao socialismo e ao capitalismo, "não parece fazer jus às oscilações do magistério", querendo "traçar uma evolução linear no ensinamento social da Igreja [...] como se ele não tivesse sofrido verdadeiras retificações". E, nesse ponto, "falta talvez um pouco mais de criticidade à introdução. Reflete antes uma leitura a partir do poder (M. Foucault) que nunca se retrata ou corrige, mas sempre quer mostrar perfeita continuidade nos seus ensinamentos. Tal interpretação é pouco sensível às rupturas, minimiza-as, enquanto intenta enfatizar a linearidade evolutiva" (LIBANIO, Recensão, p. 277s).

AUBERT, Roger. A Encíclica *Rerum Novarum*, ponto final de um lento amadurecimento. In: PONTIFÍCIO CONSELHO JUSTIÇA E PAZ. *Da Rerum Novarum à Centesimus Annus*: texto completo das duas encíclicas com dois estudos de Roger Aubert e Michel Schooyans. São Paulo: Loyola, 1993, p. 7-28.

BURNS, Edward Mcnall; LERNER, Robert; MEACHAM, Standisch. *História da civilização ocidental*: do homem das cavernas às naves espaciais. São Paulo: Globo, 1995.

CAMACHO, Ildefonso. *Doutrina Social da Igreja*: abordagem histórica. São Paulo: Loyola, 1995.

CAMACHO, Ildefonso. La Chiesa di fronte al liberalismo e al socialismo: Per una interpretazione più completa della *Rerum Novarum*. *Civiltá Cattolica* 137/1 (1986), p. 219-233.

CONCILIUM. *Rerum Novarum*: cem anos de Doutrina Social Católica. *Concilium* 237 (1991), p. 1-154.

DECCA, Edgar de. *O nascimento das fábricas*. São Paulo: Brasiliense, 1988.

FOYACA, Manuel. *As encíclicas sociais*. Rio de Janeiro: Agir, 1967.

GOMES, Francisco José. Catolicismo social (século XIX). In: SILVA, Francisco Carlos Teixeira da; MEDEIROS, Sabrina Evangelista; VIANNA, Alexander Martins (org.). *Dicionário Crítico do Pensamento da Direita*: ideias, intuições e personagens. Rio de Janeiro: FAPERJ, 2000, p. 76-77.

GOMES, Francisco José. *Rerum Novarum*. In: SILVA, Francisco Carlos Teixeira da; MEDEIROS, Sabrina Evangelista; VIANNA, Alexander Martins (org.). *Dicionário Crítico do Pensamento da Direita*: ideias, intuições e personagens. Rio de Janeiro: FAPERJ, 2000a, p. 395-397.

HACKMANN, Geraldo Luiz Borges. Aspectos teológicos da *Rerum Novarum*. *Teocomunicação* 92 (1991), p. 119-127.

HOBSBAWM, Eric. *A era das revoluções*: 1789-1848. São Paulo: Paz e Terra, 2009.

IGLESIAS, Francisco. *A Revolução Industrial*. São Paulo: Brasiliense, 1992.

LEÃO XIII. Carta Encíclica *Rerum Novarum*: sobre a condição dos operários. São Paulo: Paulinas, 2009.

MARTINA, Giacomo. *História da Igreja*: de Lutero a nossos dias. São Paulo: Loyola, 1997. v. IV.

MATOS, Henrique Cristiano José. Leão XIII e a questão social. In: Id. *História do cristianismo*. Estudos e documentos IV. Belo Horizonte: Lutador, 1992, p. 105-134.

MATOS, Henrique Cristiano José. *Caminhando pela história da Igreja*: uma orientação para iniciantes. Belo Horizonte: Lutador, 1996.

PONTIFÍCIO CONSELHO JUSTIÇA E PAZ (ed.). *Da Rerum Novarum à Centesimus Annus*: texto completo das duas encíclicas com dois estudos de Roger Aubert e Michel Schooyans. São Paulo: Loyola, 1993 [resenha: LIBANIO, João Batista. *Perspectiva Teológica* 64 (1994), p. 276-278].

REALE, Giovanne; ANTISERI, Dario. *História da Filosofia* III: do humanismo a Descartes. São Paulo: Paulus: 2004.

SCHÄFERS, Michael. *Rerum Novarum*: uma conquista dos movimentos sociais cristãos "de base". *Concilium* 237 (1991), p. 12-27.

SCHOOYANS, Michel. *Centesimus annus* e a "seiva generosa" da *Rerum Novarum*. In: PONTIFÍCIO CONSELHO JUSTIÇA E PAZ (ed.). *Da Rerum Novarum à Centesimus Annus*: texto completo das duas encíclicas com dois estudos de Roger Aubert e Michel Schooyans. São Paulo: Loyola, 1993, p. 29-72.

TERRA, João Evangelista Martins. A *Rerum Novarum* dentro de seu contexto sociocultural. *Síntese Nova Fase* 54 (1991), p. 347-366.

THOMPSON, Edward Palmer. *A formação da classe operária inglesa*. Rio de Janeiro: Paz e Terra, 1987. 3 t.

Carta Encíclica
Quadragesimo Anno[1]

A Carta Encíclica *Quadragesimo Anno* (*QA*) do Papa Pio XI, "sobre a restauração e aperfeiçoamento da ordem social em conformidade com a lei evangélica", foi publicada no dia 15 de maio de 1931. Como indica o próprio título, ela foi escrita por ocasião do quadragésimo aniversário da Encíclica *RN* de Leão XIII. E tem uma dupla característica: por um lado, retoma e defende a doutrina social e econômica de Leão XIII, esclarecendo dúvidas e precisando e desenvolvendo mais alguns pontos; por outro lado, considerando as mudanças que ocorreram nas últimas quatro décadas, enfrenta-se com o desafio atual de restauração da ordem social. Ao mesmo tempo que está em continuidade com a *RN*, avança em relação a ela tanto no sentido de precisar e desenvolver melhor alguns temas quanto no modo de tratamento desses temas, quanto, ainda, no enfrentamento de situações novas e no desenvolvimento de novos temas. Seu problema fundamental, como indica o subtítulo, é a "restauração da ordem social" e seu "aperfeiçoamento em conformidade com a lei evangélica". Nesse sentido, tem um propósito bem mais amplo que a encíclica anterior: enquanto a *RN* estava centrada na "condição dos operários", a *QA* está centrada na "restauração e aperfeiçoamento da ordem social".

---

[1] Publicado em: *Atualidade Teológica* 69 (2022), p. 29-55.

Para compreendermos bem o propósito, a perspectiva, a novidade, as ambiguidades, a importância e o impacto dessa nova encíclica, temos que considerar seu *contexto histórico*, fazer uma boa análise do *texto* e destacar os *pontos mais relevantes* para uma adequada compreensão do texto em seu conteúdo e em sua novidade.

I – Contexto histórico

A importância e novidade da QA só podem ser compreendidas a partir de seu contexto histórico socioeclesial. Para além de um texto meramente comemorativo, essa encíclica é, na verdade, uma resposta eclesial aos grandes desafios da sociedade ocidental pós Primeira Guerra Mundial. Por isso mesmo, sua análise e compreensão precisam partir do contexto sócio-político-econômico daquele momento (análise social), bem como da leitura que Pio XI faz dessa situação e da forma como entende a missão da Igreja nesse contexto (análise eclesial).

Do ponto de vista histórico-social, o pontificado de Pio XI (1922-1939) e, mais concretamente, a Encíclica QA (1931) estão situados entre as duas grandes guerras "mundiais" (1914-1918 e 1939-1945). Trata-se de um período marcado decisivamente pela crise do capitalismo liberal e pela instauração do comunismo na Rússia, os quais, por razões e caminhos diferentes, levaram à implantação de regimes despóticos. Estes são "os dois acontecimentos mais transcendentais da história social e econômica nas primeiras décadas do século XX" e constituem as "duas coordenadas" que permitem situar e compreender adequadamente a QA.[2]

Graças aos avanços tecnológicos, à ampliação do âmbito e da escala de produção e à sua reorganização nacional e internacional, o capitalismo industrial passou por mudanças profundas a partir de 1870.[3] Fala-se, nesse contexto, de uma "segunda Revolução Industrial" ou, pelo menos, de um "segundo período de desenvolvimento e avanço industrial".[4] Essas mudanças revelaram uma capacidade enorme de crescimento ininterrupto, geraram grande otimismo e produziram a

---

[2] CAMACHO, *Doutrina Social da Igreja*, p. 97.
[3] Cf. BURNS; LERNER; MEACHAM, *História da civilização ocidental*, p. 603-622.
[4] BURNS; LERNER; MEACHAM, *História da civilização ocidental*, p 603.

crença/ilusão/ideologia de um progresso ilimitado. Mas também fizeram crescer enormemente as desigualdades e os conflitos de classes, bem como a concorrência entre indústrias, cartéis e nações.[5] Não sem razão, Camacho afirma que "a palavra 'contradição' é a que melhor expressa os problemas que o capitalismo liberal foi criando em seu próprio desenvolvimento".[6]

A situação de exploração e de miséria a que se encontra submetida a classe operária desmascara a falsidade da ideologia liberal no que diz respeito à liberdade de mercado como mecanismo de regulação das relações de produção.[7] Entre a afirmação abstrata/formal do princípio universal da liberdade e a liberdade real/efetiva há uma distância enorme. As relações de poder entre a classe operária/trabalhadora e a classe patronal/capitalista são tão desiguais que não se pode falar propriamente de liberdade nas relações de produção e/ou no mercado de trabalho: as condições de vida da classe operária obrigam-na a se submeter às condições desumanas de trabalho impostas pela classe patronal. Na verdade, a aversão a qualquer intervenção do Estado (a favor da classe operária!) e a defesa da liberdade total de mercado é uma ideologia que só serve para justificar e defender os interesses dos capitalistas. À medida que os operários foram se dando conta dessa assimetria nas relações de poder e da necessidade de se organizarem para defenderem seus interesses, os conflitos de classe foram se acirrando e a ideologia liberal foi sendo desmascarada.

Mas a contradição do capitalismo liberal não se reduz ao conflito entre patrões e operários, por mais que esse seja o conflito mais radical. Ela se mostra também na relação entre os próprios empresários, na medida em que a concorrência entre eles produz diferenças tão grandes entre as empresas que acaba negando o tão propalado "princípio da igualdade de liberdade": "enquanto umas cresciam em volume e em

---

[5] Cf. CAMACHO, *Doutrina Social da Igreja*, p. 98; MATOS, O período entre as duas guerras mundiais, p. 193; BURNS; LERNER; MEACHAM, *História da civilização ocidental*, p. 610-622.

[6] CAMACHO, *Doutrina Social da Igreja*, p. 98.

[7] Cf. MATOS, Leão XIII e a questão social, p. 107-111; MATOS, *Caminhando pela história da Igreja*, p. 114-117; CAMACHO, *Doutrina Social da Igreja*, p. 98s.

poder de controle do mercado, outras viam-se em condições cada vez mais precárias, até desaparecer ou ficar à mercê das decisões das grandes". Mais uma vez, o "modelo teórico do mercado" da ideologia liberal é "negado pela concentração do poder empresarial e pela falta de verdadeira liberdade de ação".[8] Para além de uma questão teórica, temos aqui um acirramento da concorrência entre capitalistas que leva a um processo crescente de fusão de empresas, formação de cartéis e impérios internacionais. Isso levará à falência ou à submissão de muitos capitalistas e vai desembocar no primeiro grande conflito internacional (1914-1918).[9]

A Primeira Guerra Mundial teve consequências sociais, econômicas e políticas trágicas, provocando uma crise profunda no capitalismo liberal.[10] Antes de tudo, pela crise econômica que produziu:[11] "A economia mundial capitalista pareceu desmoronar" e "ninguém sabia exatamente como se poderia recuperá-la".[12] Um fato decisivo nessa crise que atinge seu auge em 1929 com o *crack* da Bolsa de Nova York é a nova posição que os EUA assumem na economia mundial. As demandas dos países em guerra possibilitaram um aumento exponente de sua produção e um grande acúmulo de capitais que os tornam, no pós-guerra, os grandes banqueiros/credores internacionais. Com o fim da guerra e a retomada da produção nos países europeus, ocorre uma "crise de superprodução", que produz queda de preços, quebra de muitas empresas e aumento do desemprego. E isso acaba produzindo uma "crise de crédito", com queda do preço das ações, descapitalização dos bancos e quebra de indústrias com consequências enormes no mercado internacional.[13] Não sem razão, Hobsbawm afirma que "o mundo da segunda metade do século XX é incompreensível se não entendermos

---

[8] CAMACHO, *Doutrina Social da Igreja*, p. 99.

[9] Cf. MATOS, Leão XIII e a questão social, p. 193; BURNS; LERNER; MEACHAM, *História da civilização ocidental*, p. 610-622, 663-668.

[10] Cf. BURNS; LERNER; MEACHAM, *História da civilização ocidental*, p. 669-689; HOBSBAWM, *Era dos extremos*, p. 32-43.

[11] HOBSBAWM, *Era dos extremos*, p. 90-112.

[12] HOBSBAWM, *Era dos extremos*, p. 91.

[13] CAMACHO, *Doutrina Social da Igreja*, p. 99s.

o impacto do colapso econômico" que se seguiu à chamada Primeira Guerra Mundial.[14]

Tudo isso provocou uma crise generalizada nas instituições liberais e acabou criando um ambiente muito fecundo para ideologias e regimes totalitários[15] como os que se deram na Itália fascista de Mussolini[16] e, sobretudo, na Alemanha nazista de Hitler.[17] Há um conjunto de fatores que concorrem para o surgimento desses regimes totalitários que se implicam mutuamente muito mais do que se pode imaginar e que não devem ser banalizados e/ou simplificados: crise econômica e seus impactos sociais no pós-guerra, difusão de um sentimento nacionalista, fortalecimento da classe operária com ameaça à ordem social capitalista liberal, reação da extrema direita à Revolução Russa e à ameaça do comunismo.[18] Estamos diante da primeira grande crise do capitalismo liberal que se impôs a partir da segunda metade do século XIX.

E, no meio dessa crise do capitalismo liberal, em plena guerra, estoura a Revolução Russa em 1917.[19] Contrariando as teses de Marx de que o socialismo seria uma fase ulterior ao desenvolvimento capitalista, a revolução acontece precisamente em um país majoritariamente camponês e pouco industrializado. Nasce num contexto de crise da sociedade capitalista e em um povo pobre, pouco industrializado e cansado de guerra. Nasce em torno de reivindicações básicas dos pobres das cidades, dos operários das fábricas e dos camponeses com o *slogan* "Pão, paz, terra". E nasce como sinal de uma alternativa mundial ao capitalismo, constituindo-se como um acontecimento fundamental e determinante da história do século XX.[20] Infelizmente, foi tomando um caminho que acabou conduzindo a um regime autoritário-ditatorial.

---

[14] HOBSBAWM, *Era dos extremos*, p. 91.

[15] Cf. BURNS; LERNER; MEACHAM, *História da civilização ocidental*, p. 693-709; HOBSBAWM, *Era dos extremos*, p. 113-143; MATOS, O período entre as duas guerras mundiais, p. 194.

[16] BURNS; LERNER; MEACHAM, *História da civilização ocidental*, p. 698-701.

[17] BURNS; LERNER; MEACHAM, *História da civilização ocidental*, p. 701-706.

[18] Cf. BURNS; LERNER; MEACHAM, *História da civilização ocidental*, p. 691s; HOBSBAWM, *Era dos extremos*, p. 127ss.

[19] Cf. BURNS; LERNER; MEACHAM, *História da civilização ocidental*, p. 692-698; HOBSBAWM, *Era dos extremos*, p. 61-89.

[20] Cf. HOBSBAWM, *Era dos extremos*, p. 62.

As primeiras mudanças mais profundas implementadas por Lenin, já em 1917 (estatização de terras, fábricas e bancos), provocaram fortes reações de latifundiários e industriais e terminaram numa terrível guerra civil, acompanhada de um pavoroso colapso econômico. A repressão do governo foi drástica. Com a morte de Lenin em 1924 e a subida de Stalin ao poder em 1928, impõe-se um "rígido sistema de planejamento [econômico] e um regime de terror que lhe permitiu o controle absoluto de toda a sociedade soviética".[21] A repressão da oposição iniciada com Lenin é levada às últimas consequências com Stalin e seu regime de terror.

Não se podem negar os grandes êxitos da Revolução Russa: crescimento da industrialização e desenvolvimento econômico do país, redução das desigualdades sociais, aumento de escolaridade e atendimento de saúde, sistema de atendimento a mães e crianças, além do poder/potencial simbólico de contraposição ao capitalismo. Mas tampouco se pode minimizar os custos ou o preço que se pagou por isso: centralização extrema do poder e repressão e extermínio de toda oposição. Na verdade, "o regime stalinista impôs à Rússia uma tirania tão extrema quanto a do czar"; "o número de suas vítimas condenadas à escravidão nos campos de trabalho provavelmente excede o número daqueles que os czares enviaram para o exílio na Sibéria".[22] Fato é que o que nasceu como alternativa ao "despotismo econômico" (capitalismo) acabou se constituindo como um despotismo de Estado (comunismo soviético).

E é nesse contexto de surgimento e desenvolvimento de regimes totalitários, provenientes do capitalismo liberal (fascismo e nazismo), bem como do despotismo do comunismo soviético, que se insere o pontificado de Pio XI e sua Encíclica QA. Essa encíclica tem uma importância muito grande, na medida em que demarca posição em relação ao capitalismo liberal e ao socialismo e que se insere no projeto de recristianização da sociedade de Pio XI.

Por um lado, a QA demarca fronteira tanto em relação ao capitalismo liberal quanto em relação ao socialismo. Pio XI se afasta desses dois

---

[21] CAMACHO, *Doutrina Social da Igreja*, p. 100.

[22] BURNS; LERNER; MEACHAM, *História da civilização ocidental*, p. 698.

extremos e aponta para um caminho intermediário entre o individualismo liberal e o coletivismo estatal.[23] Sua intuição básica na *QA* é a "constatação da destruição do tecido social pela violência da competição, exacerbada por um individualismo feroz".[24] Diante dessa situação, insiste na necessidade de "restauração da ordem social", mediante "reforma das instituições" e "mudança dos costumes". E a referência fundamental aqui é o que se convencionou chamar "corporativismo cristão", um modelo de organização da sociedade que "privilegia os grupos intermediários, as comunidades reais, notadamente de natureza profissional, as corporações".[25] Por mais que esse modelo tenha inspiração e raízes em desejos e projetos restauracionistas, não se trata simplesmente de um "transplante anacrônico" da estrutura de sociedade medieval, mas de uma "adaptação dos corpos intermediários à realidade da sociedade industrial moderna". E, por mais que existam afinidades e semelhanças com o "corporativismo fascista", há diferenças importantes, particularmente no que diz respeito ao controle e à instrumentalização das corporações pelo Estado fascista.[26] Em todo caso, "é impossível negar a simpatia que Pio XI sentiu pelo modelo corporativo de organização da sociedade", caracterizado pela importância e centralidade que confere aos "corpos intermediários" na estrutura social.[27]

Por outro lado, a *QA* é parte do projeto de recristianização da sociedade e terá um papel fundamental no desenvolvimento desse projeto. Pio XI retoma a orientação básica de Pio X de *Instaurare omnia in Christo* (restaurar tudo em Cristo)[28] e põe em marcha um processo de recristianização da sociedade.[29] Ele estava absolutamente convencido do direito e do dever da Igreja de intervir nas questões sociais, bem

---

[23] Cf. BIGO; AVILA, *Fé cristã e compromisso social*, p. 341-345; ANDRADE, *Fé e eficácia*, 240s.

[24] BIGO; AVILA, *Fé cristã e compromisso social*, p. 178s.

[25] BIGO; AVILA, *Fé cristã e compromisso social*, p. 178.

[26] BIGO; AVILA, *Fé cristã e compromisso social*, p. 181.

[27] GUTIÉRREZ, *De Leão XIII a João Paulo II*, p. 30.

[28] Cf. MATOS, *Caminhando pela história da Igreja*, p. 129-143.

[29] Cf. MATOS, O período entre as duas guerras mundiais, p. 201s; MATOS, *Caminhando pela história da Igreja*, p. 202-212; MATOS, A Igreja na época de Bento XV (1914) a Paulo VI (1978), p. 275-277.

como da necessidade que a sociedade tem da inspiração cristã e da Igreja para encontrar e manter um ordenamento social reto e duradouro. E para isso vai convocar um grande exército de "valorosos soldados de Cristo". De fato, Pio XI inaugura um "novo período" na vida da Igreja, caracterizado por uma postura "ofensiva" e de "conquista" e pela atuação do laicato. Nesse contexto, entende-se a importância decisiva da Ação Católica, compreendida por Pio XI como "colaboração" dos leigos no apostolado hierárquico: seja na "defesa" da verdade e da vida cristã, seja como "ajuda" para um maior progresso religioso e civil. Ela deve se constituir como um "exército pacífico que combaterá a gloriosa batalha pela defesa e propagação do Reino de Cristo, que é reino de justiça, paz e amor". Por essa razão, "embora devendo abster-se absolutamente de qualquer atividade e atitude político-partidária, por conta da sua natureza, a Ação Católica deverá agir real e eficazmente para a prosperidade de toda comunidade, 'tornando-se o meio adequado que a Igreja usa para comunicar aos povos todo tipo de benefícios'".[30]

É nesse contexto sociopolítico (crise do capitalismo liberal e instauração do comunismo na Rússia) e eclesial (oposição ao capitalismo liberal e ao socialismo e projeto de recristianização da sociedade) que se insere a Encíclica *QA*.

II – Texto: estrutura e conteúdo

Tendo contextualizado a Encíclica *QA*, podemos passar agora para a análise do texto. A compreensão de um texto passa não só por sua contextualização histórica, mas também por uma análise rigorosa de sua *estrutura* e de seu *conteúdo*. Sem esse esforço analítico, não é possível uma compreensão adequada do texto nem uma discussão teórico-teológica mais consequente com ele.

Antes de entrarmos diretamente na análise do texto, convém chamar atenção para um dado redacional de extrema relevância para sua compreensão. Todo texto tem a marca de seu redator ou de seus redatores em sua estrutura, em seu conteúdo e em sua linguagem. E a Encíclica *QA*

---

[30] PIO XI, Carta *Quamvis Nostra* ao Cardeal Sebastião Leme.

não é uma exceção.[31] Seu principal redator foi o jesuíta alemão Oswald von Nell-Breuning, um dos mais importantes continuadores e representantes do chamado "solidarismo cristão" na Alemanha. Coube-lhe o primeiro rascunho do texto. Por ele passaram as oito redações do texto. E a ele se deve a perspectiva corporativista de organização da sociedade presente no texto. Um segundo projeto do texto foi redigido pelos jesuítas franceses Desbuquois e Danset: mais sensível ao desenvolvimento histórico do capitalismo e do socialismo, menos otimista com relação ao modelo corporativista da sociedade e mais centrado nos princípios cristãos. Daí a dupla perspectiva do documento: "reforma das instituições" (Nell-Breuning) e "mudança dos costumes" (Desbuquois). A "fusão" dos textos e sua redação final, com revisões e colaborações dos redatores e de outros pensadores, competiu ao jesuíta belga Albert Müller. Ele "conseguiu conjugar ambos os enfoques, oferecendo uma solução em dois níveis: o institucional e o dos costumes".[32]

Dito isso, passemos para a análise da estrutura e do conteúdo do texto.

1. Estrutura

Diferentemente da Encíclica *RN* de Leão XIII, que não tinha uma subdivisão interna nem apresentava explicitamente a ordem de seu conteúdo, a Encíclica *QA* de Pio XI, além de apresentar uma subdivisão em três partes, indica explicitamente o conteúdo que será tratado no documento.[33] É verdade que o texto original não dá título a essas partes e que a indicação do conteúdo aparece em observações um tanto genéricas ou pouco precisas. Em todo caso, o texto apresenta explicitamente uma ordem/lógica do discurso que é preciso considerar e nessa ordem/lógica expressa bem o objetivo maior do documento que já aparece no próprio título.[34]

---

[31] Cf. CAMACHO, *Doutrina Social da Igreja*, p. 104s; GASDA, *Trabalho e capitalismo global*, p. 73s; MARTINA, *História da Igreja*, p. 63, 71.

[32] CAMACHO, *Doutrina Social da Igreja*, p. 105.

[33] Por questão de praticidade, usaremos a tradução do documento feita por Paulinas Editora e seguiremos a numeração aí proposta (cf. PIO XI, Carta Encíclica *Quadragesimo Anno*). A partir de agora, os números entre parêntesis, sem outra indicação, remetem à numeração desta obra.

[34] Cf. CAMACHO, *Doutrina Social da Igreja*, p. 101-103.

Não há dificuldade com relação à estrutura do texto: introdução (1-15); primeira parte (16-40); segunda parte (41-98); terceira parte (99-147). Já com relação à organização do conteúdo, a questão é mais delicada. É que a divisão do texto em três partes não corresponde exatamente aos três pontos do conteúdo indicado no final da introdução (15). Se tomarmos como referência a divisão interna do texto em três partes, como costumam fazer os comentadores, teríamos a seguinte indicação do conteúdo: 1) benefícios da *Rerum Novarum*; 2) doutrina econômica e social da Igreja; 3) profundas transformações ocorridas depois de Leão XIII. Se tomarmos como referência os "três pontos" do conteúdo indicados pelo texto, como adverte Camacho, teríamos uma pequena alteração na indicação do conteúdo: 1) bens que resultaram da *Rerum Novarum*; 2) ulteriores esclarecimentos da doutrina econômica e social da Igreja; 3) a raiz mais profunda da desordem e a solução.[35]

Seguir a divisão do texto em três partes favorece maior fidelidade à organização do conteúdo do documento. Seguir a ordem/lógica dos temas indicados tem a vantagem de fazer que se compreenda melhor o objetivo maior do texto, que é a "restauração e o aperfeiçoamento da ordem social em conformidade com a lei evangélica", como reza o título da encíclica. Em todo caso, e por fidelidade ao próprio texto, é importante ter presente e manter essa tensão entre sua divisão em três partes e a ordem/lógica de seu conteúdo em três pontos, fruto, em boa medida, de um processo redacional complexo que resulta na fusão/costura de projetos/textos diversos.

2. Conteúdo

Tendo presente essa tensão/ambiguidade na estrutura do texto entre suas três partes e os três pontos de seu conteúdo, apresentaremos a seguir, de maneira bastante resumida, o conteúdo da Encíclica *QA*.[36]

---

[35] Cf. CAMACHO, *Doutrina Social da Igreja*, p. 103.

[36] Cf. CAMACHO, *Doutrina Social da Igreja*, p. 105-125; NELL-BREUNING, *La organización de la economía social*; FOYOCA, *As encíclicas sociais*, p. 33-63; ALBURQUERQUE, *Moral social cristiana*, p. 127-129; ANDRADE, *Fé e eficácia*, p. 227-229.

Introdução

O texto, dirigido não só ao episcopado, mas também a todos os fiéis do orbe católico, começa falando da comemoração do quadragésimo aniversário da Encíclica *RN* de Leão XIII (1). É nesse contexto que se insere a Encíclica *QA*.

Pio XI começa situando a *RN* no contexto mais amplo da "solicitude pastoral" de Leão XIII: ela foi antecedida e preparada por outras encíclicas sobre matrimônio/família, Estado, socialismo, liberalismo, mas distingue-se delas por oferecer resposta ao "espinhoso problema" conhecido como "questão social" (2). Seu contexto histórico (3-6), fruto do "novo gênero de economia" e dos "grandes progressos da indústria", é uma "sociedade cada vez mais dividida em duas classes": de um lado, um "pequeno" grupo que "gozava de todas as comodidades"; de outro, "uma multidão imensa de operários, a gemer na mais calamitosa miséria" (3). Enquanto os donos do capital "facilmente se resignavam" e tratavam essa situação como um "efeito inevitável das leis econômicas", os operários reagiam ou aspirando a "tudo subverter" ou, de acordo com a "educação cristã", buscando uma "reforma urgente e radical" (4).

"No meio de tão grande luta de espírito", diz Pio XI, todos se voltavam para a "cátedra de Pedro" na busca de um "caminho seguro" (7). Depois de muita ponderação e de muitas consultas e, movido pela "consciência do múnus pastoral", Leão XIII "decidiu-se a falar" (8): "Condoído ao ver a 'miserável e desgraçada condição em que injustamente vivia' tão grande parte dos homens, tomou animoso a defesa dos operários". E, para isso, "não pediu auxílio nem ao liberalismo [que se tinha mostrado 'incapaz'] nem ao socialismo" [que "lançaria a sociedade em perigos mais funestos"] (10). Apoiando-se unicamente "nos princípios imutáveis [...] da reta razão e da revelação", ele "expôs" e "proclamou" tanto "os direitos e os deveres que devem reger as relações mútuas dos ricos e dos proletários, dos capitalistas e dos trabalhadores" quanto "a parte que deviam tomar a Igreja, a autoridade civil e os próprios interessados na solução dos conflitos sociais" (11).

E sua voz "não ressoou em vão". Ela foi ouvida e aplaudida pelos "filhos obedientes da Igreja", por "muitos dos que viviam longe da verdade e da fé" e por "quase todos os que depois se ocuparam de sociologia e economia, tanto no estudo teórico como na legislação pública" (12). Mas foram os "operários cristãos" e os que se empenhavam em "aliviar a sorte dos operários" os que "com maior alegria acolheram a encíclica" (13). Entretanto, "não faltaram vozes discordantes, mesmo entre os católicos, a quem a doutrina de Leão XIII [...] pareceu suspeita e até escandalizou" (14).

Por isso, e aproveitando a celebração do quadragésimo aniversário da *RN*, Pio XI julga oportuno publicar uma nova encíclica para "recordar" os grandes benefícios dessa encíclica, "defender" a doutrina social e econômica de Leão XIII, esclarecendo dúvidas e desenvolvendo e precisando alguns pontos, bem como para "apontar a raiz do mal-estar na sociedade contemporânea" e "mostrar-lhe a única via de restauração salutar que é a reforma cristã dos costumes". São os "três pontos da presente encíclica" (15).

Primeira parte

Em espírito de "gratidão" e "ação de graças", Pio XI começa recordando os "imensos benefícios" da *RN* para a Igreja e a sociedade. Sua importância é tamanha que se poderia dizer que "toda a história dos últimos quarenta anos, na parte relativa à questão social", está marcada por essa encíclica. Mas, por razão didática e considerando o "tríplice concurso" que Leão XIII indicava para a solução da questão operária, seus benefícios podem ser agrupados em "três pontos" (16).

Quanto à *Igreja* (17-24), os benefícios da *RN* se dão antes de tudo no campo doutrinal. Sua "doutrina social e econômica" foi proclamada sem cessar por Leão XIII e seus sucessores – "urgindo-a e aplicando-a [...] na defesa dos pobres e desvalidos"; foi declarada, comentada e adaptada por grande parte do episcopado (18); inspirou muitos intelectuais no desenvolvimento da "ciência social e econômica" (19), fazendo nascer uma "verdadeira ciência social católica" (20) e tornando seus princípios "patrimônio de toda sociedade humana" (21); seus "princípios e diretivas" repercutiram em muitos países no âmbito jurídico na elaboração de uma legislação para "regular o trabalho dos operários segundo a justiça e a equidade" (22). Do ponto de vista prático, destaca-se, por um lado, o trabalho educativo da classe operária, que foi muito importante para a tomada de "consciência da própria dignidade" (23) e, por outro lado, a melhoria das condições de vida: seja pela multiplicação das "obras de caridade e beneficência", seja pelo aumento das "associações de mútuo socorro para operários, artistas, agricultores e jornaleiros de toda espécie" (24).

Quanto à *autoridade civil*, Leão XIII havia insistido na superação dos "confins impostos pelo liberalismo", afirmando que a autoridade civil não se podia limitar a "tutelar os direitos da ordem pública", mas devia fazer o possível para que "da própria organização do Estado dimane espontaneamente a prosperidade da nação e dos indivíduos"; devia garantir a "justa liberdade de ação, conquanto que se salve o bem comum"; devia ter um "cuidado especial" pela "classe indigente" que, por ser "desprovida de meios pessoais, apoia-se, sobretudo, na proteção do Estado" (25). Pio XI reconhece que isso não se deve apenas à *RN*, mas destaca sua importância decisiva no desenvolvimento de uma "política social mais ativa" (26). Destaca também a atuação de muitos católicos e até ministros da Igreja na defesa, elaboração e excussão de uma "política francamente social" e de uma legislação social (27), com realce para a nova legislação trabalhista que se propõe a "defender com ardor os sagrados direitos dos operários, provenientes de sua dignidade de homem e de cristão" (28).

Com relação aos *interessados*, na contramão de governos "impregnados de liberalismo" e mesmo de muitos católicos, Leão XIII defendeu e estimulou a criação de "associações" de operários e patrões (29-30). Pio XI destaca de maneira especial o crescimento de associações de operários cristãos (31) como meios de garantir "a maior quantidade possível, para cada um dos bens do corpo, do espírito e da fortuna" e, sobretudo, a "perfeição moral e religiosa" (32). Graças à *RN* e à atuação e dedicação de muitos membros do clero e do laicato na fundação dessas associações em suas distintas modalidades (33-34), essas associações floresceram por toda parte e, embora em número inferior às associações socialistas e comunistas, "agrupam notável multidão" (36). Destaca também o surgimento de "associações não operárias" entre "agricultores e outros membros da classe média" (37). Já com relação a associações entre patrões e industriais, "não se pode dizer o mesmo". Pio XI lamenta esse fato, saúda os "esforços envidados" e expressa sua esperança de colher frutos abundantes no futuro (38).

Todos esses benefícios mostram que a *RN* "não era apenas a expressão de um ideal magnífico, mas irrealizável", e sim uma doutrina haurida do Evangelho que "pode, se não resolver já de vez, ao menos abrandar muito a luta fatal em que mutuamente se digladia a família humana". Os "frutos" recolhidos permitem falar da *RN* como "a 'Magna Carta' em que se deve basear como em sólido fundamento toda a atividade cristã no campo social" (39). Entretanto, as dúvidas sobre a "reta interpretação" ou sobre as "consequências" de vários pontos da encíclica e as "novas exigências do nosso tempo e as mudadas condições sociais" tornam necessária uma "aplicação mais esmerada" e mesmo "alguns acréscimos" da doutrina de Leão XIII (40).

Segunda parte

O texto começa reafirmando "o direito e o dever" do Papa de "julgar questões sociais e econômicas", não em "assuntos técnicos", mas no que "se refere à moral" (41). Recorda que, "ainda que a economia e a moral 'se regulem, cada uma no seu âmbito, por princípios próprios', é erro julgar a ordem econômica e a moral tão afastadas e alheias entre si, que de modo nenhum aquela dependa desta". As "chamadas leis econômicas", fundadas na "própria natureza das coisas e da índole do corpo e da alma", dizem respeito não apenas aos "fins particulares", mas também ao "fim último e supremo" da ordem econômica (42-43). Dito isso, e conforme havia indicado (40), o texto passa a esclarecer "dúvidas" sobre a *RN* e responder a "exigências" atuais.

Em um primeiro momento, o documento esclarece, precisa e desenvolve quatro pontos da *RN* que dizem respeito mais diretamente aos "indivíduos" (76):

A)	*Direito de propriedade* (44-52): reafirma com Leão XIII o "direito de propriedade contra as aberrações dos socialistas" (44); destaca sua índole "individual e social" (45); adverte contra o "duplo escolho" do "individualismo" e do "coletivismo" (46); contra a tese que identifica "domínio e uso honesto", defende que "o direito de propriedade é distinto do seu uso" (47); afirma o poder do Estado de "definir" os "deveres" e "decretar" o que seja "lícito ou ilícito" aos proprietários no "uso de seus bens", advertindo, porém, que este poder não pode ser desempenhado "arbitrariamente": não pode "abolir" a propriedade, apenas "moderar" seu uso e "harmonizá-lo com o bem comum" (49); considera o uso de "rendimentos livres" em "obras realmente úteis" como "ato preclaro da virtude da magnificência" (51); fala de "aquisição de domínio" através da apropriação de uma "coisa abandonada ou sem dono" e através da "indústria que alguém exerce em seu próprio nome" (52).

B) *Capital e trabalho* (53-58): referindo-se à "condição do trabalho que, vendido a outrem, se exerce em coisa alheia", Pio XI afirma com Leão XIII que "de nada vale o capital sem o trabalho, nem o trabalho sem o capital" e que, por essa razão, é "inteiramente falso atribuir ou só ao capital ou só ao trabalho o produto do concurso de ambos" e é "injustíssimo que um deles, negando a eficácia do outro, se arrogue a si todos os frutos" (53); denuncia as pretensões injustas de monopólio da renda do capital (54) e do trabalho (55); e defende que a repartição das riquezas "seja pautada pelas normas do bem comum e da justiça social" (57-58).

C) *Redenção dos proletários* (59-62): reafirma a necessidade de buscar "a todo custo" a "redenção dos proletários"; reconhece que sua condição "melhorou e se tornou mais tolerável, sobretudo nas cidades mais progredidas e populosas", diferentemente da situação das terras "chamadas novas" (América Latina) e dos "reinos do extremo Oriente", onde "cresceu desmesuradamente o número de proletários pobres, cujos gemidos bradam ao céu", sem falar do "ingente exército de jornaleiros" (59); afirma que, embora não se possa identificar a "condição operária" com "pauperismo", a existência de uma "multidão de proletários" e de "poucos ricos" mostra que a riqueza produzida "não está bem distribuída" (60) e que é preciso "envidar todos os esforços" para que isso aconteça (61); conclui afirmando que, sem pôr em prática essa doutrina, "será impossível defender eficazmente a ordem pública, a paz e a tranquilidade da sociedade humana contra os maquinadores de revoluções" (62).

D) *Justo salário* (63-75): afirma que sem um "modesto pecúlio", proveniente da "própria jornada", não é possível a "redenção dos proletários" (63); defende com a *RN* a "legitimidade" do "contrato de compra e venda de trabalho" e a necessidade de sua regulação segundo as "leis da justiça" (64), ponderando, contudo, que "nas presentes condições sociais é preferível, onde há possibilidade, mitigar os contratos de trabalho, combinando-os com os da sociedade" (65); afirma que "o justo valor do pagamento deve ser avaliado não por um, senão por vários princípios" (66), considerando, como no caso da propriedade, seu caráter individual e social (69): o sustento do operário e sua família (71), a situação da empresa (72-73) e as exigências do bem comum (74-75).

Em um segundo momento, passa a tratar da "restauração da ordem social" que Leão XIII "desejou e procurou restaurar pelos princípios da sã filosofia e aperfeiçoar segundo as normas sublimes da lei evangélica" (76). E, para isso, são necessárias uma "reforma das instituições" e uma "emenda dos costumes" (77).

Ao falar de "reforma das instituições", Pio XI pensa, sobretudo, no *Estado* (78-80), uma vez que "o vício do já referido 'individualismo' levou as coisas a tal extremo que, enfraquecida e quase extinta aquela vida social outrora rica e harmonicamente manifestada em diversos gêneros de agremiações, quase só restam os indivíduos e o Estado" (78). Nesse contexto, reafirma o "solene princípio da filosofia social", segundo o qual, "assim como é injusto subtrair aos indivíduos o que eles podem efetuar [...] para confiar à coletividade", também é injusto "passar para uma sociedade maior e mais elevada o que as sociedades menores e inferiores podiam conseguir" (79). Trata-se aqui do "princípio da função 'supletiva' dos poderes públicos" (80).

Outro ponto importante da "reforma das instituições" diz respeito à *harmonia entre as diversas profissões* (81-87). É o desafio da superação da divisão da sociedade em "duas classes ou campos opostos, que encarniçadamente se digladiam" mediante "organismos bem constituídos, ordens ou profissões, que agrupem os indivíduos, não segundo a sua categoria no mercado de trabalho, mas segundo as funções sociais que desempenham" (83). Pio XI retoma aqui o modelo das "corporações", ordenadas (84), não a partir dos interesses de classe, mas a partir dos "interesses comuns à profissão" que visam, acima de tudo, ao "bem comum de toda sociedade" (85). Defende que "é lícito aos seus membros eleger a forma que lhes aprouver, contanto que atendam às exigências do bem comum" (86) e resguarda a liberdade de associação e a autonomia das associações profissionais, bem como dos "colégios e corporações mais vastos" (87).

Por fim, "como não pode a unidade social basear-se na luta de classes, assim a reta ordem da economia não pode nascer da livre concorrência de forças", como defende a "ciência econômica 'individualista'". Pio XI é taxativo: "A livre concorrência, ainda que dentro de certos limites, é justa e vantajosa, não pode de modo algum servir de norma reguladora à vida econômica". Por isso, "urge sujeitar e subordinar de novo a economia a um princípio diretivo que seja seguro e eficaz". Ele vai recorrer aqui a dois princípios: "justiça social" (instituições, ordem jurídica e social) e "caridade social" (alma do ordenamento jurídico). É tarefa da autoridade pública "defender e reivindicar eficazmente essa ordem jurídica e social" (88). As nações devem promover uma "vantajosa e feliz cooperação econômica internacional" (89). Com relação à "nova organização sindical e corporativa" (91-96), destaca suas "vantagens" (95), mas expressa o receio de acabar servindo a "particulares intentos políticos mais que à preparação e início de uma ordem social melhor" (95). Para isso, são necessárias a "bênção de Deus", a "colaboração de todos", as "competências técnicas, profissionais e sociais" e a "doutrina e a prática dos princípios católicos" (96).

O texto conclui advertindo que nada do que foi ensinado acerca da "restauração e aperfeiçoamento da ordem social" poderá se realizar "sem a reforma dos costumes" (97) e indicando o assunto da terceira parte: julgamento do "vigente sistema econômico" e do "socialismo" e indicação da raiz dos males e seu remédio (98).

Terceira parte

A terceira parte começa apresentando "as grandes transformações que, desde os tempos de Leão XIII, sofreram tanto a economia como o socialismo" (99).

A) Com relação à *evolução da economia* (100-110): Pio XI se refere aqui "àquele sistema em que ordinariamente uns contribuem com o capital, os outros com o trabalho para o comum exercício da economia" (100); recorda que Leão XIII procurou "regular" esse tipo de economia "segundo as normas da justiça", que ela "*de per si* não é condenável" ou "sua natureza não é viciosa", a não ser quando "viola a reta ordem, quando o capital escraviza os operários ou a classe proletária [...] desprezando a dignidade humana dos operários, a função social da economia e a própria justiça social e o bem comum" (101); afirma que, embora o capitalismo não seja "a única forma de economia que reina em toda parte" (102), com o "propagar-se da indústria" ele "se infiltrou e invadiu completamente todos os outros campos da produção" (102); manifesta preocupação não só com o bem dos "habitantes das regiões industriais", mas com o bem de "todos os homens" (104); constata que "nos nossos tempos não só se amontoam riquezas, mas acumula-se um poder imenso e um verdadeiro despotismo econômico nas mãos de poucos" (105); afirma que "esse despotismo torna-se intolerável naqueles que, tendo nas mãos o dinheiro, são também senhores absolutos do crédito e por isso dispõem do sangue de que vive a economia e manipulam de tal maneira a alma dela que não pode respirar sem sua licença" (106), que "este acumular de poderio e recurso, nota característica da economia atual, é consequência lógica da concorrência desenfreada, à qual só podem sobreviver os mais fortes" (107) e que este acúmulo de poder gera uma luta pelo domínio econômico, político e internacional (108); como consequência "desse espírito individualista no campo econômico": "a livre concorrência matou-se a si própria, à liberdade do mercado sucedeu o predomínio econômico, à avidez do lucro seguiu-se a desenfreada ambição de predomínio, toda economia se tornou horrendamente dura, cruel, atroz", sem falar dos "danos gravíssimos originados da malfadada confusão dos empregos e atribuições da autoridade pública e da economia" como o "aviltamento do Estado", o "nacionalismo ou imperialismo econômico" e o "imperialismo internacional bancário" (109); como "remédio" para combater esse mal, retoma pontos importantes já indicados: "colaboração" entre capital e trabalho, "caráter individual e social do capital e do trabalho", "justiça comutativa e caridade cristã", "limite" da livre concorrência, poder econômico "sujeito" à autoridade pública, exigência do "bem comum" ou das "regras da justiça", "atividade econômica reconduzida a uma ordem sadia e bem equilibrada" (110).

B) Com relação à *evolução do socialismo* (111-125): se no tempo de Leão XIII se podia falar de um "único" socialismo, depois ele se dividiu entre "duas facções principais" com "tendências pela maior parte contrárias e irreconciliáveis entre si", mas conservando um "princípio fundamental, contrário à fé cristã" (111); uma dessas facções se "precipitou no comunismo": ensina e procura realizar a "guerra de classes" e a "completa destruição da propriedade particular"; faz de tudo para isso e, uma vez no poder, "é incrível e espantoso como se mostra bárbaro e desumano"; Pio XI manifesta profunda dor pela "apatia dos que parecem desprezar perigos tão iminentes" (112); a outra facção, "mais moderada", conserva o nome de "socialismo": "não só professa abster-se da violência, mas abranda e limita de algum modo [...] a luta de classes e a extinção da propriedade particular"; dessa forma, parece "tender" e se "aproximar" da verdade cristã (113); "tão justos desejos e reinvindicações em nada se opõem à verdade cristã e muito menos são exclusivos do socialismo", de modo que "quem só luta por eles, não tem motivo para declarar-se socialista" (115); e não se deve pensar que todos os partidos socialistas "professam já teórica e praticamente essa moderação" nem se deve esquecer de que "em geral [eles] não renegam a luta de classes nem a abolição da propriedade, apenas a mitigam" (116); em todo caso, "o socialismo [...], se é verdadeiro socialismo, mesmo depois de se aproximar da verdade e da justiça nos pontos sobreditos, não pode conciliar-se com a doutrina católica, pois concebe a sociedade de modo completamente avesso à verdade cristã" (117), na medida em que ignora ou despreza o "fim sublime" e a "felicidade eterna" dos indivíduos e da sociedade (118); por essa razão, "socialismo religioso, socialismo católico são termos contraditórios: ninguém pode ser ao mesmo tempo bom católico e verdadeiro socialista" (119); e tudo isso se aplica também a "um novo sistema de socialismo prático" que "se vai propagando nos meios socialistas" com o objetivo de "formação das inteligências e dos costumes": visa "formar o homem 'socialista'" que há de constituir a sociedade socialista (120); por fim, lamenta ver não poucos católicos "desertar dos arraiais da Igreja e passar às fileiras do socialismo" (122) com a justificativa de que "a Igreja e todos os que se lhe proclamam obedientes favorecem os ricos [e] desprezam os operários" (123), lamenta que isso de fato aconteça com alguns que se dizem católicos, afirma que não deixará nunca de "censurar severamente tal procedimento" (124) e convida a que "voltem ao seio da Santa Mãe Igreja" (125).

Depois de tratar das grandes mudanças que aconteceram com o capitalismo e o socialismo nos últimos quarenta anos, Pio XI retoma a problemática da "restauração da ordem social". Tendo tratado, no final da segunda parte, da "reforma das instituições" (78-96), passa a tratar agora da "reforma dos costumes" (126-147).

O texto começa afirmando que, "se examinarmos as coisas mais a fundo, veremos com evidência que esta restauração social [...] não se pode obter sem prévia e completa renovação do espírito cristão, do qual miseravelmente desertaram tantos economistas" (126). Reafirma que a economia capitalista está "profundamente viciada" e que o comunismo e mesmo o socialismo se "desviam dos ditames do Evangelho" (127). E conclui com Leão XIII que "a sociedade humana só se poderá curar voltando à vida e instituições cristãs". Só elas "podem dar remédio eficaz à demasiada solicitude pelas coisas passageiras, origem de todos os vícios" (128).

Pior que as "revoluções, calamidades e ruínas temporais" é a "ruína das almas". E, por mais que se possa dizer que as atuais "condições da vida social e econômica" dificultam muito a busca da "salvação eterna" para uma "grande multidão de homens" (129), é preciso reconhecer que "a raiz e a fonte desse menosprezo da lei cristã na vida social e econômica e da consequente apostasia da fé católica para muitos operários é a desordem das paixões, triste efeito do pecado original". É daqui que vem "aquela sede inextinguível de riquezas e bens temporais que, [...] nas atuais condições econômicas, arma à fragilidade humana laços ainda mais numerosos" (131). A falta de uma "rígida disciplina dos costumes, energicamente apoiada pela autoridade pública", favoreceu uma "ciência econômica" que, "prescindindo da lei moral, soltava as rédeas às paixões humanas" (132). Por esse caminho entraram primeiro os "dirigentes da economia", mas também a "multidão dos operários" acabou por "precipitar-se no mesmo abismo" (134).

"A esta tão deplorável crise das almas [...] não se pode dar outro remédio senão reconduzir os homens à profissão franca e sincera da doutrina cristã" (135). E isso se dá através de dois princípios fundamentais. Por um lado, a "lei da moderação cristã", segundo a qual "tudo se encaminhe para Deus, fim primeiro e supremo de toda atividade criada, e que todos os bens criados por Deus se considerem como instrumentos dos quais o homem deve usar, tanto quanto lhe sirvam, para conseguir o fim último" (135). Por outro lado, a "lei da caridade", que, embora não possa "substituir a justiça", é necessária para "congraçar os ânimos e unir os corações". Este "vínculo que une as almas" é o "fundamento" das "instituições criadas para consolidar a paz e promover a colaboração social" (16). É desses dois princípios que "há de brotar aquela tão desejada e completa restauração da sociedade humana em Cristo" (137).

Por fim, Pio XI exorta os bispos e seus colaboradores, clérigos ou leigos, membros da Ação Católica, a que não "poupem nenhum trabalho" nem "desanimem" nesta "árdua empresa"; recorda que "a vida do cristão é uma contínua milícia" e que "se assinalar em empresas difíceis é próprio dos que, como bons soldados, seguem a Cristo mais de perto" (137); fala de "sinais lisonjeiros de restauração social" nas "fileiras dos operários" (139); insiste que "os primeiros e imediatos apóstolos dos operários devem ser os operários, os apóstolos dos artistas e comerciantes devem sair dentre eles" (140), que é dever principalmente dos bispos e de seu clero "procurar cuidadosamente estes apóstolos dos operários e patrões, escolhê-los com prudência, formá-los e educá-los como convém" e que, para essa função, os sacerdotes devem se preparar com "apurado estudo das questões sociais", com "apurado sentimento de justiça" e, acima de tudo, estarem "possuídos pela caridade de Cristo" (141); adverte contra a "dispersão de forças" e exorta à união das forças católicas (146).

III – Destaques

Depois de apresentarmos o contexto socioeclesial em que a Encíclica *QA* foi publicada e de fazermos uma análise da estrutura e do conteúdo de seu texto, destacaremos alguns pontos que consideramos relevantes para melhor compreensão de seu conteúdo, de sua novidade e de sua relevância.

1. Antes de tudo, é preciso destacar o caráter de continuidade e novidade da *QA* em relação à *RN*. Ela não só foi escrita por ocasião do quadragésimo aniversário da *RN* (1), nem se restringe a reconhecer seus "imensos benefícios" para a Igreja e a sociedade (16). Além de tratar a *RN* como "a 'Carta Magna' em que deve basear-se como em sólido fundamento toda a atividade cristã no campo social" (39), propõe-se explicitamente a "defender a doutrina social e econômica" de Leão XIII nela expressa (15) e recorre constantemente a ela ao longo do texto. Por outro lado, é interessante observar que, ao apresentar seu propósito nessa encíclica, Pio XI fala não só de esclarecer "dúvidas" sobre a "reta interpretação" ou sobre as "consequências" deduzidas de vários pontos da *RN*, mas também de "precisar" e "desenvolver" mais alguns pontos da doutrina de Leão XIII (15, 40). Indo ainda mais longe, afirma que "as novas exigências do nosso tempo e as mudadas condições sociais tornam necessária uma aplicação mais esmerada da doutrina leonina e mesmo alguns acréscimos" (40). De modo que a *QA* não é uma mera repetição nem sequer uma mera explicação da *RN*. Avança em termos de "precisão", "desenvolvimento", "aplicação" e até "acréscimos".

2. Há também diferenças significativas em termos de destinatários, tema e desafio fundamental: a) enquanto a *RN* está dirigida ao episcopado, a *QA* é dirigida não só ao episcopado, mas também "a todos os fiéis do orbe católico",[37] o que se explica pela "estratégia pastoral" de Pio XI em seu projeto de recristianização da sociedade indicado no final da encíclica (140-146);[38] b) enquanto a *RN* trata da "condição dos operários", a *QA* trata da "restauração da ordem social" e de seu "aperfeiçoamento em conformidade com a lei evangélica". Trata-se de um objetivo e de desafio muito mais amplos: "Pio XI contempla a situação global e propõe soluções que transcendem o problema concreto da classe trabalhadora, embora não deixem de considerá-lo, implicitamente";[39] c) Embora tanto a *RN* quanto a *QA* sejam críticas do liberalismo e do socialismo e, nesse sentido, devam ser tomadas como encíclicas antiliberais e antissocialistas, pode-se afirmar, contudo, que, se o foco da

---

[37] Cf. NELL-BREUNING, *La reorganización de la economia social*, p. 23s.

[38] Cf. CAMACHO, *Doutrina Social da Igreja*, p. 123-125.

[39] CAMACHO, *Doutrina Social da Igreja*, p. 101.

polêmica na *RN* é o socialismo, o foco da polêmica na *QA* é o capitalismo liberal:[40] "A intuição básica do ensinamento de Pio XI [na *QA*] foi a constatação da destruição do tecido social pela violência da competição capitalista, exacerbada por um individualismo feroz".[41]

3. Dentre as contribuições mais importantes da encíclica *QA*, convém destacar três pontos que, além de representar um avanço em relação à *RN*, terão uma importância decisiva no desenvolvimento posterior do ensino ou da Doutrina Social da Igreja.[42] Em primeiro lugar, contra o "duplo escolho" do "individualismo" e do "coletivismo" (42), a insistência na dimensão "individual e social" da propriedade e do trabalho (45, 49, 69, 110). Para Camacho, "talvez esse seja o ponto mais significativo da doutrina de Pio XI: um equilíbrio entre a dimensão individual e social da propriedade". O que Leão XIII não conseguiu na *RN*, talvez por sua polêmica antissocialista, Pio XI consegue na *QA* em sua polêmica contra o capitalismo liberal.[43] Schooyans fala aqui de um verdadeiro "deslocamento de acento": do direito de propriedade privada (na *RN*) para a destinação universal dos bens (na *QA*).[44] Em segundo lugar, a determinação da "justiça social" como princípio e critério de distribuição dos bens ou riquezas (57, 58, 71, 74, 88, 101, 110, 125). Essa nova categoria terá uma importância decisiva no desenvolvimento da Doutrina Social da Igreja.[45] Por fim, contra os excessos e abusos do Estado, a afirmação e defesa do princípio de subsidiariedade (78-80).[46]

4. Conforme já indicamos anteriormente, no centro das preocupações e reflexões da Encíclica *QA* estão a denúncia do capitalismo liberal

---

[40] Cf. CAMACHO, *Doutrina Social da Igreja*, p. 109, 114, 119.

[41] BIGO; ÁVILA, *Fé cristã e compromisso social*, p. 178s.

[42] Cf. GUTIÉRREZ, *De Leão XIII a João Paulo II*, p. 35-37.

[43] CAMACHO, *Doutrina Social da Igreja*, p. 109.

[44] SCHOOYANS, *Centesimus annus* e a "seiva gêneros" da *Rerum novarum*, p. 42.

[45] Cf. NELL-BREUNING, *La reorganización de la economia social*, p. 13; CAMACHO, *Doutrina social da Igreja*, p. 108, 116; GUTIÉRREZ, *De Leão XIII a João Paulo II*, p. 37.

[46] Cf. NELL-BREUNING, *La reorganización de la economia social*, p. 227-239; CAMACHO, *Doutrina Social da Igreja*, p. 114; GUTIÉRREZ, *De Leão XIII a João Paulo II*, p. 36.

e sua superação.[47] É verdade que Pio XI não identifica sem mais o "capitalismo liberal" que se impôs no seu tempo com o capitalismo, "enquanto sistema em que ordinariamente uns contribuem com o capital [e] os outros com o trabalho" (100). Por isso, afirma que o capitalismo *de per si* não é condenável" ou que "sua natureza não é viciosa" (101). Mas rejeita radicalmente o capitalismo liberal, dominado pela "lógica da concorrência desenfreada", cuja consequência é o "acúmulo de poderio e recursos" (107), constituindo-se num verdadeiro "despotismo econômico" (105). Ele é consequência do "espírito individualista no campo econômico" (109)[48] e se constitui como atentado contra a "reta ordem da economia" que "não pode nascer da livre concorrência de forças" (88). Para Pio XI, "a livre concorrência, ainda que dentro de certos limites, é justa e vantajosa, não pode de modo nenhum servir de norma reguladora à vida econômica". Contra a "prepotência econômica" do capitalismo liberal, diz o Papa, "urge sujeitar e subordinar de novo a economia" aos princípios da "justiça e caridade cristãs" (88).

5. Não menos impactante que a abordagem de Pio XI do capitalismo liberal é sua abordagem do socialismo. Por mais que esse tema não ocupe o centro da QA e seja tratado com relativa brevidade, tem uma importância muito grande no texto e traz distinções e matizes que representam uma grande novidade na abordagem do tema na Igreja.[49] Ele reconhece que houve uma mudança profunda no socialismo nas últimas décadas, produzindo uma divisão entre duas facções "de tendências pela maior parte contrárias e irreconciliáveis entre si", ainda que "conservando o princípio fundamental do socialismo primitivo, contrário à fé cristã" (111): "comunismo" (112) e "socialismo" (113-116). Enquanto julga "supérfluo" deter-se na condenação do "comunismo" (112), afirma que os "justos desejos e reivindicações [do socialismo]

---

[47] Cf. NELL-BREUNING, *La reorganización de la economia social*, p. 1, 51; CAMACHO, *Doutrina Social da Igreja*, p. 109, 114, 119; GUTIÉRREZ, *De Leão XIII a João Paulo II*, p. 33-35; BIGO; ÁVILA, *Fé cristã e compromisso social*, p. 178-180; ANDRADE, *Fé e eficácia*, p. 240s.

[48] Cf. NELL-BREUNING, *La reorganización de la economia social*, p. 297-301, 342s.

[49] Cf. NELL-BREUNING, *La reorganización de la economia social*, p. 315-324; CAMACHO, *Doutrina Social da Igreja*, p. 119-121; BIGO; ÁVILA, *Fé cristã e compromisso social*, p. 343-345.

em nada se opõem à verdade cristã e muito menos são exclusivos do socialismo" (115). Mesmo assim, é taxativo na afirmação de que "o socialismo não pode conciliar-se com a doutrina católica" (117), que "socialismo católico são termos contraditórios", que "ninguém pode ser ao mesmo tempo bom católico e verdadeiro socialista" (119). E a razão disso se deve a uma "concepção de sociedade" que prescinde de Deus (118). Em todo caso, temos aqui uma consideração mais ampla e complexa do socialismo...

6. Um ponto muito importante na QA que, sobretudo, pela identificação com o fascismo, acabou "desaparecendo" nos debates e textos posteriores é o modelo corporativo de organização da sociedade.[50] É um elemento fundamental no processo de "restauração da ordem social" proposto pela encíclica no contexto da "reforma das instituições" (78-95). Trata-se da superação de uma forma de organização da sociedade a partir de "classes opostas" ou "categorias no mercado de trabalho" por uma forma de organização da sociedade por "ordens ou profissões" ou segundo as "funções que desempenham" (83). Sem dúvida, há muita semelhança e afinidade entre essa proposta e o corporativismo fascista. Não por acaso, a QA indica as "vantagens" do corporativismo fascista e é tão branda e "diplomática" na crítica que faz a ele (95). Mesmo assim, não deixa de ser irônica nas afirmações sobre a liberdade dessas organizações (92)[51] e não deixa de manifestar o "receio" de controle e instrumentalização dessas organizações por parte do Estado fascista (95). Fato é que essas ambiguidades da QA e sua simplória identificação com o corporativismo fascista foram decisivas para o "desaparecimento" do tema na reflexão posterior. Em todo caso, permanece a insistência na importância fundamental das instâncias intermediárias na organização da sociedade.[52]

7. Por fim, convém recordar e destacar um ponto importante que indicamos no início do texto ao apresentar o contexto socioeclesial da

---

[50] Cf. NELL-BREUNING, *La reorganización de la economia social*, p. 242-266, 288-291; CAMACHO, *Doutrina Social da Igreja*, p. 113-117; GUTIÉRREZ, *De Leão XIII a João Paulo II*, p. 29-32; BIGO; ÁVILA, *Fé cristã e compromisso social*, p. 180-182.

[51] Cf. NELL-BREUNING, *La reorganización de la economia social*, p. 289.

[52] Cf. BIGO; ÁVILA, *Fé cristã e compromisso social*, p. 182.

QA. Ela se insere no projeto mais amplo de Pio XI de recristianização da sociedade. E tanto no que diz respeito ao *propósito* maior de "restauração e aperfeiçoamento da ordem social em conformidade com a lei evangélica" quanto no que diz respeito ao *método* ou *forma* de realização desse propósito.[53] Como em outras épocas, diz Pio XI, nós nos defrontamos com "um mundo quase recaído no paganismo". E, para "reconduzir a Cristo" os que o renegaram ou dele se afastaram, é necessário "escolher e formar" bons "soldados auxiliares da Igreja, que conheçam bem os mesmos homens, os seus pensamentos e aspirações, e possam pela caridade fraterna penetrar-lhes suavemente o coração". Nesse contexto, aparece uma afirmação que terá consequências enormes no processo de renovação da Igreja que culminará no Concílio Vaticano II: "Os primeiros e imediatos apóstolos dos operários devem ser operários; os apóstolos dos artistas e comerciantes devem sair dentre eles" (140). O que surge como parte de um projeto clerical de restauração da cristandade acaba ironicamente desencadeando um processo de renovação eclesial numa direção completamente diferente... A história é mais dinâmica do que parece...

IV – Referências

ALBURQUERQUE, Eugenio. *Moral social cristiana*: camino de liberación y de justicia. Madrid: San Pablo, 2006.

ANDRADE, Paulo Fernando Carneiro de. *Fé e eficácia*: o uso da sociologia na teologia da libertação. São Paulo: Loyola, 1991.

BIGO, Pierre; ÁVILA, Fernando Bastos. *Fé cristã e compromisso social*: elementos para uma reflexão sobre a América Latina à luz da Doutrina Social da Igreja. São Paulo: Paulinas, 1986.

BURNS, Edward Mcnall; LERNER, Robert; MEACHAM, Standish. *História da civilização ocidental*: do homem das cavernas às naves espaciais. São Paulo: Globo, 1995.

CAMACHO, Ildefonso. *Doutrina Social da Igreja*: abordagem histórica. São Paulo: Loyola, 1995.

---

[53] Cf. NELL-BREUNING, *La reorganización de la economía social*, p. 387-400; CAMACHO, *Doutrina Social da Igreja*, p. 123-125.

FOYACA, Manuel. *As encíclicas sociais*. Rio de Janeiro: Agir, 1967.

GASDA, Élio Estanislau. *Trabalho e capitalismo global*: atualidade da Doutrina Social da Igreja. São Paulo: Paulinas, 2011.

GUTIÉRREZ, Exequiel Rivas. *De Leão XIII a João Paulo II*: cem anos de Doutrina Social da Igreja. São Paulo: Paulinas, 1995.

HOBSBAWM, Eric. *Era dos extremos*: o breve século XX: 1914-1991. São Paulo: Companhia das Letras, 1995.

MARTINA, Giacomo. *História da Igreja*: de Lutero aos nossos dias. São Paulo: Loyola, 1997. v. IV.

MATOS, Henrique Cristiano José. A Igreja na época de Bento XV (1914) a Paulo VI (1978). In: *História do cristianismo*: estudos e documentos IV. Belo Horizonte: Lutador, 1992, p. 273-296.

MATOS, Henrique Cristiano José. O período entre as duas guerras mundiais. In: *História do cristianismo*: estudos e documentos. Belo Horizonte: Lutador, 1992a, p. 193-214. v. IV.

MATOS, Henrique Cristiano José. *Caminhando pela história da Igreja*: uma orientação para iniciantes. Belo Horizonte: Lutador, 1996. v. 3.

NELL-BREUNING, Oswald von. *La organización de la economía social*: Desarrollo y análisis de la Quadragesimo Anno. Buenos Aires: Poblet, 1946.

PIO XI. Carta *Quamvis Nostra* ao Cardeal Sebastão Leme de Silveira Cintra (27/10/1935). Disponível em: <https://w2.vatican.va/content/pius-xi/it/letters/documents/hf_p-xi_lett_19351027_quamvis-nostra.html>.

PIO XI. Carta Encíclica *Quadragesimo Anno*: sobre a restauração e aperfeiçoamento da ordem social em conformidade com a lei evangélica. São Paulo: Paulinas, 1981.

SCHOOYANS, Michel. *Centesimus annus* e a "seiva generosa" da *Rerum novarum*. In: PONTIFÍCIO CONSELHO JUSTIÇA E PAZ. *Da Rerum novarum à Centesimus annus*: texto completo das duas encíclicas com dois estudos de Roger Aubert e Michel Schooyans. São Paulo: Loyola, p. 29-72.

Carta Encíclica
Mater et Magistra[1]

A Carta Encíclica *Mater et Magistra* (*MM*) do Papa João XXIII, "sobre a evolução da questão social à luz da doutrina cristã", foi publicada no dia 15 de maio de 1961. Ela foi escrita por ocasião do septuagésimo aniversário da *RN* – um documento "imortal", um "verdadeiro resumo do catolicismo no campo econômico-social" ou mesmo "a 'Magna Carta' da reconstrução econômica e social da época moderna". Assim como Pio XI na *QA*, também João XIII, na *MM*, retoma o ensinamento anterior (e não só de Leão XXIII, mas também de Pio XI e de Pio XII), oferecendo uma síntese própria do desenvolvimento da doutrina social até então, enfrentando-se com problemas e desafios atuais e alargando seus horizontes doutrinais e pastorais. Mas não só. Além da síntese peculiar que oferece do ensinamento anterior e de sua atualização e ampliação a partir dos problemas e desafios atuais, a Encíclica *MM* é marcada por uma "nova sensibilidade diante dos problemas sociais",[2] típica do espírito que caracteriza a personalidade e o magistério de João XXIII. Não por acaso, ela é considerada por muitos como uma "encíclica de transição",[3]

---

[1] Publicado em: *Revista de Cultura Teológica* 99 (2001), p. 96-123.
[2] CAMACHO, *Doutrina Social da Igreja*, p. 183.
[3] CAMACHO, *Doutrina Social da Igreja*, p. 183.

no sentido de que "inaugura uma fase nova e decisiva na evolução do pensamento social da Igreja".[4]

Para compreendermos bem a *MM*, no que tem de continuidade e de novidade e/ou ruptura com as encíclicas anteriores, é necessário considerá-la em seu contexto socioeclesial, fazer uma análise atenta e rigorosa de seu texto e destacar temas, perspectivas, sensibilidades e deslocamentos que lhe conferem originalidade e relevância no conjunto das encíclicas sociais e do ensino social da Igreja.

I – Contexto histórico

Se nenhum texto pode ser compreendido adequadamente fora do seu contexto histórico, menos ainda um texto que trata de problemas, processos e desafios sociais, como é o caso das encíclicas sociais. Por mais que se possa identificar nas encíclicas sociais aspectos, princípios, diretrizes e até propostas concretas que extrapolam um determinado momento histórico ou mesmo perpassam toda a tradição cristã, na medida em que eles são tomados e propostos a partir e em função de determinado contexto e/ou problema concretos, adquirem características próprias. Por mais tradicional que seja uma doutrina, sempre que é retomada e confrontada com uma situação nova, passa a ter novas feições e alarga seus horizontes. Basta ver a retomada e a síntese que cada nova encíclica social faz das encíclicas sociais anteriores. Daí a necessidade de considerar cada encíclica em seu contexto. Mais que qualquer outro texto eclesial, as encíclicas sociais têm "calendário" e "geografia" e só podem ser compreendidas em seu contexto histórico.

Do ponto de vista social, a *MM* aparece em um contexto bem distinto das encíclicas anteriores. Se o contexto da *RN* é a Revolução Industrial e a "condição dos operários" no final do século XIX, o contexto da *QA* é a crise do capitalismo liberal e o desafio da "restauração e aperfeiçoamento da ordem social" depois da Primeira Guerra Mundial, é o

---

[4] BIGO; AVILA, *Fé cristã e compromisso social*, p. 191.

otimismo generalizado e o desafio da justiça social na reestruturação do mundo no início da segunda metade do século XX.[5]

O "mundo" vive, na década de 1950, um momento de grande otimismo e euforia. Depois da tragédia das duas grandes guerras que ceifaram milhões de vida, arrasaram grande parte da Europa, aprofundaram ainda mais a crise econômica, social e política nos países envolvidos, alteraram profundamente as relações de poder no mundo e reconfiguram a economia mundial, parecia ter chegado o tempo da prosperidade e da bonança. Mesmo nos países do chamado Terceiro Mundo, a expansão do "mundo industrial" provocava um verdadeiro "surto econômico" e, com isso, criava/impunha um sentimento generalizado de otimismo com relação ao "progresso" e ao "desenvolvimento" em curso.

Eric Hobsbawm fala dessa época em termos de "anos dourados" ou "era de ouro".[6] E diz que, embora hoje seja evidente que "a Era de Ouro pertenceu essencialmente aos países capitalistas desenvolvidos", na década de 1950, "o surto econômico pareceu quase mundial e independente de regimes econômicos". Isso o leva a afirmar que "a Era de Ouro foi um fenômeno mundial, embora a riqueza geral jamais chegasse à vista da maioria da população do mundo".[7]

Na verdade, há um conjunto de fatores – irredutíveis, mas mutuamente implicados – que concorrem para a criação, consolidação e expansão dessa atmosfera de otimismo generalizado que se impôs no mundo depois da Segunda Guerra Mundial. Fatores que nem podem ser subestimados em sua especificidade e irredutibilidade nem podem ser superestimados e absolutizados em detrimento dos demais.

Antes de tudo, há um *fator político*, cuja importância é ainda maior e mais decisiva num contexto de pós-guerra. O otimismo político nesse contexto está ligado à crescente opção pela democracia como forma de governo e ao processo de descolonização de muitos povos

---

[5] Cf. CAMACHO, *Doutrina Social da Igreja*, p. 183-185; BURNS; LERNER; MEACHAM, *História da civilização ocidental*, p. 733-780; HOBSBAWM, *Era dos extremos*, p. 221-390.

[6] Cf. HOBSBAWM, *Era dos extremos*, p. 253-281.

[7] HOBSBAWM, *Era dos extremos*, p. 255.

dominados. A opção pela democracia aparecia como "a grande lição da guerra", como a consciência de que "as soluções totalitárias acabaram se voltando contra os próprios povos que as impuseram e as toleraram".[8] A democracia aparecia cada vez mais como valor e caminho políticos no Ocidente. Mesmo os países comunistas e os povos que iam conquistando sua independência política nesse período terminavam adotando certas formalidades e/ou estruturas políticas democráticas.[9] E isso acabou contribuindo favoravelmente para a mudança das relações e estruturas coloniais até então vigentes no mundo. Entre 1945 e 1960, dezenas de países conquistaram sua independência na Ásia, na África e nas Américas.[10] Certamente, esse processo de descolonização se deve à resistência e às lutas dos povos dominados. Mas não se pode negar nem minimizar a importância decisiva da nova conjuntura mundial nesse processo, particularmente no que diz respeito à expansão do ideal socialista/comunista no mundo e à consolidação dos ideais e princípios democráticos.

Há também um *fator econômico* decisivo, sem o qual dificilmente o otimismo político se manteria por muito tempo: um crescimento econômico impressionante. Não por acaso Hobsbawm fala das décadas de 1950-1960 como "anos dourados" ou "era de ouro".[11] E isso se deve tanto ao desenvolvimento tecnológico que se deu nessa época – uma verdadeira "revolução tecnológica"[12] – quanto à "reestruturação e reforma do capitalismo" e ao "avanço bastante espetacular na globalização e internacionalização da economia". Esse segundo aspecto se materializou no chamado modelo de "economia mista" (Keynes) e na multiplicação da "capacidade produtiva da economia mundial".[13] O resultado da combinação desses processos foi uma "taxa explosiva" de crescimento da economia mundial na década de 1960: "A produção

---

[8] CAMACHO, *Doutrina Social da Igreja*, p. 183.

[9] Cf. CAMACHO, *Doutrina Social da Igreja*, p. 183s; HOBSBAWM, *Era dos extremos*, p. 376.

[10] Cf. CAMACHO, *Doutrina Social da Igreja*, p. 185; BURNS; LERNER; MEACHAM, *História da civilização ocidental*, p. 743-755; HOBSBAWM, *Era dos extremos*, p. 337.

[11] Cf. HOBSBAWM, *Era dos extremos*, p. 253-281.

[12] Cf. HOBSBAWM, *Era dos extremos*, p. 259-263.

[13] Cf. HOBSBAWM, *Era dos extremos*, p. 264.

mundial de manufaturas quadruplicou", "a produção agrícola mundial também disparou" e "as indústrias de pesca mundial triplicaram suas capturas".[14] Também os países comunistas alcançaram um crescimento econômico espetacular nessa época – ainda maior que os países capitalistas.[15] Sua "receita" era um "planejamento econômico estatal centralizado, voltado para a construção ultrarrápida das indústrias básicas e para a infraestrutura essencial a uma sociedade industrial moderna".[16]

E há, sobretudo nos países desenvolvidos, um *fator social*, relativo ao crescimento da qualidade de vida ou do bem-estar social: "Não só aumenta o nível geral de vida, mas os bens de consumo também se tornam acessíveis a seguimentos cada vez mais amplos da população".[17] O Estado passa a ter um papel fundamental não apenas no desenvolvimento da atividade econômica, mas também na promoção da qualidade de vida da população, sobretudo no que diz respeito à saúde, à educação, ao trabalho e à seguridade social. É nesse contexto que surge nos países capitalistas desenvolvidos o chamado Estado de Bem-Estar Social, com seus vários programas de proteção e assistência social.[18] Também em alguns países do Terceiro Mundo houve iniciativas nessa direção, embora nem de longe se possa comparar com o que se deu na Europa. Não se deve esquecer de que "a [chamada] Era de Ouro pertenceu essencialmente aos países capitalistas desenvolvidos" e que, embora tenha sido um "fenômeno mundial", a riqueza produzida nunca chegou à "maioria da população do mundo".[19] No caso dos países comunistas, e isso sempre foi sua força mobilizadora maior, houve grandes esforços e conquistas no sentido da "garantia de um nível de vida igualitário, no qual as necessidades básicas estejam cobertas [...] para toda população".[20]

---

[14] Cf. HOBSBAWM, *Era dos extremos*, p. 257.

[15] Cf. HOBSBAWM, *Era dos extremos*, p. 255, 367s, 375.

[16] HOBSBAWM, *Era dos extremos*, p. 367.

[17] CAMACHO, *Doutrina Social da Igreja*, p. 184.

[18] Cf. CAMACHO, *Doutrina Social da Igreja*, p. 184; BURNS; LERNER; MEACHAM, *História da civilização ocidental*, p. 759s.

[19] HOBSBAWM, *Era dos extremos*, p. 255.

[20] CAMACHO, *Doutrina Social da Igreja*, p. 184; cf. HOBSBAWM, *Era dos extremos*, p. 373.

Mas não se pode esquecer de que esse otimismo se dá no contexto da chamada "guerra fria" e de um crescente aumento das desigualdades sociais. Por um lado, o mundo pós-guerra é um mundo dividido e polarizado, sob a direção de duas grandes potências: Estados Unidos e União Soviética. O contexto internacional é de uma "guerra fria".[21] E a expressão não é casual. Hobsbawm chega a falar aqui de uma "Terceira Guerra Mundial, embora [se trate de] uma guerra muito peculiar". Sua peculiaridade reside no fato de que, "em termos objetivos, não existia perigo iminente de guerra mundial", uma vez que os governos das superpotências aceitavam a "distribuição global das forças". Apesar disso, "gerações inteiras se criaram à sombra de batalhas nucleares globais que, acreditava-se firmemente, podiam estourar a qualquer momento e devastar a humanidade".[22] Além do evidente "confronto militar" e da "cada vez mais frenética corrida armamentista", sua consequência mais óbvia foi a polarização do mundo em "dois 'campos' marcadamente divididos".[23] Por outro lado, e não obstante o impressionante crescimento econômico e a melhoria significativa da qualidade de vida de grande parte da população, sobretudo, nos países capitalistas desenvolvidos e nos países comunistas, permanece ou mesmo aprofunda-se o fenômeno da desigualdade social. Tanto no interior dos países, inclusive dos países desenvolvidos, quanto entre os países desenvolvidos e os países subdesenvolvidos. E esse é o ponto central com o qual João XXIII vai se confrontar na *MM*. No que diz respeito à desigualdade no interior de cada país, está em jogo a situação do setor agrícola e as condições de vida da população rural. Hobsbawm chega a falar literalmente de "morte do campesinato".[24] No que diz respeito à relação entre os países, está em jogo a profunda desigualdade entre o "alto nível de vida" dos países desenvolvidos e as "condições de escassez ou de miséria" dos países subdesenvolvidos e o risco de uma "nova forma de colonialismo".[25]

---

[21] HOBSBAWM, *Era dos extremos*, p. 223-252; BURNS; LERNER; MEACHAM, *História da civilização ocidental*, p. 737-743.

[22] HOBSBAWM, *Era dos extremos*, p. 224.

[23] HOBSBAWM, *Era dos extremos*, p. 234-235.

[24] HOBSBAWM, *Era dos extremos*, p. 284-289, 373s.

[25] JOÃO XXIII, Carta Encíclica *Mater et Magistra*, n. 154, 168.

Do ponto de vista eclesial, diz Giacomo Martina, embora "não faltaram naqueles anos (1945-1958) iniciativas corajosas tomadas pelo Papa nos campos teológico e litúrgico, bem como no campo estritamente pastoral"[26] (*Divino Afflante Spiritu*, *Mystici Corporis*, *Mediator Dei*, novas formas de vida consagrada, dentre outras),[27] é preciso reconhecer que, em geral, enquanto "o mundo passava por rápidas mudanças", a Igreja "se entrincheirava numa posição imóvel e imutável, na defensiva".[28] Na verdade, "o pensamento católico do período bélico e do pós-guerra apresenta uma orientação mais aberta em certos setores da periferia e uma linha mais cautelosa no centro". Não deixa de ser curioso o fato de alguns dos teólogos que assumiram um "papel importante entre os peritos conciliares" e/ou até se tornaram cardeais, como Daniélou e De Lubac, terem sido "objeto de diversas medidas restritivas" na Igreja na década de 1950.[29] Em todo caso, é preciso reconhecer com Martina que a situação geral da Igreja nesse período é marcada por um "contraste entre orientações abertas e conservadoras".[30] E, indo ainda mais longe, é preciso reconhecer que processos extremamente ambíguos, como o chamado "catolicismo social" europeu, a tomada de posição dos Papas sobre questões sociais e a própria Ação Católica, acabaram contribuindo decisivamente na criação de um ambiente eclesial que tornou possível o Concílio Vaticano II.

Um fato novo e decisivo nesse contexto foi a eleição do Papa João XXIII em 1958.[31] O que a princípio parecia simplesmente um "Papa de transição", terminou sendo o Papa *da* transição, isto é, o Papa que tornou possível institucionalmente a grande transição da Igreja no mundo moderno. Não sem razão, Henrique Cristiano Matos afirma que "a história da Igreja no século XX é impensável sem a referência

---

[26] MARTINA, *História da Igreja*, p. 266.

[27] Cf. MARTINA, *História da Igreja*, p. 267-271.

[28] MARTINA, *História da Igreja*, p. 272.

[29] MARTINA, *História da Igreja*, p. 259s.

[30] MARTINA, *Il contesto storico in cui è nato l'idea di un nuevo concilio ecumênico*, p. 27.

[31] Cf. BEOZZO; ALBERIGO, *Herança espiritual de João XXIII*; MARTINA, *História da Igreja*, p. 275-289, 315-317; MATOS, A Igreja na época de Bento XV (1914) a Paulo VI (1978), p. 285-289; MATOS, *Caminhando pela história da Igreja*, p. 283-289; BIGO; ÁVILA, *Fé cristã e compromisso social*, p. 191-196.

à figura carismática do Papa João XXIII".[32] E não porque ele fosse um grande "inovador" e, menos ainda, um "revolucionário". Na verdade, diz Martina, "homem complexo, Roncalli era fundamentalmente um conservador, mas no melhor sentido da palavra". Com seu "bom senso e seu equilíbrio", com seu "otimismo" e sua "extraordinária capacidade de estabelecer contatos pessoais, pastorais", percebeu a necessidade e urgência de aproximar a Igreja do "mundo moderno", de dialogar com os "irmãos separados" e com "todos os que estavam afastados da Igreja", bem como a "necessidade de uma atualização, de apresentar sob nova forma a antiga doutrina". Em sua vida e magistério se conjugam a "adesão ao ensinamento da Igreja, de Trento ao Vaticano I, unida a 'um salto para a frente' doutrinal e pastoral". De modo que "João XXIII não pensava em dar início a uma nova época, mas queria apressar o lento e secular caminho da *Ecclesia Mater*, adaptá-la aos novos tempos, impulsioná-la com coragem para seus reais objetivos".[33] Fato é que, impulsionado pela "lúcida visão da especial situação histórica que atravessava tanto a Igreja [imobilismo] quanto o mundo inteiro [dividido em dois blocos]",[34] ao convocar o Concílio Vaticano II, ele acabou desencadeando um processo de renovação ou reforma que marcou uma nova etapa ou, em todo caso, significou uma novidade em relação ao que se convencionou chamar "era piana" na Igreja.

Tudo isso repercutiu profundamente no ensino social da Igreja. Bigo e Ávila chegam a afirmar que "com João XXIII se inaugura uma fase nova e decisiva na evolução do pensamento social da Igreja, que o insere no âmago dos grandes problemas do mundo contemporâneo".[35] Exequiel Gutiérrez destaca que "João XXIII é o primeiro Papa que assumiu com alegria os valores próprios do mundo moderno".[36] E Camacho fala da *MM* como uma "encíclica de transição", cuja característica mais surpreendente é uma "nova sensibilidade diante dos problemas

---

[32] MATOS, *Caminhando pela história da Igreja*, p. 283.

[33] MARTINA, *História da Igreja*, p. 316s.

[34] MARTINA, *História da Igreja*, p. 278.

[35] BIGO; ÁVILA, *Fé cristã e compromisso social*, p. 191.

[36] GUTIERREZ, *De Leão XIII a João Paulo II*, p. 47.

sociais". Não apenas "detecta problemas novos", mas "focaliza problemas de sempre com uma mentalidade diferente".[37]

Tendo esboçado o complexo contexto socioeclesial, no qual se insere e deve ser lida a Encíclica *MM* de João XXIII, passemos agora à análise do texto.

II – Texto: estrutura e conteúdo

Se a *MM* deve ser situada e analisada em seu contexto social e eclesial, deve também ser compreendida em suas características e posições próprias. Por mais que um texto só possa ser compreendido a partir de seu contexto, enquanto interage com ele, tomando posição numa ou noutra direção, é irredutível ao contexto e sua compressão um esforço rigoroso de análise de sua estrutura e de seu conteúdo.

Mas, antes de passarmos à análise da estrutura e do conteúdo do texto, convém chamar atenção para um detalhe redacional, cuja importância será decisiva na nova maneira de tratar as questões sociais que caracterizam o magistério de João XXIII e que, segundo a maioria dos comentadores, marcará uma nova fase no ensino social da Igreja: uma postura mais otimista ante o mundo e mais realista e empírica no trato das questões sociais. Embora os dados sobre o processo redacional da *MM* sejam ainda escassos, parece certo que "o antigo grupo de assessores de Pio XII, todo formado de alemães, teria sido encarregado do primeiro projeto", mas que "o resultado não teria agradado o novo Papa, que o teria considerado demasiado erudito" e que ele "teria recorrido a alguns especialistas franceses e italianos". Um "novo esboço" teria sido solicitado a três jesuítas da Universidade Gregoriana de Roma e dois jesuítas da "Action Populaire" em Paris, enquanto a "redação definitiva" teria ficado a cargo de três italianos: Pietro Pavan, Agostino Ferrari-Toniolo (especialistas nas questões sociais e animadores das Semanas Sociais Italianas) e Pietro Parente (assessor do Santo Ofício).[38] O importante aqui é destacar que essa mudança dos

---

[37] CAMACHO, *Doutrina Social da Igreja*, p. 183.
[38] CAMACHO, *Doutrina Social da Igreja*, p. 189.

colaboradores na redação do texto reflete uma "nova sensibilidade" no trato das questões sociais que se traduz numa mudança de "linguagem e estilo": de um enfoque mais filosófico-abstrato para uma abordagem mais concreto-científica.[39]

1. Estrutura

A estrutura do texto é bastante clara e não oferece maiores dificuldades.[40] Além de uma *introdução* (1-8) e uma *conclusão* (255-258), o texto está estruturado em quatro partes: a *primeira parte* recorda os ensinamentos da *RN* e seu desenvolvimento no magistério de Pio XI e Pio XII (9-47); a *segunda parte* oferece uma síntese doutrinal que esclarece, adapta e desenvolve o ensinamento social anterior (48-118); a *terceira parte* aborda aspectos novos da questão social (119-208); a *quarta parte*, de caráter mais pastoral, trata da colaboração da Igreja na renovação das relações de convivência na verdade, na justiça e no amor (209-254).

Essa estrutura externa mais visível (introdução, quatro partes, conclusão) revela uma lógica interna mais sutil que remete e responde aos principais objetivos da encíclica: comemorar os setenta anos da *RN*, "repetir e precisar pontos de doutrina já expostos pelos predecessores", "fazer uma exposição desenvolvida do pensamento da Igreja, relativo aos novos e mais importantes problemas do momento" (47) e destacar a contribuição da Igreja na solução dos problemas sociais (quarta parte). No fundo, expressa uma "dupla atenção" ao "passado" (continuidade com a doutrina social anterior) e ao "presente" (resposta aos desafios atuais),[41] mas em função do presente: retoma o ensino social desenvolvido anteriormente para iluminar e orientar os desafios do tempo presente. Não por acaso, Bigo afirma que a segunda e a terceira partes constituem o "corpo da encíclica"[42] embora, como adverte Camacho, a

---

[39] CAMACHO, *Doutrina Social da Igreja*, p. 187.

[40] Por questão de praticidade, usaremos a tradução do documento feita por Paulinas Editora e seguiremos a numeração aí proposta (cf. JOÃO XXIII, Carta Encíclica *Mater et Magistra*). A partir de agora, os números entre parêntesis, sem outra indicação, remetem à numeração desta obra.

[41] CAMACHO, *Doutrina Social da Igreja*, p. 186.

[42] BIGO, *A Doutrina Social da Igreja*, p. 62, n. 9.

atenção ao presente não se circunscreve à terceira parte, onde se trata de modo mais sistemático dos grandes desafios atuais, mas perpassa o texto inteiro.[43]

Com estas considerações acerca da estrutura do texto, passemos, então, à análise e à apresentação resumida de seu conteúdo.

2. Conteúdo

Tendo presente os objetivos da *MM* e sua "dupla atenção" ao desenvolvimento anterior do ensino social da Igreja e aos desafios atuais, conforme indicamos anteriormente, seguiremos, na apresentação de seu conteúdo, a sequência e ordenação do texto.[44]

Introdução

O texto começa afirmando que a Igreja, "Mãe e Mestra", foi "fundada por Cristo" em vista da salvação de todos e recebeu dele a "dupla missão" de "gerar filhos" e de os "educar e dirigir" (1). Afirma que a Igreja "assume o homem, na sua verdade concreta de espírito e matéria, inteligência e vontade" (2) e, por isso, embora sua missão principal seja "santificar as almas" e fazê-las "participar dos bens de ordem sobrenatural", ela "não deixa de preocupar-se, ao mesmo tempo, com as exigências da vida cotidiana dos homens" (3). Fazendo isso, "põe em prática o mandamento de Cristo" que se refere "à salvação eterna do homem", mas também se preocupa com as "exigências materiais dos povos" (4). Nesse sentido, "não é para admirar que [ela] tenha mantido sempre bem alto [...] o facho da caridade", mediante "preceitos" e "exemplos" que resumem "a doutrina e a ação social da Igreja" (5). Exemplo disso é a "imortal Encíclica *RN*", na qual Leão XIII "formulou os princípios que haviam de resolver, cristãmente, a questão operária" (6). Com ela, "foi aberto um caminho novo à ação da Igreja" (7), cuja "eficácia" se mantém nos "documentos dos Papas sucessores de Leão XIII" e na "organização dos povos". Tudo isso mostra como "os sólidos princípios, as diretrizes históricas e as paternais advertências" da *RN*

---

[43] CAMACHO, *Doutrina Social da Igreja*, p. 186.

[44] Cf. CAMACHO, *Doutrina Social da Igreja*, p. 186-211; FOYOCA, *As encíclicas sociais*, p. 93-145; ALBURQUERQUE, *Moral social cristiana*, p. 129-132.

"conservam, ainda hoje, o seu valor" e sugerem "critérios novos e vitais" para o enfrentamento da questão social (8).

Primeira parte

A primeira parte oferece um resumo dos ensinamentos da *RN* de Leão XIII e seus desenvolvimentos posteriores na *QA* de Pio XI e na mensagem radiofônica *La Solennitá* de Pio XII, apresenta um panorama das profundas transformações que aconteceram nos últimos vinte anos e justifica a publicação da nova encíclica.

Quanto à *RN*, o texto começa descrevendo seu contexto histórico: "tempos de transformações radicais, de fortes contrastes e amargas rebeliões" (9); um dinamismo econômico "negador de toda relação entre moral e economia", motivado unicamente pelo "interesse individual" e regido, "de modo exclusivo e automático, pelas leis do mercado", no qual "o estado deve abster-se de qualquer intervenção no campo econômico" e os sindicatos ou são "proibidos" ou são "tolerados ou considerados como pessoas jurídicas de direito privado" (10); "uma ordem econômica radicalmente perturbada" (11), na qual, "enquanto nas mãos de uns poucos acumulavam-se riquezas imensas, as classes trabalhadoras iam gradualmente caindo em condições de crescente mal-estar" (12); "daí a profunda insatisfação nas classes trabalhadoras" e a propagação e consolidação do "espírito de protesto e de rebelião", o que explica o apoio ou adesão a "teorias extremistas, que propunham remédios piores que os próprios males" (13).

Nesse contexto, Leão XIII publica "sua mensagem social, baseada na consideração da natureza humana e informada pelas normas e o espírito do Evangelho" – "um verdadeiro resumo do catolicismo, no campo econômico-social" (14). Foi um gesto audacioso, no qual o Papa "não hesitou em proclamar e defender os direitos do operário" (15) e indicou "os princípios basilares [...], segundo os quais deve ser reconstruído o setor econômico e social da comunidade humana" (16). O texto passa a indicar cinco desses princípios: a) o *trabalho* "não é mercadoria, mas um modo de expressão direta da pessoa humana" e, para muitos, "a única fonte dos meios de subsistência"; sua remuneração não pode ficar "à mercê do jogo automático das leis do mercado", mas deve ser estabelecida "segundo as normas da justiça e da equidade" (17); b) a *propriedade privada* é "um direito natural que o Estado não pode suprimir", mas "comporta uma função social" (18); c) o *Estado* existe em função do "bem comum" e "não pode manter-se ausente do mundo econômico"; ele "deve intervir com o fim de promover a produção de uma abundância de bens", mas também "proteger os direitos de todos os cidadãos, sobretudo dos mais fracos", "melhorar as condições de vida dos operários" (19) e "velar para que as relações de trabalho sejam reguladas segundo a justiça e a equidade" (20); d) os trabalhadores têm o "direito natural de constituírem associações" e "agirem, no interior delas, de modo autônomo e por própria iniciativa, para assegurar a obtenção de seus legítimos interesses" (21); e) as *relações entre operários e empresários* devem inspirar-se "no princípio da solidariedade humana e da fraternidade cristã, uma vez que, tanto a concorrência de tipo liberal, como a luta de classes no sentido marxista, são contrárias à natureza e à concepção cristã da vida" (22). Esses são "os princípios fundamentais em que deve basear-se, para ser sã, a ordem econômica e social" (23). A *RN* "foi e continua a ser considerada como a *Magna Carta* da reconstrução econômica e social da época moderna" (24).

Quanto à *QA*, diz o texto, recorda o "direito" e o "dever" de a Igreja contribuir na "solução dos problemas sociais", "confirma os princípios fundamentais e as diretrizes históricas da encíclica leonina" e aproveita a ocasião para "precisar alguns pontos da doutrina [...] e para desenvolver o pensamento social cristão, atendendo às novas condições dos tempos" (26). E passa logo a indicar e esclarecer os pontos que mais levantavam dúvidas e provocavam polêmicas, inclusive entre os católicos: a) com relação à *propriedade privada*, afirma "seu caráter de direito natural" e acentua "o seu aspecto e a sua função social" (27); b) com relação ao *regime de salários*, "nega a tese que o declara injusto por natureza", indica os "critérios em que deve inspirar-se e as condições a que é preciso satisfazer para não se lesar a justiça nem a equidade" (28) e propõe "suavizar o contrato de trabalho, com elementos tomados do contrato de sociedade" (29); c) com relação ao *socialismo moderado*, afirma sua incompatibilidade com a fé: tanto por sua "concepção de vida fechada no temporal" quanto por sua concepção de sociedade, "tendo a produção como fim único, não sem grave prejuízo da liberdade humana", quanto, ainda, pela falta do "princípio de verdadeira autoridade social" (31).

Em seguida, destaca como Pio XI percebeu que "a situação histórica mudara profundamente" quarenta anos depois da *RN*: "à liberdade de mercado sucedeu a hegemonia econômica; à sede do lucro, a cobiça desenfreada do predomínio, de modo que toda a economia se tornou horrivelmente dura, inexorável, cruel, escravizando os poderes públicos aos interesses de grupo e desembocando no imperialismo internacional do dinheiro" (33). E propõe como remédio "o regresso do mundo econômico à ordem moral e a subordinação da busca dos lucros [...] às exigências do bem comum", o que implica uma "reorganização da vida social", mediante a "reconstituição de corpos intermediários autônomos", o "restabelecimento da autoridade dos poderes públicos" e a "colaboração no plano mundial" (34). No fundo, os "temas fundamentais" da *QA* são "a justiça e a caridade social" como "regras supremas" das "atividades e instituições econômicas" (36) e "a criação de uma ordem jurídica, nacional e internacional, que se inspire na justiça social e à qual se conforme a economia" (37).

Quanto à radiomensagem de Pio XII, por ocasião do quinquagésimo aniversário da *RN*, ela reivindica para a Igreja a "competência de julgar se as bases de uma determinada ordem social estão de acordo com a ordem imutável que Deus Criador e Redentor manifestou por meio do direito natural e da revelação", "reafirma a vitalidade perene dos ensinamentos da Encíclica *RN* e a sua fecundidade inexaurível" e aproveita a ocasião para "expor ulteriores princípios diretivos de moral sobre três valores fundamentais da vida social e econômica" (39): a) *uso dos bens materiais*: "o direito de todo homem usar daqueles bens para o seu próprio sustento tem prioridade sobre qualquer outro direito de natureza econômica, e mesmo sobre o direito de propriedade" (40); b) *trabalho*: "um dever e um direito de todos e cada um dos homens"; a eles cabe, em primeiro lugar, "regular as relações mútuas do trabalho" e, "só no caso dos interessados não cumprirem ou não poderem cumprir o seu dever", o Estado deve intervir (41); c) *família*: "a propriedade privada dos bens materiais deve ser considerada como 'espaço vital da família'"; "isso confere à família o direito de emigrar"; a eliminação da desconfiança traz "vantagem recíproca" e contribui para o "incremento do bem-estar humano e do avanço da cultura" (42).

O texto termina destacando as "profundas inovações" que ocorreram nos últimos vinte anos (43): seja no "campo científico, técnico e econômico" (44), seja no "campo social" (45), seja no "campo político" (46). Isso justifica a necessidade de uma nova encíclica, e João XXIII aproveita a comemoração dos setenta anos da *RN* para "repetir e precisar pontos de doutrina já expostos por [seus] predecessores e, ao mesmo tempo, fazer uma exposição desenvolvida do pensamento da Igreja, relativo aos novos e mais importantes problemas do momento" (47).

Segunda parte

A segunda parte oferece uma síntese doutrinal que esclarece, adapta e desenvolve alguns pontos do ensinamento social anterior.

O texto começa afirmando que "o mundo econômico é criação da iniciativa pessoal dos cidadãos" (48), mas nele "devem intervir também os poderes públicos" (49) com "orientação, estímulo, coordenação, suplência e integração" e segundo o "princípio de subsidiariedade" (50). O desenvolvimento técnico-científico oferece possibilidades de "reduzir os desequilíbrios", "limitar as oscilações" e enfrentar o "desemprego das massas", e o Estado "não pode deixar de sentir-se obrigado a exercer, no campo econômico, uma ação multiforme, mais vasta e mais orgânica" (51). Mas sua presença e ação nesse campo "não pode[m] ter como meta reduzir, cada vez mais, a esfera da liberdade na iniciativa pessoal dos cidadãos" (52). A colaboração "dos cidadãos e dos poderes públicos" é fundamental para uma "convivência ordenada e fecunda" (53). E a "experiência ensina" que "onde falta a iniciativa pessoal dos indivíduos" domina "tirania política" e há "estagnação nos setores econômicos" e nos "serviços de utilidade geral" (54) e, ainda, que "onde falta ou é defeituosa a necessária atuação do Estado, há desordem insaciável e os fracos são explorados pelos fortes" (55).

Em seguida, passa a falar do fenômeno da "socialização" como "um dos aspectos característicos de nossa época". Ele "consiste na multiplicação progressiva das relações dentro da convivência social e comporta a associação de várias formas de vida e de atividade e a criação de instituições jurídicas". Isso se deve a "multíplices causas históricas" (56), é "efeito e causa de uma crescente intervenção dos poderes públicos", mas é também "fruto e expressão de uma tendência natural" dos seres humanos a "associarem-se para fins que ultrapassam as capacidades e os meios de que podem dispor os indivíduos em particular". E isso explica "a grande variedade de grupos, movimentos, associações e instituições [diversas] tanto nos diversos países como no plano internacional" (57). Esse fenômeno possibilita "satisfazer muitos direitos da pessoa humana" e facilita a "participação nos acontecimentos de caráter mundial" (58), mas também "restringe o campo de liberdade de ação dos indivíduos" (59). Em todo caso, não deve ser considerado como "determinismo", mas como obra de "seres conscientes e livres" (60). Sua realização deve ser orientada por uma "concepção exata do bem comum", pela garantia de uma "autonomia efetiva" dos "corpos intermediários", pela consideração de seus membros como "pessoas" (62) e por um "equilíbrio renovado" entre "indivíduos e grupos" e "autoridades públicas" (63). Dessa forma, além de evitar o perigo de "oprimir os indivíduos", ajudaria no seu desenvolvimento pessoal e na reorganização da "vida comum" (64).

Com relação ao trabalho, considera-se a exigência de justiça, "não só na distribuição da riqueza, mas também na estrutura das empresas" (79).

Quanto à "remuneração do trabalho": constata o "espetáculo tristíssimo de inumeráveis trabalhadores [que] recebem um salário que os submete, a eles e às famílias, a condições de vida infra-humanas" (65) e os enormes contrastes de rendimentos (66-67); afirma que a "retribuição do trabalho" não pode ser "abandonada às leis do mercado" nem "fixar-se arbitrariamente", mas deve "estabelecer-se segundo a justiça e a equidade", que o salário deve proporcionar ao trabalhador e sua família um "nível de vida verdadeiramente humano" e que sua determinação deve ter em conta os trabalhadores, as empresas e o bem comum (68); afirma que "o progresso social deve acompanhar e igualar o desenvolvimento econômico" (70) e que "a riqueza econômica de um povo não depende só da abundância global dos bens, mas também, e mais ainda, da real e eficaz distribuição deles segundo a justiça" (71); dado o "aumento da capacidade produtiva, por meio do autofinanciamento" em muitas empresas, defende um "título de crédito" para os trabalhadores destas empresas (72); recorda a colaboração capital-trabalho na produção da riqueza e a exigência de justiça em sua repartição, fazendo, inclusive, com que "os trabalhadores possam chegar a participar na propriedade das empresas" (73-74); e recorda que "o equilíbrio entre a remuneração do trabalho e o rendimento deve conseguir-se em harmonia com as exigências do bem comum" (75) nacional (76) e mundial (77) – isso vale também para a determinação dos rendimentos dos dirigentes das empresas e dos fornecedores de capitais (78).

Quanto às "estruturas produtivas": afirma que, quando "comprometem a dignidade humana [...], entorpecem sistematicamente o sentido da responsabilidade ou impedem que a iniciativa pessoal se manifeste, tal sistema é injusto, mesmo se, por hipótese, a riqueza nele produzida alcança altos níveis e é distribuída segundo as regras da justiça e da equidade" (80); defende com Pio XII (81) a conservação e promoção de empresas artesanais e cooperativas de produção (82-87) e a participação ativa dos trabalhadores nas médias e grandes empresas, o que exige uma "concepção humana de empresa" (88-93); destaca a necessidade da presença dos trabalhadores, não apenas em "cada organismo produtivo", mas em "todos os níveis" da sociedade (94), já que "as resoluções, que mais influem no conjunto, não são tomadas pelo organismo produtivo, mas sim pelos poderes públicos ou por instituições de alcance mundial, regional ou nacional, pertencentes à economia ou à produção" (96); e manifesta satisfação e estima pelas "associações profissionais e os movimentos sindicais de inspiração cristã" (97-99) e pela Organização Internacional do Trabalho (100).

Por fim, o tema da propriedade privada: indica aspectos do mundo econômico atual que põem em dúvida o valor e a importância da propriedade (105): "separação entre propriedade dos bens de produção e as responsabilidades na direção" (101), confiança em "organismos assegurados ou de previdência social" (102) e maior aspiração a "conseguir habilitações profissionais do que tornar-se proprietário de bens" (103); afirma que "o direito de propriedade privada [...] tem valor permanente" por ser "um direito natural fundado sobre a prioridade ontológica e final de cada ser humano em relação à sociedade" e que onde esse direito é negado "são oprimidas e sufocadas as expressões fundamentais da liberdade" (106); esclarece com Pio XII que a defesa do "princípio da propriedade particular" não significa defesa do "estado presente das coisas", mas "garantia da liberdade essencial da pessoa humana e elemento insubstituível da ordem social" (108); afirma que o princípio da justiça e equidade exige que, "crescendo o rendimento [...], seja também elevada a remuneração do trabalho", o que permitiria aos trabalhadores "poupar e constituir um patrimônio" (109); recorda com Pio XII que o direito de "propriedade privada" está em função do direito mais fundamental de "uso dos bens" (111); reconhece a legitimidade da "propriedade pública" em função do "bem comum" e segundo o "princípio de subsidiariedade" (113-115); recorda que "o direito de propriedade [...] possui, intrinsecamente, uma função social" (116) e vê aí "um vasto campo à sensibilidade humana e à caridade cristã" (117).

Terceira parte

A terceira parte aborda aspectos novos da questão social. Ela já não se restringe às "relações entre operários e empresas", mas diz respeito também "às relações entre os diversos setores econômicos, entre zonas economicamente desenvolvidas e zonas economicamente menos desenvolvidas dentro da economia nacional e às relações entre países desigualmente desenvolvidos em matéria econômica e social" (119).

No que diz respeito às *relações entre os setores produtivos*, a preocupação central é com o setor agrícola. Começa constatando um crescente "êxodo rural" (120), indicando um conjunto de fatores que provocam esse fenômeno, dentre os quais destaca o "fato de ser o setor agrícola, quase em toda parte, um setor deprimido, tanto no que diz respeito ao índice de produtividade da mão de obra, como pelo que se refere ao nível de vida das populações rurais" (121), e identificando como "problema de fundo" o desafio de "reduzir o desequilíbrio da produtividade entre o setor agrícola e o setor industrial e os vários serviços" (122). Em seguida, passa a recomendar "algumas diretrizes" para enfrentar o problema (124): garantia de "serviços essenciais" (124); "transformações que dizem respeito às técnicas de produção, à escolha das culturas e à estrutura das empresas" (125); "política econômica hábil no que se refere ao regime fiscal, ao crédito, à previdência social, à defesa dos preços, ao fomento de indústrias complementares e à modernização dos estabelecimentos" (128); regime fiscal "segundo a capacidade contributiva dos cidadãos" (129), tendo presente que "os lucros se obtêm com maior lentidão no setor agrícola e estão expostos a maiores riscos" (130); "política especial de crédito que assegure aos lavradores esses capitais, a uma taxa razoável de juros" (131); seguros sociais e previdência social (132-133); "disciplina eficaz na defesa dos preços" (134-17); indústrias e serviços agrícolas e outras iniciativas econômicas como complemento de renda na zona rural (138); não perder de vista o ideal da empresa como "comunidade de pessoas" e de "dimensões familiares" (139); os agricultores devem ser os "protagonistas de progresso econômico e social e da elevação cultural" nos meios rurais (141); importância da "solidariedade", das "iniciativas cooperativistas" e das "associações profissionais e sindicais" (143); "conservar-se dentro da ordem moral e jurídica", tendo em conta as "outras profissões" e subordinando-se às "exigências do bem comum" (144); trabalho como "vocação e missão" (146).

Quanto às *desigualdades entre zonas de um mesmo país*, o texto afirma que as desigualdades entre cidadãos de um mesmo país "deve-se, principalmente, ao fato de viverem e trabalharem uns em zonas economicamente desenvolvidas e outros em zonas atrasadas", que "a justiça e equidade exigem que os poderes públicos se empenhem em eliminar ou diminuir essas desigualdades" e que para isso é necessário que "sejam garantidos os serviços públicos essenciais" e uma "política econômica social adequada" que seja "capaz de promover a absorção e o emprego remunerador da mão de obra, de estimular o espírito empreendedor e de aproveitar os recursos locais" (147); afirma que a "ação dos poderes públicos" se justifica em função do "bem comum" e que deve ser exercida num "plano de conjunto para toda nação" que favoreça um "progresso gradual, simultâneo e proporcionado [na] agricultura, indústria e serviços", tendo os cidadãos dessas zonas como "os responsáveis e os realizadores de sua elevação econômica" (148); afirma que "também a iniciativa particular deve contribuir para estabelecer o equilíbrio econômico e social entre as diferentes zonas" e que "os poderes públicos, em virtude do princípio de subsidiariedade, devem favorecer e ajudar a iniciativa privada" (149); e, no que diz respeito às "flagrantes desigualdades entre território e população", atesta que "a solidariedade humana e a fraternidade cristã pedem que sejam estabelecidas, entre os povos, relações de colaboração ativa e multiforme, que permita e favoreça o movimento de bens, capitais e homens" (150-153).

Por fim, quanto às *relações entre países desigualmente desenvolvidos*, o texto começa falando do contraste entre as condições de vida dos países desenvolvidos e subdesenvolvidos como "o maior problema da época moderna" e do dever de "solidariedade" dos países desenvolvidos; recorda que, "dada a interdependência cada vez maior entre os povos, não é possível que entre eles reine uma paz duradoura e fecunda, se o desnível das condições econômicas for excessivo" (154); indica uma dupla forma de solidariedade: "auxílio de urgência" (159) e cooperação científica, técnica e financeira (160-162); faz algumas considerações e advertências: "procurar que o desenvolvimento econômico e o progresso social se sujeitem a um mesmo ritmo" (165), reconhecer e respeitar as características próprias de cada nação (166-167), risco de uma "nova forma de colonialismo" (168-170), não esquecer de que "os progressos científicos e técnicos, o desenvolvimento econômico, as melhorias nas condições de vida" têm "caráter de puros meios" (172) e que há uma "hierarquia de valores" (173); destaca a contribuição da Igreja no desenvolvimento econômico e social dos povos (175-181); afirma que a solução do problema do desequilíbrio entre crescimento demográfico e desenvolvimento econômico "encontra-se apenas num progresso econômico que respeite e fomente os genuínos valores humanos [...] e numa colaboração em escala mundial que permita e fomente a circulação ordenada e fecunda de conhecimentos úteis, dos capitais e das pessoas" (189); por fim, fala da "interdependência cada vez mais profunda e vital" entre os países e da necessidade de "entendimento e colaboração mútuo" (197-199), da falta de confiança e do temor mútuos que levam ao emprego de "imensas energias humanas e meios gigantescos para fins não construtivos" (200-201) e conclui recordando que a confiança mútua é fruto do reconhecimento e do respeito à ordem moral e que Deus é o verdadeiro fundamento da ordem moral (204-208).

Quarta parte

A última parte da encíclica trata da dupla colaboração da Igreja (doutrina e ação) na solução dos problemas sociais no interior de cada país e no plano internacional.

Por um lado, afirma que o "declínio" das ideologias modernas se deve a uma concepção parcial do homem que não leva em conta suas "imperfeições" e a "exigência religiosa" (210) e que "o aspecto mais sinistramente típico da época moderna consiste na tentativa absurda de se querer construir uma ordem temporal sólida e fecunda, prescindindo de Deus [...] e querer proclamar a grandeza do homem, secando a fonte donde ela brota e se alimenta" (214); e afirma que, diante dessas ideologias, "a Igreja apresenta e proclama uma concepção sempre atual da convivência humana" (215), cujo "princípio fundamental" reside na afirmação do ser humano como "fundamento, fim e sujeito de todas as instituições" (216); desse "princípio fundamental" a Igreja elaborou uma "doutrina social" que indica "o caminho seguro que leva ao restabelecimento das relações de convivência social segundo critérios universais [e] as características da sociedade contemporânea" (217); essa doutrina é "parte integrante da concepção cristã da vida" (219) e seu ensino deve ser intensificado (220); e não se pode esquecer de que "a verdade e a eficácia da doutrina social católica se manifestam, sobretudo, na orientação segura que oferecem à solução dos problemas concretos" (222).

Por outro lado, afirma que "uma doutrina social não se enuncia apenas, aplica-se na prática, em termos concretos" (223); reconhece que "a passagem da teoria à prática é difícil, por natureza", sobretudo no caso da doutrina social cristã, dados o "egoísmo", o "materialismo" e a dificuldade de reconhecer em cada caso as "exigências objetivas da justiça" (226); afirma que "não basta fazer despertar e formar a consciência da obrigação", mas é preciso também "ensinar o método que torne possível o cumprimento dessa obrigação" (227); adverte que a educação social cristã "dificilmente parecerá eficaz, se os que a recebem não tomam nela parte ativa e se não for dada também através da ação" (228); propõe o método "ver, julgar e agir" como caminho de concretização dos "princípios e diretrizes sociais" (232); adverte contra o risco de nos perdermos em "discussões intermináveis" e, "sob o pretexto de conseguir o ótimo", não realizarmos "o bom que é possível e, portanto, obrigatório" (234); orienta que, na relação com "pessoas que não possuem a mesma concepção de vida", os católicos devem ser "coerentes consigo mesmos" e mostrar "espírito de compreensão, desinteresse e disposição a colaborar lealmente na prossecução de objetivos bons por natureza ou que, pelo menos, se podem encaminhar para o bem" (235); afirma que isso é tarefa, sobretudo, do laicato (236) e que esta deve ser exercida com competência e segundo os "princípios e diretrizes da doutrina social cristã" (237); sua importância é ainda maior numa época que se "distingue pelo contraste flagrante entre o imenso progresso científico e técnico e um espantoso regresso no campo dos valores humanos" (239); exorta à observância da "hierarquia dos valores" (240-242), do "terceiro preceito do decálogo" (243-247) e insiste na "obrigação cristã para com o mundo" (248-250); conclui afirmando que a abertura "aos valores espirituais e aos fins sobrenaturais" confere maior eficácia "aos fins específicos e imediatos" das atividades e instituições temporais (251) e recorda que, como "membros vivos do Corpo Místico de Cristo" (252), "todo trabalho e todas as atividades, mesmo as de caráter temporal, que se exercem em união com Jesus, divino Redentor, tornam-se prolongamento do trabalho de Jesus e dele recebem virtude redentora" (253).

Conclusão

O Papa conclui afirmando que o olhar sobre os "diversos problemas da vida social contemporânea" e as "luzes do ensinamento do Papa Leão XIII" o levaram a formular "um conjunto de observações que formam um programa". Convida todos a ponderarem e meditarem essas observações e a cooperarem na "realização do Reino de Cristo na terra" (255). Recorda que se trata da "doutrina da Igreja Católica e Apostólica, mãe e mestra de todas as gentes, cuja luz ilumina e abrasa, cuja voz [...] pertence a todos os tempos, cuja virtude oferece sempre remédios eficazes, suscetíveis de trazerem solução para as crescentes necessidades dos homens, para as angústias e aflições desta vida" (256). Faz votos de que "o divino Redentor reine e triunfe em todos os homens e sobre todas as coisas" e que, "restabelecida a ordem na sociedade, todas as gentes gozem, finalmente, de paz, de prosperidade e de alegria" (257).

III – Destaques

Tendo contextualizado a *MM* e feito uma apresentação global da estrutura e do conteúdo do texto, indicaremos alguns pontos que nos parecem relevantes para uma adequada compreensão dessa encíclica que pode ser tomada como uma "encíclica de transição" no contexto mais amplo do desenvolvimento da Doutrina Social da Igreja.

1. O texto é marcado por uma tensão permanente que o mantém em continuidade com a doutrina social elaborada anteriormente e que o abre a novos desafios, horizontes e desenvolvimentos.[45] A *MM* de João XXIII se insere claramente na tradição inaugurada por Leão XIII: foi publicada por ocasião do septuagésimo aniversário da *RN* (47); trata a *RN* como encíclica "imortal" (6), "síntese orgânica" ou "resumo do catolicismo no campo econômico-social" (14) e "Magna Carta da reconstrução econômica e social da época moderna" (24); tem como um de seus objetivos fundamentais "repetir e precisar pontos de doutrina já expostos pelos [seus] predecessores" (47); oferece logo no primeiro capítulo uma síntese dos ensinamentos sociais de Leão XIII, Pio XI e Pio XII (9-15) e retoma constantemente esses ensinamentos ao longo do texto. Mas não é mera repetição do que foi dito anteriormente. Além de se propor a "fazer uma exposição desenvolvida do pensamento da Igreja relativo aos novos e mais importantes problemas do momento" (47), sua retomada dos documentos anteriores se dá em função dos desafios do presente e é "condicionada pelas novas ênfases que se foram incorporando à doutrina com o passar do tempo e com as mudanças históricas",[46] como se pode ver na ênfase dada ao trabalho (17) e à função social da propriedade (18) na *RN*.[47]

2. Camacho se refere à *MM* como uma "encíclica de transição" no contexto mais amplo do magistério de João XXIII e do desenvolvimento histórico da Doutrina Social da Igreja.[48] Bigo e Ávila afirmam que ela "inaugura uma fase nova e decisiva na evolução do pensamento social

---

[45] Cf. CAMACHO, *Doutrina Social da Igreja*, p. 186.

[46] CAMACHO, *Doutrina Social da Igreja*, p. 189s.

[47] Cf. CAMACHO, *Doutrina Social da Igreja*, p. 189-192.

[48] Cf. CAMACHO, *Doutrina Social da Igreja*, p. 183.

da Igreja".[49] E os comentadores em geral destacam sua novidade em relação ao período anterior.[50] Essa novidade diz respeito, antes de tudo, à ampliação da chamada "questão social":[51] enquanto a *RN* se enfrenta com a questão operária e a *QA* com a questão da ordem social, a *MM*, sem negar essas questões e alargando seu horizonte, enfrenta-se com a questão das relações entre os povos. Mas ela diz respeito também a uma "nova sensibilidade" no trato das questões sociais, sempre vinculada à personalidade de João XXIII, marcada por uma "serena confiança na realidade" e um "otimismo aberto em relação ao futuro":[52] João XXIII "é o primeiro Papa [do século XX] que assume com alegria os valores próprios do mundo moderno".[53] Junto a essa atitude de confiança e otimismo para com o mundo, há também um estilo/modo e uma linguagem menos filosófico-abstratos e mais concreto-empíricos de tratar a realidade, mais próximos da mentalidade atual.[54] Essas mudanças são tão significativas que inauguram uma nova etapa na Doutrina Social da Igreja.

3. Além dessas mudanças mais estruturais que dizem respeito à dimensão mundial dos problemas sociais e à nova sensibilidade no trato da questão social, há problemas ou temas novos na *MM* que enriquecem e alargam o horizonte da Doutrina Social da Igreja. Três deles merecem destaque. No segundo capítulo, o texto trata do fenômeno da "socialização" (56-64) como "um dos aspectos característicos de nossa época" (56). O destaque dado a esse fenômeno e o silêncio completo em torno do "corporativismo" parecem indício de que para João XXIII a "socialização" responde melhor aos desafios do mundo atual

---

[49] BIGO; ÁVILA, *Fé cristã e compromisso social*, p. 191.

[50] Cf. RICCARDI, *Da Igreja de Pio XII à Igreja de João XXIII*, p. 39-43; ALBURQUERQUE, *Moral social cristiana*, p. 127; BIGO, *A Doutrina Social da Igreja*, p. 62s; GUTIERREZ, *De Leão XIII a João Paulo II*, p. 47.

[51] Cf. ANDRADE, *Fé e eficácia*, p. 229s; ALBURQUERQUE, *Moral social cristiana*, p. 130; BIGO, *A Doutrina Social da Igreja*, p. 62s; BIGO; ÁVILA, *Fé cristã e compromisso social*, p. 191-194.

[52] CAMACHO, *Doutrina Social da Igreja*, p. 187.

[53] GUTIERREZ, *De Leão XIII a João Paulo II*, p. 47.

[54] Cf. CAMACHO, *Doutrina Social da Igreja*, p. 187; ALBURQUERQUE, *Moral social cristiana*, p. 130.

que o "corporativismo".[55] No terceiro capítulo, aparecem dois temas novos. Por um lado, a problemática agrária (120-146): "a *MM* foi a primeira encíclica que tratou longamente da matéria" e chegou a ser chamada de "a Carta Magna da agricultura". Beozzo recorda que João XXIII tratou do problema agrário em pelo menos quinze diferentes documentos e que essa sensibilidade talvez se deva a sua origem camponesa.[56] Por outro lado, a relação entre povos desenvolvidos e povos subdesenvolvidos (154-181) aparece como "o maior problema da época moderna" (154), e a encíclica apresenta aqui intuições preciosas acerca da cooperação entres os povos (155-162) e da concepção de desenvolvimento (165-174).[57]

4. No que diz respeito ao problema da relação entre povos desenvolvidos e povos subdesenvolvidos, convém ainda destacar com Bigo e Ávila que é a primeira vez que a "temática do subdesenvolvimento" surge de modo explícito no "pensamento oficial da Igreja"[58] e, também, chamar a atenção para a compreensão de "desenvolvimento" e de "bem comum" que aparece na *MM*, cuja importância será decisiva na reflexão eclesial e sociopolítica em geral. Quanto à compreensão de "desenvolvimento": a) conjuga o "econômico" e o "social" (70), a "abundância global de bens" e a "real e eficaz distribuição deles segundo a justiça" (71), o "produzir mais e melhor" e o "repartir-se equitativamente a riqueza produzida" (165); b) respeita as características próprias de cada comunidade tanto no que se refere ao "ambiente natural" quanto no que se refere às "tradições" e às "qualidades" de cada povo (166); c) trata "os progressos científicos e técnicos, o desenvolvimento econômico, as melhorias nas condições de vida" não como "valores supremos", mas como "puros meios" (172). Quanto à noção de "bem comum", compreende "o conjunto das condições sociais que permitem e favorecem nos homens o desenvolvimento integral da personalidade" (62).

---

[55] Cf. CAMACHO, *Doutrina Social da Igreja*, p. 197; BIGO, *A Doutrina Social da Igreja*, p. 289.

[56] BEOZZO, Recepção do pontificado de João XXIII na Igreja do Brasil, p. 131.

[57] Cf. CAMACHO, *Doutrina Social da Igreja*, p. 206-208; BIGO; ÁVILA, *Fé cristã e compromisso social*, p. 192-194.

[58] BIGO; ÁVILA, *Fé cristã e compromisso social*, p. 192.

Essas intuições apenas indicadas e esboçadas serão desenvolvidas em documentos posteriores.

5. A *MM* realiza ou ao menos inicia um sutil deslocamento do foco da "propriedade" para o "trabalho" na Doutrina Social da Igreja. Dada sua centralidade na *RN*, o tema da propriedade aparecia sempre como questão central no ensino social da Igreja. É verdade que o acento na dimensão social da propriedade na *QA* e a consequente afirmação do primado do direito de "uso dos bens" sobre o direito de "propriedade privada" por Pio XII já haviam produzido certa relativização do tema. E é verdade também que não se pode entender a posição de João XXIII sem essa relativização anterior que, em boa medida, está ligada à mudança de contexto em que se desenvolve e ao qual responde à reflexão social dos referidos Papas. Mas a *MM* vai muito além dessa relativização e inaugura um verdadeiro deslocamento de foco. Já no primeiro capítulo, ao retomar o ensino dos Papas anteriores, inclusive Leão XIII, constata-se uma clara relativização da propriedade. E, no segundo capítulo, destaca-se o fato de o tema da propriedade aparecer em último lugar entre os temas abordados e de indicar um conjunto de aspectos no mundo econômico que pareceria pôr em dúvida o "valor" e a "importância" da propriedade (101-105). Fato é que o tema da propriedade não tem mais a mesma importância que tinha na *RN*.[59]

6. Centralidade do tema justiça e equidade. Isso perpassa o texto inteiro, mas é particularmente visível no terceiro capítulo que trata dos novos aspectos da questão social. Todo o capítulo está centrado na constatação da desigualdade e nas "exigências da justiça e da equidade" no interior dos países (entre setores econômicos e entre zonas econômicas) e nas relações entre os países (119).[60] E isso se materializa em contextos e problemas os mais diversos que aparentemente nada têm a ver um com o outro, como a agricultura, a relação entre países desenvolvidos e subdesenvolvidos e o crescimento demográfico. No caso da agricultura, chama atenção a objetividade e precisão nas diretrizes/propostas apresentadas (123-144). No caso das relações entre países desenvolvidos e subdesenvolvidos, o destaque é para a advertência contra o risco de uma

---

[59] Cf. CAMACHO, *Doutrina Social da Igreja*, p. 189-192, 202-204.

[60] Cf. CAMACHO, *Doutrina Social da Igreja*, p. 192.

"nova forma de colonialismo" (169) por parte dos países desenvolvidos, que consistiria em "se aproveitarem da cooperação técnica e financeira que prestam para influir na situação política das comunidades em fase de desenvolvimento econômico a fim de levar a cabo planos de predomínio" (168). Quanto ao crescimento demográfico, ante as políticas de controle de natalidade, formula o problema em termos de "progresso econômico e social" e "colaboração em escala mundial" (189).[61]

7. Por fim, merece destaque, no último capítulo, a indicação de um conjunto de princípios e diretrizes para a ação dos cristãos no campo social: aplicação da doutrina social em "termos concretos" (223); "a passagem da teoria para a prática é difícil" (226): não basta "despertar e formar a consciência da obrigação de proceder cristãmente no campo econômico e social", é preciso também um "método que torne possível o cumprimento desta obrigação" (227); a educação cristã no campo econômico e social "dificilmente parecerá eficaz, se os que a recebem não tomam nela parte ativa e se não for dada também através da ação" (228); método ver-julgar-agir: "estudo da situação, apreciação da mesma à luz [dos] princípios e diretrizes, exame e determinação do que se pode e deve fazer para aplicar os princípios e as diretrizes à prática, segundo o modo e no grau que a situação permite ou reclama" (232); lidar com as divergências sem faltar com "a consideração, o respeito mútuo e a boa vontade em descobrir os pontos onde existe acordo", sem se perder em "discussões intermináveis" e, "sob o pretexto de conseguir o ótimo, [deixar] de realizar o bom que é possível e, portanto, obrigatório" (234); "a verdade e a eficácia da doutrina social católica se manifestam, sobretudo, na orientação segura que oferecem à solução dos problemas concretos" (222).

IV – Referências

ALBURQUERQUE, Eugenio. *Moral social Cristiana*: Camino de liberación y de justicia. Madrid: San Pablo, 2006.

ANDRADE, Paulo Fernando Carneiro. *Fé e eficácia*: o uso da sociologia na teologia da libertação. São Paulo: Loyola, 1991.

---

[61] Cf. CAMACHO, *Doutrina Social da Igreja*, p. 208s.

BEOZZO, José Oscar; ALBERIGO, Giuseppe (orgs.). *Herança espiritual de João XXIII*: olhar posto no amanhã. São Paulo: Paulinas, 1993.

BEOZZO, José Oscar. Recepção do pontificado de João XXIII na Igreja do Brasil. In: BEOZZO, José Oscar; ALBERIGO, Giuseppe (orgs.). *Herança espiritual de João XXIII*: olhar posto no amanhã. São Paulo: Paulinas, 1993a, p. 105-175.

BIGO, Pierre. *A Doutrina Social da Igreja*. São Paulo: Loyola, 1969.

BIGO, Pierre; ÁVILA, Fernando Bastos. *Fé cristã e compromisso social*: elementos para uma reflexão sobre a América Latina à luz da Doutrina Social da Igreja. São Paulo: Paulinas, 1986.

BURNS, Edward Mcnall; LERNER, Robert; MEACHAM, Standish. *História da civilização ocidental*: do homem das cavernas às naves espaciais. São Paulo: Globo, 1995.

CAMACHO, Ildefonso. *Doutrina Social da Igreja*: abordagem histórica. São Paulo: Loyola, 1995.

FOYACA, Manuel. *As encíclicas sociais*. Rio de Janeiro: Agir, 1967.

GUTIERREZ, Exequiel. *De Leão XIII a João Paulo II*: cem anos de Doutrina Social da Igreja. São Paulo: Paulinas, 1995.

HOBSBAWM, Eric. *Era dos extremos*: o breve século XX: 1914-1991. São Paulo: Companhia das Letras, 1995.

JOÃO XXIII. Carta Encíclica *Mater et Magistra*: sobre a evolução da questão social à luz da doutrina cristã. São Paulo: Paulinas, 2010.

MARTINA, Giacomo. Il contesto storico in cui è nato l'idea di un nuevo concilio ecumênico. In: LATOURELLE, René (org.). *Vaticano II*: Bilancio & Prospective. Venticinque anni dopo (1962-1987). Assisi: Cittadella Editrice, 1987, p. 27-82.

MARTINA, Giacomo. *História da Igreja*: de Lutero a nossos dias. São Paulo: Loyola, 1997. v. IV.

MATOS, Henrique Cristiano José. A Igreja na época de Bento XV (1914) a Paulo VI (1978). In: *História do cristianismo*: estudos e documentos. Belo Horizonte: O Lutador, 1992, p. 273-296. v. IV.

MATOS, Henrique Cristiano José. *Caminhando pela história da Igreja*: uma orientação para iniciantes. Belo Horizonte: O Lutador, 1996. v. III.

RICCARDI, Andrea. Da Igreja de Pio XII à Igreja de João XXIII. In: BEOZZO, José Oscar; ALBERIGO, Giuseppe (orgs.). *Herança espiritual de João XXIII*: olhar posto no amanhã. São Paulo: Paulinas, 1993, p. 39-75.

Carta Encíclica
Pacem in Terris[1]

A Carta Encíclica *Pacem in Terris* (*PT*) do Papa João XXIII, "sobre a paz de todos os povos na base da verdade, justiça, caridade e liberdade", foi publicada no dia 11 de abril de 1963 – uma Quinta-feira Santa. Dirigida não somente aos bispos, padres e fiéis, como a *MM*, mas também a "todas as pessoas de boa vontade" e considerada como uma espécie de "testamento espiritual"[2] de João XXIII (que faleceu no dia 3 de junho de 1963, oferecendo sua vida "pelo bom êxito do Concílio e pela paz entre os homens"[3]), a *PT* constitui uma síntese atualizada do magistério sociopolítico dos últimos Papas. Se a Encíclica *RN* de Leão XIII pode ser considerada a "carta magna" da atividade cristã no campo social (Pio XI), por constituir uma "síntese orgânica" ou um "resumo do catolicismo no campo econômico-social" (João XXIII), a Encíclica *PT* de João XXIII pode ser considerada, por analogia, a carta magna da atividade cristã no campo político, por constituir uma síntese ou um resumo da doutrina política da Igreja dispersa em vários documentos e pronunciamentos dos últimas Papas. Segundo Camacho, "talvez o grande valor da *Pecem in Terris* tenha consistido, antes de mais nada,

---

[1] Publicado em: *REB* 318 (2021), p. 30-56.
[2] Cf. CAMACHO, *Doutrina Social da Igreja*, p. 213, 219.
[3] MATOS, A Igreja na época de Bento XV (1914) a Paulo VI (1978), p. 289.

em sistematizar essa herança, dotando-a, além disso, da marca da personalidade de João XXIII".[4]

Convém considerar, antes de tudo, o contexto histórico em que surge e ao qual responde a *PT*. Só assim poderemos compreender bem o texto da encíclica, tanto em seu conteúdo quanto em sua novidade socioeclesial.

I – Contexto histórico

Todo texto está inserido em um contexto e traz sempre a marca do tempo e do ambiente em que surge e ao qual se dirige: problemática, motivação, destinatários, forma de pensar, linguagem, posição etc. Por essa razão, por mais irredutível e autônomo que seja, nenhum texto pode ser adequadamente compreendido independentemente do seu contexto. Isso vale para qualquer texto eclesial, e, de modo particular, para textos que tratam de questões sociais, econômicas e políticas, como é o caso das encíclicas sociais. E vale ainda mais para a Encíclica *PT*, dados o contexto em que surge (crise dos mísseis cubanos) e a urgência e rapidez com que é elaborada e publicada (cerca de quatro meses). Daí a importância e necessidade de começarmos esse estudo da *PT* com algumas considerações sobre o contexto socioeclesial em que ela surge e ao qual responde. Não vamos fazer aqui um estudo amplo sobre esse contexto, mas penas indicar os traços ou aspectos que nos parecem mais relevantes e determinantes na encíclica.

Ela surge como um apelo a "todas as pessoas de boa vontade" à construção da "paz na terra" em um contexto paradoxal de otimismo generalizado, de aumento das desigualdades e de "guerra fria".[5] A conjugação desses fatores explica a peculiaridade desse momento histórico, bem como a importância e relevância dessa encíclica: seja pelo que tem de apelo à paz entre os povos, seja por propor uma paz fundada na verdade, na justiça, na caridade/solidariedade e na liberdade.

O mundo vivia, nas décadas de 1950 e 1960, um momento e uma atmosfera de grande otimismo. Depois da tragédia das duas grandes guerras

[4] CAMACHO, *Doutrina Social da Igreja*, p. 218.
[5] Cf. CAMACHO, *Doutrina Social da Igreja*, p. 183-185, 213-214.

que ceifaram milhões de vida, arrasaram grande parte da Europa, alteraram profundamente as relações de poder e reconfiguram a economia mundial, parecia ter chegado o tempo da prosperidade e da bonança: o fascismo foi derrotado na Itália e na Alemanha; a democracia tornou-se o ideal de governo e foi estabelecida na maioria dos países;[6] muitos povos da África, da Ásia e da América conquistaram sua independência política;[7] foi criada a Organização das Nações Unidas (ONU) para integrar todas as nações e manter e consolidar a paz entre os povos e proclamada a Declaração Universal dos Direitos Humanos; a nova forma de organização da economia capitalista, com forte intervenção do Estado, e os enormes avanços tecnológicos possibilitaram à Europa alcançar um crescimento econômico impressionante, com um aumento igualmente impressionante no padrão de vida da população – fala-se aqui de "anos dourados" ou da "era de ouro" dos países capitalistas desenvolvidos;[8] embora "a era de ouro pertenceu essencialmente aos países capitalistas desenvolvidos", é certo que na década de 1950 o "surto econômico" ou a "era de ouro" parecia um "fenômeno mundial":[9] os países socialistas alcançaram uma taxa de crescimento ainda maior que a dos países capitalistas[10] e, mesmo nos países do Terceiro Mundo, deu-se um crescimento significativo da indústria e da produção.[11]

Mas todo esse otimismo se dá em meio a um crescente aumento das desigualdades sociais e num contexto de "guerra fria". Não obstante o impressionante crescimento econômico e a melhoria significativa da qualidade de vida de grande parte da população, sobretudo, nos países capitalistas desenvolvidos, permanece ou mesmo se aprofunda o fenômeno da desigualdade social. Isso é observado tanto no interior dos países, inclusive dos países desenvolvidos, quanto, sobretudo, entre os países desenvolvidos e subdesenvolvidos. Esse será o ponto central

---

[6] Cf. CAMACHO, *Doutrina Social da Igreja*, p. 183s; HOBSBAWM, *Era dos extremos*, p. 376.

[7] Cf. CAMACHO, *Doutrina Social da Igreja*, p. 185; BURNS; LERNER; MEACHAM, *História da civilização ocidental*, p. 743-755; HOBSBAWM, *Era dos extremos*, p. 337.

[8] Cf. HOBSBAWM, *Era dos extremos*, p. 253-281.

[9] HOBSBAWM, *Era dos extremos*, p. 255.

[10] Cf. HOBSBAWM, *Era dos extremos*, p. 255, 367, 375.

[11] Cf. HOBSBAWM, *Era dos extremos*, p. 255s.

de Encíclica *MM* de João XXIII: "exigências da justiça e da equidade" entre os "diversos setores econômicos", entre "zonas economicamente desenvolvidas e zonas economicamente menos desenvolvidas dentro da economia nacional" e entre "países desigualmente desenvolvidos em matéria econômica e social" (*MM*, 119). E tudo isso num contexto de polarização político-ideológico-militar exacerbada. O mundo pós-guerra é um mundo dividido e polarizado, sob a direção de duas grandes potências: Estados Unidos e União Soviética. O contexto internacional é de uma "guerra fria".[12] Hobsbawm chega a falar de uma "Terceira Guerra Mundial", cuja peculiaridade reside no fato de que, "em termos objetivos, não existia perigo iminente de guerra mundial", uma vez que os governos das superpotências aceitavam a "distribuição global das forças". Apesar disso, "gerações inteiras se criaram à sombra de batalhas nucleares globais que, acreditava-se firmemente, podiam estourar a qualquer momento e devastar a humanidade".[13]

De fato, desde que URSS adquiriu armas nucleares, "as duas superpotências claramente abandonaram a guerra como instrumento de política, pois isso equivalia a um pacto suicida", e passaram a usar a "ameaça nuclear" como expressão e instrumento de força/poder.[14] Exemplo claro dessa nova estratégia é a "crise dos mísseis cubanos" em 1962, quando a URSS, em reação à instalação de mísseis estadunidenses na fronteira da União Soviética com a Turquia, decidiu instalar mísseis soviéticos em Cuba. Tratava-se claramente de um "exercício de força" – perigoso, mas eficiente – para "fins de negociação", cujo resultado, que contou com a mediação secreta de João XXIII,[15] foi o recuo de ambas as potências com a retirada dos mísseis soviéticos de Cuba e dos mísseis estadunidenses da Turquia. Essa nova estratégia acabou produzindo um "acordo tácito" entre as grandes potências no sentido de "tratar a Guerra Fria como uma Paz Fria".[16]

---

[12] HOBSBAWM, *Era dos extremos*, p. 223-252; BURNS; LERNER; MEACHAM, *História da civilização ocidental*, p. 737-743.

[13] HOBSBAWM, *Era dos extremos*, p. 224.

[14] Cf. HOBSBAWM, *Era dos extremos*, p. 227.

[15] Cf. BIGO; ÁVILA, *Fé cristã e compromisso social*, p. 194.

[16] HOBSBAWM, *Era dos extremos*, p. 226-227.

Se esse "acordo tácito" afastava o perigo iminente de uma nova guerra mundial, a "paz fria" que ele proporcionava era inseparável de uma "guerra fria", pois estava fundada na insegurança e no medo (fundamento) e era garantida pela "ameaça nuclear" como "exercício de força" (estratégia). O "aspecto mais óbvio" dessa guerra fria era "o confronto militar e a cada vez mais frenética corrida armamentista".[17] Essa "insana corrida armamentista para a destruição mútua" produziu e se manteve às custas de um "complexo industrial-militar" que exigia o "crescimento cada vez maior de homens e recursos que viviam da preparação da guerra", que levava as grandes potências a "usar sua capacidade excedente para atrair e armar aliados e clientes e, ao mesmo tempo, conquistar lucrativos mercados de exportação"[18] e que acabava interferindo decisivamente na política interna dos países aliados ou por elas controlados. Mas suas consequências mais óbvias são de ordem político-ideológica. A guerra fria polarizou o mundo em "dois 'campos' marcadamente divididos" e controlados pelas superpotências:[19] o bloco capitalista controlado pelos EUA e o bloco comunista controlado pela URSS.

Essa divisão e polarização marcam decisivamente o cenário internacional pós-guerra. Do ponto de vista político-econômico, enquanto os EUA criam o Plano Marschal (1947) para a reconstrução da Europa capitalista, a URSS cria o COMECON – Conselho de Assistência Econômica Mútua (1949) para a reconstrução e o desenvolvimento dos países socialistas. Do ponto de vista político-militar, enquanto o Ocidente capitalista cria a OTAN – Organização do Tratado Atlântico Norte (1949) para combater a influência soviética, o bloco socialista cria o Pacto de Varsóvia (1955) para fazer frente ao Ocidente capitalista e garantir a defesa de seus interesses.[20]

Mas marcam também decisivamente a política interna dos países. Antes de tudo, no que diz respeito ao comportamento internacional: política de aliança e planos militares. E, em maior ou menor medida

---

[17] HOBSBAWM, *Era dos extremos*, p. 234.
[18] HOBSBAWM, *Era dos extremos*, p. 233.
[19] HOBSBAWM, *Era dos extremos*, p. 235.
[20] Cf. HOBSBAWM, *Era dos extremos*, p. 235-238.

e com características distintas, a política interna dos vários países: de modo muito mais claro e monolítico no bloco socialista e de modo mais sutil, mas não menos decisivo nos países capitalistas.[21] Os EUA são o caso mais significativo ou mesmo paradigmático de como essa divisão e polarização internacional determinavam a política interna dos países capitalistas, na medida em que as disputas político-eleitorais internas eram profundamente marcadas pelo combate ao "inimigo externo" (comunismo) e seus possíveis aliados internos (oposição política). O "anticomunismo apocalíptico" estadunidense se explica, não por uma real ameaça da URSS aos EUA, mas por sua utilidade, conveniência e potencial político-eleitoral.[22]

É nesse contexto de polarização político-militar-ideológica exacerbada, cujas expressões mais recentes e significativas foram a construção do muro de Berlim que dividiu a Alemanha e fechou o único canal de comunicação entre as duas Europas (1961) e a crise dos mísseis cubanos (1962), que se insere a Encíclica *PT* do Papa João XXIII com seu apelo à construção da paz no mundo.

Já o contexto eclesial é bastante otimista e promissor. A Igreja vivia um momento intenso de renovação com João XXIII e o Concílio Vaticano II,[23] cuja característica mais importante e impactante era a abertura e o diálogo positivo com o mundo moderno. Certamente, isso não se deu de uma hora para a outra nem surgiu do nada; foi preparado por um longo, tenso, complexo e ambíguo processo de abertura e renovação.[24] Mas não se pode minimizar a importância decisiva de João XXIII nesse processo de renovação eclesial: seja pelo que tem de retomada e atualização, seja pela nova síntese que proporciona, seja pelo caráter institucional que confere. João XXIII marca decisivamente uma nova etapa na vida da Igreja: Sua "proximidade com os problemas reais", sua "serena confiança na realidade" e seu "otimismo aberto em relação ao

---

[21] Cf. HOBSBAWM, *Era dos extremos*, p. 235-238.

[22] Cf. HOBSBAWM, *Era dos extremos*, p. 232.

[23] Cf. MARTINA, *História da Igreja IV*, p. 275-324; MATOS, A Igreja na época de BENTO XV (1914) a Paulo VI (1978), p. 285-289; MATOS, *Caminhando pela história da Igreja*, p. 283-302; BIGO; ÁVILA, *Fé cristã e compromisso social*, p. 191-196.

[24] Cf. LIBANIO, Concílio Vaticano II, p. 21-48; MARTINA, *História da Igreja IV*, p. 266-271.

futuro"[25] inauguram uma nova fase na relação da Igreja com o mundo; suas encíclicas sociais e o concílio por ele convocado e inaugurado não só recolhem os resultados positivos do processo de renovação em curso, mas oferecem uma síntese atualizada e conferem um status institucional ao que, em grande medida, era vivido e proposto por grupos marginais e marginalizados na Igreja, não raramente vistos sob suspeitas.[26] E "a percepção de que ocorria uma transição, quando da passagem do pontificado de Pio XII ao de João XXIII, foi forte e imediata na opinião pública".[27]

Isso é algo que vale para o conjunto da Igreja, e, de modo particular, para a problemática da relação Igreja-mundo. Como bem afirmam Bigo e Ávila, "com João XXIII se inaugura uma fase nova e decisiva na evolução do pensamento social da Igreja, que o insere no âmago dos grandes problemas do mundo contemporâneo".[28] "exigências da justiça e equidade" nos planos nacional e mundial (*MM*) e a "paz de todos os povos na base da verdade, justiça, caridade e liberdade" (*PT*). Se a primeira encíclica retoma e atualiza o ensino da Igreja no âmbito socioeconômico; a segunda recolhe, sistematiza e oferece uma primeira síntese atualizada do ensino sociopolítico do magistério nas últimas décadas. Tudo isso com um tom mais positivo e dialogal com o mundo e um estilo e linguagem mais concretos e propositivos.

II – Texto: estrutura e conteúdo

Tendo apresentado o contexto socioeclesial em que surge e ao qual responde a *PT*, podemos passar agora à leitura e à análise do texto da encíclica, explicitando sua estrutura fundamental e fazendo um resumo de seu conteúdo. Se não se pode compreender adequadamente um texto sem considerar seu contexto, tampouco se pode deduzi-lo sem mais do seu contexto. O contexto condiciona, mas não determina. Por isso, assim como é necessário analisar o contexto em que o texto se

---

[25] CAMACHO, *Doutrina Social da Igreja*, p. 187.
[26] Cf. MARTINA, *História da Igreja IV*, p. 259-266.
[27] RICCARDI, Da Igreja de Pio XII à Igreja de João XXIII, p. 9.
[28] BIGO; ÁVILA, *Fé cristã e compromisso social*, p. 191.

insere, também é necessário analisar rigorosamente o texto em sua estrutura e em seu conteúdo.

Antes de passarmos à análise do texto da *PT*, convém chamar atenção para a peculiaridade de seu processo redacional.[29] Diferentemente das encíclicas sociais anteriores, ela foi pensada, redigida e publicada num espaço de tempo muito curto. E, diferentemente das Encíclicas *QA* e *MM*, não foi publicada por ocasião do aniversário da *RN*, mas por conta do acirramento do conflito entre os EUA e a URSS na chamada crise dos mísseis cubanos em outubro de 1962, um momento particularmente dramático, pelo risco e receio de uma nova guerra mundial. Considerando a importância decisiva da mediação de João XXIII nesse conflito e o peso de suas palavras no âmbito político, Pietro Pavan – reitor da Universidade Lateranense, animador das Semanas Sociais na Itália e um dos principais redatores da Encíclica *MM* – enviou, no final de novembro, uma carta ao secretário do Papa, Loris Capovilla, sugerindo a oportunidade de uma encíclica que tratasse das questões sociopolíticas. Mesmo sabendo da gravidade de sua enfermidade e do pouco tempo de vida que lhe restava, João XXIII acolheu a proposta e encarregou Pavan de redigir um primeiro projeto do texto. Entregue ao Papa já no início de janeiro de 1963, o texto foi cuidadosamente examinado por ele e revisado pelos teólogos Luigi Ciappi (teólogo pontifício) e Georges Jarlot (professor de Teologia moral na Gregoriana). Em um período de apenas três meses e com poucas alterações, o texto chega a sua redação final e é assinado por João XXIII no dia 9 de abril, embora com a data de 11 de abril – Quinta-feira Santa, poucas semanas antes de ele falecer (3/06/1963), oferecendo sua vida pelo êxito do concílio e pela paz na terra.[30]

1. Estrutura

A *Pacem in Terris*[31] tem uma estrutura bastante clara. Depois de uma *introdução* que apresenta brevemente o tema da encíclica, seu

---

[29] Cf. CAMACHO, *Doutrina Social da Igreja*, p. 214, 219; GUITTÁN, Juan XXIII y la encíclica *Pacem in Terris*, p. 383-385.

[30] Cf. MATOS, A Igreja na época de Bento XV (1914) a Paulo VI (1978), p. 289.

[31] Cf. JOÃO XXIII, Carta Encíclica *Pacem in Terris*. A partir de agora, os números entre parêntesis, sem outra indicação, remetem a páginas desta tradução da encíclica.

fundamento e seu desenvolvimento (5-7), o texto está organizado em cinco partes: a *primeira parte* trata da relação entre as pessoas, sujeitos de direitos e deveres (9-25); a *segunda parte* trata da relação entre os cidadãos e as autoridades públicas (27-42); a *terceira parte* trata da relação entre os Estados ou comunidades políticas (43-61); a *quarta parte* trata da relação entre as pessoas e comunidades políticas e a comunidade mundial (63-71); a *quinta parte* indica algumas diretrizes pastorais para a atividade pública dos crentes (73-85).

É verdade que, no final da introdução, ao indicar os vários níveis da convivência humana, que corresponde ao conteúdo das quatro primeiras partes (7), não há nenhuma menção ao conteúdo da quinta parte, que oferece diretrizes pastorais para a atividade pública dos crentes. Algo semelhante acontece na *Mater et Magistra* que, ao apresentar os objetivos da encíclica, não faz referência ao último capítulo que trata da contribuição da Igreja na solução dos problemas sociais (cf. *MM*, 47). Em todo caso, o texto original, como se pode ver no site do Vaticano, está dividido em cinco partes, sem títulos nem subtítulos e sem qualquer numeração. E o próprio João XXIII, no discurso que fez por ocasião da assinatura da encíclica, no dia 9 de abril de 1963, afirma explicitamente essa divisão do texto em cinco partes, destacando que a quinta parte contém "normas pastorais de imediata percepção".[32]

2. Conteúdo

Seguindo a estrutura do texto, conforme explicitada anteriormente, passaremos a apresentar, de modo bastante resumido e condensado, seu conteúdo fundamental.[33] É claro que isso não dispensa, mas, pelo contrário, supõe e exige a leitura do texto. O que segue é apenas um roteiro ou um guia que ajuda a recolher a riqueza de conteúdo e, ao mesmo tempo, a não perder de vista a unidade do texto.

---

[32] JOÃO XXIII, Discorso in ocasione della firma dell'Encíclica *Pacem in Terris*.
[33] Cf. CAMACHO, *Doutrina Social da Igreja*, p. 214-131; FOYOCA, *As encíclicas sociais*, p. 147-171; ALBURQUERQUE, *Moral social cristiana*, p.132-137; JOSAPHAT, *Evangelho e revolução social*, 36-40; GUTIÉRREZ, *De Leão XIII a João Paulo II*, p. 50-53.

Introdução

Dirigida aos "bispos", ao "clero", aos "fiéis de todo o Orbe" e a todas as "pessoas de boa vontade", a Encíclica *PT*, "sobre a paz de todos os povos na base da verdade, justiça, caridade e liberdade", começa afirmando que "a paz na terra, anseio profundo de todos os homens de todos os tempos, não se pode estabelecer nem consolidar senão no pleno respeito da ordem instituída por Deus" (5). Afirma que "o progresso das ciências e as invenções da técnica evidenciam que reina uma ordem maravilhosa nos seres vivos e nas forças da natureza" e "testemunham a dignidade do homem capaz de desvendar essa ordem e de produzir os meios adequados para dominar essas forças, canalizando-as em seu proveito" (5), ao mesmo tempo que "demonstram a infinita grandeza de Deus, criador do universo e do homem" (6). Constata o contraste clamoroso entre essa "perfeita ordem universal" e a "desordem que reina entre indivíduos e povos" (6) e que, embora o Criador "imprimiu no íntimo do ser humano uma ordem que a consciência deste manifesta e obriga terminantemente a observar" (7), uma "concepção frequente e errônea" tem levado muita gente a pensar que "as relações de convivência [...] possam reger-se pelas mesmas leis que as forças e os elementos irracionais do universo" (7). No entanto, insiste, "sendo leis de gênero diferente, devem-se buscar apenas onde as inscreveu o Criador de todas as coisas, a saber, na natureza humana" (7). O texto conclui afirmando que "são essas leis que indicam como regular na convivência humana as relações das pessoas entre si, dos cidadãos com as [...] autoridades públicas, [...] entre os diversos Estados [e entre os] indivíduos e comunidades políticas com a comunidade mundial" (7). Com isso, está indicado o roteiro e o conteúdo das quatro primeiras partes da encíclica.

Primeira parte

A primeira parte do texto trata das relações entre as pessoas ou da "ordem que deve vigorar entre os homens" (9). E o ponto de partida é o "princípio de que cada ser humano é pessoa, isto é, natureza dotada de inteligência e vontade livre" e, por essa razão, "possui em si mesmo direitos e deveres que emanam direta e simultaneamente de sua própria natureza" – "direitos e deveres universais, invioláveis e inalienáveis"

(9). Vista "à luz das verdades reveladas", a dignidade do ser humano é ainda maior, pois se trata de "pessoas remidas pelo sangue de Cristo, as quais com a graça se tornam filhos e amigos de Deus, herdeiros da glória eterna" (10).

Remetendo a documentos dos últimos Papas, a encíclica elenca um conjunto de direitos que decorrem da dignidade da pessoa humana e a concretizam: direito "à existência, à integridade física, aos recursos correspondentes a um digno padrão de vida" (10), direito "ao respeito de sua dignidade e à boa fama", à "liberdade na pesquisa da verdade e [...] na manifestação e difusão do pensamento", à "informação verídica" e a "participar dos bens da cultura" (11), "liberdade de prestar culto a Deus de acordo com os retos ditames da própria consciência e de professar a religião, privada e publicamente" (11s), direito de "escolher o estado de vida, de acordo com suas preferências" (12s), direitos econômicos: "liberdade de iniciativa" e "direito ao trabalho", condições dignas e adequadas de trabalho, "senso de responsabilidade", "remuneração do trabalho conforme os preceitos da justiça", "direito à propriedade privada", sem esquecer de que "ao direito de propriedade privada é inerente uma função social" (13-15), "direito de reunião e de associação" (15s), "direito de estabelecer ou mudar de domicílio dentro da comunidade política de que é cidadão" ou "transferir-se a outras comunidades políticas e nelas domiciliar-se" (16) e "direito de participar ativamente da vida pública" e da "legítima tutela de seus direitos" (16s).

O texto prossegue afirmando que "aos direitos naturais acima considerados vinculam-se, no mesmo sujeito jurídico que é a pessoa humana, os respectivos deveres", de modo que "direitos e deveres encontram na lei natural que os outorga ou impõe, o seu manancial, a sua consistência, a sua força inquebrantável" (18). Noutras palavras, "a determinado direito natural de uma pessoa corresponde o dever de reconhecimento e respeito desse direito por parte de todos" – a mesma "lei natural" que "confere" um direito, "impõe também algum dever correspondente" (18). A própria natureza social do homem e a convivência dela decorrente exigem de todos "generosa contribuição para a construção de uma sociedade na qual direitos e deveres se exerçam com perspicácia e eficiência cada vez maiores" (19). E a dignidade da pessoa humana exige que essa convivência seja fruto de um "agir responsável e livre" (19), mais que de "coação, pressão ou qualquer forma de imposição externa" (20). Não se deve esquecer de que a convivência humana, que deve ser fundada na verdade, na justiça, no amor e na liberdade (20s), é uma "realidade eminentemente espiritual" (21). Trata-se de uma "ordem" de "natureza espiritual" que "encontra sua origem e o seu fundamento no verdadeiro Deus, pessoal e transcendente" (22).

Essa primeira parte do texto conclui indicando "três fenômenos que caracterizam nossa época": a "gradual ascensão econômico-social das classes trabalhadoras", o "ingresso da mulher na vida pública" e a evolução da sociedade humana para um "padrão social e político completamente novo" (23-25).

Segunda parte

A segunda parte da encíclica trata das relações entre os cidadãos e os poderes públicos no seio de uma comunidade política.

O texto começa afirmando que "a sociedade humana não estará bem constituída nem será fecunda a não ser que a presida uma autoridade legítima que salvaguarde as instituições e dedique o necessário trabalho e esforço ao bem comum" e que "esta autoridade vem de Deus" (27). Mas é preciso entender bem essa afirmação: "a autoridade não é força incontrolável", mas "faculdade de mandar segundo a sã razão"; seu poder "deriva da ordem moral, a qual tem a Deus como princípio e fim" (28); ela "só poderá obrigar em consciência quando estiver vinculada à autoridade divina, quando dela participe" (29). Com isso, "fica resguardada também a dignidade pessoal dos cidadãos", pois, "já que a autoridade é exigência da ordem moral e provém de Deus, caso legislarem os governantes ou prescreverem algo contra essa ordem [...], essas leis e essas prescrições não podem obrigar a consciência dos cidadãos" – "a própria autoridade deixa de existir, degenerando em abuso de poder" (30). Já Santo Tomás de Aquino ensinava que "a lei humana tem valor de lei enquanto está de acordo com a reta razão, derivando, portanto, da lei eterna. Se, porém, contradiz à razão, chama-se iníqua e, como tal, não tem valor de lei, mas é um ato de violência" (30). O texto adverte que, "pelo fato de a autoridade provir de Deus, de nenhum modo se conclui que os homens não tenham faculdade de eleger seus próprios governantes, de determinar forma de governo, métodos e alçada dos poderes públicos", de modo que a doutrina aqui exposta é "compatível com qualquer regime genuinamente democrático" (30s).

Tendo insistido na necessidade e na origem divina da autoridade, a encíclica afirma que, assim como "todo cidadão e todos os grupos intermediários devem contribuir para o bem comum", também "os atos da autoridade civil não só devem ser formalmente corretos, mas também de conteúdo tal que de fato representem o bem comum ou a ele possam encaminhar" (31). O texto é muito claro e incisivo: "essa realização do bem comum constitui a própria razão de ser dos poderes públicos" (31). Eles devem promover o bem comum de tal modo que "respeitem os seus elementos essenciais e adaptem as suas exigências às atuais condições históricas" (31); que considerem as "características étnicas de cada povo" (32); que garantam a participação de "todos os membros da sociedade [...], embora em grau diverso, segundo as funções que cada um desempenha, seus méritos e condições" (32); que traga "vantagem para todos, sem preferência de pessoas ou grupos" (32), ao mesmo tempo que, "por razões de justiça e equidade", tenha "especial consideração para com membros mais fracos da comunidade" (33); que considere o "homem todo", em suas "necessidades do corpo [e] do espírito", "respeitando a hierarquia dos valores e proporcionando, com os bens materiais, também os que se referem aos valores espirituais" (33).

O "bem comum", como já havia definido na encíclica *Mater et Magistra*, "consiste no conjunto de todas as condições de vida social que consintam e favoreçam o desenvolvimento integral da personalidade humana" (33). Aos poderes públicos cabe agir no sentido de que "esses direitos sejam reconhecidos, respeitados, harmonizados, tutelados e promovidos, tornando-se mais fácil o cumprimento dos respectivos deveres". Sua "função primordial" é "defender os direitos invioláveis da pessoa e tornar viável o cumprimento de seus deveres" (34). De modo que, "se a autoridade não reconhece os direitos da pessoa, ou os violar, não só perde sua própria razão de ser, como também suas determinações perdem a força de obrigar em consciência" (34). Dois aspectos são particularmente destacados na função dos poderes públicos: "harmonizar e disciplinar devidamente os direitos com que os homens se relacionam entre si" (35) e "criar condições sociais que possibilitem e favoreçam o exercício dos direitos e o cumprimento dos deveres por parte de todos os cidadãos" (35). Trata-se não apenas de "harmonizar e tutelar esses direitos", mas também de "promovê-los" – uma "dupla ação", cujo equilíbrio é fundamental para a garantia do bem comum (37).

No que diz respeito à estrutura e ao funcionamento dos poderes púbicos, mesmo reconhecendo que não podem ser determinados de uma vez por todas, "sem atender às situações históricas das respectivas comunidades políticas" (38), a encíclica recolhe e destaca dois aspectos e/ou exigências atuais que parecem conformes à natureza humana ou à ordem moral. Por um lado, afirma "ser conforme à natureza humana a constituição da sociedade na base de uma conveniente divisão de poderes, que correspondem às três principais funções da autoridade pública" e que devem ser definidas e reguladas em "termos jurídicos" e segundo a "ordem moral": "poder legislativo", "poder executivo" e "poder judiciário" (38s). A clareza sobre "a natureza e a extensão de suas funções" é fundamental para um exercício do poder fiel à "ordem jurídica existente" e aberto às "exigências emergentes da vida social" e/ou mesmo para "adaptar as leis à variação das circunstâncias e resolver do melhor modo possível novos problemas que surjam" (40). Por outro lado, sustenta ser "exigência de sua própria dignidade de pessoas poderem os cidadãos tomar parte ativa na vida pública, embora a modalidade dessa participação dependa do grau de maturidade da nação a que pertencem" (40). Isso abre "novos e vastos campos de atuação" que favorecem aos agentes públicos "um conhecimento mais exato das exigências do bem comum", bem como sua "renovação" mediante o "suceder-se dos titulares nos poderes públicos" (41).

O texto conclui destacando na "moderna organização jurídica dos Estados" a tendência de redigir uma "carta dos direitos fundamentais do homem", que "não raro é integrada nas próprias Constituições", de "elaboração em termos jurídicos de uma Constituição" que regulamente os "poderes públicos" e as "relações dos cidadãos com os poderes públicos" (41).

Terceira parte

A terceira parte trata das relações entre as comunidades políticas ou das normas de convivência entre elas.

O texto começa confirmando os ensinamentos dos Papas anteriores sobre a "existência de direitos e deveres internacionais" e sobre o "dever de regulamentar as mútuas relações das comunidades políticas entre si, segundo as normas da verdade, da justiça, da solidariedade operante e da liberdade". Afirma que "a mesma lei natural que rege a vida individual deve reger também as relações entre os Estados" (43). Concretiza esse princípio no caso dos governantes: "de modo algum lhes é lícito eximir-se à lei da própria natureza, que é a lei moral" (43), "a autoridade na sociedade humana é exigência da própria ordem natural" (44), "também em assuntos internacionais, a autoridade deve ser exercida para promover o bem comum, pois esta é a sua própria razão de ser" (44), "elemento fundamental do bem comum é o reconhecimento da ordem moral e a indefectível observância de seus preceitos" (44). E passa a tratar dos princípios/critérios que devem reger as relações entre os povos.

A) "As relações entre os povos devem basear-se na verdade." Isso exige que se elimine "todo e qualquer racismo" e que se tenha "como princípio inviolável a igualdade de todos os povos, pela sua dignidade de natureza" (45). Assim como as "diferenças de saber, de virtude, de capacidade inventiva e de recursos materiais" entre os homens não justificam nenhum "propósito de impor a própria superioridade a outros", mas constitui-se como "fonte de maior responsabilidade [...] para a elevação comum" (45s); da mesma forma, a diferença de "cultura, civilização e desenvolvimento econômico" entre as nações "não poderá jamais justificar a tendência a impor a própria superioridade aos demais", mas "pode ser motivo para sentirem-se mais empenhadas na tarefa do comum desenvolvimento dos povos" (46). Assim como "não pode um homem ser superior a outro por natureza", também "não há diferença alguma entre as comunidades políticas" (46). Isso exige, no uso das "modernas invenções técnicas" que favorecem "maior conhecimento recíproco entre os povos", que se adotem "critérios de serena objetividade", evitando "os métodos de informação que, violando a justiça e a verdade, firam o bom nome de algum povo" (46s).

B) "As relações entre os Estados devem, além disso, reger-se pelas normas da justiça", o que "comporta tanto o reconhecimento dos mútuos direitos como o cumprimento dos deveres respectivos" (47). O texto faz um breve elenco de direitos e deveres dos Estados (47). Reconhece que pode haver conflitos de interesses entre os Estados. Afirma que eles devem "dirimir-se não com a força das armas nem com a fraude e o engano, mas sim, como convém às pessoas humanas, com a compreensão recíproca, através de serena ponderação dos dados objetivos e serena conciliação" (48). Nesse contexto, trata da situação das minorias de raça. Declara "grave injustiça qualquer ação que tende a reprimir a energia vital de alguma minoria, e muito mais se tais maquinações procuram exterminá-la" (48), ao mesmo tempo que adverte contra a tendência das minorias a "exagerar os seus valores étnicos, a ponto de colocá-los acima dos valores universalmente humanos" e afirma que "o contato cotidiano com pessoas de outra cultura pode constituir precioso fator de enriquecimento intelectual e espiritual, através de um continuado processo de assimilação cultural" (49).

C) As relações internacionais devem se desenvolver em uma "dinâmica de solidariedade através de mil formas de colaboração econômica, social, política, cultural, sanitária, desportiva" (50). Nesse sentido, é preciso ter presente que "o poder público não foi constituído para encerrar os súditos dentro das fronteiras nacionais, mas para tutelar, antes de tudo, o bem comum nacional" que, por sua vez, é "parte integrante do bem comum de toda a família humana" (50). Por essa razão, "não só não podem as nações prejudicar-se umas às outras, mas devem mesmo conjugar os próprios esforços", evitando que "o interesse de um grupo de nações venha a danificar outras, em vez de estender também a estas os seus reflexos positivos" (50). Dada a desproporção entre população, terra e capital no mundo atual, "impõe-se a colaboração dos povos, com o fim de facilitar a circulação de recursos, capitais e mão de obra" (51). No atual contexto mundial, o Papa se mostra particularmente preocupado com o problema dos refugiados políticos e da corrida armamentista. O "fenômeno dos refugiados políticos" adquiriu "amplas proporções" e oculta "inumeráveis e atrozes sofrimentos" (52). Cumpre recortar aqui que eles "são pessoas e que se lhes devem reconhecer os direitos devidos à pessoa", como o direito de "inserir-se na comunidade política" (53).

Quanto ao problema da corrida armamentista, o texto faz um breve diagnóstico da situação e insiste na exigência e no desafio de sua superação. Começa com a constatação dolorosa da fabricação de "gigantescos armamentos" nos países desenvolvidos (5), o que implica "somas enormes de recursos materiais e energias espirituais" e impõe "sacríficos nada leves aos cidadãos dos respectivos países, enquanto outras nações carecem da ajuda indispensável ao próprio desenvolvimento econômico e social" (54). A justificativa apresentada para essa corrida armamentista é que "não se assegura a paz senão com o equilíbrio de forças" (54). Mas, além de estimular o armamento dos Estados, "o resultado é que os povos vivem em terror permanente" (54). Nesse contexto, diz o Papa, "a justiça, a reta razão e o sentido da dignidade humana" exigem (a) "que se pare com essa corrida ao poderio militar", (b) que "se vá reduzindo" o material de guerra armazenado em várias nações, (c) "que sejam banidas as armas atômicas" e (d) "que se chegue a um acordo para a gradual diminuição dos armamentos, na base de garantias mútuas e eficazes" (55). Sem esquecer de que isso não se efetiva "se não se proceder a um desarmamento integral, que atinja o próprio espírito" (55).

D) Por fim, "as relações mútuas entre as comunidades políticas se devem reger pelo critério da liberdade", o que significa que "nenhuma nação tem o direito de exercer qualquer opressão injusta sobre outras, nem de interferir indevidamente nos seus negócios". Pelo contrário, "devem contribuir para desenvolver nas outras o senso de responsabilidade, o espírito de iniciativa e o empenho de tornar-se protagonistas do próprio desenvolvimento em todos os campos" (57s). Recordando que "todos os seres humanos estão vinculados entre si pela comunhão na mesma origem, na mesma redenção por Cristo e no mesmo destino sobrenatural, sendo deste modo chamados a formar uma única família cristã", o Papa exorta, como já havia feito na Encíclica *MM*, "as nações economicamente mais desenvolvidas a auxiliarem, por todos os meios, as outras nações em vias de desenvolvimento econômico" (58). Nessa cooperação, devem "respeitar ao máximo as características de cada povo e as suas antigas tradições sociais, abstendo-se cuidadosamente de qualquer pretensão de domínio" (60).

O texto conclui constatando a crescente "persuasão de que as eventuais controvérsias entre os povos devem ser dirimidas com negociações e não com armas". Essa persuasão está ligada ao "terrível poder de destruição das armas", é alimentada pelo "temor das calamidades e das ruínas desastrosas que essas armas podem acarretar" e vai criando a convicção de que "não é mais possível pensar que nessa nossa era atômica a guerra seja um meio apto para ressarcir direitos violados" (60). Embora reine ainda entre os povos a "lei do temor" que induz à fabricação de armas para "conjurar eventuais perigos de agressão", diz o Papa, é "lícito esperar" que reine entre os povos "não o temor, mas o amor, um amor que antes de tudo leve os homens a uma colaboração leal, multiforme, portadora de inúmeros bens" (60s).

Quarta parte

Se a terceira parte estava dedicada às relações entre as comunidades políticas, a quarta parte trata das relações entre as pessoas e comunidades políticas e a comunidade mundial que elas constituem. O foco aqui é a "comunidade mundial".

O ponto de partida é a constatação da crescente interdependência entre as comunidades políticas. De fato, "os recentes progressos das ciências e das técnicas incidem profundamente na mentalidade humana, solicitando por toda parte as pessoas a progressiva colaboração mútua e a convivência unitária de alcance mundial" (63): intensifica-se o "intercâmbio de ideias, de pessoas e de coisas"; ampliam-se as "relações entre cidadãos, famílias e organismos intermediários [e] entre os poderes públicos"; cresce a "interdependência entre as economias nacionais"; "o progresso social, a ordem, a segurança e a paz de cada comunidade política estão em relação com o progresso social, com a ordem, com a segurança e com a paz de todas as demais comunidades políticas", de modo que "nenhuma comunidade política encontra-se hoje em condições de zelar convenientemente por seus próprios interesses e de suficientemente se desenvolver, fechando-se em si mesma" (63s).

Assim como "a unidade universal do convívio humano é um fato perene [...], é também perene a exigência natural de realização, em grau suficiente, do bem comum universal" (64). Mas, se "outrora podia pensar-se com razão que os poderes públicos das diferentes comunidades políticas estavam em condição de obter o bem comum universal" (64s), "hoje [...] o bem comum universal suscita problemas complexos, muito graves, extremamente urgentes, sobretudo em matéria de segurança e paz mundial", que extrapola as condições e competências dos poderes públicos de cada comunidade política – e "não por falta de vontade ou iniciativa, mas pela deficiência estrutural, pela carência de autoridade" (65). Noutras palavras: "não se verifica mais uma correspondência satisfatória entre a estrutura política dos Estados com o respectivo funcionamento da autoridade pública no plano mundial e as exigências objetivas do bem comum universal" (65).

O texto insiste na "relação intrínseca entre o conteúdo histórico do bem comum e a configuração e funcionamento dos poderes públicos": "assim como a ordem moral requer uma autoridade pública para a obtenção do bem comum na convivência humana, postula também que esta autoridade seja capaz de conseguir o fim proposto"; "isso exige que os órgãos em que esta autoridade se encarna, opera e busca o seu fim [...] possam adequadamente traduzir em realidade os novos conteúdos que o bem comum venha assumindo na evolução histórica" (66). E, já que "o bem comum universal levanta hoje problemas de dimensão mundial" que só podem ser enfrentados e resolvidos por "poderes públicos que possuam autoridade, estruturas e meios de idênticas proporções", conclui o texto, "é a própria ordem moral que exige a instituição de uma autoridade pública universal" (66). Ela deve ser instituída "de comum acordo entre todos os povos e não com a imposição da força" (67), deve "considerar objetivo fundamental o reconhecimento, o respeito, a tutela e a promoção dos direitos da pessoa humana" (68) e deve agir segundo o "princípio de subsidiariedade" (68-69).

O texto conclui fazendo referência à fundação da Organização das Nações Unidas em 1945 (69), cujo "fim primordial" é "manter e consolidar a paz entre os povos, desenvolvendo entre eles relações amistosas, fundadas nos princípios de igualdade, de respeito mútuo, de cooperação multiforme em todos os setores da atividade humana" (70). Destaca como "ato de altíssima relevância" a Declaração Universal dos Direitos do Homem em 1948 (70). Embora "contra alguns pontos particulares da declaração foram feitas objeções e reservas fundadas", o Papa afirma não haver dúvida de que "o documento assinala um passo importante no caminho para a organização jurídico-política da comunidade mundial" (70). E faz "ardentes votos" de que as "estruturas" e os "meios" da

Organização das Nações Unidas "se conformem cada vez mais à vastidão e à nobreza de suas finalidades" (70s).

Quinta parte

Por fim, a *quinta parte* da encíclica indica algumas diretrizes pastorais para a atividade pública dos crentes.

O texto começa exortando os católicos ao "dever" de "participarem ativamente da vida pública e de contribuírem para que se atinja o bem comum de todo o gênero humano e da própria comunidade política", bem como de "se esforçarem, à luz da fé cristã e com a força do amor, para que as instituições de finalidade econômica, social, cultural e política [...] facilitem às pessoas o próprio aperfeiçoamento, tanto na vida natural como na sobrenatural" (73).

A participação cristã na vida pública exige "inserir-se nas suas instituições e trabalhá-las eficientemente por dentro", o que implica, em nossa cultura, competência científica, capacidade técnica e perícia profissional (74). Mas não só. Além de conhecimento e observância das "leis imanentes" dessas atividades e dos "métodos correspondentes à sua natureza", é preciso também que elas sejam desenvolvidas "no âmbito da ordem moral" como "resposta positiva a um mandamento de Deus, colaboração à sua ação salvífica e contribuição pessoal à realização de seus desígnios providenciais na história" (74s). Trata-se, aqui, de uma "síntese dos elementos científico-técnico-profissionais e dos valores espirituais" (75).

O texto constata nos "países de tradição cristã" o florescimento de instituições "altamente eficientes" que, não raramente, "carecem de fermentação e inspiração cristã" (75). Isso se explica pela "ruptura entre a fé e a atividade temporal" dos cristãos e exige que se "restaure neles a unidade interior e que em sua atividade humana domine a luz orientadora da fé e força vivificante do amor" (75). Em parte, essa ruptura resulta da "falta de uma sólida formação cristã" ou de uma desproporção entre "a instrução científica e a instrução religiosa", o que exige que "a educação da mocidade seja integral e ininterrupta" (76). Integral, no sentido de articular bem conhecimento religioso, moral, técnico-científico e profissional. Ininterrupta, pelo caráter gradual do conhecimento e pela dificuldade de "captar com suficiente objetividade a correspondência entre as situações concretas e as exigências de justiça" e indicar com clareza "os graus e as formas segundo os quais os princípios e as diretrizes doutrinais devem traduzir-se na presente realidade social" (76).

A aplicação dessas linhas doutrinais oferece aos católicos "vasto campo de colaboração tanto com cristãos separados, como com pessoas sem nenhuma fé cristã, nas quais, no entanto, está presente a luz da razão e operante a honradez natural" (78). Nesses casos, diz o texto, os católicos, sendo "coerentes consigo mesmos" e não fazendo "compromissos em matéria de religião e de moral", devem mostrar "espírito de compreensão, desinteresse e disposição a colaborar lealmente na consecução de objetivos bons por natureza ou que, pelo menos, se possam encaminhar para o bem" (78). Indo ainda mais longe, afirma que, assim como "não se deverá jamais confundir o erro com a pessoa que erra" (78), "cumpre não identificar falsas ideias filosóficas sobre a natureza, a ideia, a origem e o fim do universo e do homem com movimentos históricos de finalidade econômica, social, cultural ou política", mesmo que tenham nelas "sua origem e inspiração" (79). Não se pode identificar doutrina e movimento histórico: "a doutrina, uma vez formulada, é aquilo que é, mas um movimento [...] não pode deixar de sofrer influxo e, portanto, é suscetível de alterações profundas"; e "quem ousará negar que nesses movimentos [...] não possa haver elementos positivos dignos de aprovação?" (79). Isso abre espaço para que "encontros de ordem prática, considerados até agora inúteis para ambos os lados, sejam hoje ou possam vir a ser amanhã verdadeiramente frutuosos" (79). O discernimento sobre o "momento" e os "modos e graus" dessa colaboração deve se dar "de acordo com os princípios do direito natural, com a Doutrina Social da Igreja e as diretrizes da autoridade eclesiástica" (79s).

Ante os que "ao enfrentar situações pouco ou nada conformes com as exigências da justiça [...] parecem se orientar para uma espécie de revolução" (80), o Papa recorda que, "por necessidade vital, tudo cresce gradualmente" e que "também nas instituições humanas nada se pode renovar, senão agindo de dentro, passo a passo" (81).

Chegado ao final de sua reflexão, o Papa afirma que "a todos os homens de boa vontade incumbe a imensa tarefa de restaurar as relações de convivência humana na base da verdade, justiça, amor e liberdade"

(81): uma "tarefa nobilíssima", um "imperativo do dever", uma "exigência de amor" (82); que as reflexões feitas foram "inspiradas pelo profundo anseio [...] comum a todos os homens de boa vontade: a consolidação da paz na terra" (83); que "a paz permanece palavra vazia de sentido se não se funda [na verdade, na justiça, na caridade e na liberdade]" (83); que intento "tão nobre e elevado" só se poderá realizar com o "auxílio do alto". E conclui com "ardentes preces" ao "Redentor divino" que nos trouxe a paz por "todos os seres humanos" e pelos "responsáveis dos povos" para que "tornem-se todos os povos irmãos e floresça neles e reine para sempre essa tão suspirada paz" (83s).

III – Destaques

Resta destacar alguns aspectos ou características dessa encíclica de João XXIII que ajudam a compreender melhor sua importância e novidade no contexto socioeclesial em que está inserida e ao qual responde, bem como no contexto histórico mais amplo de desenvolvimento da Doutrina Social da Igreja.

1. A Encíclica *PT* trata do problema e do desafio da "paz na terra" (5, 83) no contexto mais amplo da "guerra fria" e no contexto imediato da crise dos mísseis cubanos, nos quais o Papa João XXIII desempenhou um papel importante de mediação entre as duas grandes potências. E trata da paz, não de um modo genérico e abstrato, mas segundo a "ordem instituída por Deus" (5), sob bases ou normas bem precisas: "verdade, justiça, caridade/solidariedade, liberdade" (5, 20s, 43, 81, 83), e com referência aos diversos níveis ou âmbitos das relações humanas: entre as pessoas, entre as pessoas e as autoridades públicas, entre os diversos Estados, entre pessoas e Estados e a comunidade mundial (7, 81s). Diferentemente das encíclicas anteriores, a *PT* é dirigida não apenas aos bispos, ao clero e aos fiéis, mas também a "todas as pessoas de boa vontade" (5). O próprio João XXIII explica a razão dessa "inovação peculiar": "a paz universal é um bem que interessa indistintamente a todos os humanos; a todos, portanto, desejamos abrir o nosso espírito".[34] E faz isso num estilo e linguagem muito peculiares: "clareza e

---

[34] JOÃO XXIII, Discorso in ocasione della firma dell'Encíclica *Pacem in Terris*.

simplicidade na exposição", "otimismo, que o leva a apresentar todos os temas de modo positivo e a descobrir o aspecto favorável de qualquer problema", e sensibilidade às "tendências, aspirações e realizações incipientes que dão motivo à esperança".[35]

2. Enquanto as encíclicas sociais anteriores se enfrentam fundamentalmente com questões de ordem socioeconômica, a *PT* se defronta com questões de ordem sociopolítica.[36] É verdade que a problemática política foi tratada em diversas ocasiões e sob diferentes aspectos pelos Papas anteriores, particularmente por Pio XII, no contexto da Segunda Guerra "Mundial".[37] E a encíclica se refere constantemente a eles. Mas não havia até então nenhum documento que oferecesse uma síntese sobre os ensinamentos do magistério nesse campo. Camacho chega a afirmar que "talvez o grande valor da *Pecem in Terris* tenha consistido, antes de mais nada, em sistematizar essa herança, dotando-a, além disso, da marca da personalidade de João XXIII".[38] Nesse sentido, afirmamos já na introdução desse nosso estudo que, se a encíclica *Rerum Novarum* de Leão XIII pode ser considerada a "carta magna" da atividade cristã no campo social (Pio XI), por constituir uma "síntese orgânica" ou um "resumo do catolicismo no campo econômico-social" (João XXIII), a encíclica *Pacem in Terris* de João XXIII pode ser considerada, por analogia, a carta magna da atividade cristã no campo político, por constituir uma síntese ou um resumo da doutrina política da Igreja dispersa em vários documentos e pronunciamentos dos últimos Papas.

3. Estabelecida segundo a "ordem instituída por Deus" e regulada pelos princípios da "verdade, justiça, caridade/solidariedade e liberdade" (5), a convivência humana, em todos os seus níveis (7, 81s), tem como fundamento o "princípio de que cada ser humano é pessoa" e, por isso, "possui em si mesmo direitos e deveres que emanam [...] de sua própria natureza" – "direitos e deveres universais, invioláveis e inalienáveis" (9). Assim, a *PT* "integra de forma mais positiva e construtiva

---

[35] CAMACHO, *Doutrina Social da Igreja*, p. 218s.

[36] Cf. ALBURQUERQUE, *Moral social cristiana*, p. 12s; CAMACHO, *Doutrina Social da Igreja*, p. 213, 217s.

[37] Cf. CAMACHO, *Doutrina Social da Igreja*, p. 155-180.

[38] CAMACHO, *Doutrina Social da Igreja*, p. 218.

a temática dos direitos humanos"[39] que ainda era tratada com reserva pela Igreja.[40] É verdade que no contexto de expansão de regimes totalitários e/ou despóticos vai se dando uma lenta e progressiva abertura na Igreja, não obstante as reservas que explicam o fato de Pio XII não fazer nenhuma menção explícita à Declaração Universal dos Direitos Humanos. Mesmo reconhecendo que "contra alguns pontos particulares da declaração foram feitas objeções e reservas fundadas", João XXIII se refere a ela como um "ato de altíssima relevância" e um "passo importante no caminho para a organização político-jurídica da comunidade mundial" (70). Alarga seus horizontes, associando direitos e deveres, destacando os direitos sociais e políticos e insistindo no seu fundamento natural e teológico.[41] E faz dos Direitos Humanos a "pedra angular de toda a doutrina política".[42]

4. Não só as relações entre as pessoas (primeira parte), mas também as relações entre os Estados devem estar fundadas na dignidade humana que se concretiza em direitos e deveres e devem ser reguladas segundo a verdade, a justiça, o amor/solidariedade e a liberdade (terceira parte). Discorrendo sobre a solidariedade nas relações internacionais, a encíclica trata do problema da corrida armamentista e da exigência do desarmamento. Faz uma breve análise da situação: custos, justificativa, resultado (53s). E indica caminhos/passos de solução: (a) "que se pare com essa corrida ao poderio militar", (b) que "se vá reduzindo" o material de guerra armazenado em várias nações, (c) "que sejam banidas as armas atômicas", (d) "que se chegue a um acordo para a gradual diminuição dos armamentos, na base de garantias mútuas e eficazes", (e) "de modo nenhum se pode levar a efeito tudo isto, se não se proceder a um desarmamento integral, que atinja o próprio espírito" (55s). O texto destaca a crescente persuasão de que "as eventuais controvérsias entre os povos devem ser dirimidas com negociações e não com armas" e,

---

[39] GUITTÁN, Juan XXIII y la encíclica *Pacem in Terris*, p. 384.

[40] Cf. LESBAUPIN, *As classes populares e os Direitos Humanos*, p. 78-83; CAMACHO, *Doutrina Social da Igreja*, p. 222.

[41] Cf. BIGO; ÁVILA, *Fé cristã e compromisso social*, p. 195; LESBAUPIN, *As classes populares e os Direitos Humanos*, p. 81; CAMACHO, *Doutrina Social da Igreja*, p. 224-226.

[42] CAMACHO, *Doutrina Social da Igreja*, p. 223.

mesmo sem usar a clássica expressão "guerra justa", afirma que "não é mais possível pensar que nesta nossa era atômica a guerra seja um meio apto para ressarcir direitos violados" (60). Uma mudança profunda no tratamento moral da guerra.[43]

5. Convém destacar dois pontos da *PT* que, retomando ou remetendo a pronunciamentos anteriores do magistério, avançam no sentido de assumir de forma mais explícita e positiva, de dar maior concreção e de empenhar-se em seu desenvolvimento: A) Tratando da necessidade, da natureza, do exercício e da origem divina da autoridade, a encíclica adverte que, "pelo fato de a autoridade provir de Deus, de nenhum modo se conclui que os homens não tenham faculdade de eleger os próprios governantes, de determinar forma de governo, métodos e alçada dos poderes públicos", de modo que, conclui sem meias-palavras, "a doutrina por nós exposta é compatível com qualquer regime genuinamente democrático" (30s). B) Uma das principais novidades da *PT* destacada pelos comentadores é a insistência na necessidade de uma autoridade pública mundial:[44] "O bem comum universal levanta hoje problemas de dimensão mundial que não podem ser enfrentados e resolvidos adequadamente senão por poderes públicos que possuam autoridade, estruturas e meios de idêntica proporção" – "é a própria ordem moral que exige a instituição de alguma autoridade pública universal" (66). Nesse sentido, a encíclica vê como um sinal muito positivo a criação da ONU e de seus organismos especializados (69-71).

6. Há um ponto na última parte que, por sua novidade e pelas perspectivas novas que abre para a ação política dos católicos, convém destacar. Trata-se da colaboração dos católicos com os não crentes. Na Encíclica *MM*, João XXIII recordou o ensino de Pio XI na *QA* sobre a "oposição radical" entre comunismo e cristianismo, bem como sobre a incompatibilidade da fé com o "socialismo moderado", seja por sua "concepção de vida fechada no temporal", seja por sua concepção de sociedade, seja pela falta do "princípio de verdadeira autoridade social" (*MM* 31). A *PT* vai muito mais longe ao afirmar que, assim como "não

---

[43] Cf. CAMACHO, *Doutrina Social da Igreja*, p. 235.

[44] Cf. CAMACHO, *Doutrina Social da Igreja*, p. 236-238; GUTIÉRREZ, *De Leão XIII a João Paulo II*, p. 51; GUITTÁN, Juan XXIII y la encíclica *Pacem in Terris*, p. 394s.

se deverá jamais confundir o erro com a pessoa que erra" (78), "cumpre também não identificar falsas ideias sobre a natureza, a origem e o fim do universo e do homem com movimentos históricos de finalidade econômica, social, cultural ou política, embora tais movimentos encontrem nessas ideias filosóficas a sua origem e inspiração". É que "a doutrina, uma vez formulada é aquilo que é, mas um movimento [...] é suscetível de alterações profundas" e "quem ousará negar que nesses movimentos [...] possa haver elementos positivos dignos de aprovação?" (79). Isso relativiza o debate sobre sistemas políticos e abre novas possibilidades de atuação dos católicos, mas é também motivo de muita crítica pelos grupos conservadores.[45]

7. A última parte da encíclica oferece diretrizes pastorais para a atuação dos católicos na vida pública: insiste no "dever" dos católicos de "participarem ativamente na vida pública", contribuindo para o "bem comum" (73); afirma que, para isso, é preciso "inserir-se nas suas instituições e trabalhá-las eficientemente por dentro" (73), o que exige tanto competência científica, capacidade técnica e perícia profissional, quanto observância da ordem moral fundada no desígnio de Deus (74s), isto é, "uma síntese dos elementos científico-técnicos e dos valores espirituais" (75); constata nos "países de tradição cristã" que o desenvolvimento das "instituições de ordem temporal" carece não raro de "fermentação e inspiração cristã", o que revela uma "ruptura entre a fé e a atividade temporal" (75); atesta que essa ruptura se deve em parte à "falta de uma sólida formação cristã" e que isso exige uma "educação integral e ininterrupta" que articule o aspecto técnico-científico com o aspecto moral-religioso (76) e que confronte permanentemente os princípios com situações concretas (76s); trata da colaboração dos católicos com "cristãos separados" e com "pessoas sem nenhuma fé cristã" (77-80); por fim, afirma com Pio XII que "não é na revolução que reside a salvação e a justiça, mas sim na evolução bem orientada" (81).

---

[45] Cf. CAMACHO, *Doutrina Social da Igreja*, p. 240s; BIGO; ÁVILA, *Fé cristã e compromisso social*, p. 195s, 347; GUTIÉRREZ, *De Leão XIII a João Paulo II*, p. 51-53.

IV – Referências

ALBURQUERQUE, Eugenio. *Moral social cristiana:* Camino de liberación y de justicia. Madrid: San Pablo, 2006.

BIGO, Pierre; ÁVILA, Fernando Bastos. *Fé cristã e compromisso social:* elementos para uma reflexão sobre a América Latina à luz da Doutrina Social da Igreja. São Paulo: Paulinas, 1986.

BURNS, Edward Mcnall; LERNER, Robert; MEACHAM, Standish. *História da civilização ocidental:* do homem das cavernas às naves espaciais. São Paulo: Globo, 1995.

CAMACHO, Ildefonso. *Doutrina Social da Igreja:* abordagem histórica. São Paulo: Loyola, 1995.

GUITTÁN, Gragorio, Juan XXIII y la encíclica *Pacem in Terris:* La relación entre bien común y subsidiaridad. *Scripta Theológica* 46 (2014), p. 381-999.

GUTIÉRREZ, Exequiel. *De Leão XIII a João Paulo II:* cem anos de Doutrina Social da Igreja. São Paulo: Paulinas, 1995.

HOBSBAWM, Eric. *Era dos extremos:* o breve século XX: 1914-1991. São Paulo: Companhia das Letras, 1995.

JOÃO XXIII. Discorso in ocasione dela firma dell'Enciclica Pacem in Terris (09/04/1963). Disponível em: <http://w2.vatican.va/content/john-xxiii/it/speeches/1963/documents/hf_j-xxiii_spe_19630409_firma-enciclica.html>.

JOÃO XXIII. Carta Encíclica *Pacem in Terris.* São Paulo: Paulinas, 2012.

LESBAUPIN, Ivo. *As classes populares e os Direitos Humanos.* Petrópolis: Vozes, 1984.

LIBANIO, João Batista. *Concílio Vaticano II:* em busca de uma primeira compreensão. São Paulo: Loyola, 2005.

MARTINA, Giacomo. *História da Igreja:* de Lutero a nossos dias. São Paulo: Loyola, 1997. v. IV.

MATOS, Henrique Cristiano José. A Igreja na época de Bento XV (1914) a Paulo VI (1978). In: *História do cristianismo:* estudos e documentos. Belo Horizonte: O Lutador, 1992, p. 273-296. v. IV.

MATOS, Henrique Cristiano José. *Caminhando pela História da Igreja*: uma orientação para iniciantes. Belo Horizonte: O Lutador, 1996. v. III.

RICCARDI, Andrea. Da Igreja de Pio XII à Igreja de João XXIII. In: BEOZZO, José Oscar; ALBERIGO, Giuseppe (orgs.). *Herança espiritual de João XXIII*: olhar posto no amanhã. São Paulo: Paulinas, 1993, p. 39-75.

Carta Encíclica
Populorum Progressio[1]

A Carta Encíclica *Populorum Progressio* (*PP*) do Papa Paulo VI, "sobre o desenvolvimento dos povos", foi publicada no dia 26 de março de 1967 – festa da Páscoa. Se a Encíclica *MM* de João XXIII é considerada como uma "encíclica de transição",[2] no sentido de que ela "inaugura uma fase nova e decisiva na evolução do pensamento social da Igreja",[3] esta encíclica de Paulo VI aparece como fruto maduro do processo de renovação eclesial desencadeado pelo Concílio Vaticano II. Ela está em continuidade com o concílio. Como bem indica João Paulo II, a *PP* é uma "resposta ao apelo conciliar, contido logo no início da Constituição *Gaudium et Spes*" (*SRS* 6), uma "aplicação do ensinamento conciliar em matéria social ao problema específico do desenvolvimento e do subdesenvolvimento dos povos" (*SRS* 7). Mas vai além do concílio, na medida em que não só sintoniza com os grandes problemas e desafios dos países subdesenvolvidos, mas os põem no centro da questão social e das preocupações pastorais da Igreja.[4] Se o concílio abre a Igreja ao mundo moderno, a *PP*, no espírito conciliar e para além do evento conciliar, abre a Igreja ao "mundo subdesenvolvido", aos "povos da fome".

---

[1] Publicado em: *Teocomunicação* 52 (2021), p. 1-14.

[2] CAMACHO, *Doutrina Social da Igreja*, p. 183.

[3] BIGO; AVILA, *Fé cristã e compromisso social*, p. 191.

[4] Cf. ALTEMEYER JUNIOR, *Populorum Progressio*, p. 755.

Não por acaso, Dom Helder Camara fala dessa encíclica como a "mais corajosa de todas as encíclicas publicadas até os nossos dias".[5] E não por acaso ela terá uma importância decisiva na Conferência do Episcopado Latino-Americano em Medellín em 1968.

Importa considerar aqui o *contexto socioeclesial* em que ela foi pensada, desenvolvida e publicada, analisar com rigor a estrutura e o conteúdo do seu *texto* e destacar alguns pontos que ajudam compreender sua *importância e novidade* no contexto mais amplo do ensino social da Igreja e do processo de renovação eclesial em curso.

I – Contexto histórico

O Concílio Vaticano II desencadeou um processo de renovação eclesial que teve como uma de suas características ou marcas mais importantes e decisivas a abertura da Igreja ao mundo. Depois de séculos de hostilidades e condenações, a Igreja se abre a um diálogo positivo e construtivo com o mundo moderno. Reconhece e assume valores e processos presentes no mundo moderno como verdadeiros "sinais dos tempos". Certamente, o concílio é fruto de um longo, tenso, ambíguo e fecundo processo de renovação eclesial que se intensificou ao longo da primeira metade do século XX. Mas esse processo encontrou em João XXIII e no concílio por ele convocado e inaugurado a mediação institucional que tornou possível sua ampliação e consolidação no conjunto da Igreja. O que parecia um "Papa de transição" acabou promovendo uma verdadeira transição na Igreja. Sua postura de "serena confiança na realidade" e "otimismo aberto em relação ao futuro"[6] inaugurou uma nova fase na relação Igreja-mundo, marcada pelo diálogo e pelo serviço a partir e em função da dignidade fundamental do ser humano.

Desencadeado por João XXIII, esse processo foi confirmado e levado adiante pelo Papa Paulo VI.[7] Giacomo Martina chama atenção tanto

---

[5] DOM HELDER CAMARA, *Circulares pós-conciliares*, p. 162, 170.

[6] CAMACHO, *Doutrina Social da Igreja*, p. 187.

[7] Cf. MARTINA, *História da Igreja*, p. 299-302, 315-324; MATOS, A Igreja na época de Bento XV (1914) a Paulo VI (1978), p. 289-294; GONÇALVES, Paulo VI, p. 728-731.

para a diferença de personalidade quanto para a profunda sintonia e complementariedade entre os dois Papas que conduziram o processo conciliar. João XXIII era "mais espontâneo e mais capaz de comunicar otimismo, esperança e confiança, mas caminha nas grandes linhas gerais". Já Paulo VI era "mais concreto e determinado, com uma confiança que é fruto mais de um olhar propositalmente voltado para o alto do que de um estado de alma natural, instintivo".[8] Mas essas diferenças de personalidades são unidas por uma atitude comum de "amor ao próprio tempo" e de "abertura ao mundo contemporâneo". O próprio Paulo VI chegou a escrever: "Talvez nossa vida não tenha outra característica mais clara do que a definição do amor ao nosso tempo, ao nosso mundo, a todas as almas de quem pudemos nos aproximar e de quem nos aproximaremos".[9]

Entre os historiadores, há quem pense que Paulo VI "teria enfraquecido a inspiração de João XXIII", há quem o veja como o "salvador providencial de uma assembleia que [...] corria o risco de naufragar pelo volume de esquemas e pelas oposições cada vez mais fortes" e há quem veja nele "não o salvador do Concílio, mas aquele que apoiou a assembleia ecumênica" e atuou como "um guia paciente, persistente, suave e firme".[10] Em todo caso, não há dúvida de que ele teve um papel fundamental no Concílio Vaticano II. Não só pela firme decisão de levá-lo adiante, mas pelo modo de conduzi-lo e levá-lo a seu termo. Na visão de Martina, Paulo VI "não teria provavelmente aberto o concílio, mas naquele momento parecia o homem mais idôneo para concluí-lo". Ele destaca a complementaridade entre João XXIII e Paulo VI: "tinham surgido cada qual em seu momento certo". E afirma que, ao longo do Concílio, Paulo VI foi se mostrando cada vez mais "como a expressão mais autorizada do pensamento de João XXIII e, ao mesmo tempo, como o homem capaz de realizar com audácia, mas com maior ordem e método, os ideais do Papa apenas desaparecido".[11]

---

[8] MARTINA, *História da Igreja*, p. 302.
[9] MARTINA, *História da Igreja*, p. 317.
[10] MARTINA, *História da Igreja*, p. 318s.
[11] MARTINA, *História da Igreja*, p. 300s.

Essa sintonia e complementaridade se mostram claramente no campo social como se pode comprovar na Encíclica *PP*. Ela assume a intuição de João XXIII de que "o maior problema da época moderna talvez seja o das relações entre comunidades políticas e economicamente desenvolvidas e as que se encontram em fase de desenvolvimento econômico" (*MM* 154), bem como sua compreensão de desenvolvimento que não se reduz a progresso técnico e crescimento econômico (cf. *MM* 71, 165).

Já em sua primeira mensagem ao mundo, no dia 22 de junho de 1963, falando da continuação dos esforços "para a consolidação da justiça na vida cidadã, social e internacional, na verdade, na liberdade e no respeito aos deveres e direitos recíprocos", Paulo VI afirma que "o imperativo do amor ao próximo, banco de prova do amor a Deus, exige de todos os homens uma solução mais equitativa dos problemas sociais" e, concretamente, "exige medidas em favor dos povos subdesenvolvidos, onde o nível de vida às vezes não é digno da pessoa humana".[12] E poucas semanas depois de sua eleição começou a recolher "material para uma encíclica sobre os princípios morais do desenvolvimento humano" – "tema exigido pela atualidade e urgência do problema, pela coerência com as duas encíclicas do Papa João XXIII".[13] Atualidade e urgência que se foram confirmando e se impondo em suas viagens a regiões subdesenvolvidas como América Latina, África, Terra Santa e Índia e pelo apelo profético do grupo que ficou conhecido no concílio como "Igreja dos pobres".

A problemática do desenvolvimento se tornou tão central nessa época que a Assembleia Geral das Nações Unidas declarou a década de 1960 como a "Década das Nação Unidas para o Desenvolvimento".[14] E essa centralidade se deve tanto aos altos índices de crescimento econômico nas décadas de 1950 e 1960 quanto aos debates em torno da ideologia desenvolvimentista que criava nos países pobres a ilusão de superação de sua situação de subdesenvolvimento e dependência dos países ricos.

---

[12] PAULO VI, *Primer mensaje al mundo intero*.

[13] Cf. CAMACHO, *Doutrina Social da Igreja*, p. 321s.

[14] Cf. ONU, Asamblea General: Decimosexto periodo de sesiones. Resolución 1710.

De fato, essas décadas foram marcadas por um crescimento econômico impressionante. O grande historiador Eric Hobsbawm se refere a elas como "os anos dourados" do capitalismo:[15] "A produção mundial de manufatura quadruplicou entre o início da década de 1950 e o início da década de 1970"; "o comércio mundial de produtos manufaturados aumentou dez vezes"; "a produção agrícola também disparou", graças ao aumento da "produtividade"; "as indústrias de pesca mundial triplicaram suas capturas".[16] É verdade que "a era de ouro pertenceu essencialmente aos países capitalistas desenvolvidos que, por todas as décadas, representaram cerca de três quartos da produção do mundo e mais de 80% de suas exportações manufaturadas".[17] Mas é preciso reconhecer que "na década de 50 o surto econômico pareceu quase mundial e independente de regimes econômicos": "A taxa de crescimento da URSS na década de 1950 foi mais veloz que a de qualquer país ocidental e as economias da Europa Oriental cresceram quase com a mesma rapidez";[18] "na década de 1950, aumentou mais de 1% ao ano a renda *per capita* em toda a região do 'mundo em desenvolvimento', com exceção da América Latina" e "a produção total de alimentos no mundo pobre, nas décadas de 1950 e 1960, aumentou mais rapidamente que no mundo desenvolvimento".[19] De modo que, conclui Hobsbawm, "a Era de Ouro foi um fenômeno mundial, embora a riqueza geral jamais chegasse à vida da maioria da população do mundo".[20]

Mesmo problematizando a tese de que as décadas de 1950 a 1960 foi "a melhor de todas as épocas para o capitalismo histórico", o que justificaria sua denominação como "idade de ouro do capitalismo", o sociólogo e economista político Giovanni Arrighi não tem dúvidas de que "nessa época, o ritmo de expansão da economia mundial capitalista

---

[15] Cf. HOBSBAWM, *Era dos extremos*, p. 253-281.

[16] HOBSBAWM, *Era dos extremos*, p. 257.

[17] HOBSBAWM, *Era dos extremos*, p. 255.

[18] HOBSBAWM, *Era dos extremos*, p. 255.

[19] HOBSBAWM, *Era dos extremos*, p. 256.

[20] HOBSBAWM, *Era dos extremos*, p. 255.

como um todo foi excepcional".[21] Do ponto de vista da produção, como indicam os estudos de Andrew Glyn e seus colaboradores, citados por Arrighi, "entre 1950 e 1975, a renda *per capita* nos países em desenvolvimento teve um aumento médio de 3% ao ano, acelerando-se de 2% na década de 1950 para 3,4% na seguinte"; "nos próprios países desenvolvidos, o PIB e o PIB *per capita* cresceram quase duas vezes mais depressa que em qualquer período anterior, desde 1820"; "a produtividade do trabalho aumentou duas vezes mais depressa do que em qualquer época e houve uma aceleração extraordinária na taxa de crescimento do estoque de capital", o que representou uma "explosão de investimentos, de duração e vigor sem precedentes históricos".[22]

Esse surto econômico criou/impôs, inclusive em países e regiões pobres, como a América Latina, um sentimento generalizado de otimismo com relação ao "progresso" e ao "desenvolvimento" em curso. Parecia algo possível e ao alcance de todos. E a obra do economista estadunidense Whitman Rostow (1916-2003), *Etapas do desenvolvimento econômico: um manifesto não comunista* (1960),[23] bastante difundida na época, parecia conferir status científico à ideologia desenvolvimentista. Ele toma o que considera as etapas do desenvolvimento da "história moderna" como uma teoria do "desenvolvimento econômico", fazendo uma "generalização da marcha da história moderna"[24] e criando ou alimentando a ilusão de que "o desenvolvimento estava ao alcance de todos os países [...], bastando, para isso, reativar os fatores capazes de causar a decolagem".[25]

Mas, não obstante os esforços feitos e os progressos alcançados no chamado Terceiro Mundo, a distância entre os países desenvolvidos e os países subdesenvolvidos só aumentava: entre 1900 e 1970, a diferença entre o PIB *per capita* dos países desenvolvidos e dos subdesenvolvidos passou de 6,7 para 13,7; entre os EUA e a América Latina essa diferença passou 6,3 para 9,5; entre os EUA e a China a diferença passou

---

[21] ARRIGHI, *O longo século XX*, p. 307.

[22] ARRIGHI, *O longo século XX*, p. 307.

[23] Cf. ROSTOW, *Etapas do desenvolvimento econômico*.

[24] ROSTOW, *Etapas do desenvolvimento econômico*, p. 13.

[25] CAMACHO, *Doutrina Social da Igreja*, p. 316.

de 15,5 para 34.[26] E isso se deve, por um lado, à desigualdade no comércio internacional (matérias primas x produtos industrializados) e, por outro lado, ao "investimento de capitais" dos países desenvolvidos nos países subdesenvolvidos (industrialização x endividamento dos países pobres e rentabilidade dos países ricos).[27] Na conferência que fez sobre a Encíclica *PP* na Assembleia Legislativa de Minas Gerais, no dia 11 de agosto de 1967, Alceu Amoroso Lima recorda com Dom Helder Camara que, "no período de 1950 a 1961, os capitais estrangeiros invertidos [sic] na América Latina somaram 9 bilhões e 600 milhões de dólares, enquanto os lucros enviados de volta somaram 13 bilhões e 400 milhões de dólares". E lembra que o próprio presidente dos EUA, John Kennedy, num discurso pronunciado no dia 8 de dezembro de 1961, reconhecia que "dos países subdesenvolvidos retiramos, em 1960, um bilhão e 300 milhões de dólares, enquanto lhes enviamos apenas 200 milhões em capital de investimento".[28]

Essa situação põe em xeque a teoria desenvolvimentista de Rostow e suas "etapas do crescimento econômico" e abre espaço para a chamada "teoria da dependência",[29] centrada no "reconhecimento de que o subdesenvolvimento do Terceiro Mundo não é, como pressupunha Rostow, uma fase que antecede ao desenvolvimento, mas sim a consequência deste".[30] Ao analisar as relações entre os países desenvolvidos e os países subdesenvolvidos, essa teoria mostra como, em boa medida, a situação de subdesenvolvimento dos países pobres é consequência de suas relações com os países ricos. A relação entre desenvolvimento e subdesenvolvimento é muito mais estreita do que parece. Cada vez mais a "teoria da dependência" vai se impondo como explicação da situação de subdesenvolvimento dos países pobres.

E é nesse contexto que aparece, em 1967, a Encíclica *Populorum Progressio* de Paulo VI "sobre o desenvolvimento dos povos".

---

[26] Cf. CAMACHO, *Doutrina Social da Igreja*, p. 316.

[27] CAMACHO, *Doutrina Social da Igreja*, p. 317.

[28] LIMA, *Sobre a Encíclica "Populorum Progressio"*, p. 28.

[29] Cf. CARDOSO; FALETTO, *Dependencia y desarrollo en América Latina*; GUTIÉRREZ, *Teologia da libertação*, p. 75-96, 133-152.

[30] CAMACHO, *Doutrina Social da Igreja*, p. 318.

II – Texto: estrutura e conteúdo

Tendo indicado em grandes linhas o contexto socioeclesial em que surge e ao qual responde a *PP*, vamos nos dedicar agora à análise do texto da encíclica, explicitando sua estrutura e apresentando um resumo do seu conteúdo. Sem considerar o contexto, não se capta a relevância do texto. Mas, sem analisar o texto, não se sabe nem se compreende a especificidade e a novidade de sua reação/resposta ao contexto.

A problemática do "desenvolvimento dos povos" está no centro das preocupações sociais de Paulo VI desde o início do seu pontificado. Já em sua primeira mensagem ao mundo, fala da necessidade de "medidas em favor dos povos subdesenvolvidos".[31] E poucas semanas depois de sua eleição abre um "dossiê" que ele mesmo intitulou "material para uma encíclica sobre os princípios morais do desenvolvimento humano". Trata-se, como acrescentará, posteriormente, de um "tema exigido pela atualidade e urgência do problema, pela coerência com as duas encíclicas do Papa João XXIII. Não há de ser um tratado, nem uma lição, nem um artigo erudito; há de ser uma carta e, como tal, deverá estar impregnada de amor cristão, em relação aos fins aos quais se destina. Deverá ser, em certo sentido, resoluta e enérgica para orientar com firmeza tanto a Igreja como a opinião pública do mundo em direção às teses propostas, oferecendo fórmulas humanas e, ao mesmo tempo, científicas que apresentem o pensamento da Igreja nesta matéria e ajudem o mundo a pensar segundo tais fórmulas".[32]

O texto foi longa e cuidadosamente preparado.[33] O primeiro esboço aparece em setembro de 1964. Segundo o Cardeal Poupard, na época oficial da Secretaria de Estado do Vaticano e encarregado de apresentar o documento, tratava-se de um "verdadeiro dossiê", intitulado "Elementos para uma doutrina pontifícia sobre o desenvolvimento" e preparado por grandes especialistas como Pietro Pavan, Agostinho Farrari

---

[31] PAULO VI, *Primer mensaje al mundo intero.*

[32] CAMACHO, *Doutrina Social da Igreja*, p. 321s.

[33] Cf. CAMACHO, *Doutrina Social da Igreja*, p. 322s; GUTIÉRREZ, *De Leão XIII a João Paulo II*, p. 63; RIZZI, Como nasceu a *Populorum Progressio*, segundo o Cardeal Poupard.

Toniolo, Geroges Jarlot e Louis Joseph Lebret – "principal inspirador indireto da encíclica".[34] Há quem atribua expressamente a ele o primeiro rascunho do documento. Esse texto foi minuciosamente examinado por Paulo VI e por alguns especialistas. Pelo menos cinco novos esboços surgiram entre 1965 e 1966. A redação definitiva da encíclica se deu entre novembro de 1966 e fevereiro de 1967, sendo aprovada pelo Papa no dia 20 de fevereiro, embora datada de 26 de março para coincidir com a da festa da Páscoa.

1. Estrutura

A Encíclica *PP*[35] tem uma estrutura muito clara: *introdução* (1-5); *primeira parte*: sobre o desenvolvimento integral do homem (6-42); *segunda parte*: sobre o desenvolvimento solidário da humanidade (43-80); *conclusão* (81-87). Embora o texto original não possua subtítulos nem sequer título no começo de cada uma das duas grandes partes,[36] a própria encíclica indica expressamente seu conteúdo e as expressões adequadas para designá-lo. Assim, no final da introdução, como que apresentando o conteúdo fundamental da encíclica, afirma: "é a todos que dirigimos este apelo solene a uma ação organizada para o desenvolvimento integral do homem e para o desenvolvimento solidário da humanidade" (5). E, no início da segunda parte, articulando-a com a primeira parte, atesta: "o desenvolvimento integral do homem não pode realizar-se sem o desenvolvimento solidário da humanidade" (43). Assim, há uma profunda coerência entre o conteúdo da encíclica (desenvolvimento integral e solidário) e a estrutura/organização do texto (duas grandes partes).

2. Conteúdo

Importa agora analisar e apresentar, ainda que de modo muito resumido, o conteúdo da encíclica. E faremos isso seguindo a estrutura do

---

[34] RIZZI, Como nasceu a *Populorum Progressio*, segundo o Cardeal Poupard.

[35] Cf. PAULO VI, Carta Encíclica *Populorum Progressio*. A partir de agora, os números entre parêntesis, sem outra indicação, remetem à numeração desta obra.

[36] Cf. CAMACHO, *Doutrina Social da Igreja*, p. 320, nota 16.

texto acima explicitada, num esforço de fidelidade ao seu conteúdo e à sua organização.[37]

Introdução

O texto começa afirmando que a Igreja acompanha com atenção "o desenvolvimento dos povos, especialmente daqueles que se esforçam por afastar a fome, a miséria, as doenças endêmicas, a ignorância; que procuram uma participação mais ampla nos frutos da civilização [...]; que se orientam com decisão para o seu pleno desenvolvimento". Diz que o Concílio provocou uma "renovada conscientização das exigências da mensagem evangélica" que faz a Igreja se colocar "a serviço de todos os homens" (1). Recorda que os Papas anteriores, em suas encíclicas sociais, "não deixaram de cumprir o dever de que lhe incumbia de projetar nas questões sociais de seu tempo a luz do Evangelho" (2). E afirma, em sintonia com João XXIII e a Constituição Pastoral *Gaudium et Spes*, que "o fenômeno importante de que se deve tomar consciência [hoje] é o fato da universalidade da questão social": "os povos da fome dirigem-se hoje, de modo dramático, aos povos da opulência" e "a Igreja estremece perante esse grito de angústia e convida cada um a responder com amor ao apelo do seu irmão" (3).

O Papa recorda suas viagens à América Latina e à África (antes de sua eleição), à Terra Santa e à Índia (depois de sua eleição). Diz que elas possibilitaram um "contato imediato com os lancinantes problemas que oprimem continentes tão cheios de vida e esperança", permitiram "ver com os próprios olhos e como que tocar com as próprias mãos as gravíssimas dificuldades que assaltam povos de civilização antiga lutando com o problema do desenvolvimento". Recorda também sua participação na Assembleia Geral das Nação Unidas, em 1965, onde se fez "o advogado dos pobres" (4). Fala de sua decisão de criar, entre os organismos centrais da Igreja, uma Comissão Pontifícia, cujo nome e cujo programa é "Justiça e Paz". Diz que esse programa "pode e deve

---

[37] Cf. CAMACHO, *Doutrina Social da Igreja*, p. 320-338; BIGO, A Doutrina Social da Igreja, p. 555-552; ALBURQUERQUE, *Moral social cristiana*, p. 137-139; BIGO; ÁVILA, *Fé cristã e compromisso social*, p. 196-203; GUTIERREZ, *De Leão XIII a João Paulo II*, p. 62-67.

unir" católicos, cristãos e todos os homens de boa vontade e, nessa perspectiva, dirige a todos "este apelo solene a uma ação organizada para o desenvolvimento integral do homem e para o desenvolvimento solidário da humanidade" (5).

Primeira parte

A primeira parte do texto trata do "desenvolvimento integral do homem". Começa apresentando alguns dados do problema, fala da contribuição da Igreja ao desenvolvimento e indica algumas ações concretas a serem empreendidas.

O ponto de partida aqui é o reconhecimento de que a garantia das condições econômicas, sociais, políticas e culturais de reprodução da vida aparece como a grande "aspiração dos homens de hoje, quando um grande número dentre eles estão condenados a viver em condições que tornam ilusório este legítimo desejo" (6). Mesmo os povos que nos últimos tempos conseguiram sua "independência política", buscam um "crescimento autônomo e digno, tanto social como econômico", para garantirem o "pleno desenvolvimento humano" aos seus cidadãos e ocuparem "o lugar que lhes pertencem no concerto das nações" (6). Não obstante "os defeitos de certo colonialismo e das suas consequências", o texto destaca as contribuições e realizações técnico-científicas dos colonizadores (7). Mas afirma não haver dúvidas de que "o equipamento existente está longe de bastar para se opor à dura realidade da economia moderna", cuja lógica, entregue a si mesma, "arrasta o mundo, mais para a agravação que para a atenuação da disparidade dos níveis de vida": "os povos ricos gozam de um crescimento rápido, enquanto os pobres se desenvolvem lentamente"; "o desequilíbrio aumenta" (8). Nos "países em via de industrialização", diz o texto, "a violenta inquietação que se apoderou das classes pobres atinge agora aqueles cuja economia é quase exclusivamente agrária"; em muitas regiões a situação se torna ainda mais escandalosa pelas "desproporções revoltantes" de "bens" e "poder" entre uma pequena "oligarquia" e o "resto da população" (9). Sem falar que "o choque entre as civilizações tradicionais e as novidades da civilização industrial quebra as estruturas que não se adaptam às novas condições", agravando o "conflito de gerações" no "trágico dilema": ou "guardar instituições e crenças atávicas, mas renunciar ao progresso" ou "abrir-se às técnicas e civilizações vindas de fora, mas rejeitar, com as tradições do passado, toda a sua riqueza humana" (10). Tudo isso "torna mais violenta a tentação que talvez leve a messianismos fascinantes, mas construtores de ilusões" e com graves consequências: "reações populares violentas, agitações revolucionárias e um resvalar para ideologias totalitárias" (11).

Depois de apresentar "os dados do problema, cuja gravidade a ninguém passa despercebida" (11), o texto passa a tratar das contribuições da Igreja ao desenvolvimento. Começa afirmando que, na fidelidade ao "ensino e exemplo" de Jesus Cristo no "anúncio da Boa-Nova aos pobres", a Igreja "nunca descurou da promoção humana dos povos aos quais leva a fé em Cristo" (12). Recorda que "seus missionários construíram não só Igrejas, mas também asilos e hospitais, escolas e universidade"; embora sua obra "não foi perfeita", não se pode negar que "souberam cultivar e promover as instituições locais" e que "em muitas regiões foram contados entre os pioneiros do progresso material e do desenvolvimento cultural" (12). Chama atenção para o fato de que "as iniciativas locais e individuais não bastam" e que "a situação presente do mundo exige uma ação de conjunto a partir de uma visão clara de todos os aspectos econômicos, sociais, culturais" (13). Nesse contexto, respeitando a autonomia das realidades, consciente de sua missão e atenta aos "sinais dos tempos", a Igreja, "comungando nas melhores aspirações dos homens e sofrendo de os ver insatisfeitos, deseja ajudá-los a alcançar o pleno desenvolvimento e, por isso, propõe-lhes o que possui de mais próprio: uma visão global do homem e da humanidade" (13). E passa a apresentar a concepção cristã do desenvolvimento: "o desenvolvimento não se reduz a um simples crescimento econômico" (14); "para ser autêntico, deve ser integral, quer dizer, promover todos os homens e o homem todo" (14); "nos desígnios de Deus, cada homem é chamado a desenvolver-se porque toda vida é vocação" (15); "como toda criação está ordenada em relação ao Criador, a criatura espiritual é obrigada a orientar espontaneamente sua vida para Deus" (16); "mas cada homem é membro da sociedade" e, por isso, "a solidariedade universal é para nós não só um fato e um benefício, mas também um dever" (17); "é legítimo o desejo do necessário e o trabalho para alcançá-lo é um dever" (18), mas "tanto para os povos como para as pessoas, possuir mais não é o fim último" (19); "o verdadeiro desenvolvimento [é] para todos e para cada um a passagem de condições menos humanas a condições mais humanas" (20).

Tendo apresentado a compreensão cristã do desenvolvimento, o texto indica algumas ações a serem empreendidas em vista desenvolvimento:

A) Começa tratando da *propriedade*: recorda o princípio fundamental do destino universal dos bens, de modo que "todos os outros direitos, quaisquer que sejam, incluindo os de propriedade e de comércio livre, estão-lhe subordinado" (22); "a propriedade privada não constitui para ninguém um direito incondicional e absoluto" e "o direito de propriedade privada nunca deve exercer-se em detrimento do bem comum" (23); afirma que "o bem comum por vezes exige a expropriação": por constituir "obstáculos à prosperidade coletiva", por sua "extensão", sua "exploração fraca ou nula", pela "miséria que daí resulta para as populações" e pelo "prejuízo considerável causados aos interesses do país" (24); e recorda com o concílio que "o rendimento disponível não está entregue ao livre capricho dos homens e que as especulações egoístas devem ser banidas" (24).

B) Passa a tratar da *industrialização*: "necessária ao rendimento econômico e ao progresso humano, a introdução da indústria é ao mesmo tempo sinal e fator de desenvolvimento" (25); infelizmente, junto ao processo de industrialização, "construiu-se um sistema que considerava o lucro como motor essencial do progresso econômico, a concorrência como lei suprema da economia, a propriedade privada dos bens de produção como direito absoluto", responsável por aquilo que Pio XI denunciou como "imperialismo internacional do dinheiro" (26); "mas, se é verdade que um certo capitalismo foi a fonte de tantos sofrimentos, injustiças e lutas fraticidas [...], é contudo sem motivo que se atribuem à industrialização males que são devidos ao nefasto sistema que a acompanhava" (26); "de igual modo, se por vezes reina uma mística exagerada do trabalho, não resta dúvida de que este é querido e abençoado por Deus" (27).

C) Enfrenta-se com a *urgência* da obra a realizar: "urge começar", mas "é preciso que a obra a realizar progrida harmoniosamente, sob pena de destruir equilíbrios indispensáveis" (29); diante de "situações, cuja injustiça brada ao céu [...] é grande a tentação de repelir pela violência tais injúrias à dignidade humana" (30); o texto adverte que "a insurreição revolucionária – salvo casos de tirania evidente e prolongada que ofendesse gravemente os direitos fundamentais da pessoa humana e prejudicasse o bem comum do país – gera novas injustiças, introduz novos desequilíbrios, provoca novas ruínas" (31); mas defende que "a situação atual deve ser enfrentada corajosamente, assim como devem ser combatidas e vencidas as injustiças que ela comporta" – fala da necessidade de "transformações audaciosas" e de "reformas urgentes" (32).

D) E defende a necessidade de *programas e planejamento*: "só a iniciativa individual e o simples jogo da concorrência não bastam para assegurar o êxito do desenvolvimento"; "são necessários programas para 'encorajar, estimular, coordenar, suprir e integrar' a ação dos indivíduos e dos organismos intermediários"; cabe aos "poderes públicos" definir e impor "objetivos", "fins" e "meios", bem como "estimular todas as forças conjugadas nessa ação comum" (33); o "crescimento econômico" deve estar a "serviço da pessoa" e do "progresso social" (34); deve cuidar da "educação" (35), da "família" (36-37), das "organizações profissionais" (38-39), das "instituições culturais" (40) e da dimensão religioso-espiritual (41), promovendo um "humanismo integral" ou um "desenvolvimento integral", isto é, "aberto ao absoluto" (42).

Segunda parte

A segunda parte do texto trata do "desenvolvimento solidário da humanidade". Começa destacando a necessidade e o sentido do desenvolvimento solidário e da responsabilidade dos países ricos. E passa a tratar de um tríplice dever dos países ricos para com os países pobres ou em via de desenvolvimento.

O Papa começa afirmando que "o desenvolvimento integral do homem não pode realizar-se sem o desenvolvimento solidário da humanidade" (43). Recorda o discurso em Bombaim, onde falava da necessidade de os países trabalharem juntos para "construir o futuro comum da humanidade" e buscarem "meios de organização e cooperação, concretos e práticos, para pôr em comum os recursos disponíveis e realizar uma verdadeira comunhão entre todas as nações" (43). Diz que "este dever diz respeito, em primeiro lugar, aos mais favorecidos" e se enraíza na "fraternidade humana e sobrenatural" (44). E destaca três aspectos ou dimensões desse dever: "dever de solidariedade", "dever de justiça social" e "dever de caridade universal" (44).

Dever de solidariedade: a) parte da constatação de que "em continentes inteiros são inumeráveis os homens e as mulheres torturados pela fome, inumeráveis as crianças subalimentadas" – "regiões inteiras estão condenadas ao mais triste desânimo" (45); b) recorda apelos e iniciativas de João XXIII, dele próprio, da FAO, da caritas internacional e de inúmeros católicos (46); c) adverte que "o combate contra a miséria, embora urgente e necessário, não é suficiente" e que é preciso "construir um mundo em que todos os homens [...] possam viver uma vida plenamente humana" (47); d) afirma que "o dever de solidariedade é o mesmo tanto para as pessoas como para os povos", que, "perante a indigência crescente dos países subdesenvolvidos, deve considerar-se normalmente que um país evoluído dedique parte de sua produção a socorrer suas necessidades" e que "forme educadores, técnicos e sábios que ponham a ciência e a competência ao seu serviço" (48), que "o supérfluo dos países ricos deve pôr-se a serviço dos países pobres" ou que "a regra que existia outrora em favor dos mais próximos, deve aplicar-se hoje à totalidade dos necessitados do mundo inteiro", do contrário, "sua avareza continuada provocaria os juízos de Deus e a cólera dos pobres, com consequências imprevisíveis" (49); e) insiste que, "para atingirem a sua plena eficácia, estes esforços não podem ficar dispersos e isolados e, menos ainda, opostos por razões de prestígio e de poder: a situação atual exige programas bem organizados", o que supõe "estudos aprofundados, fixação de objetivos, determinação de meios e conjugação de esforços" (50); f) retoma a proposta feita em Bombaim de "organização de um grande Fundo Mundial, sustentado por uma parte da verba das despesas militares para vir em auxílio dos mais deserdados", permitindo, inclusive, "superar as rivalidades estéreis e estabelecer um diálogo pacífico entre todos os povos" (51); g) reconhece a importância dos "acordos bilaterais ou multilaterais", mas afirma que, "incorporados num programa de colaboração mundial, ficariam isentos de qualquer suspeita" ou atenuariam a desconfiança do que se chamou "neocolonialismo, dissimulado em auxílio financeiro ou assistência técnica, sob a forma de pressões políticas e domínios econômicos" (52); h) diante da situação de miséria em que vivem tantos povos, denuncia como "um escândalo intolerável qualquer esbanjamento público ou privado, qualquer gasto de ostentação nacional ou pessoal, qualquer recurso exagerado aos armamentos" (53); i) afirma que o diálogo "entre aqueles que fornecem os meios e os que deles se beneficiam permitirá avaliar os subsídios, não só quanto à generosidade e disponibilidade de uns, mas também em função dos bens reais e das possibilidades de empregos de outros" (54); j) e conclui recordando que "esta obra não irá a cabo sem um esforço combinado, constante e corajoso" e que "estão em jogo a vida dos povos pobres, a paz civil dos países em desenvolvimento e a paz do mundo" (55).

Dever de justiça social: a) começa advertindo que a solidariedade financeira e técnica acima exigida seria ilusória "se os resultados fossem parcialmente anulados pelo jogo das relações comerciais entre países ricos e países pobres" (56); b) mostra como as relações comerciais entre países ricos ("produtos fabricados") e países pobres ("produtos primários") fazem com que "os povos pobres ficam sempre mais pobres e os ricos tornam-se cada vez mais ricos" (57); c) afirma que "a regra da livre troca já não pode, por si mesma, reger as relações internacionais", que, "quando as condições são demasiado diferentes de país para país: os preços 'livremente' estabelecidos no mercado podem levar a consequências iníquas" e que "está em causa o princípio fundamental do liberalismo, como regra de transações comerciais" (58); d) recorda o ensino de Leão XIII sobre a determinação do "justo salário": subordina o "livre consentimento" às "exigências do direito natural" e o aplica aos "contratos internacionais", afirmando que "uma economia de intercâmbio já não pode apoiar-se sobre a única lei da concorrência, que frequentes vezes leva à ditadura econômica" e que "a liberdade das transações só é equitativa quando sujeita às exigências da justiça social" (59); e) lembra que os países desenvolvidos já aplicam isso no "interior de sua economia" e nas relações comerciais "entre países" com "políticas financeiras, fiscais e sociais" de setores econômicos menos favorecidos (60); f) afirma que "o que vale para a economia nacional, o que se admite entre países desenvolvidos, vale também para as relações comerciais entre países ricos e países pobres", que "é preciso manter o mercado de concorrência dentro dos limites que o tornam justo e moral e, portanto, humano", que as "convenções internacionais" são importantes para estabelecer "normas gerais, capazes de regular certos preços, garantir certas produções e sustentar certas indústrias nascentes" e que tudo isso "traria aos países em via de desenvolvimento um auxílio positivo, cujos efeitos seriam não só imediatos, mas também duradouros" (61); g) adverte contra a tentação do "nacionalismo" que "isola os povos" e é "particularmente nocivo" em economias pouco desenvolvidas e fragilizadas (62), bem como contra o "racismo", que "durante a era colonial grassou, com frequência, entre colonos e indígenas" e que "continua ainda a ser obstáculo à colaboração entre nações desfavorecidas e fermento de divisão e ódio mesmo dentro dos próprios Estados" (63); h) e conclui manifestando a esperança de que "acabarão por prevalecer uma necessidade mais viva de colaboração e um sentido mais agudo de solidariedade" entre os próprios países subdesenvolvidos e através de organizações multilaterais e internacionais (64) e que a "solidariedade mundial, cada vez mais eficiente, permita a todos os povos tornarem-se artífices do seu destino" (65).

Dever de caridade universal: a) constata que "o mundo está doente" e afirma que "o seu mal reside mais na crise de fraternidade entre os homens e entre os povos do que na esterilização ou no monopólio que alguns fazem dos recursos do universo" (66); b) insiste no "dever de acolhimento" de "estudantes" nos países desenvolvidos e na necessidade de "multiplicar os lares e as casas de acolhimento" (67); c) fala do drama de muitos jovens que "adquirem uma formação de alta qualidade, mas, com frequência, perdem ao mesmo tempo a estima dos valores espirituais que eram tidos como patrimônio precioso nas civilizações que os viram nascer" (68); d) insiste também no dever de "acolhimento aos trabalhadores que, economizando para aliviar um pouco a família que na sua terra natal ficou na miséria, vivem em condições por vezes desumanas" (69); e) "dirige-se àqueles que são trazidos pelos negócios a países recentemente abertos à industrialização", exortando-os ao "sentido social" da economia, a serem "iniciadores do progresso social e da promoção humana" e a manterem relações "baseadas na justiça e regidas por contratos regulares e obrigações recíprocas" (70); f) manifesta alegria pelo aumento do números de técnicos enviados em "missão de desenvolvimento" para os países subdesenvolvidos e exorta a que "não procedam como dominadores, mas como auxiliares e cooperadores" (71); g) adverte que "livres de qualquer superioridade nacionalista e de qualquer aparência de racismo, os peritos devem aprender a trabalhar em íntima colaboração com todos", de modo a estabelecer uma aproximação fecunda entre ambas as civilizações (72); h) afirma que "o diálogo sincero torna-se criador de fraternidade" e que, se "todos [...] estiverem animados de amor fraterno e movidos pelo desejo sincero de construir uma civilização de solidariedade mundial", a busca do desenvolvimento aproximará os povos num "diálogo centrado no homem e não nas mercadorias e nas técnicas" (73); i) destaca a disposição de muitos jovens em colaborar com os povos em fase de desenvolvimento e a possibilidade, em alguns países, do "serviço militar" ser substituído por um "serviço social" (74); j) eleva "oração" a Deus para que a humanidade tome "consciência de tão grandes males" e se esforce por "exterminá-los" mediante "compromisso decidido na luta contra o subdesenvolvimento" (75); k) e conclui recordando que "combater a miséria e lutar contra a injustiça é promover não só o bem-estar, mas também o progresso humano e espiritual de todos e, portanto, o bem comum da humanidade" e que "a paz não se reduz a uma ausência de guerras", mas "constrói-se, dia a dia, na busca de uma ordem querida por Deus que traz consigo uma justiça mais perfeita entre os homens" (76); destacando a importância dos "acordos regionais entre os povos fracos", das "relações mais amplas" e das "convenções mais audazes" para o desenvolvimento dos países pobres (77); insistindo que a "colaboração internacional [...] requer instituições que a preparem, coordenem e rejam até se constituir uma ordem jurídica universalmente reconhecida" (78); e chamando atenção para o "dinamismo de um mundo que quer viver mais fraternalmente e que [...] se vai aproximando lentamente, mesmo sem dar por isso, do seu Criador" (79).

Conclusão

O texto conclui com uma ampla exortação: aos *leigos católicos* para assumirem "como tarefa própria a renovação da ordem temporal", "imbuir[em] de espírito cristão a mentalidade e os costumes, as leis e as estruturas de sua comunidade de vida" e colaborarem "nas organizações oficiais ou privadas, civis ou religiosas empenhadas em vencer as dificuldades das nações em fase de desenvolvimento" (81); a *todos os cristãos* e aos *irmãos não cristãos* a trabalharem para que todos possam "levar uma vida digna de filhos de Deus" (82); e a *todos os homens de boa vontade*: delegados nas instituições internacionais, homens de Estado, publicistas, educadores (83-85), para que, "cada um no seu campo", sejam "construtores de um mundo novo" (83). Afinal, "se o desenvolvimento é o novo nome da paz, quem não deseja trabalhar para ele com todas as forças?" (87). O Papa conclui sua carta encíclica abençoando e convidando todos a responder a esse "grito de angústia, em nome do Senhor" (87).

III – Destaques

Tendo apresentado o contexto socioeclesial em que surge a *PP* e feito um resumo do seu texto, vamos destacar alguns pontos que ajudam a compreender sua importância e novidade no contexto mais amplo do ensino social da Igreja.

1. Antes de tudo, é importante destacar sua profunda sintonia e continuidade com o magistério social de João XXIII e com a Constituição Pastoral *Gaudium et Spes* do Concílio Vaticano II:[38] seja no que diz respeito à "universalidade da questão social": "os povos da fome dirigem-se hoje, de modo dramático, aos povos da opulência" (3); seja no que diz respeito ao diálogo positivo e criativo com o mundo moderno, chegando a citar expressamente vários autores contemporâneos (sociólogos, filósofos, teólogos) – algo inédito num documento oficial da Igreja;[39]

---

[38] Cf. CAMACHO, *Doutrina Social da Igreja*, p. 313, 318s; ANDRADE, *Fé e eficácia*, p. 231; BIGO, *A Doutrina Social da Igreja*, p. 63, 545; BIGO; ÁVILA, *Fé cristã e compromisso social*, p. 196, 200.

[39] Cf. GUTIÉRREZ, *De Leão XIII a João Paulo II*, p. 63; CAMACHO, *Doutrina Social*

seja no que diz respeito à sua preocupação e orientação práticas (1, 3, 5, 29, 44, 75, 78).[40] O próprio Paulo VI, conforme indicamos anteriormente, ao começar a recolher "material para uma encíclica sobre os princípios morais do desenvolvimento humano", escreveu expressamente se tratar de um "tema exigido pela atualidade e urgência do problema, pela coerência com as duas encíclicas do Papa João XXIII".[41] E, na introdução da encíclica, ao falar da "universalidade da questão social" como o fenômeno mais importante da atualidade, refere-se explicitamente a João XXIII e à Constituição Pastoral *Gaudium et Spes* (3). Não sem razão, João Paulo II refere-se a esta encíclica como "aplicação dos ensinamentos do concílio", como "resposta ao apelo conciliar, contido logo no início da Constituição *Gaudium et Spes*" (*SRS*, 6).

2. O tema central da *PP* é o "desenvolvimento dos povos", abordado numa dupla dimensão: "desenvolvimento integral do homem" e "desenvolvimento solidário da humanidade" (5, 43).[42] Alguns pontos são particularmente importantes para compreender a "visão cristã do desenvolvimento" apresentada pela encíclica: "o desenvolvimento não se reduz a simples crescimento econômico" (14); "para ser autêntico, deve ser integral, quer dizer, promover todos os homens e o homem todo" (14); "nos desígnios de Deus, cada homem é chamado a desenvolver-se, porque toda a vida é vocação" (15); "a solidariedade universal é para nós não só um fato e um benefício, mas também um dever" (17); "tanto para os povos como para as pessoas, possuir mais não é o fim último" (19); "o verdadeiro desenvolvimento é, para todos e para cada um, a passagem de condições menos humanas a condições mais humanas" (20). Essa concepção de desenvolvimento está fundada em uma "visão global do homem e da humanidade" (13).[43] Trata-se de um "humanismo total",

---

da Igreja, p. 323, 337.

[40] Cf. CAMACHO, *Doutrina Social da Igreja*, p. 319, 333.

[41] Cf. CAMACHO, *Doutrina Social da Igreja*, p. 321s.

[42] Cf. CAMACHO, *Doutrina Social da Igreja*, p. 320, 323-325; GUTIÉRREZ, *De Leão XIII a João Paulo II*, p. 64-66; ANDRADE, *Fé e eficácia*, p. 231; BIGO, *A Doutrina Social da Igreja*, p. 547-549; BIGO; ÁVILA, *Fé cristã e compromisso social*, p. 200-203.

[43] Cf. CAMACHO, *Doutrina Social da Igreja*, p. 323s; BIGO, *A Doutrina Social da Igreja*, p. 546.

voltado para o "desenvolvimento integral do homem todo e de todos os homens", aberto "aos valores do espírito e a Deus, fonte do verdadeiro humanismo" (42, 16). Diante de um humanismo tecnicista-economicista e fechado a Deus, propõe um "humanismo novo" (20, 21) ou um "humanismo total" (42).

3. Nesse desenvolvimento "integral e solidário" ou nesse "humanismo total" estão em jogo a vida dos pobres e a paz na terra. Daí que não se possa separar a problemática do desenvolvimento da problemática da justiça e da paz: "estão em jogo a vida dos povos pobres, a paz civil dos países em via de desenvolvimento e a paz no mundo" (55); "estão em jogo a sobrevivência de tantas crianças inocentes, o acesso a uma condição humana de tantas famílias infelizes, a paz no mundo e o futuro da civilização" (80); "as excessivas disparidades econômicas, sociais e culturais provocam, entre os povos, tensões e discórdias e põem em perigo a paz" (76); "combater a miséria e lutar contra a injustiça é promover não só o bem-estar mas também o progresso humano e espiritual de todos e, portanto, o bem comum da humanidade" (76); "a paz não se reduz a uma ausência de guerra, [mas] constrói-se, dia a dia, na busca de uma ordem querida por Deus que traz consigo uma justiça mais perfeita na terra" (76); "o caminho da paz passa pelo desenvolvimento" (83); "o desenvolvimento é o novo nome da paz" (87). Sem justiça social não há "verdadeiro desenvolvimento" (20, 86) ou "verdadeiro humanismo" (42), que é a "passagem de condições menos humanas para condições mais humanas" (20s), nem tampouco paz na terra, já que "o caminho da paz passa pelo desenvolvimento" (83).

4. Na primeira parte da encíclica, ao indicar algumas ações concretas a serem empreendidas, chama atenção a abordagem da propriedade e a crítica ao capitalismo liberal. Quanto ao primeiro ponto: a) insiste no destino universal dos bens (22), de modo que "a propriedade privada não constitui para ninguém um direito incondicional e absoluto" e que "o direito de propriedade nunca deve exercer-se em detrimento do bem comum" (23); b) afirma que "o bem comum exige por vezes a expropriação" de terra: por constituir "obstáculos à prosperidade coletiva", por sua "extensão", por sua "exploração fraca ou nula", pela "miséria que daí resulta para as populações" e pelo "prejuízo considerável

causado aos interesses do país" – curioso que não fala em indenização[44] (24); e c) recorda que "o rendimento disponível não está entregue ao livre capricho dos homens e que as especulações egoístas devem ser banidas" (24). Quanto ao segundo ponto: a) distingue industrialização, que é "sinal e fonte de desenvolvimento", (25) de capitalismo liberal: "um sistema que considerava o lucro como motor essencial do progresso econômico, a concorrência como lei suprema da economia, a propriedade privada como direito absoluto" (26); e b) afirma ser "sem motivo que se atribuam à industrialização males que são devidos ao nefasto sistema que a acompanhava" (26).[45]

5. Um ponto que gerou muita discussão e polêmica é o que se refere à "insurreição revolucionária". Aparece no final da primeira parte, ao tratar da urgência da obra a ser realizada (29). O texto reconhece que "há situações, cuja injustiça brada aos céus", na qual "é grande a tentação de repelir pela violência tais injúrias à dignidade humana" (30); adverte que "a insurreição revolucionária gera novas injustiças, introduz novos desequilíbrios, provoca novas ruínas" e que "nunca se pode combater um mal real à custa de uma desgraça maior", mas admite sua legitimidade em "casos de tirania evidente e prolongada que ofendesse gravemente os direitos fundamentais da pessoa humana e prejudicasse o bem comum do país" (31); e insiste na necessidade de se enfrentar corajosamente a situação atual de injustiça, realizando "transformações audaciosas, profundamente inovadoras" e empreendendo "reformas urgentes" (32). Como bem afirma Camacho, "o texto é bastante claro": "A *norma geral supõe* a rejeição da violência [...] A *exceção* significa que, em determinados casos, o uso da violência para derrubar a ordem estabelecida é moralmente justificado". E, nesse ponto, a encíclica "apenas resume uma antiga tradição da Igreja". Sem falar que uma rejeição absoluta do uso da violência pode se tornar "uma forma disfarçada de apoio à violência institucionalizada".[46]

---

[44] Cf. CAMACHO, *Doutrina Social da Igreja*, p. 328s; BIGO, *A Doutrina Social da Igreja*, p. 549s.

[45] Cf. CAMACHO, *Doutrina Social da Igreja*, p. 329-331; GUTIÉRREZ, *De Leão XIII a João Paulo II*, p. 66; BIGO, *A Doutrina Social da Igreja*, p. 550.

[46] CAMACHO, *Doutrina Social da Igreja*, p. 327s.

6. Convém chamar atenção para o caráter prático da *PP*.[47] Desde que começou a pensar nessa encíclica, Paulo VI tinha claro que "não há de ser um tratado, nem uma lição, nem um artigo erudito; há de ser uma carta e, como tal, deverá estar impregnada de amor cristão, em relação aos fins aos quais se destina".[48] E o texto não deixa dúvidas sobre isso. Já na *introdução*, fala da "urgência de uma ação solidária neste virar decisivo da história da humanidade" (1) e apresenta a encíclica como "apelo solene a uma ação organizada para o desenvolvimento integral do homem e para o desenvolvimento solidário da humanidade" (5). A *primeira parte* do texto, depois de apresentar os dados do problema (6-11) e de tratar da contribuição da Igreja ao desenvolvimento (12-21), indica algumas ações concretas a serem empreendidas: "expropriação" de terras e obrigações sociais inerentes aos "rendimentos" (24), desenvolvimento industrial (25), "reformas urgentes" (32) e "programas" (33-40). A *segunda parte* do texto, que trata do "desenvolvimento solidário da humanidade", está organizada em torno de um tríplice "dever" dos países ricos para com os países pobres: "dever de solidariedade", "dever de justiça social" e "dever de caridade universal" (44). E *conclui* com um apelo a todos a "responder ao nosso grito de angústia, em nome do Senhor" (87).

7. Por fim, é importante destacar que essa encíclica põe a situação e os problemas dos países pobres e subdesenvolvidos no centro das preocupações sociais da Igreja e teve uma importância decisiva na Conferência de Medellín. A *PP* "constitui a incorporação da temática do subdesenvolvimento ao pensamento oficial da Igreja, a partir das premissas elaboradas por João XXIII".[49] De fato, a problemática do desenvolvimento é tratada a partir e em função da situação de subdesenvolvimento de muitos povos: "os povos da fome dirigem-se hoje, de modo dramático, aos povos da opulência" (3); tanto no que diz respeito à análise da situação atual do mundo quanto no que diz respeito às orientações e propostas concretas que apresenta. Nesse sentido, parece ir além do concílio, onde essa problemática, embora presente, era marginal. Chama atenção aqui a referência que o Papa faz às suas viagens à América Latina, à África, à Terra Santa e à Índia, onde teve "contato imediato" e pôde "ver

---

[47] Cf. CAMACHO, *Doutrina Social da Igreja*, p. 319.

[48] CAMACHO, *Doutrina Social da Igreja*, p. 322.

[49] BIGO; ÁVILA, *Fé cristã e compromisso social*, p. 200.

com os próprios olhos" e "tocar com as própria mãos" essa realidade, bem como sua participação na Assembleia das Nações Unidas, onde se fez "advogado dos povos pobres" (4). Não por acaso Dom Helder Camara fala dessa encíclica como a "mais corajosa de todas as encíclicas publicadas até os nossos dias"[50] e, também, não por acaso ela teve uma importância muito decisiva na conferência de Medellín em 1968.

IV – Referências

ALBURQUERQUE, Eugenio. *Moral social cristiana*: Camino de liberación y de justicia. Madrid: San Pablo, 2006.

ALTEMEYER JUNIOR, Fernando. *Populorum Progressio*. In: PASSOS, João Décio; SANCHEZ, Wagner Lopes. *Dicionário do Concílio Vaticano II*. São Paulo: Paulinas/Paulus, 2015, p. 755-757.

ANDRADE, Paulo Fernando Carneiro. *Fé e eficácia*: o uso da sociologia na teologia da libertação. São Paulo: Loyola, 1991.

ARRIGHI, Giovanni. *O longo século XX*: dinheiro, poder e as origens de nosso tempo. Rio de Janeiro/São Paulo: Contraponto/UNESP, 1996.

BIGO, Pierre. *A Doutrina Social da Igreja*. São Paulo: Loyola, 1969.

BIGO, Pierre; ÁVILA, Fernando Bastos. *Fé cristã e compromisso social*: elementos para uma reflexão sobre a América Latina à luz da Doutrina Social da Igreja. São Paulo: Paulinas, 1986.

CAMACHO, Ildefonso. *Doutrina Social da Igreja*: abordagem histórica. São Paulo: Loyola, 1995.

CAMARA, Dom Helder. *Circulares pós-conciliares*. Recife: CEPE, 2011. v. III, t. II.

CARDOSO; FALETTO, *Dependencia y desarrollo en América Latina*: Ensayo de interpretación sociológica. Buenos Aires: Siglo XXI, 1973.

GONÇALVES, Paulo Sérgio. Paulo VI. In: PASSOS, João Décio; SANCHEZ, Wagner Lopes. *Dicionário do Concílio Vaticano II*. São Paulo: Paulinas/Paulus, 2015, p. 729-731.

---

[50] DOM HELDER CAMARA, *Circulares pós-conciliares*, p. 162, 170.

GUTIÉRREZ, Exequiel. *De Leão XIII a João Paulo II*: cem anos de Doutrina Social da Igreja. São Paulo: Paulinas, 1995.

GUTIÉRREZ, Gustavo. *Teologia da libertação:* perspectivas. São Paulo: Loyola, 2000.

HOBSBAWM, Eric. *Era dos extremos*: o breve século XX: 1914-1991. São Paulo: Companhia das Letras, 1995.

JOÃO PAULO II. Carta Encíclica *Sollicitudo rei socialis*. São Paulo: Paulinas, 1990.

JOÃO XXIII. Carta Encíclica *Mater et Magistra*: sobre a evolução da questão social à luz da doutrina cristã. São Paulo: Paulinas, 2010.

LIMA, Alceu Amoroso. *Sobre a Encíclica "Populorum Progressio"*. Belo Horizonte: Assembleia Legislativa de Minas Gerais, 1967.

MARTINA, Giacomo. *História da Igreja*: de Lutero a nossos dias. São Paulo: Loyola, 1997. v. IV.

MATOS, Henrique Cristiano José. A Igreja na época de Bento XV (1914) a Paulo VI (1978). In: *História do cristianismo*: estudos e documentos. Belo Horizonte: O Lutador, 1992. v. IV, p. 273-296.

ONU. Asamblea General: Decimosexto periodo de sesiones. Resolución 1710 (19/12/1961). Disponível em: <https://undocs.org/es/A/RES/1710(XVI)>.

PAULO VI. Primer mensaje al mundo intero (22/06/1963). Disponível in: <http://www.vatican.va/content/paul-vi/es/speeches/1963/documents/hf_p-vi_spe_19630622_first-message.html>.

PAULO VI. *Populorum Progressio*: Carta Encíclica sobre o desenvolvimento dos povos. São Paulo: Paulinas, 1990.

RIZZI, Filippo. Como nasceu a *Populorum Progressio*, segundo o Cardeal Poupard (29/03/2017). Disponível em: <http://www.ihu.unisinos.br/186-noticias/noticias-2017/566236-como-nasceu--a-populorum-progressio-segundo-o-cardeal-poupard-que-a--apresentou-a-imprensa-ha-50-anos>.

ROSTOW, Whitman. *Etapas do desenvolvimento econômico*. Rio de Janeiro: Zahar, 1974.

Carta Apostólica
Octogesima Adveniens [1]

Por ocasião dos oitenta anos da encíclica *Rerum Novarum* do Papa Leão XIII, Paulo VI publicou, no dia 14 de maio de 1971, uma Carta Apostólica intitulada *Octogesima Adveniens* (*OA*) e endereçada ao Cardeal Maurice Roy, presidente da Comissão Pontifícia Justiça e Paz e do Conselho de Leigos. Esse texto tem uma importância muito grande na reflexão social da Igreja pós-conciliar. Pode-se mesmo afirmar que, sob muitos aspectos, ele marca uma nova etapa na reflexão social da Igreja desenvolvida ao longo dos últimos oitenta anos. A começar pela nomenclatura: em vez de falar de "doutrina social", Paulo VI prefere falar de "ensino social" (infelizmente as traduções nem sempre são fiéis a essa mudança de linguagem – sutil, mas muito importante). Mas a novidade maior desse documento tem a ver com o deslocamento do foco econômico para o social e político na reflexão social da Igreja (centralidade do social e político), com a importância e o papel decisivo que confere às comunidades cristãs na análise da realidade e no discernimento dos caminhos e modos de ação eclesial (eclesiologia conciliar do povo de Deus) e com o reconhecimento de um legítimo pluralismo de posições e opções social e política na Igreja (pluralismo social e político).

---

[1] Publicado em: *Revista de Cultura Teológica* 101 (2022), p. 229-256.

Para compreender bem esse documento, é importante situá-lo em seu contexto socioeclesial, analisar a estrutura e o conteúdo do texto e destacar os aspectos mais relevantes e/ou que representam uma novidade no contexto mais amplo da reflexão social da Igreja desenvolvida ao longo das últimas oito décadas.

I – Contexto histórico

A reflexão social da Igreja é inseparável do contexto em que é desenvolvida: seja na medida em que procura compreender esse contexto, seja na medida em que pretende orientar a ação dos cristãos nesse contexto, seja na medida em que é condicionada pela mentalidade e pelas opções sociais e eclesiais de seus autores. É o caráter histórico de toda teologia. Nada disso nega a importância e autoridade do texto nem sua validade para além do contexto em que surgiu. E, sim, ajuda a compreendê-lo melhor em sua problemática, em sua posição, em sua formulação, em seus limites e ambiguidades, em sua continuidade e novidade com relação à reflexão social anterior, para, assim, situá-lo no contexto mais amplo da Tradição da Igreja, que é um processo vivo, dinâmico, em construção...

Como as encíclicas sociais até então publicadas, esse novo documento reflete sobre aspectos importantes da realidade atual para orientar a ação dos cristãos nesse contexto a partir da fé. Se na Encíclica *PP* Paulo VI tratou da problemática do desenvolvimento integral e solidário dos povos a partir das nações subdesenvolvidas ou dos "povos da fome", na Carta Apostólica *OA* ele se enfrenta com necessidades e desafios de um mundo em profundas e rápidas transformações socioculturais. Chama atenção para essas transformações, bem como para o compromisso da Igreja nessa realidade.

De fato, o final dos anos 1960 é marcado por uma crescente consciência das profundas transformações socioculturais que se deram nas sociedades industriais, bem como pela aspiração cada vez maior de igualdade e participação que se traduz em contestação à ordem vigente e na busca de transformação da sociedade.

Por um lado, é cada vez mais claro que a Revolução Industrial e a retomada do crescimento econômico no pós-guerra, além dos graves problemas de ordem socioeconômica, provocaram transformações profundas na sociedade.[2] Tão profundas que parecem marcar o início de uma virada de época. É nesse contexto que se começa a falar de sociedade "pós-industrial" ou "pós-moderna", no claro intuito de descrever ou indicar algo novo, cujos contornos não estão ainda bem determinados. Eric Hobsbawm chega a falar nesse contexto de "revolução social"[3] e "revolução cultural".[4] E indica alguns traços ou características fundamentais dessa revolução sociocultural em curso: 1) "a mudança mais impressionante e de mais longo alcance da segunda metade deste século [...] é a morte do campesinato"[5] e o crescimento espantoso das cidades: "o mundo da segunda metade do século XX tornou-se urbanizado como jamais fora";[6] 2) "quase tão dramático quanto o declínio e queda do campesinato, e muito mais universal, foi o crescimento de ocupações que exigiam educação secundária e superior";[7] 3) "uma grande mudança que afetou a classe operária [...] foi o papel impressionante maior nela desempenhado pelas mulheres e sobretudo – fenômeno novo e revolucionário – as mulheres casadas";[8] 4) mudanças profundas no âmbito familiar, isto é, na "estrutura de relações entre sexos e gerações", o que se materializa no aumento espantoso do número de divórcio, de famílias monoparentais e de novas configurações familiares com sua regulamentação jurídica (relação entre sexos) e no surgimento de uma "cultura juvenil específica" que tornava a juventude um "agente social independente" (relação entre as gerações);[9] 5) "a cultura jovem tornou-se a matriz cultural no sentido mais amplo de uma revolução nos modos e costumes, nos meios de gozar o lazer e nas artes comerciais, que formavam cada vez mais a atmosfera respirada por

---

[2] Cf. BURNS; LERNER; MEACHAM, *História da civilização ocidental*, p. 759-780; HOBSBAWM, *Era dos extremos*, p. 282-336.

[3] Cf. HOBSBAWM, *Era dos extremos*, p. 282-313.

[4] Cf. HOBSBAWM, *Era dos extremos*, p. 314-336.

[5] HOBSBAWM, *Era dos extremos*, p. 284.

[6] HOBSBAWM, *Era dos extremos*, p. 288.

[7] HOBSBAWM, *Era dos extremos*, p. 289.

[8] HOBSBAWM, *Era dos extremos*, p. 304.

[9] HOBSBAWM, *Era dos extremos*, p. 314-323.

homens e mulheres urbanos"[10] e que bem pode ser compreendida como "o triunfo do indivíduo sobre a sociedade, ou melhor, o rompimento dos fios que ligavam os seres humanos em texturas sociais".[11]

Por outro lado, todo esse processo de transformação sociocultural desencadeado pela Revolução Industrial e intensificado pela reconstrução da Europa e pela retomada do crescimento econômico pós-guerra teve consequências sociopolíticas importantes no mundo inteiro. De fato, o otimismo gerado pela reconstrução da Europa,[12] pela conquista de independência política de muitos países do chamado Terceiro Mundo[13] e pelo "surto econômico"[14] nas décadas de 1950-1960 criou um ambiente de participação sociopolítica muito fecundo. Os ideais/valores de independência, democracia, justiça social, direitos humanos e participação alimentaram convicções de que era possível transformar o mundo e mobilizaram amplos setores da sociedade.[15] Nos países desenvolvidos, além dos movimentos operários e dos partidos comunistas e socialistas, surgem novos sujeitos, processos e movimentos que provocarão grandes impactos culturais, sociais e políticos: a exigência de mão de obra qualificada levou a um grande investimento na educação superior, e a concentração de massas de estudantes e professores em "cidades universitárias" criou um fato novo na cultura e na política que explodiu e se impôs com toda força no final da década de 1960 e que teve como epicentro o levante estudantil de maio de 1968 em Paris;[16] a entrada da mulher no mercado de trabalho e na educação superior possibilitou o surgimento e desenvolvimento de movimentos feministas a partir dos anos de 1960 com grandes impactos sociais, políticos e culturais;[17] nos EUA, ao mesmo tempo que crescem os movimentos de

---

[10] HOBSBAWM, *Era dos extremos*, p. 323.

[11] HOBSBAWM, *Era dos extremos*, p. 328.

[12] Cf. HOBSBAWM, *Era dos extremos*, p. 183s.

[13] Cf. CAMACHO, *Doutrina Social da Igreja*, p. 185; BURNS; LERNER; MEACHAM, *História da civilização ocidental*, p. 743-755; HOBSBAWM, *Era dos extremos*, p. 337.

[14] Cf. HOBSBAWM, *Era dos extremos*, p. 253-281.

[15] Cf. ALVES, Ideologias, utopias e agir social segundo a *Octogesima Adveniens*, p. 351-353.

[16] Cf. HOBSBAWM, *Era dos extremos*, p. 289-296.

[17] Cf. HOBSBAWM, *Era dos extremos*, p. 304-313.

jovens e mulheres, crescem a consciência e os movimentos negros, dos quais tornou-se símbolo Martin Luther King, assassinado em 1968.[18] No chamado Terceiro Mundo ganhavam força ideologias e movimentos libertários (nacionalistas ou socialistas): tanto nos países que tinham conquistado recentemente sua independência política quanto nos países que lutavam contra as profundas desigualdades sociais e contra regimes militares, como na América Latina, com participação significativa de cristãos e movimentos cristãos.[19]

De modo que o final da década de 1960 é marcado por profundas transformações socioculturais nas sociedades ocidentais e por um espírito libertário de contestação sociopolítico-cultural generalizado. Parece marcar o início de uma virada ou mudança de época nas sociedades ocidentais que, progressivamente, junto com e através das profundas transformações tecnológicas e da reestruturação da economia mundial, vai repercutindo e se imponto nas mais diversas regiões do mundo.

A Igreja Católica, por sua vez, vive um processo intenso de renovação. O Concílio Vaticano II[20] inaugurou uma nova etapa na vida da Igreja: "fechou definitivamente a época pós-tridentina e abriu um novo curso, que não renega o passado, mas o integra, o aperfeiçoa e o adapta à contínua evolução da humanidade".[21] Não obstante as tensões e as ambiguidades do evento conciliar e de seus documentos e, sobretudo, de sua recepção posterior, estava em curso um processo irreversível de renovação eclesial, marcado por uma nova mentalidade e um novo dinamismo eclesiais: Igreja como "povo de Deus" com seus carismas e ministérios (estrutura eclesial) – "sacramento" de salvação ou do reinado de Deus no mundo (missão). E o Papa Paulo VI teve um papel decisivo nesse processo: seja na condução e conclusão do evento conciliar, seja no processo de recepção e implementação do concílio nos anos posteriores.

---

[18] Cf. BURNS; LERNER; MEACHAM, *História da civilização ocidental*, p. 762-767.

[19] Cf. HOBSBAWM, *Era dos extremos*, p. 214-219; ALVES, Ideologias, utopias e agir social segundo a *Octogesima adveniens*, p. 352s; LIBANIO, *Teologia da libertação*, p. 49-63.

[20] Cf. ALBERIGO, *Breve história do Concílio Vaticano II*; LIBANIO, *Concílio Vaticano II*.

[21] MARTINA, *História da Igreja*, p. 320.

É verdade que, ante a oposição de grupos tradicionalistas e na busca de criar consensos e evitar rupturas, as intervenções de Paulo VI em questões polêmicas no concílio e nos anos pós-conciliares, em geral, atendem a exigências dos grupos conservadores. É caso da "nota prévia" acrescentada à Constituição Dogmática *Lumen Gentium* (1964), das modificações no documento sobre o ecumenismo (1964), da Encíclica *Mysterium Fidei* sobre a Eucaristia (1965), da Encíclica *Sacerdotalis Caelibatus* sobre o celibato (1967), da Encíclica *Humanae Vitae* sobre o controle de natalidade e o planejamento familiar (1968), dentre outros.[22] Mas isso não nega sua contribuição decisiva no processo de renovação eclesial: seja na condução dos trabalhos conciliares, seja em sua recepção e implementação posterior. Convém destacar aqui sua firme decisão de levar a termo o concílio e sua habilidade na construção de consensos, bem como sua atuação na recepção e implementação da renovação conciliar: reformas litúrgicas, algumas reformas institucionais (Sínodo dos Bispos, Secretariado para a promoção da unidade dos cristãos, Secretariado para os não cristãos, Comissão Teológica Internacional), impulso ao ecumenismo e à colegialidade episcopal, Exortação Apostólica *Evangelii Nuntiandi* (1975) e seu empenho pela justiça social e pela paz no mundo.[23]

Importante destacar que esse processo de renovação conciliar foi particularmente intenso e fecundo na América Latina. E a referência fundamental aqui é a Conferência de Medellín em 1968.[24] Ela marcará o início de uma nova etapa na vida da Igreja latino-americana, caracterizada pela inserção na realidade e pelo compromisso com os pobres e suas lutas por libertação. "Opção pelos pobres", "libertação", "comunidades eclesiais de base" e "teologia da libertação" são os traços ou as características fundamentais desse processo de renovação eclesial na América Latina. Em Medellín nasce verdadeiramente uma "Igreja dos pobres".[25] E tudo isso terá enorme repercussão na pastoral, na teologia e no magistério do conjunto da Igreja.

---

[22] Cf. MATOS, *Introdução à história da Igreja*, p. 315s.

[23] Cf. MARTINA, *História da Igreja*, p. 299-366; MATOS, *Introdução à história da Igreja*, p. 316-320; PIERRARD, *História da Igreja*, p. 277-280.

[24] Cf. GODOY; AQUINO JÚNIOR (org.), *50 anos de Medellín*.

[25] Cf. AQUINO JÚNIOR, Igreja dos pobres, p. 807-830.

E é nesse contexto de profundas transformações socioculturais e políticas e de renovação eclesial que se insere a Carta Apostólica *Octogesima Adveniens* de Paulo VI. Ao mesmo tempo que retoma e prossegue o ensino social dos Papas anteriores, enfrenta-se com problemas e desafios novos de um mundo em profundas e rápidas transformações. E faz isso em um novo contexto eclesial que, não apenas reafirma e destaca o compromisso da Igreja com os problemas de mundo (sacramento de salvação no mundo), mas reafirma e destaca a corresponsabilidade de todos os cristãos na missão salvífica da Igreja, o que implicará um maior protagonismo das Igrejas locais na análise dos problemas e no discernimento da ação da Igreja (povo de Deus).

II – Texto: estrutura e conteúdo

Tendo apresentado em grandes linhas o contexto em que se insere esse novo documento de Paulo VI ou, mais precisamente, as questões que ele considera mais relevantes e mais desafiantes nessa época e com as quais se enfrenta, procurando compreendê-las e discerni-las a partir da fé cristã e animando e orientando a ação dos cristãos nesse contexto, passemos agora ao estudo do documento.[26] Isso é fundamental para compreendermos tanto a leitura que o Papa faz desse contexto como as perspectivas de ação da Igreja que ela apresenta no espírito do Concílio.[27]

Um detalhe que chama atenção é o fato de a *Octogesima Adveniens* ser uma "carta apostólica" e não uma "encíclica", como os documentos papais anteriores sobre doutrina ou ensino social da Igreja. Não se sabe exatamente o porquê dessa mudança.[28] Há quem pense que a

---

[26] Cf. PAULO VI, Carta Apostólica *Octogesima Adveniens*. A partir de agora, os números entre parêntesis, sem outra indicação, remetem à numeração desta obra.

[27] Cf. CAMACHO, *Doutrina Social da Igreja*, p. 339-362; ALBURQUERQUE, *Moral social cristiana*, p. 140-143; BIGO; ÁVILA, *Fé cristã e compromisso social*, p. 203-206, 348-351; GUTIÉRREZ, *De Leão XIII a João Paulo II*, p. 67-70; ANDRADE, *O parágrafo quarto da Octogesima Adveniens e a pastoral político-social*, p. 843-848; ALVES, *Ideologias, utopias e agir social segundo a Octogesima Adveniens*, p. 349-364.

[28] Cf. CAMACHO, *Doutrina Social da Igreja*, p. 340; ALVES, *Ideologias, utopias e agir social segundo a Octogesima Adveniens*, p. 349s.

proximidade cronológica com a Encíclica *PP* (1967) teria levado Paulo VI a optar por escrever uma carta apostólica em vez de uma nova encíclica. Mas isso não é muito convincente. Basta lembrar que João XXIII publicou duas encíclicas sociais num espaço de tempo muito mais reduzido: *MM* (1961) e *PT* (1963). Há quem pense que, com uma carta apostólica dirigida ao presidente da Comissão Pontifícia Justiça e Paz e do Conselho de Leigos, o Papa queria realçar o papel dos leigos nas questões que dizem respeito ao empenho social e político. Mas isso é ainda menos convincente: seja porque isso poderia ser feito através de uma encíclica, cujo *status* jurídico é superior a uma carta apostólica; seja porque, se essa fosse mesmo a razão da mudança de tipo de documento, deveria ser dirigida diretamente aos leigos e não a um cardeal. E há quem pense que a opção por uma carta apostólica esteja motivada ou pelo menos deva ser situada no contexto da polêmica em torno da Encíclica *Humanae Vitae* (1968), sobre o controle de natalidade. Como a expressão "encíclica" poderia favorecer uma associação e retomada da polêmica anterior, parecia oportuno e prudente a opção pelo gênero "carta apostólica". Mas, na verdade, não se sabe exatamente a razão dessa mudança. Em todo caso, isso não diminui em nada o seu valor nem compromete seu caráter de documento magisterial. É um documento do magistério social da Igreja.

1. Estrutura

A estrutura do texto é bastante clara. Depois de uma *Introdução* que vincula o documento ao ensino social dos Papas anteriores, destaca a diversidade de situações de nosso tempo e a responsabilidade das Igrejas locais na análise dessas situações e no discernimento da ação da Igreja e apresenta a finalidade do novo documento (1-7), o texto está dividido em quatro partes: A *primeira parte* faz uma apresentação panorâmica dos novos problemas sociais (8-21); a *segunda parte* trata das aspirações fundamentais e das correntes ideológicas de nosso tempo (22-41); a *terceira parte* reflete sobre o compromisso cristão perante os novos problemas (42-47); e a *quarta parte*, uma espécie de conclusão, é um chamado ou apelo à ação (48-52).

Camacho chama atenção para a correspondência da estrutura do texto com o método ver-julgar-agir da Ação Católica, retomado por

João XXIII na Encíclica *Mater et Magistra* (*MM* 232). Se prescindimos da quarta parte, que é uma espécie de conclusão, diz ele, as três primeiras partes que constituem o "corpo" do texto correspondem aos três momentos do método: análise da sociedade atual (ver), critérios para a organização da vida social (julgar), linhas de ação (agir).[29]

2. Conteúdo

Seguindo a estrutura do documento explicitada anteriormente, faremos a seguir um resumo do texto, procurando ser o mais fiel possível ao seu conteúdo e à sua formulação. Isso evidentemente não substitui a leitura do texto, mas ajuda a tomá-lo em seu conjunto e em sua riqueza e complexidade. É uma espécie de guia de leitura...

Introdução

O texto inicia afirmando que a Encíclica *RN* "continua a inspirar a ação em ordem à justiça social" e que a celebração dos seus oitenta anos é uma ocasião para "retomar" e "prosseguir" o ensino social dos Papas anteriores "em resposta às necessidades novas de um mundo em transformação" (1). Em sintonia com o concílio, recorda que "a Igreja caminha com a humanidade e compartilha de sua sorte" e que, com o anúncio da "Boa-Nova do amor de Deus e da salvação em Cristo", ilumina a atividade dos homens e os ajuda a "corresponderem aos desígnios do mesmo amor de Deus e a realizarem a plenitude de suas aspirações" (1).

As recentes viagens apostólicas possibilitaram ao Papa ver como "em todos os continentes, entre todas as raças, nações e culturas, e no meio de todos os condicionamentos, o Senhor continua a suscitar apóstolos autênticos do Evangelho", bem como a entrar em "contato com as multidões" e "ouvir os seus apelos, gritos de angústia e de esperança ao mesmo tempo" (2). Nessas ocasiões, ele pôde perceber os "graves problemas do nosso tempo", constatar como "diferenças flagrantes subsistem no desenvolvimento econômico, cultural e político das nações" e sentir o "despertar de uma aspiração por mais justiça" e o "desejo de uma paz melhor assegurada, num clima de respeito mútuo entre os homens e entre os povos" (2).

---

[29] CAMACHO, *Doutrina Social da Igreja*, p. 342.

O texto constata que "são muito diversas as situações nas quais, voluntária ou forçosamente, se encontram comprometidos os cristãos, conforme as regiões, os sistemas sociopolíticos e as culturas" (3), e afirma que, diante de situações tão diversas, é difícil "tanto pronunciar uma palavra única, como propor uma solução que tenha um valor universal" (4). Indo ainda mais longe, o Papa afirma que isso não é sua "ambição" nem mesmo sua "missão" e que "é às comunidades cristãs que cabe analisarem [...] a situação própria do seu país e iluminá-la com a luz [...] do Evangelho", bem como "haurirem [nos ensinamentos sociais da Igreja] princípios de reflexão, normas para julgar e diretrizes para a ação" (4). Esse discernimento deve ser feito "com a ajuda do Espírito Santo, em comunhão com os bispos responsáveis e em diálogo com os outros irmãos cristãos e com todos os homens de boa vontade" (4). Esse exercício mostra a "força" e "originalidade" do Evangelho para a "conversão dos homens" e o "progresso da vida em sociedade" (4).

Assim como em épocas passadas, "no meio das perturbações e das incertezas da hora atual, a Igreja tem uma mensagem específica a proclamar, um apoio a dar aos homens nos seus esforços para tomar as rédeas do seu futuro e orientá-lo" (5). Mais recentemente, João XXIII, o concílio e o próprio Paulo VI procuraram compreender os grandes desafios do mundo atual para a fé cristã (5). E o próximo Sínodo dos Bispos (30 de setembro a 6 de novembro de 1971) se dedicará a "estudar e aprofundar a missão da Igreja diante das graves questões que levanta em nosso tempo a justiça no mundo" (6). Mesmo assim, Paulo VI aproveita a ocasião dos oitenta anos da *RN* para expressar suas "preocupações" e seus "pensamentos" sobre a situação atual e para "encorajar" a Comissão Justiça e Paz e o Conselho dos Leigos em sua atividade "a serviço dos homens" (6).

Sua pretensão é "chamar atenção para algumas questões que, pela sua urgência, pela sua amplitude, pela sua complexidade, devem estar no centro das preocupações dos cristãos" (7). Eles devem colaborar para "resolver as novas dificuldades que põem em causa o próprio futuro do homem", equacionando "os problemas sociais, postos pela economia moderna [...] num contexto mais amplo, de civilização nova" (7).

Primeira parte

A primeira parte do texto trata de novos problemas sociais a partir de um dos fenômenos mais importantes e mais determinantes da vida de nossas sociedades: o processo crescente e acelerado de "urbanização" (8).

De fato, "após longos séculos, a civilização agrícola perdeu o seu vigor". As condições de vida das populações rurais "provoca[m] o êxodo em direção aos tristes amontoados dos subúrbios onde não as esperam nem trabalho nem alojamento" (8). Trata-se de um fenômeno complexo, no qual "este êxodo rural permanente, o crescimento industrial, o aumento demográfico contínuo e a atração dos centros urbanos determinam concentrações de população cuja amplitude se torna difícil imaginar", chegando-se mesmo a falar em "megalópoles" (8).

Embora não se possa identificar urbanização e industrialização, não se pode negar que "o crescimento desmensurado dessas cidades acompanha a expansão industrial": o desenvolvimento "incessante" da industrialização e a "competição desmedida" entre empresas criam novos problemas sociais; a "civilização urbana" que acompanha o processo de industrialização "transtorna os modos de viver e as estruturas habituais da existência: a família, a vizinhança e a própria maneira de ser comunidade" e produz "nova forma de solidão"; o "crescimento desordenado" das cidades faz aparecer "novos proletariados" e "cinturões de miséria" que "numa forma de protesto ainda silenciosa" denuncia "o luxo demasiado gritante das cidades do consumo e do esbanjamento" e favorece outras formas de degradação da dignidade humana como "delinquência, criminalidade, droga, erotismo etc." (9).

O texto diz que "são os mais fracos que se tornam vítimas das condições de vida desumanizadoras, degradantes para as consciências e perniciosas para a instituição da família"; fala da urgência de "reconstituir [...] aquela rede social em que o homem possa satisfazer as necessidades da sua personalidade" (11); afirma que "construir a cidade [...], criar novos modos de vizinhança e de relações, descortinar uma aplicação original de justiça social [...] é uma tarefa em que os cristãos devem participar", levando uma "mensagem de esperança, mediante uma fraternidade vivida e uma justiça social" (12).

E passa a tratar de uma série de problemas que emergem na sociedade urbano-industrial: o "diálogo" entre a juventude e a geração adulta e a reivindicação das mulheres por "relações de igualdade nos direitos e de respeito pela sua dignidade" (13); "direito ao trabalho", "remuneração equitativa", "assistência em caso de necessidade" e "organização sindical" (14); a situação dos "novos pobres", vítimas da rápida e constante "mutação industrial" (15); as vítimas de "discriminações por motivo da sua raça, da sua origem, da sua cor, da sua cultura, do seu sexo ou da sua religião" – e "tanto no interior de alguns países, como mesmo no plano internacional" (16); a "situação precária de um grande número de trabalhadores emigrados" (17); crescimento demográfico e criação de postos de trabalho (18). Tudo isso se impõe como um "apelo à imaginação social" que exige "esforços de invenção e capitais tão importantes como os que são consagrados ao armamento e às conquistas tecnológicas" (19).

Por fim, o texto destaca duas das maiores e mais importantes mudanças de nosso tempo: por um lado, "a importância crescente que assumem os meios de comunicação social e o seu influxo na transformação das mentalidades, dos conhecimentos, das organizações e da própria sociedade", chegando mesmo a representar "como que um novo poder" (20); por outro lado, "por motivo de uma exploração inconsiderada da natureza, [o homem] começa a correr o risco de a destruir e de vir a ser, também ele, vítima dessa degradação" – a degradação do "ambiente natural" e do "quadro humano" terminará criando um "ambiente global" que "poderá tornar-se-lhe insuportável" (21).

Segunda parte

A segunda parte trata das grandes aspirações, das correntes ideológicas e dos movimentos históricos predominantes em nosso tempo, com os quais os cristãos são confrontados na vivência da fé no campo sociopolítico.

O texto começa constatando que, ao mesmo tempo que o "progresso científico e técnico" altera profundamente a "paisagem do homem" e seus "modos de conhecer, de trabalhar, de consumir, de ter relações", cresce "a aspiração à igualdade e a aspiração à participação" – "dois aspectos da dignidade do homem e da sua liberdade" (22). Afirma que, não obstante alguns progressos no "enunciado dos direitos do homem" e nos "acordos internacionais" em vista da aplicação desses direitos, "as discriminações – étnicas, culturais, religiosas, políticas... – renascem continuamente" (23). E adverte que, sendo "necessária", a legislação se mostra "insuficiente para estabelecer verdadeiras relações de justiça e igualdade" e que é necessário o cultivo de um "sentido profundo do serviço de outrem" mediante uma "renovada educação" para a solidariedade (23).

Essa "dupla aspiração", diz o texto, "procura promover um tipo de sociedade democrática" (24). Embora diversos modelos de sociedade já tenham sido "propostos" e até "ensaiados", nenhum deles se mostrou satisfatório e, por isso, "a busca permanece aberta, entre as tendências ideológicas e pragmáticas" e "o cristão tem o dever de participar nessa busca diligente, na organização e na vida da sociedade política" (24). Para isso, é de fundamental importância "uma educação para a vida em sociedade" que considere tanto os "direitos de cada um" quanto os "deveres de cada um em relação aos outros" (24). Além do mais, "a ação política [...] deve ter como base de sustentação um esquema de sociedade, coerente nos meios concretos que escolhe e na sua inspiração" que, por sua vez, "deve alimentar-se numa concepção plena da vocação do homem e das suas diferentes expressões sociais" (25). O texto adverte ainda contra a "ditadura dos espíritos" por parte do Estado e dos partidos políticos e afirma que compete aos "grupos culturais e religiosos" desenvolverem "essas convicções supremas acerca da natureza, da origem e do fim do homem e da sociedade" (25).

Não qualquer ideologia é compatível com a fé cristã. "O cristão [...] não pode [...] aderir a sistemas ideológicos ou políticos que se oponham radicalmente, ou então nos pontos essenciais, à sua mesma fé e à sua concepção do homem": nem a "ideologia marxista" ["materialismo ateu", "dialética da violência", absorção da "liberdade individual na coletividade", negação da "transcendência"] nem a "ideologia liberal" [exaltação da "liberdade individual", "busca exclusiva do interesse e do poderio", solidariedade como "consequência das iniciativas individuais" e não como "um fim e um critério mais alto do valor e da organização social"] (26). O texto chama atenção para a "possível ambiguidade de toda ideologia social" e afirma que "a fé cristã situa-se num plano superior e, algumas vezes, oposto ao das ideologias" (27). Fala do "perigo" de adesão a uma ideologia que não esteja baseada numa "doutrina verdadeira e orgânica" e de tomá-la como "explicação cabal e suficiente de tudo", transformando-a em um "novo ídolo", ainda que justificado pelo "desejo generoso de serviço" (28). E adverte que o discurso atual de um "recuo das ideologias" pode ser indício de "abertura para a transcendência concreta do cristianismo", mas pode ser também sinal de um "deslize mais acentuado para um novo positivismo" (29).

A seguir, o texto passa a falar dos "movimentos históricos concretos" com os quais os cristãos se encontram em seu agir na sociedade: Eles são "resultantes das ideologias", mas são "distintos delas" (30). O Papa retoma aqui a distinção de João XXIII na Encíclica *Pacem in Terris* entre "falsas ideias filosóficas" [imutáveis] e "movimentos históricos" [evolução] (*PP*, p. 79) e passa a fazer considerações sobre os principais movimentos históricos na sociedade atual: socialistas, marxistas e liberais.

Quanto ao *socialismo*, afirma que ele "assume formas diversas, sob um mesmo vocábulo"; que em "muitos casos" continuam "inspiradas por ideologias incompatíveis com a fé"; que é necessário um "discernimento atento" que evite idealizações, distinga os "diversos escalões de expressão do socialismo" e a "ligação concreta" que possa existir entre eles em cada circunstância e, assim, "estabelecer o grau de compromisso possível nesta causa, salvaguardando os valores, principalmente, de liberdade, de responsabilidade e de abertura ao espiritual, que garantam o desabrochar integral do homem" (31).

Quanto ao *marxismo*, constata que ele não se apresenta mais como uma "ideologia unitária, explicativa da totalidade do homem e do mundo no seu processo de desenvolvimento e, portanto, ateia" (32); distingue "diversos escalões de expressão do marxismo" (32): "prática ativa da luta de classes", "exercício coletivo de um poder econômico, sob a direção do partido único", "ideologia socialista à base de materialismo histórico e de negação de tudo que é transcendente", "atividade científica" (33); e adverte contra a ilusão e o perigo de perder de vista a "ligação íntima" entre esses diversos tipos ou escalões do marxismo (34).

Quanto ao *liberalismo*, diz que "esta corrente procura afirmar-se tanto em nome da eficiência econômica, como para defender o indivíduo" diante da "ação invasora das organizações" e das "tendências totalitárias dos poderes políticos"; afirma a importância de conservar e desenvolver a "iniciativa pessoal"; adverte contra a "tendência para idealizar o liberalismo", esquecendo que "nas suas próprias raízes, o liberalismo filosófico é uma afirmação errônea da autonomia do indivíduo na sua atividade, nas suas motivações e no exercício de sua liberdade"; e insiste, também aqui, na necessidade de um "discernimento atento" (35).

O cristão deve buscar nas "fontes da fé" e no "ensino da Igreja" os "princípios" e os "critérios oportunos" necessários para o discernimento das ideologias e dos movimentos históricos (36). De modo que, "contornando todo e qualquer sistema, sem [...] deixar de se comprometer concretamente ao serviço dos irmãos", procure "afirmar, no âmago mesmo das suas opções, aquilo que é específico da contribuição cristã, para uma transformação positiva da sociedade" (36).

O texto afirma que "nos nossos dias, as fraquezas das ideologias são melhor conhecidas através dos sistemas concretos, nos quais elas procuram passar a realização práticas" (37). Em meio a um "mal-estar profundo" que se manifesta em "contestação" por toda parte, constata o "renascer daquilo que se convencionou chamar as utopias" (37). Diz que elas "pretendem resolver melhor do que as ideologias o problema político das sociedades modernas"; reconhece que o "apelo à utopia" muitas vezes não passa de "pretexto cômodo para quem quer esquivar as tarefas concretas e refugiar-se num mundo imaginário"; mas reconhece também que muitas vezes ela provoca uma "imaginação prospectiva" que faz "perceber no presente o possível ignorado", "orientar no sentido de um futuro novo", apoiar a dinâmica social pela "confiança" nas "forças inventivas do espírito e do coração humano" e, "se ela não rejeita nenhuma abertura, pode encontrar também o apelo cristão" (37).

Por fim, num contexto "dominado pela mutação científica e técnica, que corre o risco de se deixar arrastar para um novo positivismo", o texto aborda a problemática das "ciências humanas" (38). É que "a necessidade metodológica e o *a priori* ideológico levam-nas, muitas vezes, a isolar [...] alguns aspectos do homem e dar-lhes, não obstante, uma explicação que pretende ser global ou [...] totalizante", e "essa redução científica deixa transparecer uma pretensão perigosa" que termina por "mutilar o homem" sob a "aparência de um processo científico" (38).

Sem falar que elas podem elaborar "modelos sociais, que se quereria em seguida impor como tipos de comportamento, cientificamente comprovado", tornando o homem "objeto de manipulações" (39). Certamente, a Igreja não rejeita as ciências humanas. Ela "deposita confiança nessa investigação e convida os cristãos a procurarem estar ativamente presentes nela" e a "estabelecer um diálogo [...] entre a Igreja e este campo novo de descobertas" e, com isso, favorece uma melhor articulação entre o "aspecto parcial" [ciências] e a "totalidade" [fé] (40). Tudo isso permite um "conhecimento mais apurado do homem" e torna possível "criticar melhor e esclarecer" a "ideologia onipresente" do progresso, "superando a tentação de medir tudo em termos de eficiência e de intercâmbios e em relações de forças e interesses" por uma "consciência moral que leve o homem a assumir o encargo das solidariedades ampliadas e a abrir-se para os outros e para Deus" (41).

Terceira parte

A terceira parte reflete sobre o compromisso cristão perante os novos problemas, destacando o dinamismo do ensino social da Igreja e tratando do desafio de um desenvolvimento econômico mais justo e da construção de uma sociedade política.

O texto começa afirmando que, "diante de tantas questões novas, a Igreja procura fazer um esforço de reflexão para poder dar uma resposta, no seu campo próprio, à expectativa dos homens" (42). Aliás, é isso que a Igreja tem feito através de seu ensino social. Não se trata de "autenticar uma estrutura estabelecida", nem de "propor modelo pré-fabricado", nem simplesmente de "recordar alguns princípios gerais" (42). Trata-se de uma "reflexão que é feita em permanente contato com as situações do mundo, suscetíveis de mudanças, sob o impulso do Evangelho"; uma reflexão "marcada por uma vontade desinteressada de serviço e por uma especial atenção aos mais pobres"; uma reflexão inspirada "numa experiência rica, de muitos séculos, que lhe permite empreender na continuidade das suas preocupações permanentes, as inovações ousadas e criadouras que a presente situação do mundo exige" (42).

Em seguida, passa a tratar da necessidade de "ser instaurada uma maior justiça pelo que se refere à repartição dos bens, tanto no interior das comunidades nacionais, como no plano internacional" (43). No que diz respeito às relações internacionais, é preciso "superar as relações de força para se chegar a pactos favoráveis em vista do bem de todos" e "permitir a cada país promover o seu próprio desenvolvimento no sistema de uma cooperação isenta de todo espírito de domínio econômico e político", o que implica a "revisão das relações entre as nações" (43). O texto chama atenção aqui para o perigo que representam as "novas potências econômicas" que são as "empresas plurinacionais" no contexto dos "novos sistemas de produção" e da explosão das "fronteiras nacionais": "estes organismos privados podem conduzir a uma nova forma abusiva de dominação econômica no campo social, cultural e político" (44). E faz uma dupla advertência: a) a aspiração pela libertação tão presente no mundo atual "começa pela liberdade interior" diante dos "bens" e dos "poderes", mediante "um amor transcendente para com o homem e uma disponibilidade efetiva de serviço"; b) a "ambição de muitas nações" de "atingir o poderio tecnológico, econômico e militar" se opõe à "criação de estruturas em que o progresso seja regulado em função de uma maior justiça" (45).

Por fim, defende uma "passagem da economia ao campo político" (46). Primeiro, pelo risco da atividade econômica "absorver excessivamente as forças e a liberdade" e porque "nos domínios sociais e econômicos [...] a decisão última é do poder político" (46). Tomar a sério a política, diz o texto, "é afirmar o dever do homem, de todos os homens de reconhecerem a realidade concreta e o valor da liberdade de escolha [...] para procurarem realizar juntos o bem da cidade, da nação e da humanidade" (46). Entendida dessa forma, "a política é uma maneira exigente [...] de viver o compromisso cristão, a serviço dos outros" (46). Os cristãos devem agir respeitando sempre a "autonomia da realidade política", buscando uma "coerência entre as suas opções e o Evangelho", dentro de um "legítimo pluralismo", dando "testemunho [...] da seriedade da sua fé, mediante um serviço eficaz e desinteressado em favor dos homens" (46). Segundo, porque "a passagem à dimensão política exprime também um requisito atual do homem: maior participação nas responsabilidades e nas decisões" ajuda a "contrabalançar uma tecnocracia crescente" com a criação de novas "formas de democracia moderna" e favorece a construção de "solidariedades ativas e vividas" (47).

Quarta parte

A quarta e última parte, uma espécie de conclusão, é um chamado ou apelo à ação. Insiste na necessidade do compromisso cristão na sociedade.

O texto começa afirmando que "a Igreja sempre teve um duplo papel" no campo social: "iluminar os espíritos para ajudá-los a descobrir a verdade e a discernir o caminho a seguir no meio das diversas doutrinas que os solicitam" e "entrar na ação e difundir, com uma real solicitude de serviço e de eficácia, as energias do Evangelho" (48). Renova o "apelo à ação" a "todos os cristãos", segundo a condição própria de cada um: "se o papel da hierarquia consiste em ensinar e interpretar autenticamente os princípios morais [...], pertence aos leigos, por suas livres iniciativas e sem esperar passivamente ordens e diretrizes, imbuir de espírito cristão a mentalidade e os costumes, as leis e as estruturas de sua comunidade de vida" (48). Adverte que "não basta recordar princípios, afirmar as intenções, fazer notar as injustiças gritantes e proferir denúncias proféticas", pois "estas palavras ficarão sem efeito real, se elas não forem acompanhadas [...] de uma tomada de consciência mais viva de sua própria responsabilidade e de uma ação efetiva" e, também, que isso será muito importante para superar a tentação de "intolerância" e "sectarismo" na ação e evitar o "desencorajamento diante de uma tarefa que pode parecer desmedida" (48). E insiste que "na diversidade das situações, das funções e das organizações, cada um deve individuar a sua própria responsabilidade e discernir em consciência as ações nas quais é chamado a participar", evitando se comprometer em "colaborações incondicionais e contrárias aos princípios de um verdadeiro humanismo" e buscando agir sempre em "conformidade com a sua fé" (49).

Considerando as "diferentes situações concretas" em que os cristãos se encontram e as "solidariedades que cada um vive", o texto afirma que é necessário "reconhecer uma variedade legítima de opções possíveis" e que "uma mesma fé cristã pode levar a assumir compromissos diferentes" (50). Exorta a um "esforço de compreensão recíproca das posições e das motivações uns dos outros" e a uma "atitude de caridade mais profunda, a qual, reconhecendo muito embora as diferenças, não acredita menos nas possibilidades de convergência e de unidade" (50).

Destaca a "responsabilidade" das organizações cristãs na sociedade: "sem se substituir às instituições da sociedade civil, devem refletir [...] as exigências concretas da fé cristã para uma transformação justa e necessária da sociedade" (51). E conclui afirmando que as reflexões feitas nessa carta apostólica não dão conta de "todos os problemas sociais que se levantam hoje ao homem de fé e aos homens de boa vontade", mas pretendem oferecer ao Conselho de Leigos e à Comissão Pontifícia Justiça e Paz "novos elementos, juntamente com um encorajamento, para a continuidade da sua tarefa de 'despertar o Povo de Deus para uma inteligência plena do seu papel na hora atual' e de 'promoção do apostolado no plano internacional'" (52).

III – Destaques

Começamos com uma apresentação panorâmica do contexto socioeclesial em que se insere e ao qual responde a Carta Apostólica *Octogesima Adveniens*. Fizemos um resumo do conteúdo do texto, seguindo sua estrutura e sendo o mais fiel possível a suas formulações. Resta agora destacar alguns elementos que ajudam a compreender a importância e a novidade desse documento em seu contexto socioeclesial imediato e no contexto mais amplo do ensino social da Igreja nos últimos oitenta anos.

1. Antes de tudo, é importante ter presente que esse documento se insere na tradição de ensino social desencadeada pela Encíclica *Rerum Novarum*: não só foi escrito por ocasião dos oitenta anos dessa encíclica – daí o nome *Octogesima Adveniens*, mas se propõe explicitamente "a retomar e a prosseguir o ensino dos [seus] predecessores em resposta às necessidades novas de um mundo em transformação" (1). E faz isso em profunda sintonia com o magistério de João XXIII, com o Concílio Vaticano II e sua Constituição Pastoral *Gaudium et Spes*, com a Encíclica *Populorum Progressio* e com o processo de preparação do Sínodo dos Bispos de 1971, que tratará da "justiça no mundo" (5-6).[30] Chama

---

[30] Cf. CAMACHO, *Doutrina Social da Igreja*, p. 339, 346, 363-364; ALBURQUERQUE, *Moral social cristiana*, p. 140; ALVES, Ideologias, utopias e agir social segundo a *Octogesima Adveniens*, p. 351; ANDRADE, O parágrafo quarto da *Octogesima Adveniens* e a pastoral político-social, p. 844s.

atenção o fato de ser uma carta apostólica e não uma encíclica social, embora não se saiba exatamente a razão dessa opção nem isso comprometa seu valor e sua autoridade magisterial.[31] E chama ainda mais atenção o fato de Paulo VI preferir falar de "ensino/ensinamento" social em vez de "doutrina" social (1, 4, 36, 42),[32] embora as traduções nem sempre sejam fiéis a essa mudança de linguagem – sutil, mas muito importante. Por fim, convém destacar com Camacho certa correspondência da estrutura do texto com o método ver-julgar-agir: "análise da sociedade atual" (1 parte), "critérios para a organização da vida social" (segunda parte) e "linhas de atuação" (terceira parte).[33]

2. Esse documento se insere num contexto de profundas transformações socioculturais (industrialização-urbanização) e eclesiais (renovação conciliar) e só pode ser compreendido adequadamente em referência a esse contexto. Sua pretensão é chamar atenção para as grandes mudanças na sociedade atual, buscando "equacionar os problemas sociais, postos pela economia moderna [...] num contexto mais amplo, de civilização nova" (7). Trata tanto dos novos problemas sociais, vinculados aos processos de "industrialização" e "urbanização" da sociedade (primeira parte), quanto das grandes aspirações e buscas sociais de "igualdade" e "participação" (segunda parte). E produz uma dupla mudança de enfoque ou um duplo deslocamento de foco que marcará uma nova etapa no ensino social da Igreja. Por um lado, insere a problemática econômica no contexto sociopolítico mais amplo, insistindo na necessidade de realizar uma "passagem da economia ao campo político", na medida em que "nos domínios sociais e econômicos a decisão última é do poder político" (46).[34] Por outro lado, no espírito do concílio, afirma não ser sua "ambição" nem sua "missão" propor uma "solução que tenha valor universal", mas que compete às comunidades

---

[31] Cf. CAMACHO, *Doutrina Social da Igreja*, p. 340; ALVES, Ideologias, utopias e agir social segundo a *Octogesima Adveniens*, p. 349s.

[32] Cf. CAMACHO, *Doutrina Social da Igreja*, p. 345; GUTIÉRREZ, *De Leão XIII a João Paulo II*, p. 40.

[33] Cf. CAMACHO, *Doutrina Social da Igreja*, p. 342, 344.

[34] Cf. CAMACHO, *Doutrina Social da Igreja*, p. 339, 340, 361.

cristãs locais "analisarem" a realidade e "discernirem" os caminhos e modos de ação eclesial (4).[35]

3. A propósito do protagonismo das comunidades cristãs na vida social e política, um dos pontos mais importantes e uma das maiores novidades desse documento, convém analisar com atenção o parágrafo/número quatro do texto. Enraizado na "eclesiologia conciliar" da Igreja como "povo de Deus",[36] esse parágrafo condensa as "grandes linhas teológicas" da *OA*.[37] Partindo da constatação de que "são muito diversas as situações nas quais [...] se encontram comprometidos os cristãos" (3), o Papa afirma ser difícil "pronunciar uma palavra única" e "propor uma solução que tenha um valor universal" (4). Indo ainda mais longe, afirma que isso não é sua "ambição" nem mesmo sua "missão", mas é tarefa das "comunidades cristãs" locais: a elas cabem *analisar* a situação, *iluminá-la* com a luz do Evangelho e *haurir* dos ensinamentos sociais da Igreja "princípios de reflexão, normas para julgar e diretrizes para a ação"; devem *discernir*, "com a ajuda do Espírito Santo, em comunhão com os bispos responsáveis e em diálogo com os outros irmãos cristãos e com todos os homens de boa vontade", as opções e os compromissos sociais mais adequados à sua situação e mais de acordo com sua fé (4). Nunca é demais destacar essa afirmação tão clara do protagonismo das "comunidades eclesiais" (e não apenas da hierarquia!) na ação social e política da Igreja.

4. Outra grande novidade desse documento é o reconhecimento explícito da legitimidade de um pluralismo de posições e opções social e política na Igreja (4, 50). Alburquerque chega a afirmar que esse é o "núcleo essencial" da *OA*.[38] E Bigo e Ávila afirmam que "pela primeira vez, de modo explícito, o Papa renuncia oficialmente à pretensão de definir o que chamaríamos um modelo sócio-político-econômico

---

[35] Cf. CAMACHO, *Doutrina Social da Igreja*, p. 340s, 343-346; BIGO; ÁVILA, *Fé cristã e compromisso social*, p. 204s; ANDRADE, O parágrafo quarto da *Octogesima Adveniens* e a pastoral político-social, p. 844-848.

[36] ANDRADE, O parágrafo quarto da *Octogesima Adveniens* e a pastoral político-social, p. 847.

[37] ANDRADE, O parágrafo quarto da *Octogesima Adveniens* e a pastoral político-social, p. 844.

[38] ALBURQUERQUE, *Moral social cristiana*, p. 140.

equidistante dos modelos inspirados no capitalismo liberal e no socialismo marxista" ou um "modelo especificamente cristão".[39] Embora as encíclicas sociais anteriores nunca tenham afirmado ser tarefa própria da Igreja a elaboração de um modelo de sociedade, a contraposição aos modelos existentes não deixava de suscitar a pretensão ou ilusão da Igreja ser/apresentar uma espécie de "terceira via". Quanto a isso, Paulo VI é muito claro. Não só afirma ser difícil "pronunciar uma palavra única" e "propor uma solução que tenha alcance universal" e que isso nem é sua "ambição" nem sua "missão" (4), mas diz explicitamente que é "necessário reconhecer uma variedade legítima de opções possíveis" e que "uma mesma fé cristã pode levar a assumir compromissos diferentes" em situações concretas diferentes (50). A Igreja não tem/propõe um "modelo" de sociedade, mas "princípios" e "critérios" de discernimento para a ação sociopolítica (4, 36, 49).

5. Particularmente relevante é a abordagem que o documento faz das ideologias, dos movimentos históricos e das utopias.[40] Partindo da afirmação de que "o cristão tem o dever de participar na organização e na vida da sociedade política" (24) e de que sua ação "deve ter como base de sustentação um esquema de sociedade coerente nos meios e na sua inspiração" (25), o texto afirma que o cristão não pode "aderir a sistemas ideológicos ou políticos que se oponham à sua fé e à sua concepção de homem", como as ideologias "marxista" e "liberal" (26). Indica os pontos incompatíveis entre essas ideologias e a fé cristã (26). Adverte sobre a "possível ambiguidade de toda e qualquer ideologia social" e afirma que "a fé cristã situa-se num plano superior e, algumas vezes, oposto aos das ideologias" (27). Com relação aos movimentos históricos, retoma a distinção feita por João XXIII entre ideologias e movimentos históricos (30) e aborda os movimentos socialistas, marxistas e liberais, destacando seus aspectos atrativos, sua complexidade e seus perigos e insistindo na necessidade de discernimento sobre o grau de compromisso possível com esses movimentos (30-36). Quanto às utopias, adverte contra o risco de refúgio num "mundo imaginário" e de

---

[39] BIGO; ÁVILA, *Fé cristã e compromisso social*, p. 203.

[40] Cf. CAMACHO, *Doutrina Social da Igreja*, p. 350-360; BIGO; ÁVILA, *Fé cristã e compromisso social*, p. 350s; GUTIÉRREZ, *De Leão XIII a João Paulo II*, p. 67-72; ALVES, Ideologias, utopias e agir social segundo a *Octogesima Adveniens*, p. 349-364.

"álibi fácil para poder alijar as responsabilidades imediatas" e destaca seu potencial de "imaginação prospectiva" (37).

6. Na abordagem dos novos problemas sociais, convém destacar três temas que começam a emergir na consciência socioeclesial:[41] primeiro, o fenômeno da "urbanização" e sua vinculação com o processo de "industrialização" que não só produz novos problemas sociais [habitação, trabalho, consumismo, discriminações, migração etc.], mas altera profundamente os modos de vida tradicionais [família, vizinhança, Igreja, conflitos de geração, lugar da mulher etc.] (8-19); segundo, "a importância crescente [dos] meios de comunicação social e o seu influxo na transformação das mentalidades, dos conhecimentos, das organizações e da própria sociedade", chegando mesmo a "representar como que um novo poder" (20). O texto destaca seus "aspectos positivos", mas adverte sobre os riscos, interrogando sobre os "detentores reais de tal poder" e sobre as "finalidades", os "meios" e a "repercussão" de sua ação (20). Terceiro, "por motivo de uma exploração inconsiderada da natureza, [o homem] começa a correr o risco de a destruir e de vir a ser, também ele, vítima dessa degradação", de modo que "não só já no ambiente material se torna uma ameaça permanente [...] é mesmo o quadro humano que o homem não consegue dominar, criando assim, para o dia de amanhã, um ambiente global que poderá tornar-se-lhe insuportável" (21).

7. Por fim, é importante insistir no "caráter prático"[42] do documento. Ele começa (1-7) e termina (48-52) exortando os cristãos à ação. Nesse sentido, vale a pena destacar três aspectos que são extremamente relevantes para a ação social e política dos cristãos. Primeiro, o duplo papel da Igreja no campo social: "iluminar os espíritos para ajudá-los a descobrir a verdade e discernir o caminho a seguir no meio das diversas doutrinas que os solicitam" e "entrar na ação e difundir, com uma real solicitude de serviço e de eficácia, as energias do Evangelho" (48). Segundo, o reconhecimento da legitimidade de um pluralismo social e político na Igreja, no contexto das diversas situações em que se encontram os cristãos, bem como o apelo a um "esforço de compreensão

---

[41] Cf. CAMACHO, *Doutrina Social da Igreja*, p. 346s; BIGO; ÁVILA, *Fé cristã e compromisso social*, p. 206.

[42] ALBURQUERQUE, *Moral social cristiana*, p. 140.

recíproca das posições e das motivações uns dos outros" e a uma "atitude de caridade mais profunda, a qual, reconhecendo, embora as diferenças, não acredita menos nas possibilidades de convergência e unidade" (50). Terceiro, a importância fundamental e decisiva do "discernimento" eclesial das ideologias e dos movimentos sociais e políticos e do grau de compromisso possível dos cristãos com essas ideologias e esses movimentos (4, 15, 31, 35, 36, 48, 49). E nunca é demais recordar que isso é tarefa de toda a Igreja (fiéis e pastores), em diálogo com os outros irmãos cristãos e todas as pessoas de boa vontade (4).

IV – Referências

ALBERIGO, Giuseppe. *Breve história do Concílio Vaticano II*. Aparecida: Santuário, 2006.

ALBURQUERQUE, Eugenio. *Moral social Cristiana*: Camino de liberación y de justicia. Madrid: San Pablo, 2006.

ALVES, Antonio Aparecido. Ideologias, utopias e agir social segundo a *Octogesima Adveniens*. *REB* 242 (2001), p. 349-364.

ANDRADE, Paulo Fernando Carneiro. O parágrafo quarto da *Octogesima Adveniens* e a pastoral político-social. *REB* 276 (2009), p. 843-860.

AQUINO JÚNIOR, Francisco. Igreja dos pobres: do Vaticano II a Medellín e aos dias atuais. *REB* 288 (2012), p. 807-830.

BIGO, Pierre; ÁVILA, Fernando Bastos. *Fé cristã e compromisso social*: elementos para uma reflexão sobre a América Latina à luz da Doutrina Social da Igreja. São Paulo: Paulinas, 1986.

BURNS, Edward Mcnall; LERNER, Robert; MEACHAM, Standish. *História da civilização ocidental*: do homem das cavernas às naves espaciais. São Paulo: Globo, 1995.

CAMACHO, Ildefonso. *Doutrina Social da Igreja*: abordagem histórica. São Paulo: Loyola, 1995.

GODOY, Manuel; AQUINO JÚNIOR, Francisco (org.). *50 anos de Medellín*: revisitando os textos, retomando o caminho. São Paulo: Paulinas, 2017.

GUTIÉRREZ, Exequiel. *De Leão XIII a João Paulo II*: cem anos de Doutrina Social da Igreja. São Paulo: Paulinas, 1995.

HOBSBAWM, Eric. *Era dos extremos*: o breve século XX: 1914-1991. São Paulo: Companhia das Letras, 1995.

LIBANIO, João Batista. *Teologia da libertação*: roteiro didático para um estudo. São Paulo: Loyola, 1987.

LIBANIO, João Batista. *Concílio Vaticano II*: em busca de uma primeira compreensão. São Paulo: Loyola, 2005.

MARTINA, Giacomo. *História da Igreja*: de Lutero a nossos dias. São Paulo: Loyola, 1997. v. IV.

MATOS, Henrique Cristiano José. *Introdução à história da Igreja*. Belo Horizonte: O Lutador, 1997. v. 2.

PAULO VI. Carta Apostólica *Octogesima Adveniens*: por ocasião do 80º aniversário da Encíclica *Rerum Novarum*. São Paulo: Paulinas, 2011.

PIERRARD, Pierre. *História da Igreja*. São Paulo: Paulus, 1982.

Carta Encíclica
Laborem Exercens

A Carta Encíclica *Laborem Exercens* (*LE*) do Papa João Paulo II, "sobre o trabalho humano", foi escrita por ocasião dos noventa anos da encíclica *Rerum Novarum* de Leão XIII. Seria publicada no dia 15 de maio de 1981, mas, por causa do atentado que ele sofreu no dia 13 de maio, sua publicação só aconteceu no dia 14 de setembro – festa da Exaltação da Santa Cruz. Se João XXIII e suas Encíclicas *MM* e *PT* marcam uma nova etapa no ensino ou na Doutrina Social da Igreja, caracterizada pela ampliação da "questão social" e por uma nova sensibilidade no trato das questões sociais e inserida no processo mais amplo de renovação conciliar; também João Paulo II e sua Encíclica *LE* assinalam uma nova fase no desenvolvimento da Doutrina Social da Igreja: seja pela nova centralidade da problemática da sociedade industrial, ainda que centrada no trabalho e não na propriedade e ainda que desenvolvida a partir dos novos desafios do mundo do trabalho e sob novas bases antropológicas, teológicas e eclesiológicas; seja pela personalidade de Karol Wojtyla, marcada pelo contexto socioeclesial polonês e por sua experiência do mundo operário e do regime socialista/coletivista; seja pelo novo contexto eclesial, caracterizado por uma progressiva perda do otimismo conciliar com relação ao diálogo com o mundo e à reforma da Igreja, por uma espécie de volta à "grande disciplina" e por um renovado interesse pela Doutrina Social da Igreja.

Embora "uma primeira leitura desse documento dá-nos a impressão de que voltamos no tempo" na abordagem da questão social (problemática da sociedade industrial), "seria um erro interpretar a *Laborem Exercens* como uma volta ao século XIX" (problemas, antropologia, teologia, ensino/Doutrina Social da Igreja), pois, "se aqui reaparecem muitos temas antigos, é para que sejam integrados em novos enfoques que lhe outorgam um alcance e um sentido diferentes".[1] Ao mesmo tempo que isso indica e confirma o "caráter dinâmico da Doutrina Social da Igreja", exige um redobrado esforço de análise e interpretação do texto, capaz de apreendê-lo no que tenha de próprio e específico no contexto mais amplo de desenvolvimento da reflexão social da Igreja. Para isso, apresentaremos em grandes linhas seu contexto socioeclesial, faremos uma análise do texto e destacaremos suas principais características.

I – Contexto histórico

Se as encíclicas sociais de João XXIII (*MM* e *PT*) e de Paulo VI (*PP* e *OA*) estão caracterizadas por um mesmo contexto social (crescimento econômico, guerra fria, revolução sociocultural) e eclesial (renovação conciliar da Igreja), a Encíclica *LE* de João Paulo II está marcada por um novo contexto social (crise econômica, desemprego estrutural) e eclesial ("volta à grande disciplina"), cujas características e cujos contornos vão se tornando mais explícitos e evidentes ao longo dos anos de 1980. Essa mudança de contexto socioeclesial, conjugada com a personalidade e com as perspectivas socioeclesiais do Papa polonês, condiciona tanto sua compreensão da realidade e da missão da Igreja nessa realidade quanto a nova fase da Doutrina Social da Igreja que ela inaugura.

Antes de tudo, é preciso se dar conta do novo contexto social que se vai gestando ao longo da década de 1970 e se consolida na década de 1980. A novidade desse novo contexto pode ser mais bem apreendida e expressa com Eric Hobsbawm em comparação/confronto com as décadas anteriores. Do ponto de vista do crescimento econômico, se as

---

[1] CAMACHO, *Doutrina Social da Igreja*, p. 391.

décadas de 1950-1960 podem ser caracterizadas como "era de ouro" ou "anos dourados",[2] as décadas de 1970-1980 podem ser retratadas como era de "desmoronamento" ou "décadas de crise".[3] Se aquele foi um período de otimismo generalizado, não obstante o contexto de "guerra fria" e o crescimento das desigualdades sociais, esse será um período de insegurança e incerteza, embora suas consequências mais trágicas não sejam sentidas e compreendidas de imediato.

De fato, em comparação com os "anos durados" do crescimento econômico, a década de 1970 é marcada por uma crise econômica. Embora não se possa falar aqui de uma "Grande Depressão", como na década de 1930, uma vez que "a economia global não desabou, mesmo que momentaneamente",[4] não há como negar que o mundo entra numa fase de depressão ou crise econômica que levará ao desmoronamento da "era de ouro": entre 1973 e 1975, a produção industrial nas "economias de mercado desenvolvidas" caiu 10% e o comércio internacional teve uma redução de 13%; "o crescimento econômico no mundo capitalista desenvolvido continuou, mas num ritmo visivelmente mais lento, com exceção de alguns dos 'países de recente industrialização' (sobretudo asiáticos)".[5] E isso terá consequências econômicas, sociais e políticas trágicas tanto para o mundo capitalista desenvolvido quanto para o chamado Terceiro Mundo, ainda que, por razões diversas, não sejam sentidas e percebidas de imediato.

Certamente, essa crise tem causas estruturais mais profundas e complexas. Pode ser interpretada, inclusive, como algo próprio/típico do modo de acumulação capitalista, caracterizado por uma alternância de épocas/fases de "expansão material", na qual "o capital monetário 'coloca em movimento' uma massa crescente de produtos", e épocas/fases de "expansão financeira", na qual "uma massa crescente de capital monetário 'liberta-se' de sua forma mercadoria e a acumulação prossegue através de acordos financeiros".[6] Mas ela tem causas imediatas

---

[2] Cf. HOBSBAWM, *Era dos extremos*, p. 253-281.

[3] Cf. HOBSBAWM, *Era dos extremos*, p. 393-420.

[4] HOBSBAWM, *Era dos extremos*, p. 394.

[5] HOBSBAWM, *Era dos extremos*, p. 395.

[6] ARRIGHI, *O longo século XX*, p. 6, 309.

que, se não explicam sua raiz, suas dimensões e suas consequências, explicam, em todo caso, sua deflagração: "O estopim da crise foi a decisão da OPEP (Organização dos Países Exportadores de Petróleo) de triplicar os preços do petróleo cru, num espaço de poucos meses".[7] Isso teve um impacto enorme na economia dos países industrializados, pois "o aumento dos preços de um bem tão abundantemente empregado nos processos de produção de toda a indústria contemporânea provocou um reajuste de todo o sistema relativo de preços internacionais".[8] Para compensar o aumento dos custos da energia, os donos do capital recorrem à mão de obra barata e abundante no Terceiro Mundo: "O que antes se fabricava no Primeiro Mundo com energia barata, mas com mão de obra cara, nesse momento – em que a energia deixava de ser barata – podia ser produzido no Terceiro Mundo, graças às condições da população trabalhadora".[9] E isso vai provocar uma grande reviravolta ou mesmo uma reestruturação da economia mundial, com consequências diversas nos Primeiro e Terceiro Mundos.

O impacto imediato maior se deu nos países industrializados. Por um lado, a transferência de capital para os países do Terceiro Mundo com mão de obra barata, aliada ao desenvolvimento tecnológico que tende a substituir e dispensar mão de obra humana, produziu um fenômeno novo nesses países: o desemprego estrutural. Já não se tratava de um fenômeno setorial e transitório (cíclico), mas de uma tendência global e de uma característica fundamental do processo produtivo (estrutural).[10] Aos poucos vai desaparecendo a sociedade de pleno emprego: "O desemprego na Europa Ocidental subiu de uma média de 1,5% na década de 1960 para 4,2% na década de 1970. No auge do *boom* em fins da década de 1980, estava numa média de 9,2% na Comunidade Europeia, em 1993, 11%".[11] E muitos países ricos e desenvolvidos voltaram a conviver na década de 1980 com pobreza e miséria: "400 mil pessoas

---

[7] CAMACHO, *Doutrina Social da Igreja*, p. 391.

[8] CAMACHO, *Doutrina Social da Igreja*, p. 392.

[9] CAMACHO, *Doutrina Social da Igreja*, p. 392.

[10] Cf. CAMACHO, *Doutrina Social da Igreja*, p. 393; HOBSBAWM, *Era dos extremos*, p. 403.

[11] HOBSBAWM, *Era dos extremos*, p. 396.

foram oficialmente classificadas como 'sem-teto'" em 1989 no Reino Unido; "em qualquer noite de 1993 em Nova York, 23 mil homens e mulheres dormiam na rua ou em abrigos públicos".[12] Por outro lado, a transferência de capital para os países com mão de obra barata produziu um "espetacular desenvolvimento das empresas transnacionais", demonstrou a "extraordinária mobilidade do capital"[13] e, alimentada pelo crescimento explosivo do "chamado mercado de eurodólares ou de eurodivisas", foi abrindo caminho para uma nova fase de acumulação de capital que Arrighi denomina "expansão financeira". Fato é que "em meados da década de 1970 o volume de transações puramente monetárias realizadas nos mercados monetários *offshore* já ultrapassava em muitas vezes o valor do comércio mundial".[14]

Quanto aos países do Terceiro Mundo, se o impacto imediato da crise parecia positivo e promissor, aos poucos foi se mostrando negativo ou mesmo trágico – uma herança maldita. É verdade que a alternativa dos países industrializados ao aumento do preço do petróleo (busca de mão de obra barata, transferência de capital, mercado financeiro) produziu um aumento dos postos de trabalho, da industrialização e dos intercâmbios econômicos e financeiros nos países do Terceiro Mundo. No entanto, "seu papel continuava sendo de dependência" em relação aos grandes centros econômicos. Dentre as razões que explicam a permanência ou o aprofundamento dessa dependência, pode-se destacar "seus menores recursos para defender-se de uma conjuntura difícil, a redução de suas exportações como consequência da própria recessão e, naturalmente, o crescente controle do capital internacional sobre todas as economias".[15] Mas o mais trágico desse processo foi o crescente endividamento desses países, estimulado pela "política de crédito barato" dos grandes bancos internacionais e pela avidez dos governos desses países por "recursos para financiar seu desenvolvimento".[16] Fato é que a "falta de previsão dos devedores" e, sobretudo, a "política dos Estados

---

[12] HOBSBAWM, *Era dos extremos*, p. 396.
[13] CAMACHO, *Doutrina Social da Igreja*, p. 392.
[14] ARRIGHI, *O longo século XX*, p. 309.
[15] CAMACHO, *Doutrina Social da Igreja*, p. 393.
[16] CAMACHO, *Doutrina Social da Igreja*, p. 393.

Unidos na era Reagan, encaminhada no sentido de reduzir o seu enorme déficit externo", impossibilitaram esses países de cumprir os compromissos assumidos[17] e que, "enquanto suas dívidas cresciam, os bens reais ou potenciais dos Estados pobres não o faziam".[18] O resultado desse processo de endividamento foi a total submissão das economias nacionais ao pagamento de juros da dívida ou, no caso dos países mais pobres, a exclusão da economia mundial: "Das 42 'economias de baixa renda' em 1970, dezenove tinham zero investimento estrangeiro líquido. Em 1990, os investidores estrangeiros diretos tinham perdido todo o interesse em 26 [dessas 'economias de baixa renda']".[19]

Mas, conforme indicamos anteriormente, por razões distintas, as consequências trágicas dessa crise não foram sentidas e percebidas de imediato. No caso dos países do Terceiro Mundo, porque seu impacto imediato parecia mais positivo e promissor: emprego, desenvolvimento industrial, participação no comércio internacional. No caso dos países industrializados, as consequências negativas foram imediatas: desemprego, queda na produção e no comércio. Mas seu impacto sobre a população não foi tão forte por causa das políticas sociais, típicas do modelo keynesiano aplicado nas décadas anteriores.[20] Ao longo da década de 1980, a situação muda bastante. Os países do Terceiro Mundo, em geral, não só permaneciam numa relação subordinada ou de dependência, mas estavam profundamente endividados. Já os países do Primeiro Mundo continuavam controlando a economia internacional, agora em sua fase financeira, mas enfrentando sérios problemas sociais como desemprego estrutural, aumento das desigualdades e, graças às políticas de cunho liberal de redução/destruição do Estado Social, até mesmo pobreza e miséria.

No balanço geral, podemos indicar como resultado dessa crise econômica, alguns pontos fundamentais: 1) aumento das desigualdades nas economias de mercado desenvolvidas;[21] 2) endividamento generalizado

---

[17] CAMACHO, *Doutrina Social da Igreja*, p. 392.
[18] HOBSBAWM, *Era dos extremos*, p. 412.
[19] HOBSBAWM, *Era dos extremos*, p. 412.
[20] HOBSBAWM, *Era dos extremos*, p. 397s.
[21] HOBSBAWM, *Era dos extremos*, p. 397.

nos países do Terceiro Mundo;[22] 3) ampliação do fosso entre países ricos e pobres;[23] 4) solapamento do Estado em função do mercado;[24] 5) desemprego estrutural e crise da sociedade de trabalho.[25]

Também a Igreja vive um período de transição, marcado por uma progressiva perda do otimismo conciliar com relação ao diálogo com o mundo e à reforma da Igreja e por uma espécie de "volta à grande disciplina", para usar a expressão com a qual João Batista Libanio caracteriza o novo contexto eclesial.[26] É verdade que todo o processo conciliar (preparação, evento, recepção) foi caracterizado por tensões entre o que se convencionou chamar com certo simplismo de "progressistas" e "conservadores". Em todo caso, se no evento conciliar e no imediato pós-concílio, sob a liderança de João XXIII e Paulo VI, prevaleceu uma postura mais positiva e criativa de renovação da Igreja (progressista), aos poucos vai impondo-se uma postura mais pessimista e reativa em relação ao processo de mudança ou renovação em curso (conservadora).

Essa postura mais pessimista e reativa já aparece no final do pontificado de Paulo VI, como se pode ver, por exemplo, em seu apelo dramático à *tutela da fé* na homilia do último aniversário de sua coroação (29 de junho de 1978).[27] Aparece na primeira radiomensagem de João Paulo I (27 de agosto de 1978), ao destacar no seu programa de continuação da obra de Paulo VI a necessidade de "conservar intacta a *grande disciplina* da Igreja", promovendo "a revisão dos dois Códigos de Direito Canônico, de tradição oriental e latina, para assegurar, à linfa interior da santa liberdade dos filhos de Deus, a solidez e a estabilidade das estruturas jurídicas".[28] E é retomada por João Paulo II em sua primeira radiomensagem *Urbi et Orbi* (17 de outubro de 1978), ao apresentar "algumas linhas diretrizes" de seu pontificado. Falando da "permanente

---

[22] HOBSBAWM, *Era dos extremos*, p. 411,

[23] HOBSBAWM, *Era dos extremos*, p. 413.

[24] HOBSBAWM, *Era dos extremos*, p. 413s.

[25] HOBSBAWM, *Era dos extremos*, p. 396, 402-405.

[26] Cf. LIBANIO, *A volta à Grande Disciplina*.

[27] Cf. PAULO VI, *Homilía na Solemnidad de San Pedro y San Pablo*.

[28] JOÃO PAULO I, *A primeira radiomensagem*.

importância do Vaticano II" e de sua "obrigação explícita [de] garantir-lhe sua *devida* execução" ou de "promover, com atividade prudente e ao mesmo tempo estimulante, a mais *exata* execução das normas e orientações do mesmo concílio", o Papa insiste na fidelidade ao concílio e à missão da Igreja. E concretiza essa fidelidade em termos de "adesão convicta ao *magistério de Pedro*, especialmente no campo doutrinal", de "respeito pelas normas litúrgicas, vindas da autoridade eclesiástica" e de "observância da *grande disciplina* da Igreja" para "garantir a *justa ordem* própria do corpo místico".[29] Aos poucos se vai gestando e se impondo um novo dinamismo eclesial, centrado na "grande disciplina" e na "autoridade eclesiástica". É o que Libanio chama de "volta à grande disciplina". Não se trata de uma negação pura e simples do concílio, mas de seu enquadramento disciplinar pela autoridade eclesiástica. Ele insiste na fidelidade ao concílio, mas identifica essa fidelidade com fidelidade/submissão à autoridade eclesiástica.[30]

Embora se trate de um processo muito complexo, presente em todo evento conciliar e em seu processo de recepção/concretização e que envolve diferentes setores e sujeitos eclesiais, não se pode negar que ele se consolida ao longo da década de 1980, sob a liderança de João Paulo II. E não se pode entender seu pontificado sem levar em conta seu contexto socioeclesial originário. Sua personalidade, sua perspectiva eclesiológica e seu ministério pastoral estão profundamente marcados pela história da sociedade e da Igreja polonesas. Giulio Girardi identifica os traços mais característicos do que chama de "modelo polonês" de Igreja, fundamental para compreender a personalidade e a perspectiva de Igreja de Karol Wojtyla: "identidade católica [como] fundamento da identidade nacional", "uma Igreja identificada com o povo oprimido", "um catolicismo combativo e anticomunista", "um catolicismo fiel".[31] Esse modelo de Igreja interpreta a "crise atual de civilização" como uma "crise dos fundamentos" e propõe como resposta a "restauração da identidade cristã-católica", começando pela

---

[29] JOÃO PAULO II, Radiomensagem *Urbi et Orbi*.

[30] Cf. LIBANIO, *A volta à Grande Disciplina*, p. 131-158; LIBANIO, *Cenários de Igreja*, p. 15-47.

[31] GIRARDI, *La túnica rasgada*, p. 45-57.

"restauração da Europa cristã" até alcançar a "unificação do mundo sob o signo do cristianismo".[32] E é nessa perspectiva que João Paulo II interpreta sua eleição e seu ministério pastoral, como indica em seus discursos e homilias durante a viagem apostólica à Polônia em junho de 1979.[33]

Isso ajuda a compreender o paradoxo de um ministério pastoral centralizador e solidário com os pobres. João Paulo II herda da Igreja polonesa uma perspectiva eclesial de cunho fortemente identitário, combativo, centralizador e messiânico (identidade-disciplina-magistério), mas também muito sensível à situação dos pobres e oprimidos, particularmente à situação da classe operária (fé-sociedade, mundo do trabalho, Doutrina Social da Igreja). E foi profundamente marcado pela experiência de um regime socialista/coletivista (afirmação da identidade católica) e pela experiência como operário (sensibilidade à situação da classe operária). O que a princípio poderia parecer uma contradição (centralização x pobres), na verdade, são dois aspectos de uma mesma perspectiva eclesial (identidade/disciplina/magistério – Doutrina Social da Igreja). Tudo isso ajuda a compreender melhor sua primeira encíclica social, centrada na problemática do trabalho humano no contexto atual ("chave da questão social") e desenvolvida a partir de uma visão cristã do homem ("dignidade da pessoa").

II – Texto: estrutura e conteúdo

Tendo apresentado alguns aspectos fundamentais do contexto socioeclesial que se vai gestando e impondo na década de 1970, embora seus efeitos e seu alcance só sejam sentidos e percebidos com força e clareza na década de 1980, podemos passar à análise da Encíclica *LE*.[34]

---

[32] GIRARDI, *La túnica rasgada*, p. 58-64.

[33] Cf. JOÃO PAULO II, *Homilia na Praça da Vitória em Varsóvia*; JOÃO PAULO II, *Homilia junto da Catedral de Gniezno*; JOÃO PAULO II, *Discurso à plenária da Conferência do Episcopado Polonês em Jasna Góra*.

[34] Cf. JOÃO PAULO II, Carta Encíclica *Laborem Exercens*. A partir de agora, os números entre parêntesis, sem outra indicação, remetem a esta obra. O primeiro algarismo indica o número do documento e o segundo, o parágrafo do referido número.

Para ajudar na sua leitura e compreensão, explicitaremos a estrutura do texto e faremos um resumo de seu conteúdo.[35]

1. Estrutura

Segundo Camacho, de todos os documentos da Doutrina Social da Igreja, "este é o mais difícil de ler": "o estilo é duro e pouco conciso", "a linha de pensamento, sobretudo em sua parte central, não é clara, pela abundância de repetições e incisos que fazem o leitor perder o fio condutor das ideias", e as traduções dificultam ainda mais sua leitura e compreensão.[36] Mas sua estrutura é clara e não oferece maiores dificuldades.

O texto está dividido em cinco capítulos (sem epígrafes!): o *I capítulo* situa a encíclica na tradição do ensino social da Igreja dos últimos noventa anos e no contexto atual do mundo do trabalho e indica o trabalho como "chave da questão social"; o *II capítulo* apresenta a verdade cristã sobre o trabalho, confronta essa verdade com as correntes modernas materialista e economicista, trata da solidariedade dos e com os homens do trabalho e da dignidade do trabalho; o *III capítulo* aborda o conflito entre capital e trabalho na fase atual da história; o *IV capítulo* trata dos direitos dos homens do trabalho; e o *V capítulo* está dedicado à espiritualidade do trabalho.

Com essa abordagem, o Papa apresenta "uma antropologia do trabalho que é, ao mesmo tempo, filosófica e teológica" (cap. II e V), destaca as "exigências éticas que daí derivam" (cap. II e IV) e faz um "estudo histórico da realidade do trabalho" (cap. III).[37]

2. Conteúdo

Faremos a seguir um breve resumo do conteúdo do documento, seguindo sua estrutura redacional, conforme explicitada anteriormente.

---

[35] CAMACHO, *Doutrina Social da Igreja*, p. 391-149; ELLACURÍA, Conflicto entre trabajo y capital en la presente fase histórica, p. 383-412; GUTIÉRREZ; AMES; IGUIÑIZ; CHIPOCO, *A Laborem Exercens e o Evangelho do trabalho humano*; GASDA, *Trabalho e capitalismo global*, p. 105-121; ALBURQUERQUE, *Moral social cristiana*, p. 143-146; BIGO; ÁVILA, *Fé cristã e compromisso social*, p. 225-227, 351-353; ANTONCICH; SANS, *Ensino social da Igreja*, p. 112-131.

[36] CAMACHO, *Doutrina Social da Igreja*, p. 395.

[37] CAMACHO, *Doutrina Social da Igreja*, p. 398.

Isso não dispensa nem substitui a leitura direta do texto, mas ajuda a ter uma visão de conjunto do mesmo e a não perder o fio condutor da reflexão – uma espécie de guia de leitura.

I capítulo

O primeiro capítulo é uma espécie de introdução que apresenta, contextualiza e justifica o tema da encíclica e indica a perspectiva com que ele será tratado.

O texto começa destacando a importância do trabalho na vida humana: busca do "pão cotidiano", contribuição para o "progresso das ciências e da técnica" e "elevação cultural e moral da sociedade". A expressão "trabalho" é tomada aqui no sentido amplo de "toda a atividade realizada pelo homem" e em referência ao desígnio criador de Deus para o homem. Sendo "uma das características que distinguem o homem do resto das criaturas", o trabalho tem uma "marca particular do homem e da humanidade" que determina sua "qualificação interior" e constitui sua própria "natureza" (Introdução).

Celebrando os noventa anos da *RN*, o Papa dedica esse documento ao "trabalho humano" e, mais ainda, ao "homem, visto no amplo contexto dessa realidade que é o trabalho", pois, se o homem "é a primeira e fundamental via da Igreja", é preciso "retornar incessantemente a esta via", segundo os "vários aspectos" da vida humana (1/1). E "o trabalho é um desses aspectos" (1/2). Um aspecto que exige particular atenção, pois as mudanças atuais nas "condições tecnológicas, econômicas e políticas" repercutirão no mundo do trabalho e da produção "em não menor escala do que o fez a Revolução Industrial no século passado" e exigirão "uma reordenação e um novo ajustamento das estruturas da economia hodierna, bem como da distribuição do trabalho" (1/3). Embora "não compete à Igreja analisar cientificamente as possíveis consequências de tais mutações para a convivência humana", é "sua tarefa" defender "a dignidade e os direitos dos homens do trabalho", "estigmatizar as situações em que [eles] são violados" e "orientar as mutações [...] para um progresso autêntico do homem e da sociedade" (1/4).

Sem dúvida, "o trabalho como problema do homem" está no centro do ensino e das iniciativas sociais da Igreja desde a *RN*. E a reflexão desenvolvida na *LE* está "em conexão orgânica com toda a tradição deste ensino e destas iniciativas". Mas "a situação geral do homem no mundo contemporâneo [...] exige que se descubram os novos significados do trabalho humano e [...] que se formulem as novas tarefas" a serem realizadas (2/1). Se é verdade que, ao longo desses noventa anos, "a questão social não cessou de ocupar a atenção da Igreja" (2/2), também é verdade que seu desenvolvimento corresponde ao "reconhecimento objetivo do estado das coisas" (2/4): "se em tempos passados se punha em relevo o problema da 'classe' [*RN, QA*], em época mais recente é posto em primeiro plano o problema do 'mundo'" [*MM, PT, PP, OA*] (2/4).

Em todo esse processo, "o problema do trabalho humano, como é natural, aparece muitas vezes" – é, de certo modo, "uma componente fixa" (3/1). Ao retomar esse problema na presente encíclica, o Papa não pretende tanto "coligir e repetir o que já se encontra contido nos ensinamentos da Igreja", mas sim apresentar o trabalho humano como *"uma chave*, provavelmente *a chave essencial* de toda a questão social" (3/2).

II capítulo

O segundo capítulo apresenta a verdade cristã sobre o trabalho, confronta essa verdade com as correntes modernas materialista e economicista, trata da solidariedade dos e com os homens do trabalho e da dignidade do trabalho.

O ponto de partida aqui é a afirmação da convicção de que "o trabalho constitui uma dimensão fundamental da existência do homem sobre a terra" – uma convicção fundada não apenas nas "múltiplas ciências", mas também e acima de tudo na "Palavra de Deus revelada"; é tanto uma "convicção da inteligência" como uma "convicção de fé" (4/1). E essa convicção de fé aparece já nas primeiras páginas do Livro do Gênesis, ao narrar a criação do homem "à imagem de Deus" e o "mandato recebido do seu Criador de submeter, de dominar a terra", através do qual "todo e qualquer ser humano reflete a própria ação do Criador" (4/2). Enquanto atividade "transitiva", que "se iniciando no sujeito humano se endereça para um objeto externo", o trabalho pressupõe um "específico domínio do homem sobre a terra" (4/3), conforme a "disposição original do Criador": criado à "imagem de Deus" e destinado a "submeter a terra" (4/4).

O trabalho, através do qual o homem realiza o desígnio de Deus de "submeter a terra", tem um duplo sentido: "objetivo" e "subjetivo". O "sentido objetivo", que se expressa nas "várias épocas da cultura e da civilização" (5/1), diz respeito à "técnica", entendida como *um conjunto de meios* de que o homem se serve no próprio trabalho"; uma "aliada do homem" (facilita, aperfeiçoa, acelera e multiplica o trabalho e favorece o progresso) que "pode transformar-se quase em adversária do homem" (substitui o homem, gera desemprego, reduz o homem a escravo) (5/4). Já o "sentido subjetivo" destaca que, "como pessoa", isto é, "um ser dotado de subjetividade, capaz de agir de maneira programada e racional, capaz de decidir por si mesmo e tendente a realizar-se a si mesmo", o homem é "o sujeito do trabalho" (6/2). Essa dimensão está ligada ao mandato divino de "dominar a terra" e condiciona a "natureza" e o "valor" éticos do trabalho (6/3). Ela "constitui em certo sentido a medula fundamental e perene da doutrina cristã sobre o trabalho humano" e tem sido determinante na "formulação dos importantes problemas sociais ao longo de épocas inteiras" (6/4). Daqui se chega à conclusão fundamental da "preeminência do significado subjetivo do trabalho sobre o seu significado objetivo" (6/6) – a tese central da encíclica.

Essa "verdade cristã sobre o trabalho" teve que se contrapor, na modernidade, no contexto da industrialização, às "várias correntes do pensamento materialista e economicista" (7/1), nas quais o trabalho aparece como "uma 'mercadoria *sui generis*' [diversas formas de capitalismo] ou como uma 'força' anônima [diversas formas de coletivismo] necessária para a produção" (7/2). Essa forma de pensar está ligada ao "desenvolvimento da civilização unilateralmente materialista, na qual se dá importância primeiro que tudo à dimensão objetiva do trabalho, enquanto a dimensão subjetiva [...] fica num plano secundário" (7/3). Com isso, vai se gerando uma "confusão" ou mesmo uma "inversão" na ordem estabelecida pelo Criador: "o homem passa então a ser tratado como instrumento da produção" e não mais como "seu sujeito eficiente, como seu verdadeiro artífice e criador" (7/3). Segundo o Papa, "é precisamente essa inversão de ordem [...] que mereceria [...] o nome de 'capitalismo'", e esse "erro primitivo do capitalismo pode repetir-se onde quer que o homem seja tratado, de alguma forma, da mesma maneira que todo o conjunto dos meios materiais de produção, como um instrumento e não

[...] como sujeito e autor" (7/3). A "análise do trabalho humano" aparece, assim, no "centro da problemática ético-social" (7/4).

É nesse contexto que surge a chamada "questão operária" ou "questão proletária": surge como "uma justa reação social", fazendo irromper "um grande movimento de solidariedade entre os homens do trabalho"; surge como "reação contra a degradação do homem como sujeito do trabalho e contra a exploração inaudita que a acompanhava" (8/2). E, em sintonia com os documentos do magistério da Igreja, é preciso reconhecer que essa reação "se justificava, sob o ponto de vista da moral social" (8/3). Essa "solidariedade dos homens do trabalho" e a "tomada de consciência mais clara e mais compromissória [...] dos direitos dos trabalhadores" produziram "mudanças profundas" na sociedade, embora tenham persistido "injustiças flagrantes ou criaram outras novas" (8/4). E é preciso que "haja sempre novos movimentos de solidariedade *dos* homens do trabalho e de solidariedade *com* os homens do trabalho" (8/6). Também a Igreja, diz João Paulo II, "acha-se vivamente empenhada nesta causa, porque a considera como sua missão, seu serviço e como comprovação da sua fidelidade a Cristo, para assim ser verdadeiramente a 'Igreja dos pobres'" (8/6).

Por fim, o texto destaca, sempre na perspectiva do mandado divino de "submeter a terra", alguns aspectos que "definem mais de perto a dignidade do trabalho humano" (9/1). Antes de tudo, a insistência em que "o trabalho é um bem do homem [...] porque, mediante o trabalho, o homem *não somente transforma a natureza* [...], mas também *se realiza a si mesmo* como homem e até [...] 'se torna mais homem'" (9/3). E ligada a essa "dimensão pessoal do trabalho humano", há duas outras esferas de valores que são determinantes da dignidade do trabalho: ele "constitui o fundamento sobre o qual se edifica a *vida familiar,* que é um direito fundamental e uma vocação do homem" (10/1), e "abarca aquela *grande sociedade* de que o homem faz parte, em virtude dos laços culturais e históricos particulares" (10/3).

III capítulo

O terceiro capítulo trata do conflito entre "capital" e "trabalho" ou entre "mundo do capital" e "mundo do trabalho" na fase atual da história.

Tendo apresentado a "problemática fundamental do trabalho", a partir do relato da criação que constitui a "estrutura basilar do ensino da Igreja", o texto aborda a situação atual do mundo a partir do trabalho, mais concretamente a partir dos problemas em torno dos quais foi se desenvolvendo o ensino social da Igreja a partir da *RN* (11/1-2). Nesse período, "o problema do trabalho foi sendo posto no clima do grande *conflito* que, na época do desenvolvimento industrial e em ligação com ele, se manifestou entre o 'mundo do capital' e o 'mundo do trabalho'", isto é, entre o "grupo restrito" dos "proprietários ou detentores dos meios de produção" e a "multidão" que dispõe apenas de seu "trabalho" (11/3). Na origem desse conflito está a exploração dos "operários" pelos "patrões e empresários": baixíssimos salários, falta de segurança no trabalho e de condições de saúde e de vida dos operários e suas famílias (11/3).

O texto avança na análise, mostrando como "este conflito, interpretado por alguns como *conflito* socioeconômico com *caráter de classe*, encontrou sua expressão no *conflito ideológico* entre o liberalismo [ideologia do capitalismo] e o marxismo [ideologia do socialismo científico e do comunismo]", de modo que "o conflito real que existia entre o mundo do trabalho e o mundo do capital transformou-se na *luta de classes programada*, conduzida com métodos não apenas ideológicos, mas também e sobretudo políticos" (11/4). Destaca os principais traços do programa marxista: "luta de classes", "coletivização dos meios de produção" (11/4), "monopólio do poder", "sistema comunista" (11/5). E esclarece que seu propósito não é "entrar em pormenores" desses problemas, mas, antes, "remontar do seu contexto até ao problema fundamental do trabalho humano" – centro das considerações da encíclica (11/6).

Diante dessa realidade, o Papa recorda um princípio fundamental da Doutrina Social da Igreja: "O *princípio da prioridade do 'trabalho' em confronto com o 'capital'*"– um princípio que diz respeito ao próprio "processo de produção", no qual "o trabalho é sempre *uma causa eficiente* primária, enquanto o 'capital', sendo o conjunto dos meios de produção, permanece apenas um *instrumento* ou causa instrumental" (12/1). Trata-se de uma "verdade evidente" que resulta da "experiência histórica do homem" (12/1), que brota do encargo divino de "submeter a terra" (12/2) e que "pertence ao patrimônio estável da doutrina da Igreja"; uma verdade que "deve ser sempre sublinhada, em relação com o problema do sistema de trabalho e igualmente com todo o sistema socioeconômico" (12/6). É preciso insistir sempre no "primado do homem [pessoa] sobre as coisas [capital]" – isso tem "consequências importantes e decisivas" (12/6).

Antes de tudo, é preciso reconhecer que "não se pode separar o 'capital' do trabalho e que de maneira nenhuma se pode contrapor o trabalho ao capital e o capital ao trabalho e, menos ainda, se podem contrapor os homens concretos que estão por detrás destes conceitos" (13/1). Só se pode considerar "reto" um "sistema de trabalho" que "supera a antinomia entre trabalho e capital" e que esteja estruturado de acordo com o "princípio da prioridade substancial e efetiva do trabalho [sobre o capital]" (13/1). Na verdade, "a antinomia entre trabalho e capital não tem sua fonte no processo de produção nem na estrutura do processo econômico em geral" (13/2). Ela tem origem "na filosofia e nas teorias econômicas do século XVIII" e na "prática econômico-social desses tempos" (13/5). Está ligada ao "erro fundamental" do "economicismo" ["o trabalho humano é considerado exclusivamente segundo sua finalidade material"] e do "materialismo" prático e/ou teórico ["convicção do primado e da superioridade daquilo que é material"] (13/3). O Papa reconhece que "o 'economicismo' teve uma importância decisiva e influiu exatamente sobre este modo não humanista de pôr o problema, antes do sistema filosófico materialista", mas insiste que "o materialismo, mesmo sob sua forma dialética, não está em condições de proporcionar [...] bases suficientes e definitivas para que o primado do homem sobre o instrumento-capital possa encontrar uma adequada e irrefutável verificação e um apoio", pois também aí o homem continua sendo "compreendido e tratado na dependência daquilo que é material, como uma espécie de 'resultante' das relações econômica e das relações de produção" (13/4). A "superação radical" desse "erro fundamental" só é possível mediante "mudanças" teóricas e práticas que assegurem o "primado da pessoa sobre as coisas e do trabalho sobre o capital, entendido como o conjunto dos meios de produção" (13/5).

Mas o princípio do "primado do homem em relação às coisas" (12/6) tem sérias implicações também para o "problema da propriedade"

(14/1). Desde a *RN*, a Igreja vem "recordando e confirmando" o "direito de propriedade privada, mesmo quando se trata dos meios de produção" (14/1). Seu ensino "diverge radicalmente do programa do *coletivismo*, proclamado pelo marxismo e realizado em vários países do mundo", mas, ao mesmo tempo, "difere também do programa do *capitalismo*, tal como foi posto em prática pelo liberalismo e pelos sistemas políticos que se inspiraram [nele]" (14/2). É que "a tradição cristã nunca defendeu tal direito como algo absoluto e intocável; pelo contrário, sempre o entendeu no contexto mais vasto do direito comum de todos", de modo que "*o direito de propriedade está subordinado ao direto ao uso comum*, à destinação universal dos bens" (14/2). O texto insiste aqui que os meios de produção "não podem *ser possuídos contra o trabalho*, como não podem ser *possuídos para possuir*, porque o único título legítimo de sua posse – tanto sob a forma de propriedade privada, como sob a forma de propriedade pública ou coletiva – é *que eles sirvam ao trabalho*" e, assim, garantam "a destinação universal dos bens e o direito ao seu uso comum" (14/3). Por essa razão, diz o Papa, "continua sendo inaceitável a posição do capitalismo 'rígido', que defende o direito exclusivo da propriedade privada dos meios de produção como um 'dogma' intocável na vida econômica" (14/4). Essa posição precisa ser "continuamente submetida a uma revisão", mas isso não pode ser realizado com a "eliminação apriorística da propriedade privada dos meios de produção", uma vez que "o simples fato de subtrair esses meios de produção (o capital) das mãos dos seus proprietários privados não basta para os socializar de maneira satisfatória" (14/6). O Papa insiste aqui em que "o simples fato dos meios de produção passarem para a propriedade do Estado, no sistema coletivista, não significa por si só, certamente, a 'socialização' dessa propriedade" (14/7). Há, aqui, claramente, uma relativização do problema do tipo de propriedade (privada ou coletiva) diante do problema da real "socialização" dos bens (copropriedade).

O texto conclui insistindo que "*o princípio da prioridade do trabalho em relação ao capital* é um postulado que pertence à ordem da moral social" e que ele "tem uma importância-chave, tanto no sistema fundado sobre o princípio da propriedade privada dos meios de produção, como no sistema em que a propriedade privada de tais meios foi limitada mesmo radicalmente" (15/1). Não se pode perder de vista jamais que "o trabalho humano não diz respeito simplesmente à economia, mas implica também e sobretudo valores pessoais" – é o que João Paulo II chama de "argumento personalista" (15/2).

IV capítulo

O quarto capítulo trata dos direitos dos homens do trabalho no contexto mais amplo dos direitos do homem e no contexto mais específico do mundo do trabalho.

O Papa começa recordando que, "se o trabalho é uma obrigação, isto é, um dever, ele é, ao mesmo tempo, fonte também de direitos para o trabalhador", que "tais direitos hão de ser examinados no vasto contexto do conjunto dos direitos do homem" e que "o respeito deste vasto conjunto de direitos do homem constitui a condição fundamental para a paz no mundo contemporâneo" (16/1). Mas, se "os direitos humanos que promanam do trabalho inserem-se [...] no conjunto mais vasto dos direitos fundamentais da pessoa" (16/1), eles têm, contudo, um "caráter específico, que corresponde à natureza específica do trabalho humano" (16/2). Sendo uma "obrigação" ou um "dever" que deriva da ordem do Criador, da natureza humana e da consideração pelo próximo, o trabalho é também "fonte" de direitos. E aqui se pensa concretamente na "relação entre o dador de trabalho – direto ou indireto – e o trabalhador" (16/3-5).

A expressão "dador de trabalho indireto" engloba "as pessoas, as instituições de diversos tipos, bem como os contratos coletivos de trabalho e os *princípios* de comportamento que, estabelecidos por essas pessoas ou instituições, determinam o sistema socioeconômico ou dele resultam" (17/1). Trata-se de um conceito bastante amplo e complexo: envolve "elementos numerosos e variados"; sua "responsabilidade é menos direta, mas permanece uma verdadeira responsabilidade", enquanto "determina" e "condiciona" em boa medida as relações de trabalho; é elemento fundamental na instauração de uma *"política de trabalho correta, sob o ponto de vista ético"* (17/1). Diz respeito, antes de tudo, ao "Estado", que "deve conduzir uma justa política do trabalho"; mas diz respeito também às "múltiplas ligações entre os diversos Estados" que criam "dependências recíprocas" (17/2) que "podem facilmente dar azo a diversas formas de exploração ou injustiça", com consequências "na política local do trabalho e na situação dos trabalhadores nas sociedades economicamente desfavorecidas" (17/3). O Papa insiste aqui que os "direitos do homem do trabalho" não pode[m] "constituir somente um elemento derivado dos sistemas econômicos", mas, "pelo contrário", devem "constituir *o critério adequado e fundamental* para a formação de toda a economia" (17/4). Nesse contexto, destaca a importância decisiva das "Organizações Internacionais" (ONU, OIT, FAO) e dos "ministérios e órgãos do poder público" de cada Estado (17/5) e chama atenção para o "problema fundamental" do "ter trabalho" e para o papel das instituições de "atuar contra o desemprego", concedendo "fundos em favor dos desempregados" (18/1) e provendo uma "planificação global" (18/2-3).

Já a expressão "dador de trabalho direto" se refere à "pessoa" ou "instituição" com a qual "o trabalhador estipula diretamente o contrato de trabalho segundo condições determinadas" (16/5). E o "problema-chave" aqui é o "problema da *justa remuneração* do trabalho que é executado" – "independentemente do fato de o trabalho ser efetuado no sistema da propriedade privada dos meios de produção ou num sistema em que a propriedade sofreu uma espécie de 'socialização'" (19/1). Nisso se mede a "justiça de um sistema socioeconômico" e seu "justo funcionamento"; está em jogo aqui o *"princípio do uso comum dos bens"*: na medida em que "a *remuneração do trabalho* permanece o *meio concreto* pelo qual a grande maioria dos homens pode ter acesso àqueles bens que estão destinados ao uso comum", diz o Papa, "o justo salário se torna em todos os casos a *verificação concreta da justiça* de cada sistema socioeconômico e [...] do seu justo funcionamento" (19/2). Nesse contexto, afirma que uma "justa remuneração" é a que possibilita "fundar e manter dignamente uma família" e "assegurar o seu futuro" – seja por meio do chamado "salário familiar" [salário único suficiente para a família], seja por meio de "outras medidas sociais" [abonos ou subsídios] (19/3); insiste na necessidade de uma "revalorização social das funções maternas" (19/4), advertindo que "a *verdadeira promoção da mulher* exige que o trabalho seja estruturado de tal maneira que ela não se veja obrigada a pagar a própria promoção com o ter de abandonar a sua especificidade e com detrimento da sua família" (19/5); e conclui afirmando que, "ao lado do salário, entram em jogo aqui neste ponto outras subvenções sociais que têm como finalidade a vida e a saúde dos trabalhadores e das suas famílias", como "assistência sanitária", "repouso" (semanal, férias), "aposentadoria" (velhice, acidente de trabalho) e "ambientes de trabalho e de processos laborais que não causem dano à saúde física dos trabalhadores nem lesem sua integridade moral" (19/6).

Em base nesses direitos e em vista de sua garantia, surge outro direito: associação/sindicato. Trata-se do "direito de se associar [...] com a finalidade de defender os interesses vitais dos homens do trabalho nas diferentes profissões" (20/1). Embora tenham seus antecedentes nas "corporações artesanais da Idade Média" (associação em torno do trabalho), os "modernos sindicatos cresceram a partir da luta dos trabalhadores [...] pela tutela dos seus *justos direitos*, em confronto com os empresários e os proprietários dos meios de produção" (20/2). E a "experiência histórica" mostra que eles são "um *elemento indispensável da vida social*, especialmente nas modernas sociedades industrializadas" (20/2). Para a doutrina social católica, os sindicatos não são "somente o reflexo de uma estrutura 'de classe' da sociedade"; são "*um exponente da luta pela justiça social*, pelos justos direitos dos homens do trabalho segundo as suas diversas profissões": uma luta "em prol" do justo bem e não uma luta "contra" os outros; se ela assume "um caráter de oposição", é em vista do "bem que é a justiça social" e não por "visar à 'luta' pela luta ou então eliminar o antagonista" (20/3).

Partindo da "estrutura fundamental do trabalho" (trabalho-capital) e da função dos sindicatos (direitos dos trabalhadores), o Papa insiste que as lutas sindicais "devem ter sempre em conta limitações que impõe a situação econômica geral do país", e não se transformarem numa "espécie de *'egoísmo' de grupo ou de classe*" (20/4); que "os sindicatos não têm o caráter de 'partidos políticos' que lutam pelo poder, também não deveriam nunca estar submetidos às decisões dos partidos políticos, nem manter com eles relações muito estreitas" para não se afastarem daquilo que é "seu papel específico", nem se tornarem "um instrumento da luta para outros fins" (20/5); que o objetivo maior das lutas sindicais é que "o trabalhador não só possa 'ter' mais, mas também e sobretudo possa 'ser' mais, o que equivale a dizer, possa realizar mais plenamente a sua humanidade sob todos os aspectos" (20/6); quanto ao "método da 'greve'", diz o Papa, "a doutrina social católica reconhece como legítimo, observadas as devidas condições e nos justos limites": a) é um "meio extremo", do qual "não se pode abusar", especialmente para "fazer o jogo da política"; b) "quando se trata de serviços essenciais para a vida da sociedade, estes devem ficar sempre assegurados, inclusive, se isto for necessário, mediante apropriadas medidas legais" (20/7).

Por fim, o texto chama atenção para a situação específica do "trabalho agrícola" e do "homem que cultiva a terra no duro trabalho dos campos" (21); para o "problema das pessoas com deficiência" (22/1), dando atenção "às condições físicas e psíquicas de trabalho dos deficientes, à sua justa remuneração, à sua possibilidade de promoção e à eliminação dos diversos obstáculos" (22/3); e para o "problema da migração por motivos de trabalho" (23/1), a fim de que "não venha a encontrar-se *desfavorecido* pelo que se refere aos direitos relativos ao trabalho, em confronto com os trabalhadores dessa sociedade determinada", e, ainda, que seja garantido o princípio fundamental de que "o capital esteja em função do trabalho e não o trabalho em função do capital" (23/3).

V capítulo

O quinto e último capítulo da encíclica está dedicado à temática da "espiritualidade do trabalho no sentido cristão da expressão".

Se o trabalho em sua "dimensão subjetiva" é uma "ação pessoal" que envolve o "homem todo" e se é ao "homem todo" que "é dirigida a Palavra do Deus vivo, a mensagem evangélica de salvação, na qual se encontram muitos elementos [...] concernentes ao trabalho humano", é necessária, então, uma "assimilação adequada de tais ensinamentos" para dar ao trabalho humano *aquele sentido que ele tem aos olhos de Deus* e mediante o qual o mesmo trabalho entra na obra da salvação" (24/1). É dever da Igreja falar do trabalho "do ponto de vista de seu valor humano e da ordem moral em que ele está abrangido" e promover uma "espiritualidade do trabalho" que ajude os homens a "aproximarem-se de Deus [...] a participarem nos seus desígnios salvíficos [...] e a aprofundarem na sua vida a amizade com Cristo" (24/2).

Antes de tudo, é preciso recordar que o trabalho humano "corresponde ao desígnio de Deus" para a humanidade (25/1): "criado à imagem de Deus, [o homem] participa mediante o seu trabalho na obra do

Criador e, em certo sentido, continua, na medida das suas possibilidades, a desenvolvê-la e a completá-la" (25/2). Este é, em certo sentido, o primeiro "evangelho do trabalho" (25/3). E essa "consciência de que o trabalho humano é uma participação na obra de Deus deve impregnar [...] 'também as atividades de todos os dias'" (25/4); "a mensagem cristã não afasta os homens da tarefa de construir o mundo, nem os leva a desinteressar-se do bem de seus semelhantes, mas, pelo contrário, obriga-os a aplicar-se a tudo isto por um dever ainda mais exigente" (25/5).

E essa verdade fundamental "foi *posta em revelo por Jesus Cristo*" (26/1). Ele "não só proclamava, mas sobretudo punha em prática com as obras o 'Evangelho' que lhe tinha sido confiado" – um verdadeiro "evangelho do trabalho" (26/1). E, como nos livros do Antigo Testamento, "nas suas parábolas sobre o Reino de Deus, refere-se constantemente ao trabalho humano" (26/2), o que "encontra um eco bem forte no ensino do apóstolo São Paulo" (26/3-4). A partir daqui, entende-se o ensino conciliar da Igreja sobre a "atividade humana", que "procede do homem" e "para ele se ordena" (26/5), bem como o ensino sobre o "justo significado do progresso" que pode "proporcionar a base material para a promoção humana, mas, por si [só], de modo nenhum [é capaz] de a realizar" (26/6). Temos aqui uma "doutrina" e um "programa" do "progresso" e do "desenvolvimento" enraizados no "evangelho do trabalho" (26/7).

Por fim, o trabalho humano deve ser visto a partir do *mistério pascal* ou da *cruz* e *Ressurreição* de Cristo (27/2). E, aqui, "o suor e a fadiga" recebem nova luz e novo sentido: "proporcionam aos cristãos e a todo o homem [...] a possibilidade de participar no amor à obra que o mesmo Cristo veio realizar" – "suportando o que há de penoso no trabalho em união com Cristo crucificado por nós, o homem colabora, de algum modo, com o Filho de Deus na redenção da humanidade" (27/3). Noutras palavras, encontra-se no trabalho tanto "uma pequena parcela da cruz de Cristo" quanto "um vislumbre da vida nova, do novo bem, um como que anúncio dos 'céus novos e da nova terra'" (27/5).

O Papa conclui retomando o ponto central de sua reflexão sobre o trabalho humano, que é pensá-lo não apenas a partir e em vista dos "frutos de nossa atividade", mas sobretudo daquilo que é mais essencial: "a dignidade do homem, a comunhão fraterna e a liberdade", destacando o lugar que ele ocupa "não somente no *progresso terreno*, mas também no *desenvolvimento do Reino de Deus*, para o qual todos somos chamados pela potência do Espírito Santo e pela palavra do Evangelho" (27/7).

III – Destaques

Tendo apresentado alguns traços do contexto socioeclesial em que se insere e ao qual responde a Encíclica *LE* e feito um resumo do seu conteúdo, seguindo a estrutura do próprio texto, destacaremos a seguir alguns pontos que possam ajudar a perceber a especificidade e a novidade desse documento no contexto mais amplo da Doutrina Social da Igreja.

1. Se "uma primeira leitura desse documento dá-nos a impressão de que voltamos no tempo" (problemática da sociedade industrial), uma leitura mais atenta mostra que "seria um erro interpretar a *LE* como uma volta ao século XIX"[38] (contexto, abordagem). De fato, do ponto de vista do desenvolvimento histórico do ensino social da Igreja, parece que "voltamos no tempo": se da *RN* à *QA* a questão central era "o problema da 'classe'" e da *MM* à *OA* o foco passa a ser "o problema do 'mundo'" (2/4), a *LE* toma o "trabalho humano" como "chave essencial de toda a questão social" (3/2). Mas faz isso no *contexto* das profundas transformações tecnológicas, econômicas e políticas da segunda metade do século XX (1/3) e numa *perspectiva* bem distinta das primeiras encíclicas sociais: o *foco* não é mais a "propriedade privada", mas o "trabalho humano" ou, mais precisamente, "o homem, visto no amplo contexto dessa realidade que é o trabalho" (1/1); a *abordagem* é de cunho antropológico – uma antropologia personalista, centrada na dignidade da pessoa humana (9, 15, 16),[39] fundada numa "convicção da inteligência" [experiência, ciências] e numa "convicção de fé" [Palavra de Deus] (4/1), marcada/enriquecida pelo ensino social conciliar e pós-conciliar[40] e pela experiência direta de um regime socialista/coleti-

---

[38] CAMACHO, *Doutrina Social da Igreja*, p. 391.

[39] CAMACHO, *Doutrina Social da Igreja*, p. 396; GASDA, *Trabalho e capitalismo global*, p. 109-111.

[40] CAMACHO, *Doutrina Social da Igreja*, p. 391, 396, 418s.

vista.[41] Com essa encíclica, João Paulo II oferece "uma antropologia do trabalho que é, ao mesmo tempo, filosófica e teológica", movendo-se no "plano da ética e da teologia".[42]

2. O "trabalho humano" é abordado aqui, a partir da experiência/ciência e da Palavra de Deus (4/1), em seu sentido mais amplo e profundo: não apenas como meio de ganhar o "pão cotidiano" e de "contribuir para o progresso contínuo das ciências e da técnica e [...] a incessante elevação cultural e moral da sociedade", mas, antes de tudo, como "uma das características que distinguem o homem do resto das criaturas" e como algo que "comporta em si uma marca particular do homem e da humanidade", uma marca que "determina a qualificação interior do mesmo trabalho e, em certo sentido, constitui a sua própria natureza" (Introdução). Enquanto atividade "transitiva" que, "iniciando-se no sujeito humano, se endereça para um objeto exterior", o trabalho "pressupõe um específico domínio do homem sobre a 'terra' e, por sua vez, confirma e desenvolve tal domínio" (4/3). Aqui aparece a dupla dimensão ou o duplo sentido do trabalho: o "sentido objetivo" que está ligado à "técnica", tomada como "*um conjunto de meios* de que o homem se serve no próprio trabalho" (5/4); e o "sentido subjetivo" que tem a ver com o fato de o homem, enquanto "pessoa", ser sempre o "sujeito do trabalho" (6/2). Essa distinção, que é decisiva em toda encíclica, "serve para estabelecer as bases para o critério ético fundamental que deve presidir toda a vida socioeconômica":[43] o primado do aspecto subjetivo [sujeito/trabalho] sobre o objetivo [instrumento/capital].[44]

3. A distinção entre os aspectos objetivo e subjetivo do trabalho e a afirmação do primado do aspecto subjetivo sobre o objetivo são elementos decisivos na reflexão ético-teológica que a encíclica faz sobre o trabalho na sociedade atual. O problema fundamental que surge na época moderna, no contexto da industrialização, consiste na separação

---

[41] CAMACHO, *Doutrina Social da Igreja*, p. 395, 403; BIGO; ÁVILA, *Fé cristã e compromisso social*, p. 206s.

[42] CAMACHO, *Doutrina Social da Igreja*, p. 398.

[43] CAMACHO, *Doutrina Social da Igreja*, p. 399s.

[44] Cf. CAMACHO, *Doutrina Social da Igreja*, p. 399-402; GASDA, *Trabalho e capitalismo global*, p. 111-117; ELLACURÍA, Conflicto entre trabajo y capital en la presente fase histórica, p. 385s, 398-401; AMES, *O trabalho e o homem*, p. 43-47.

e oposição entre capital e trabalho e na inversão do princípio do primado do trabalho sobre o capital (cap. III). Esse problema nasce com o capitalismo e sua ideologia "economicista" (primado do econômico) e permanece no marxismo/coletivismo com sua ideologia "materialista" (primado do material) (13/3). Certamente, *o 'economicismo' teve uma importância decisiva* e influiu exatamente sobre este modo não humanista de pôr o problema, antes do sistema filosófico materialista"; contudo, diz o Papa, "é evidente que o materialismo [...] não está em condições de proporcionar [...] bases suficientes e definitivas para que o primado do homem sobre o instrumento-capital aí possa encontrar uma adequada e irrefutável *verificação* e um *apoio*" (13/4). O "erro fundamental" de ambos consiste na "antinomia entre capital e trabalho" e na inversão do princípio do "primado das pessoas sobre as coisas e do trabalho sobre o capital" (13/5). Mas, enquanto um cria o problema, o outro reage ao problema: "há um *enfrentamento primário* do capital contra o trabalho e uma *resposta* do trabalho ao abuso do capital".[45]

4. Fato é que "o problema do trabalho foi sendo posto no clima do grande *conflito* [...] entre o *'mundo do capital'* e o *'mundo do trabalho'*", isto é, "entre o grupo restrito, mas muito influente, dos [...] detentores dos meios de produção e a multidão mais numerosa da gente que se achava privada de tais meios e que participava no processo de produção [...] mediante o seu trabalho" (11/3). Na origem de tal conflito, esclarece o Papa, está a "exploração" do "grupo dos patrões e empresários" sobre os "operários": "guiado pelo princípio do maior lucro da produção, procurava manter o mais baixo possível o salário", além de "outros elementos de exploração" (11/3). E "este *conflito*, interpretado por alguns como conflito socioeconômico com *caráter de classe*, encontrou a sua expressão no *conflito ideológico* entre o liberalismo [ideologia do capitalismo] e o marxismo [ideologia do socialismo científico e comunismo]" (11/4). O Papa faz uma distinção entre o "conflito real" capital x trabalho e a "luta de classe programada" com métodos "ideológicos" e, sobretudo, "políticos" (11/4). É verdade que esse "conflito" e essa "luta" "só se diferencia[m] em seu modo de programação": "explorar ao máximo o trabalho e maximizar seus lucros" [capitalismo/liberalismo] ou "libertar

---

[45] ELLACURÍA, Conflicto entre trabajo y capital en la presente fase histórica, p. 391.

o proletariado da exploração, mediante a coletivização dos meios de produção, a ditadura do proletariado e o monopólio do poder" [marxismo/socialismo].[46] Em todo caso, enquanto o Papa reconhece o "conflito real", recusa a "luta de classe programada".[47]

5. É nesse contexto que se insere a problemática dos direitos dos trabalhadores (cap. IV). Ela é abordada no contexto mais amplo dos "direitos humanos" ou dos "direitos fundamentais da pessoa" – direitos "conaturais" ao homem (16/1) e em seu "caráter específico, que corresponde à natureza específica do trabalho humano" (16/2): seja em relação ao "dador de trabalho indireto" (17-18), seja em relação ao "dador de trabalho direto" (19). Ligado a todos esses direitos e em vista de sua garantia, está o "direito de se associar" ou de "formar associações com a finalidade de defender os interesses vitais dos homens empregados nas diferentes profissões" (20/1): sindicatos. Eles são "um elemento indispensável da vida social, especialmente nas modernas sociedades industrializadas" (20/2). Do ponto de vista da doutrina social católica: a) "não [são] *somente* o reflexo de uma estrutura 'de classe' da sociedade"; b) "são, sim, *um expoente da luta pela justiça social*, pelos justos direitos dos homens do trabalho"; c) "esta 'luta' deve ser compreendida como um empenho normal das pessoas 'em prol' do justo bem" e não como "uma luta 'contra' os outros"; d) "se ela assume um caráter de oposição aos outros [...], isso sucede [em vista do] bem que é a justiça social" (20/3).[48] Com relação ao "método da greve", a doutrina social católica reconhece um "meio legítimo", desde que seja usado como "meio extremo" e que sejam "assegurados os serviços essenciais" (20/7).

6. Ante o conflito entre capital e trabalho, originado pelo capitalismo e sua ideologia economicista (capital contra o trabalho) e não superado pelo marxismo/coletivismo e sua ideologia materialista (trabalho contra o capital), o Papa não propõe, como alguns pensam, uma espécie

---

[46] ELLACURÍA, Conflicto entre trabajo y capital en la presente fase histórica, p. 392.

[47] Cf. CAMACHO, *Doutrina Social da Igreja*, p. 402-405; ELLACURÍA, Conflicto entre trabajo y capital en la presente fase histórica, p. 391-397.

[48] ELLACURÍA, Conflicto entre trabajo y capital en la presente fase histórica, p. 395s; CAMACHO, *Doutrina Social da Igreja*, p. 416s.

de terceira via "cristã" entre capitalismo e marxismo.[49] Sua reflexão é de natureza ético-teológica: "fazer com que sejam sempre tidos presentes a dignidade e os direitos dos homens do trabalho, estigmatizar as situações em que [eles] são violados e contribuir para [...] que se torne realidade um progresso autêntico do homem e da sociedade" (1/3). Nesse sentido, a) oferece uma visão integral do trabalho (4-6) e insiste no princípio da "prioridade do 'trabalho' sobre o 'capital" (12/1, 13/1, 13/3, 15/1, 23/3) e b) analisa os sistemas concretos existentes (capitalismo e coletivismo) à luz e em função desse princípio, identificando o "erro fundamental" comum ao economicismo capitalista e ao materialismo coletivista (13) e insistindo que só há verdadeira superação teórica e prática desse erro na "linha de uma firme convicção do primado da pessoa sobre as coisas e do trabalho sobre o capital, entendido como conjunto dos meios de produção" (13/5). Com isso, o Papa relativiza a oposição entre sistemas concretos em função do princípio ético-teológico fundamental, como se pode ver na relativização que faz do caráter privado ou coletivo da propriedade (14/3).

7. Embora o último capítulo da *LE* esteja dedicado explicitamente à reflexão sobre a "espiritualidade do trabalho no sentido cristão da expressão" e ofereça uma síntese dos seus elementos fundamentais, o Papa deixa claro desde o início que sua reflexão está fundada não apenas na "experiência histórica" e nas "múltiplas ciências", mas, em primeiro lugar, na "Palavra de Deus revelada"; é tanto uma "convicção da inteligência" como e, sobretudo, uma "convicção de fé" (4/1).[50] E caracteriza o núcleo de sua mensagem como um "evangelho do trabalho" (6/5, 7/1, 25/3, 26/1, 26/4, 26/7), enquanto participação na obra criadora e salvadora de Deus no mundo.

Camacho sintetiza seu conteúdo fundamental retomado e condensado no último capítulo em três eixos/teses: a) "o homem, criado à imagem de Deus e partícipe de sua obra criadora"; b) "o exemplo de Cristo, que dá sentido às tarefas de cada dia"; c) "o trabalho e a fadiga,

---

[49] Cf. ELLACURÍA, Conflicto entre trabajo y capital en la presente fase histórica, p. 397s; CAMACHO, *Doutrina Social da Igreja*, p. 406-410; BIGO; ÁVILA, *Fé cristã e compromisso social*, p. 353.
[50] Cf. GUTIÉRREZ, O evangelho do trabalho, p. 7-38.

unidos, recebem seu último sentido da morte e ressurreição de Jesus", destacando sua importância "para superar a tradicional dicotomia entre trabalho e espiritualidade".[51] A partir daqui, entende-se e justifica-se a solidariedade da Igreja com os homens do trabalho na luta por seus justos direitos: "A Igreja acha-se vivamente empenhada nesta causa porque a considera como sua missão, seu serviço e como comprovação da sua fidelidade a Cristo, para assim ser verdadeiramente a 'Igreja dos pobres'" (8/6).[52]

IV – Referências

AMES, Rolando. O trabalho e o homem. In: GUTIÉRREZ, Gustavo; AMES, Rolando; IGUIÑIS, Javier; CHIPOCO, Carlos. *A Laborem Exercens e o Evangelho do trabalho humano*. São Paulo: Loyola, 1989, p. 39-60.

ANTONCICH, Ricardo; SANS, José Miguel. *Ensino social da Igreja*. Petrópolis: Vozes, 1987.

ARRIGHI, Giovanni. *O longo século XX*: dinheiro, poder e as origens de nosso tempo. Rio de Janeiro: Contraponto; São Paulo: UNESP, 1996.

CAMACHO, Ildefonso. *Doutrina Social da Igreja*: abordagem histórica. São Paulo: Loyola, 1995.

ELLACURÍA, Ignacio. Conflicto entre trabajo y capital en la presente fase histórica: Un análisis de la encíclica de Juan Pablo II sobre el trabajo humano. In: *Escritos Teológicos III*. San Salvador: UCA, 2002, p. 383-412.

GASDA, Élio Estanislau. *Trabalho e capitalismo global*: atualidade da Doutrina Social da Igreja. São Paulo: Paulinas, 2011.

GIRARDI, Giulio. *La túnica rasgada*: La identidad cristiana, hoy, entre liberación y restauración. Santander: Sal Terrae, 1991.

---

[51] CAMACHO, *Doutrina Social da Igreja*, p. 419.
[52] Cf. GUTIÉRREZ, O evangelho do trabalho, p. 26-35.

GUTIÉRREZ, Gustavo. O Evangelho do trabalho. In: GUTIÉRREZ, Gustavo; AMES, Rolando; IGUIÑIS, Javier; CHIPOCO, Carlos. *A Laborem Exercens e o Evangelho do trabalho humano.* São Paulo: Loyola, 1989, p. 7-38.

GUTIÉRREZ, Gustavo; AMES, Rolando; IGUIÑIS, Javier; CHIPOCO, Carlos. *A Laborem Exercens e o evangelho do trabalho humano.* São Paulo: Loyola, 1989a.

HOBSBAWM, Eric. *Era dos extremos*: o breve século XX: 1914-1991. São Paulo: Companhia das Letras, 1995.

JOÃO PAULO I. *A primeira radiomensagem* (27/08/1978). Disponível em: <http://www.vatican.va/content/john-paul-i/pt/messages/documents/hf_jp-i_mes_urbi-et-orbi_27081978.html>.

JOÃO PAULO II. Radiomensagem *Urbi et Orbi* (17/10/1978). Disponível em: <http://www.vatican.va/content/john-paul-ii/pt/speeches/1978/documents/hf_jp-ii_spe_19781017_primo-radiomessaggio.html>.

JOÃO PAULO II. Homilia na Praça da Vitória em Varsóvia (02/06/1979). Disponível em: <http://www.vatican.va/content/john-paul-ii/pt/homilies/1979/documents/hf_jp-ii_hom_19790602_polonia--varsavia.html>.

JOÃO PAULO II. Homilia junto da Catedral de Gniezno (03/06/1979). Disponível em: <http://www.vatican.va/content/john-paul-ii/pt/homilies/1979/documents/hf_jp-ii_hom_19790603_polonia-gniezno-cattedrale.html>.

JOÃO PAULO II. Discurso à plenária da Conferência do Episcopado Polonês em asna Góra (5/06/1979). Disponível em: <http://www.vatican.va/content/john-paul-ii/pt/speeches/1979/june/documents/hf_jp-ii_spe_19790605_polonia-jasna-gora-episcopato.html>.

JOÃO PAULO II. Carta Encíclica *Laborem Exercens*: sobre o trabalho humano no 90º aniversário da *Rerum Novarum*. São Paulo: Paulinas, 1990.

LIBANIO, João Batista. *A volta à Grande Disciplina*: reflexão teológico-pastoral sobre a atual conjuntura da Igreja. São Paulo: Loyola, 1984.

PAULO VI. Homilía na Solemnidad de San Pedro y San Pablo (29/06/978). Disponível em: <http://www.vatican.va/content/paul-vi/es/homilies/1978/documents/hf_p-vi_hom_19780629.html>.

Carta Encíclica
Sollicitudo Rei Socialis [1]

A Carta Encíclica *Sollicitudo Rei Socialis* (*SRS*) do Papa João Paulo II, "sobre a solicitude social da Igreja", foi publicada no dia 30 de dezembro de 1987. Se a maioria das encíclicas sociais anteriores (*Quadragesimo Anno* de Pio XI, *Mater et Magistra* de João XXIII, *Octogesima Adveniens* de Paulo VI e *Laborem Exercens* de João Paulo II) foi escrita em comemoração da Encíclica *Rerum Novarum* de Leão XIII, esta nova encíclica de João Paulo II foi feita em comemoração dos vinte anos de publicação da Encíclica *Populorum Progressio* de Paulo VI. Mas, se a encíclica de Paulo VI foi escrita num contexto de *otimismo* generalizado com relação ao progresso/desenvolvimento e, de alguma forma, foi marcada por esse otimismo, a nova encíclica de João Paulo II foi redigida num contexto bastante *pessimista* e passa uma "impressão prevalentemente negativa" com relação às perspectivas de desenvolvimento no mundo atual. E, assim, está inserida num contexto eclesial muito distinto dos anos pós-conciliares e que pode ser caracterizado com João Batista Libanio em termos de "volta à grande disciplina".[2]

Ela é parte de um projeto eclesial que conjuga esforço de enquadramento disciplinar do processo de renovação conciliar pela autoridade

---

[1] Publicado em: *Caminhos* 20/2 (2022), p. 281-303.
[2] Cf. LIBANIO, *A volta à Grande Disciplina.*

eclesiástica com renovado interesse e empenho pelas questões sociais e, ligado a isso, pela Doutrina Social da Igreja (cada vez menos se fala em ensino social!). E sintoniza bastante com a Igreja da América Latina: tanto pela centralidade da problemática dos povos subdesenvolvidos e do crescente fosso entre países desenvolvidos e subdesenvolvidos quanto por assumir aspectos importantes da reflexão teológico-pastoral desenvolvida nas Conferências de Medellín (1968) e Puebla (1979) e na teologia da libertação, como "estruturas de pecado", "opção preferencial pelos pobres" e a perspectiva da "libertação".

Importa situar bem essa encíclica no contexto socioeclesial da segunda metade dos anos de 1980, analisar atentamente o texto em sua estrutura e em seu conteúdo e destacar alguns elementos ou aspectos que ajudam a compreender melhor suas peculiaridades e sua novidade no contexto mais amplo do ensino ou da Doutrina Social da Igreja, desenvolvido nas encíclicas sociais.

I – Contexto histórico

Nenhum texto pode ser bem compreendido fora do seu contexto. É verdade que o texto nunca é mera consequência ou reflexo automático do contexto em que surge e com o qual interage. Mas, por mais contracontextual que seja, e precisamente nesse caráter contracontextual, sempre inter-age com o contexto ao qual ou contra o qual re-age. Daí a importância e a necessidade de situar o texto no seu contexto.

A Encíclica *SRS* está situada na segunda metade da década de 1980. Mais precisamente em 1987. É muito significativo o fato de ter sido publicada por ocasião dos vinte anos da Encíclica *Populorum Progressio* de Paulo VI: seja pela referência à problemática do progresso/ desenvolvimento dos povos (contexto social), seja pela referência a Paulo VI e ao processo de recepção conciliar (contexto eclesial). Sob ambos os aspectos, ela nos situa num contexto muito diferente dos anos de 1960.

1. Tanto a Encíclica *PP* de Paulo VI quanto a Encíclica *SRS* de João Paulo II tratam da problemática do desenvolvimento dos povos. Mas em contextos muito diferentes. Se as décadas de 1950-1960 podem ser

caracterizadas como "anos dourados" ou "era de ouro"[3] do progresso/desenvolvimento, as décadas de 1970-1980 podem ser destacadas como "décadas de crise"[4] do progresso/desenvolvimento. Se aquela época era marcada por um *otimismo* generalizado em relação ao progresso/desenvolvimento dos povos, o contexto da nova encíclica é de *descrédito e pessimismo* crescentes com as reais possibilidades e perspectivas desse progresso/desenvolvimento.

O otimismo das décadas de 1950-1960 está ligado a fatores de ordem política, econômica, científica e social:[5] É tempo de reconstrução da Europa pós-guerra; tempo de derrota do fascismo-nazismo e entusiasmo com a democracia como ideal e forma de organização política dos Estados; tempo de conquista da independência política de muitas colônias no chamado Terceiro Mundo; tempo de criação de organismos internacionais como a ONU (1945) e a FAO (1945) e da Declaração Universal dos Direitos Humanos (1948); tempo de enorme crescimento econômico, possibilitado por forte intervenção do Estado (o chamado keynesianismo) e grandes avanços tecnológicos; tempo de industrialização e geração de emprego; tempo de aumento significativo do padrão de vida da população, sobretudo nos países ricos etc. A problemática do desenvolvimento se tornou tão central nessa época que a Assembleia Geral das Nações Unidas declarou a década de 1960 como a "Década das Nação Unidas para o Desenvolvimento".[6] Tudo isso criava um clima de otimismo generalizado com relação ao progresso/desenvolvimento. E era tão forte que nem o contexto da "guerra fria"[7] e a crescente desigualdade social[8] conseguiam abafar. É nesse contexto de otimismo generalizado que se insere a Encíclica *PP* de Paulo VI, "sobre o desenvolvimento dos povos". Muito embora essa encíclica fosse marcada pelo

---

[3] HOBSBAWM, *Era dos extremos*, p. 253-281.

[4] HOBSBAWM, *Era dos extremos*, p. 293-420.

[5] Cf. CAMACHO, *Doutrina Social da Igreja*, p. 183-185, 213s; HOBSBAWM, *Era dos extremos*, p. 253-281; ARRIGHI, *O longo século XX*, p. 307s.

[6] Cf. ONU, Asamblea General: Decimosexto periodo de sesiones. Resolucuión 1710 (19/12/1961).

[7] HOBSBAWM, *Era dos extremos*, p. 223-252.

[8] HOBSBAWM, *Era dos extremos*, p. 225; CAMACHO, *Doutrina Social da Igreja*, p. 315-318.

"otimismo" reinante na época,[9] ela teve o mérito incalculável de superar uma visão reducionista que identificava desenvolvimento com crescimento econômico, propor um desenvolvimento integral e solidário dos povos e tratar a problemática do desenvolvimento a partir dos problemas e das necessidades dos países e povos subdesenvolvidos.

Mas a situação mudou profundamente nas décadas seguintes. Eric Hobsbawm caracteriza essa nova época como "décadas de crise".[10] E João Paulo II, tratando do "panorama do mundo atual" na Encíclica SRS,[11] dirá que "o primeiro fato a salientar é que as esperanças de desenvolvimento [...] aparecem hoje muito longe de sua realização" (12/1), que "a situação do mundo atual, sob o ponto de vista do desenvolvimento, nos deixa uma impressão prevalentemente negativa" (13/1). De fato, "a história dos vinte anos após 1973 é a de um mundo que perdeu suas referências e resvalou para a instabilidade e a crise":[12] crise econômica com queda na produção industrial nos países capitalistas desenvolvidos e no comércio internacional;[13] aumento das desigualdades nas economias de mercado desenvolvidas;[14] endividamento generalizado nos países do Terceiro Mundo;[15] ampliação do fosso entre países ricos e pobres;[16] desemprego estrutural e crise da sociedade de trabalho;[17] processo crescente de financeirização e globalização da economia, produzindo uma verdadeira "revolução financeira global";[18] solapamento do Estado

---

[9] ELLACURIA, Hacia el desarrollo liberador de los pueblos, p. 414.

[10] HOBSBAWM, *Era dos extremos*, p. 293-420.

[11] Cf. JOÃO PAULO II, Carta Encíclica *Sollicitudo Rei Socialis*. A partir de agora, os números entre parêntesis, sem outra indicação, remetem a esta obra. O primeiro algarismo indica o número do documento e o segundo, o parágrafo do referido número.

[12] HOBSBAWM, *Era dos extremos*, p. 393.

[13] Cf. CAMACHO, *Doutrina Social da Igreja*, p. 391s; HOBSBAWM, *Era dos Extremos*, p. 393

[14] Cf. HOBSBAWM, *Era dos extremos*, p. 397.

[15] Cf. HOBSBAWM, *Era dos extremos*, p. 411, CAMACHO, *Doutrina Social da Igreja*, p. 393.

[16] Cf. HOBSBAWM, *Era dos extremos*, p. 413.

[17] Cf. CAMACHO, *Doutrina Social da Igreja*, p. 393; HOBSBAWM, *Era dos extremos*, p. 396, 402-405.

[18] Cf. ARRIGHI, *O longo século XX*, p. 308s.

nacional em função do mercado.[19] E tudo isso num contexto de "guerra fria"[20] e de "insana corrida armamentista"[21] que levava as grandes potências a "usar sua capacidade excedente para atrair e armar aliados e clientes e, ao mesmo tempo, conquistar lucrativos mercados de exportação",[22] o que acabava interferindo decisivamente na política interna dos países aliados ou por elas controlados.

É verdade que essa crise não foi sentida e percebida de modo imediato nem com a mesma intensidade em todas as regiões: seja por causa dos "sistemas de previdência e seguridade social" nos países do Primeiro Mundo,[23] seja pelo crescimento da indústria e pela geração de emprego nos países do Terceiro Mundo,[24] seja pela continuação de um "modesto crescimento" nos países socialistas.[25] Sem falar que o contexto de polarização entre capitalismo e socialismo acabava ofuscando a natureza e a dimensão dessa crise em função dos interesses político-ideológicos das grandes potências mundiais.

Só no início da década de 1990, com o fim do bloco socialista, a crise será plenamente reconhecida e admitida.[26] Em todo caso, ao longo da década de 1980, vai se impondo cada vez mais a consciência de que os "anos dourados" (1950-1960) haviam sucumbido em "décadas de crise" (1970-1980). Os principais efeitos dessa crise nos países capitalistas eram: depressão econômica, desemprego estrutural, endividamento dos países do Terceiro Mundo, aumento das desigualdades, perda de poder dos Estados nacionais em relação ao sistema financeiro internacional. Também os países do bloco socialista estavam mergulhados numa crise profunda, causada tanto pelos "condicionamentos impostos por seu próprio sistema", quanto pelos custos da "aceleração da corrida

---

[19] HOBSBAWM, *Era dos extremos*, p. 413s.

[20] Cf. HOBSBAWM, *Era dos extremos*, p. 223-252.

[21] HOBSBAWM, *Era dos extremos*, p. 233.

[22] HOBSBAWM, *Era dos extremos*, p. 233.

[23] HOBSBAWM, *Era dos extremos*, p. 397.

[24] Cf. CAMACHO, *Doutrina Social da Igreja*, p. 392.

[25] HOBSBAWM, *Era dos extremos*, p. 375, 395.

[26] HOBSBAWM, *Era dos extremos*, p. 393s.

armamentista", quanto pelo impacto da crise econômica mundial.[27] É nesse contexto de crise generalizada e consequente pessimismo com relação ao desenvolvimento que se insere essa nova encíclica do Papa João Paulo II sobre a solicitude social da Igreja.

2. Se não se pode negar a mudança profunda de contexto social da década de 1960 (crescimento/otimismo) para a década de 1980 (crise/pessimismo), tampouco se pode negar a mudança profunda do contexto eclesial nesse período. Enquanto os anos de 1960 são marcados pelo otimismo e pela criatividade do processo de renovação conciliar ("primavera eclesial"), os anos de 1980 são marcados por um progressivo pessimismo com relação ao diálogo com o mundo e à reforma da Igreja e por uma espécie de "volta à grande disciplina", para usar a expressão com a qual João Batista Libanio caracteriza o novo contexto eclesial[28] ("restauração").

É verdade que as resistências ao processo de renovação conciliar não começaram na década de 1980. Elas se deram no próprio evento conciliar. Já no discurso de abertura do concílio, João XXIII reage contra "pessoas que só veem desastres e calamidades nas condições em que atualmente vive a humanidade", afirmando ter "o dever de discordar desses profetas da miséria".[29] E, no discurso de encerramento do concílio, Paulo VI se viu obrigado a defender o concílio contra os que o acusavam de modernismo, antropocentrismo e desvio de sua missão, afirmando que "a Igreja não se desviou de seus objetivos", que "em nenhum momento perdeu seu caráter estritamente religioso", que, "voltando-se para o mundo e para os seres humanos, a Igreja não deixa de estar orientada para o Reino de Deus".[30] E essas resistências continuaram e se aprofundaram no período pós-conciliar: seja na linha de radical oposição ao concílio, como no caso de Lefebvre,[31] seja na linha do enquadramento disciplinar do processo conciliar.[32]

---

[27] Cf. CAMACHO, *Doutrina Social da Igreja*, p. 394; HOBSBAWM, *Era dos extremos*, p. 407s.

[28] Cf. LIBANIO, *A volta à Grande Disciplina*.

[29] JOÃO XXIII. Discurso *Gaudet Mater Ecclesia* na abertura solene do concílio, p. 29.

[30] PAULO VI, Pronunciamento na nona sessão conciliar, p. 124.

[31] Cf. MARTINA, *História da Igreja*, p. 362-364; LIBANIO, *A volta à Grande Disciplina*, p. 119-131; FAGGIOLI, *Vaticano II*, p. 57-65.

[32] Cf. FAGGIOLI, *Vaticano II*.

Mas, se na primeira década do pós-concílio, não obstante as resistências e os recuos, prevaleceu uma postura mais otimista e criativa com relação ao processo de renovação conciliar, na década de 1980 vai se impor uma tendência mais pessimista e disciplinar em relação ao processo de renovação eclesial em curso. Não se trata propriamente de negação do concílio, mas de seu enquadramento disciplinar pela autoridade eclesiástica. E a figura-chave desse processo é, sem dúvida nenhuma, o Papa João Paulo II. Com sua mentalidade polonesa, com seu carisma pessoal e com sua mão de ferro, ele marca uma nova etapa no processo de recepção conciliar, caracterizada pela afirmação da identidade católica, pela preocupação com os problemas sociais, pelo combate ao comunismo e ao secularismo e pela defesa e imposição da autoridade eclesiástica.[33]

Não seria exagerado afirmar que o eixo articulador dessa nova etapa do processo de recepção conciliar é a centralidade do magistério papal em matéria doutrinal, litúrgica e disciplinar. Isso já aparece claramente em sua primeira radiomensagem *Urbi et Orbi*, ao apresentar "algumas linhas diretrizes" de seu pontificado.[34] E essa será a marca registrada de seu governo pastoral. Mas isso não significa desinteresse pela sociedade e pelos problemas sociais. Menos ainda no caso de João Paulo II. Não se deve esquecer de que ele vem de uma tradição na qual a identidade nacional estava profundamente vinculada ao catolicismo (catolicismo social),[35] que ele foi um dos redatores da Constituição Pastoral *Gaudium et Spes* do Concílio Vaticano II (Igreja no mundo de hoje), que se destacou, como arcebispo de Cracóvia, na defesa dos direitos humanos, particularmente da liberdade religiosa (anticomunismo, direitos humanos),[36] e que compreendeu sua eleição e seu ministério papais como desígnio da Providência Divina para "reconstrução e reunificação da Europa a partir de suas raízes cristãs" e para a "unificação do mundo

---

[33] Cf. GIRARDI, *La túnica rasgada*, p. 45-68.

[34] JOÃO PAULO II, Radiomensagem *Urbi et Orbi*.

[35] Cf. GIRARDI, *La túnica rasgada*, p. 46-51.

[36] Cf. GIRARDI, *La túnica rasgada*, p. 51-56; GUTIÉRREZ, *De Leão XIII a João Paulo II*, p. 75-77.

sob o signo do cristianismo" (restauração).[37] Isso explica, em grande medida, a importância central e decisiva que ele confere à Doutrina Social da Igreja, a ponto de podermos ponderar a afirmação feita no início do parágrafo e tomar como eixo articulador de seu ministério pastoral a afirmação do poder papal na Igreja e na sociedade. E não há aqui nenhuma contradição, afinal, o poder papal diz respeito não apenas à vida interna da Igreja (doutrina-liturgia-disciplina), mas também à sua atuação na sociedade (Doutrina Social da Igreja). Trata-se, portanto, de um projeto eclesial centrado no poder papal.

Isso ajuda a compreender a emblemática controvérsia com a teologia da libertação latino-americana nos anos 1980: não se trata de uma negação pura e simples da opção preferencial pelos pobres e do compromisso da Igreja com a justiça social e a libertação integral dos povos, mas de seu enquadramento doutrinal, moral e disciplinar pela autoridade eclesiástica. Basta analisar conjuntamente as duas instruções da Congregação para a Doutrina da Fé sobre a teologia da libertação: *Libertatis Nuntius* de 1984[38] (mais crítica) e *Libertatis Conscientia* de 1986[39] (mais positiva) e a carta do Papa João Paulo II à CNBB em 1986, na qual afirma que, na medida em que está em sintonia com a "rica experiência da Igreja neste país" e com os "ensinamentos do Evangelho, da Tradição viva e do perene magistério da Igreja", a teologia da libertação é *"não só oportuna, mas útil e necessária"* e deve constituir "uma nova etapa [...] daquela reflexão teológica iniciada com a Tradição apostólica e continuada com os grandes padres e doutores, com o magistério ordinário e extraordinário e [...] com o rico patrimônio da Doutrina Social da Igreja".[40] E basta ver como a Encíclica *SRS* assume aspectos fundamentais da reflexão teológico-pastoral latino-americana desenvolvida pelas Conferências de Medellín (1968) e Puebla (1979) e pela teologia da libertação, como "estruturas de pecado" (36-37), "opção preferencial pelos pobres" (42/2) e perspectiva da "libertação" (46-47).

---

[37] Cf. GIRARDI, *La túnica rasgada*, p. 58-64; GUTIÉRREZ, *De Leão XIII a João Paulo II*, p. 77s.

[38] Cf. CONGREGAÇÃO PARA A DOUTRINA DA FÉ, *Libertatis Nuntius*.

[39] Cf. CONGREGAÇÃO PARA A DOUTRINA DA FÉ, *Libertatis Conscientia*.

[40] JOÃO PAULO II, Carta aos bispos da Conferência Nacional dos Bispos do Brasil.

É nesse novo contexto social (crise/pessimismo) e eclesial (restauração/disciplina) que se insere a nova encíclica de João Paulo II sobre a solicitude social da Igreja.

II – Texto: estrutura e conteúdo

Depois de apresentar em grandes linhas o contexto socioeclesial em que se insere a Encíclica *SRS*, vamos nos dedicar agora à análise de sua estrutura e de seu conteúdo.[41] Por mais importante e determinante que seja a análise do contexto para a compreensão de um texto, isso não substitui nem dispensa jamais sua análise rigorosa. Ela nos permite identificar a estrutura do texto e nos apropriar de seu conteúdo fundamental.

Antes de passar à análise do texto, convém destacar alguns aspectos de seu processo redacional.[42] A própria encíclica vincula sua origem à consulta feita pela Pontifícia Comissão *Iustitia et Pax* aos Sínodos das Igrejas Católicas Orientais e às Conferências Episcopais acerca da celebração dos vinte anos da Encíclica *PP* e afirma ter "tomado também em consideração o conteúdo das respostas dadas à mencionada carta-circular" (2/2). E o Cardeal Roger Etchegaray, presidente da referida comissão, atestou, durante a apresentação da encíclica, que o material de consulta serviu de base para a elaboração de uma lista de problemas que foi entregue a um grupo de especialistas, entre os quais se destacam o polonês Tadeusz Styczen e o jesuíta francês Jean-Yves Calvez. Outras informações recolhidas por Camacho detalham ainda mais o processo de elaboração da encíclica: o argentino Jorge Mejía, vice-presidente da Comissão Justiça e Paz, redigiu, a partir das respostas enviadas à consulta anteriormente referida, "um elenco das questões a serem abordadas"; a primeira redação ficou a cargo do Padre Tadeuz Styczen, em estreita colaboração com o Papa e com Mejía; esse texto foi analisado e enriquecido pelo Papa durante as férias de verão de 1987; um segundo

---

[41] Cf. CAMACHO, *Doutrina Social da Igreja*, p. 421-452; NEIRA, Juan Pablo II: Carta Encíclica *La preocupación social*, p. 9-30; CAMACHO, El cristiano ante las contradicciones del desarrollo, p. 201-217; ALBURQUERQUE, *Moral social cristiana*, p. 146-148; IVERN, *Sollicitudo rei socialis*, p. 11-21; ELLACURÍA, Hacia un desarrollo liberador de los pueblos, p. 413-426.

[42] Cf. CAMACHO, *Doutrina Social da Igreja*, p. 423-425.

esboço, também preparado por Tadeuz Styczen, foi confiado ao jesuíta Jean-Yves Calvéz, ao dominicano Carlos Soria e a alguns economistas católicos; o texto foi ainda submetido ao exame de alguns cardeais da Cúria, entre os quais o Cardeal Ratzinger. Esse longo processo explica o atraso de sua publicação em relação ao aniversário da *PP* (26 de março de 1967) e de sua apresentação (embora datada de 30 de dezembro de 1987, só foi apresentada oficialmente no dia 19 de fevereiro de 1988).

1. Estrutura

O texto está organizado em sete capítulos: começa com uma "Introdução" (1-4); destaca a "novidade da Encíclica *Populorum Progressio*" (5-10); apresenta o "panorama do mundo contemporâneo" (11-26); trata do "desenvolvimento humano autêntico" (27-34); faz uma "leitura teológica dos problemas modernos" (35-40); indica "algumas orientações particulares" (41-45); termina com uma conclusão (46-49).

Mas uma leitura mais atenta permite identificar uma lógica interna que dá maior unidade e coerência ao texto. O texto parte da novidade da Encíclica *PP* (cap. II) e procura aplicá-la e atualizá-la no presente momento histórico (cap. III-VI), seguindo o já clássico esquema ver-julgar-agir: começa com uma análise da situação atual do mundo (cap. III), faz uma reflexão ética (cap. IV) e teológica (cap. V) sobre essa realidade e conclui com algumas linhas de ação (cap. VI).[43] Esse esquema explica e justifica os níveis de discurso que se sucedem e se entrelaçam no texto: discurso sociopolítico (ver), discurso ético-filosófico e teológico (julgar),[44] discurso pastoral (agir).

2. Conteúdo

Tendo em conta a estrutura do texto anteriormente indicada: organização em capítulos, lógica interna, níveis de discurso, passemos então à apresentação de seu conteúdo. Para isso, seguiremos rigorosamente a ordem do texto (capítulos) e procuraremos formulá-lo da maneira mais fiel possível (linguagem).

---

[43] Cf. CAMACHO, *Doutrina Social da Igreja*, p. 423.
[44] Cf. CAMACHO, *Doutrina Social da Igreja*, p. 425s.

Introdução

O texto começa recordando que "a solicitude social da Igreja, que tem como fim um desenvolvimento autêntico do homem e da sociedade, o qual respeite e promova a pessoa humana em todas as suas dimensões, manifestou-se sempre das mais diversas maneiras", dentre as quais se destacam, nos últimos tempos, as encíclicas sociais (1/1). Partindo da *Rerum Novarum* de Leão XIII e "lendo os acontecimentos, enquanto eles se desenrolaram no decurso da história", elas foram desenvolvendo "aspectos novos da doutrina social da Igreja" e constituindo um "corpo doutrinal atualizado" que "procura guiar os homens para corresponderem [...] à sua vocação de construtores responsáveis pela sociedade terrena" (1/2).

A Encíclica *Populorum Progressio* de Paulo VI se insere nesse "corpo considerável de ensinamentos sociais" (2/1). Por ocasião dos vinte anos de sua publicação, a Pontifícia Comissão *Iustitia et Pax* enviou uma carta-circular solicitando "opiniões e propostas quanto ao modo melhor para celebrar o aniversário da encíclica, para enriquecer os seus ensinamentos e, se fosse o caso, para os atualizar", e João Paulo II, "tomando também em consideração o conteúdo das respostas dadas à mencionada carta-circular", pensou ser oportuno "dedicar uma encíclica aos temas da *Populorum Progressio*" (2/2). Sua pretensão é dupla: "render homenagem a este histórico documento de Paulo VI e ao seu ensinamento" e "reafirmar a *continuidade* da Doutrina Social da Igreja e [...] sua *renovação constante*" (3/1). Essa doutrina é "*constante*, porque se mantém idêntica na sua inspiração de fundo, nos seus 'princípios de reflexão', nos seus 'critérios de julgamento', nas suas basilares 'diretrizes de ação' e, sobretudo, na sua ligação com o Evangelho do Senhor", e é "sempre *nova*, porque está sujeita a necessárias e oportunas adaptações, sugeridas pela mudança das condições históricas e pelo incessante fluir dos acontecimentos" (3/2).

Convencido de que os ensinamentos da *PP* "conservam toda a sua força de apelo à consciência" e se esforçando por "traçar as linhas marcantes do mundo hodierno", João Paulo II se propõe a "prolongar seu eco, pondo esses ensinamentos em ligação com as possíveis aplicações ao presente momento histórico" (4/1). Além de "aprofundar o ensinamento da encíclica e ponderar as suas perspectivas" (4/2), sua reflexão acentua a "necessidade de uma concepção mais rica e mais diferenciada do desenvolvimento [...] e de indicar algumas formas de atuação" (4/3).

I – Novidade da Encíclica Populorum Progressio

A publicação da *PP* "atraiu a atenção da opinião pública pela sua *novidade*" e ajudou a perceber melhor a tenção entre "continuidade" e "renovação" no "âmago da Doutrina Social da Igreja" (5/1). O "intuito" e o "fio condutor" dessa nova encíclica de João Paulo II são "descobrir numerosos aspectos deste ensinamento, mediante uma leitura atenta da encíclica" (5/1).

Já a data de sua publicação é muito significativa. Ela "convida a considerar o documento em relação com o Concílio Vaticano II" (5/2). Mais que uma "proximidade cronológica", trata-se de *aplicação dos ensinamentos do concílio*" (6/1). Ele é "como que a resposta ao apelo conciliar, contido logo no início da Constituição *Gaudium et Spes*" e que "parte da verificação do estado de miséria e de subdesenvolvimento em que vivem milhões e milhões de seres humanos" (6/2). Diante do "vasto panorama de dor e sofrimento", o concílio quis abrir "horizontes de alegria e esperança"; e este é o "mesmo objetivo" da *PP* (6/3). Também na "ordem da temática", essa encíclica "retoma de maneira direta a exposição nova e a *rica síntese* que o concílio elaborou" (7/1), apresentando-se como "uma *aplicação* do ensinamento conciliar em matéria social ao problema específico do desenvolvimento e do subdesenvolvimento dos povos" (7/3).

O Papa apresenta a "novidade da encíclica" em três pontos (8/1):

1º   Trata-se de um documento "emanado pela máxima autoridade da Igreja Católica e destinado à mesma Igreja e 'a todas as pessoas de boa vontade', sobre um assunto que à primeira vista é só econômico e social: o desenvolvimento dos povos" (8/2). Em continuidade com a Encíclica *RN* de Leão XIII sobre a "condição dos operários", ela destaca "o *caráter ético e cultural* da problemática relativa ao desenvolvimento e, igualmente, a legitimidade e a necessidade da intervenção da Igreja em tal campo" (8/3). Trata-se da "*aplicação* da Palavra de Deus à vida dos homens e da sociedade", através de "princípios de reflexão", "critérios de julgamento" e "diretrizes de ação" (8/4).

2º Pela "*amplitude de horizontes* abertos quanto ao conjunto do que comumente se designa como 'questão social'" (9/1). Embora essa perspectiva mundial já apareça na *MM* e na Constituição Pastoral *Gaudium et Spes*, é com a *PP* que ela é afirmada com "toda a clareza" e se torna "diretriz de ação" (9/2). Isso não significa desconsiderar as questões em "âmbito nacional ou local", mas considerar os "fatores que existem para além dos confins regionais e das fronteiras nacionais" (9/4). É o caso do "grave problema de distribuição desigual dos meios de subsistência [e dos] benefícios que deles derivam" entre países desenvolvidos e em vias de desenvolvimento (9/5s). A novidade da encíclica, aqui, "não consiste tanto na afirmação, de caráter histórico, da universalidade da questão social, quanto na *avaliação moral* desta realidade" e na insistência na "obrigação moral" do "dever de solidariedade" (9/8), bem como na "concepção de desenvolvimento" que não se reduz a "acumulação de riqueza" e maior de disponibilidade de "bens e serviços", mas tem "dimensões sociais, culturais e espirituais" (9/10).

3º Pela insistência de que "o desenvolvimento é o novo nome da paz" (10/1): não atender à "exigência de justiça" propicia o "irromper de uma tentação de respostas de violência, por parte das vítimas", sobretudo no contexto da "divisão do mundo em blocos ideológicos" (10/2); isso se torna ainda mais grave pelo fato de "ingentes somas de dinheiro" serem utilizadas "para o enriquecimento de indivíduos ou grupos ou então para aumentar o arsenal de armas" (10/3). É preciso "rever o conceito de desenvolvimento" (10/4), considerando o "vínculo que existe entre o respeito da justiça e a instauração da verdadeira paz" (10/5).

II – Panorama do mundo contemporâneo

O Papa parte da constatação de que "o contexto social em que vivemos hoje não pode dizer-se totalmente *idêntico* ao de há vinte anos" e expõe algumas "características do mundo contemporâneo" do ponto de vista do "desenvolvimento dos povos" (11). E, aqui, "o primeiro fato a salientar é que as esperanças de desenvolvimento, então vivas, aparecem hoje muito longe de sua realização" (12/1): Se antes "reinava certo otimismo difundido" (12/2), "a situação atual do mundo, sob o ponto de vista do desenvolvimento, nos deixa uma impressão prevalentemente negativa" (13/1). Sem entrar na "análise numérica e estatística", basta olhar para a "realidade de uma *multidão inumerável de homens e mulheres* [...] que sofrem sob o peso intolerável da miséria" (13/2).

Sem desconhecer que "as fronteiras da riqueza e da pobreza passam pelo interior das próprias sociedades", o texto chama atenção para a "persistência" e o "alargamento" do "fosso entre a área do chamado Norte desenvolvido e a do Sul em vias de desenvolvimento" (14/1): "abundância de bens e de serviços" x "inadmissível atraso" (14/2). Os países em vias de desenvolvimento apresentam um "quadro desolador" (14/3), uma "situação de gravíssimo atraso" (14/4). Sem falar nas "diferenças de cultura e dos sistemas de valores entre os vários grupos de população [...] que contribuem também para criar distâncias" e "tornam muito mais complexa a questão social" (14/5). Não por acaso, a linguagem corrente fala de "mundos diferentes dentro do nosso único mundo" (14/6).

A esses "índices econômicos e sociais" é preciso acrescentar outros negativos: seja no plano cultural: "analfabetismo", "níveis superiores de instrução", "diversas formas de exploração e de opressão", "discriminações" (15/1); seja no plano político: "direito de iniciativa econômica" (15/2), "negação ou limitação dos direitos humanos" (15/5). Isso mostra que "o subdesenvolvimento de nossos dias não é apenas econômico, mas também cultural, político e simplesmente humano" e obriga-nos a perguntar "se a realidade tão triste de hoje não será, pelo menos em parte, o resultado de uma concepção demasiado limitada, ou seja, predominantemente econômica, do desenvolvimento" (15/6). Fato é que, "apesar dos louváveis esforços nos últimos dois decênios", diz o Papa, "as condições se agravaram consideravelmente" (16/1).

Esse agravamento se deve a "causas diversas": "reais e graves omissões das próprias nações em vias de desenvolvimento e, de modo especial, [dos que aí] detêm o poder econômico e político"; "responsabilidade das nações desenvolvidas" (16/2); "existência de mecanismos econômicos, financeiros e sociais que [...] funcionam muitas vezes de maneira quase automática, tornando mais rígidas as situações de riquezas de uns e de pobreza de outros", e que são "manobrados pelos países mais desenvolvidos" em função de seus "interesses" (16/3). Não obstante os "aspectos de fragmentação" na sociedade atual, o Papa insiste que "a interdependência de suas várias partes permanece sempre muito estreita" e, quando "dissociada das exigências éticas", leva a "*consequências funestas* para os mais fracos" (17/1). Dentre essas consequências, destaca a "crise de habitação" (17/3-5), o "fenômeno do desemprego e do subemprego" (18) e a "dívida internacional" (19). Tudo isso deve levar a refletir sobre "o *caráter ético* da interdependência dos povos" e sobre "as exigências e as condições da cooperação para o desenvolvimento, inspiradas igualmente em princípios éticos" (19/6).

A encíclica dedica particular atenção às "causas políticas da situação atual" (20/1), chamando atenção para o quadro político mundial pós-guerra, marcado pela "existência de dois blocos contrapostos" (20/3) política (20/4), ideológica (20/5) e militarmente (20/6). Essa "lógica dos blocos" (20/7) repercute negativamente nas "relações internacionais", uma vez que a tensão entre os blocos não provém de uma "oposição entre dois *graus* diversos de desenvolvimento", mas de duas concepções "imperfeitas" do "desenvolvimento dos homens e dos povos", e essa oposição é "transferida para o interior desses países, contribuindo, assim, para alargar o fosso que já existe, no plano econômico, entre Norte e Sul" (21/1). O Papa afirma que essa é "uma das razões por que a Doutrina Social da Igreja adota uma atitude crítica, quer em relação ao capitalismo liberalista, quer em relação ao coletivismo marxista", e pergunta se eles são "susceptíveis de transformações e atualizações, de modo a favorecerem ou promoverem um verdadeiro e integral desenvolvimento do homem e dos povos" (21/2).

Fato é que "os países em via de desenvolvimento, em vez de se transformarem em nações autônomas [...], tornam-se peças de um mecanismo, partes de uma engrenagem gigantesca" (22/2), pois "cada um dos dois blocos esconde no seu âmago a tendência para o imperialismo ou para formas de neocolonialismo" (22/3), e isso "refreia o impulso de cooperação solidária de todos para o bem comum" (22/4). Tudo isso leva o Papa a concluir que "a divisão atual do mundo é um *obstáculo direto* à verdadeira transformação das condições de subdesenvolvimento" e a insistir na necessidade de "processos que poderiam tornar menos rígida a contraposição e mais fácil o estabelecimento de um diálogo profícuo e de uma verdadeira colaboração para a paz" (22/5). Nesse contexto, retoma a proposta da *PP* de usar recursos destinados à "produção de armas" para "aliviar a miséria das populações indigentes" (23), chama atenção para o perigo da "produção" e do "comércio" de armas, sobretudo de "armas atômicas" (24/1-2), bem como para a tragédia dos refugiados (24/3), o "fenômeno do terrorismo" (24/4) o "problema demográfico" (25).

O capítulo termina chamando atenção para alguns "aspectos positivos" com relação à "situação do desenvolvimento no mundo atual" (26/1): "plena consciência, em muitíssimos homens e mulheres, de sua dignidade própria e da dignidade de cada ser humano" (26/2); "convicção de uma interdependência radical e, por conseguinte, da necessidade de uma solidariedade que a assuma e traduza no plano moral" (26/5); "preocupação pela paz" (26/6); "preocupação ecológica" (26/7); "empenho [de muitos] em remediar os males do mundo" (26/8).

III – O desenvolvimento humano autêntico

Tendo apresentado em grandes linhas o "panorama do mundo contemporâneo", o Papa passa a tratar da concepção do "desenvolvimento humano autêntico". Seu ponto de partida é a crítica à concepção de desenvolvimento como "processo retilíneo, quase automático e *de per si ilimitado*" (27/1), bem como à concepção "economicista" de desenvolvimento (28/1). A "tragédia das guerras" e o "perigo atômico" transformaram o *otimismo mecanicista* ingênuo" em "preocupação pelo destino da humanidade" (27/2). E hoje "se compreende melhor que a *mera acumulação* de bens e de serviços [...] não basta para realizar a felicidade humana" e que "se não for regida por uma *intenção moral* e por uma orientação no sentido do verdadeiro bem do gênero humano, volta-se facilmente contra ele para o oprimir" (28/1). O Papa destaca aqui a "desconcertante verificação" de que "ao lado das misérias do subdesenvolvimento [...] encontramo-nos perante uma espécie de superdesenvolvimento"; afirma que ambos são inadmissíveis; e adverte contra a "civilização do 'consumo'" (28/2) e seus "triste efeitos" (28/3).

Nesse contexto, recorda a distinção de Paulo VI entre o "ter" e o "ser" (28/4). Afirma que essa diferença "não deve transformar-se necessariamente numa antinomia", como acontece atualmente entre os *poucos* que "possuem muito" e os *muitos* que "não possuem quase nada" (28/5), e que "o mal não consiste no 'ter' enquanto tal, mas no fato de se possuir sem respeitar a qualidade e a ordenada hierarquia dos bens que se possuem" (28/7). Dessa forma, deixa claro que "*o desenvolvimento tem necessariamente uma dimensão econômica* [...] contudo, não se limita a tal dimensão" (28/8).

O verdadeiro desenvolvimento "mede-se e orienta-se segundo a realidade e a vocação do homem visto em sua globalidade" – "parâmetro interior" (29/1). Não pode perder de vista a "natureza específica do homem, criado por Deus à sua imagem e semelhança: natureza corporal e espiritual" (29/2). Ele tem "uma linha de afinidade com as outras criaturas": uso, domínio; mas "deve permanecer submetido à vontade de Deus": limites, imortalidade (29/3). Aparece na Escritura como "uma dimensão essencial da vocação do homem" (30/1), que é a "tarefa de 'dominar' sobre as outras criaturas e de 'cultivar o jardim'", sempre no "quadro da obediência à lei divina" (30/2). De modo que "o 'desenvolvimento' de hoje deve ser considerado como um momento da história iniciada com a criação e continuamente posta em perigo por motivo da infidelidade à vontade do Criador, sobretudo por causa da tentação à idolatria" (30/6). E "a *fé em Cristo Redentor,* ao mesmo tempo que ilumina a partir de dentro a natureza do desenvolvimento, orienta também no trabalho de colaboração" (31/1), inserindo "nossa história" no "plano divino" (31/2) e alargando nossa perspectiva de desenvolvimento (31/3).

Isso explica "as razões que impelem a Igreja a preocupar-se com o problema do desenvolvimento, a considerá-lo um dever de seu ministério pastoral e a estimular a reflexão de todos sobre a natureza e as características do desenvolvimento humano autêntico" (31/5). Já nos Padres da Igreja, encontramos "uma visão *otimista* da história e do trabalho, ou seja, do valor perene das realizações humanas autênticas, enquanto resgatadas por Cristo e destinadas ao Reino prometido" (35/6), bem como a convicção de a Igreja "estar obrigada, por vocação, a aliviar a miséria dos que sofrem [...] não só com o 'supérfluo', mas também com o 'necessário'" (35/7). A Constituição Pastoral *Gaudium et Spes*, a *PP* e *SRS* estão em continuidade com esse ensinamento (35/8).

O Papa insiste aqui que o empenho pelo "desenvolvimento dos povos" é um "imperativo" para todas as pessoas, sociedade e nações, em particular para a Igreja Católica e para outras Igrejas e comunidades eclesiais e para outras religiões (32/1); que "a colaboração para o desenvolvimento do homem todo e de todos os homens é um dever de todos para com todos" (32/2); que o "desenvolvimento integral" implica tanto "aspectos econômicos e sociais" quanto "identidade cultural" e "abertura para o transcendente" (32/3), isto é, respeito e promoção dos "direitos humanos, pessoais, sociais, econômicos e políticos, incluindo os direitos das nações e dos povos" (33/1); que "a conexão intrínseca entre o desenvolvimento autêntico e o respeito dos direitos humanos revela uma vez mais seu caráter moral" (33/3) com exigências no "plano interno" (33/6) e no "plano internacional" (33/7); que, "para ser integral, o desenvolvimento deve realizar-se no quadro da solidariedade e da liberdade" (33/8) e "não pode prescindir do respeito pelos seres que formam a natureza visível" (34/1).

IV – Uma leitura teológica dos problemas modernos

O "caráter moral" do desenvolvimento deve ser considerado também na análise dos "obstáculos que a ele se opõem". Eles não são apenas de "natureza econômica", mas também "política" (34/1) e "moral" (35/2s). E, para os crentes em geral e os cristãos em particular, as "determinações morais" devem se inspirar nos "princípios da fé" (35/2).

Isso leva o Papa a afirmar que "um mundo dividido em blocos, mantidos por ideologias rígidas, onde, em lugar da interdependência e da solidariedade, dominam diferentes formas de imperialismo, não pode deixar de ser um mundo submetido a 'estruturas de pecado'" (36/1). Elas "radicam no pecado pessoal e, por consequência, estão sempre ligadas a atos concretos das pessoas que as fazem aparecer, as consolidam e tornam difícil removê-las" e se "tornam fonte de outros pecados, condicionando o comportamento dos homens" (36/2). Embora não se costume usar essas categorias para tratar da situação atual, diz o Papa, "não se chegará facilmente à compreensão profunda da realidade [...] sem dar nome à raiz dos males que nos afligem" (36/3). E, aqui, a abordagem "ético-moral" é enriquecida com uma abordagem fundada "na fé em Deus e na sua lei" (36/4-5); "é nisto que consiste a diferença entre o tipo de análise sociopolítica e a referência formal ao 'pecado' e às 'estruturas de pecado'" (36/6). Dentre "as ações e as atitudes opostas à vontade de Deus e ao bem do próximo e as 'estruturas' que a elas induzem", o texto destaca a "avidez exclusiva do lucro" e a "sede de poder" – "a qualquer preço" (37/1). Afirma que essas atitudes se encontram "indissoluvelmente unidas" (37/2) e que elas afetam "não só os indivíduos", mas também "as nações e os blocos": por trás dos imperialismos "se escondem verdadeiras formas de idolatria" (37/3).

Esse tipo de análise é fundamental tanto para compreendermos "a verdadeira *natureza* do mal, com o qual nos deparamos na questão do desenvolvimento: trata-se de um mal *moral*, fruto de *muitos pecados*, que produzem 'estruturas de pecado'", quanto para "identificar, ao nível do comportamento humano, o caminho a seguir para superá-lo" (37/4). O Papa insiste aqui na "urgente necessidade de uma mudança de atitudes espirituais" (38/3) – "conversão" (38/4); destaca a "consciência crescente da interdependência entre homens e nações" (38/5), entendida como *sistema determinante* de relações no mundo contemporâneo" e assumida como "categoria moral"; e fala da "solidariedade", entendida como "determinação firme e perseverante de se empenhar pelo bem comum", como resposta "moral e social" e como "virtude" (38/6): seja no "interior de cada sociedade" (39/1-2), seja nas "relações internacionais" (39/3-4). Ela "ajuda-nos a ver o 'outro' – pessoa, povo ou nação – não como um instrumento qualquer [...], mas como nosso semelhante" (39/5); é "caminho para a paz e, ao mesmo tempo, para o desenvolvimento" (39/8); e é uma "virtude cristã" (40/1). Importa, por fim, dar-se conta de que "os 'mecanismos perversos' e as 'estruturas de pecado' [...] só poderão ser vencidos mediante a prática daquela solidariedade humana e cristã, a que a Igreja convida e que ela promove incansavelmente" (40/4).

V – Algumas orientações particulares

Depois de apresentar a situação do mundo atual e fazer uma análise ético-teológica dessa situação, o texto indica "algumas orientações particulares". Lembra que "a Igreja não tem soluções técnicas" nem "propõe sistemas ou programas econômicos e políticos, nem manifesta preferências por uns e por outros", mas, como "perita em humanidade", é impelida a "alargar sua missão religiosa aos vários campos" da ação humana (41/2).

A propósito do problema do desenvolvimento, insiste que "não se pode reduzir a um problema 'técnico' aquilo que [...] concerne à dignidade do homem e dos povos" (41/3); que "a Igreja tem uma palavra a dizer" sobre isso e, "ao fazê-lo, está cumprindo a missão de evangelizar" (41/4); "como *instrumento* para alcançar esse objetivo, a Igreja utiliza a sua doutrina social": "princípios de reflexão", "critérios de julgamento", "diretrizes de ação" (41/5); que a Doutrina Social da Igreja não é "uma 'terceira via' entre capitalismo liberalista e coletivismo marxista", nem "uma possível opção entre outras soluções menos radicalmente contrapostas", nem tampouco "uma ideologia", mas pertence ao domínio "da teologia e especialmente da teologia moral" (41/7); que seu ensino e sua difusão "fazem parte da missão evangelizadora da Igreja" (41/8) – é um "aspecto do múnus profético da Igreja": "denúncia" e "anúncio" (41/9).

O Papa insiste que "a Doutrina Social da Igreja hoje, mais do que nunca, tem o dever de se abrir para uma *perspectiva internacional*" e, sob essa luz, trata de um dos temas e orientações "repetidamente ventilados pelo magistério nestes últimos anos" (42/1), que é "a opção ou amor preferencial pelos pobres" – "uma opção ou uma *forma especial* de primado na prática da caridade cristã, testemunhada por toda a Tradição da Igreja" (42/2). Ela concerne tanto à "vida de cada cristão" quanto às nossas "responsabilidades sociais" (42/2); deve marcar "nossa vida cotidiana" e "nossas decisões no campo político e econômico" (42/4). Não se pode esquecer de que "os bens deste mundo são originariamente destinados a todos", que "sobre a propriedade pesa uma 'hipoteca social'" ou que ela tem uma "função social", assim como não se pode descuidar dos "direitos fundamentais da pessoa", como "liberdade religiosa" e "iniciativa econômica" (42/5).

Essa preocupação pelos pobres deve se traduzir numa "série de reformas necessárias" (43/1). Embora dependa "de cada uma das situações locais individuar as mais urgentes e os meios para realizar", não se pode esquecer "aquelas que são requeridas pela situação de desequilíbrio internacional" (43/1): "sistema internacional de comércio" (43/3), "sistema monetário e financeiro mundial" (43/4), "tecnologias e suas transferências" (43/5) e "organizações internacionais" (43/6-7). O Papa insiste que o desenvolvimento requer "espírito de iniciativa dos próprios países que necessitam dele" (44/1), mas "não poderá realizar-se sem a colaboração de todos, especialmente da comunidade internacional, no quadro de uma solidariedade que abranja a todos" (45/1). E persiste na importância e no dever de solidariedade entre as "nações em vias de desenvolvimento" e com os "países mais marginalizados do mundo" (45/1), bem como entre as "nações de uma mesma área geográfica" (45/2-3).

Conclusão

Chegando ao final de sua reflexão sobre a problemática do desenvolvimento no mundo atual, o Papa chama atenção para "uma nova maneira de enfrentar os problemas da miséria e do subdesenvolvimento" que se difundiu em "algumas áreas da Igreja Católica, em particular na América Latina", e que "faz da libertação a categoria fundamental e o primeiro princípio de ação" (46/2). Afirma que "os valores positivos, mas também os desvios e os perigos de desvios" dessa forma de reflexão foram indicados pelo magistério (46/2). Acrescenta que "a aspiração à libertação de toda e qualquer forma de escravatura, relativa ao homem e à sociedade, é algo nobre e válido" e que esse é o objetivo da "libertação" e do "desenvolvimento" (46/3). Insiste que o desenvolvimento não é "somente econômico", mas tem "dimensões culturais, transcendentais e religiosas" (46/4); que "o obstáculo principal a superar para uma verdadeira libertação é o pecado, corroborado pelas estruturas que ele suscita" (46/5), e que "o processo do *desenvolvimento* e da *libertação* concretiza-se na prática da *solidariedade*, ou seja, do amor e do serviço ao próximo, particularmente aos mais pobres" (46/6).

"No quadro das tristes experiências dos últimos anos e do panorama predominantemente negativo do momento atual", diz o Papa, "a Igreja sente-se no dever de afirmar com vigor: a possibilidade de superar os entraves [...] e a confiança em uma verdadeira libertação", e faz isso a partir da "promessa divina" (47/1) e da "confiança no homem" (47/2). Persiste em afirmar que não se justificam "nem o desespero, nem o pessimismo, nem a passividade" (47/3); que "somos todos chamados, ou antes, obrigados", a enfrentar os desafios que nos ameaçam (47/3), pois "o que está em jogo é a dignidade da pessoa humana, cuja defesa e promoção nos foram confiadas pelo Criador" (47/4). É isso que o faz dirigir-se "com simplicidade e humildade a todos", para que, "convencidos da gravidade do momento presente e cada um da própria responsabilidade individual, ponham em prática [...] as medidas inspiradas pela solidariedade e pelo amor preferencial para com os pobres" (47/5).

O Papa recorda ainda, com o concílio, que "a Igreja sabe bem que nenhuma realização temporal se identifica com o Reino de Deus, mas que todas as realizações não deixam de refletir e, em certo sentido, antecipar a glória do Reino que esperamos no fim da história" (48/1); que "coisa alguma, embora imperfeita e provisória, de tudo aquilo que se pode e se deve realizar [...] para tornar 'mais humana' a vida dos homens, será perdida ou terá sido em vão" (48/2); que, pela Eucaristia, o Senhor *une-nos a si* e *une-nos entre nós* [e] *envia-nos* ao mundo" (48/5) e que, "todos nós, os que participamos da Eucaristia, somos chamados a descobrir [...] o sentido profundo de nossa atividade no mundo em prol do desenvolvimento e da paz" (48/6). Por fim, referindo-se ao Ano Mariano, confia a Maria a "*difícil conjuntura* do mundo contemporâneo" e os "esforços que se fazem e se farão, muitas vezes à custa de grandes sofrimentos, desejando contribuir para o verdadeiro desenvolvimento dos povos" (48/7).

III – Destaques

Tendo apresentado em grandes linhas o contexto social e eclesial em que se insere essa nova encíclica social de João Paulo II e analisado o texto da encíclica, indicando sua estrutura e oferecendo um resumo de seu conteúdo, resta destacar alguns pontos que ajudem a compreender melhor a encíclica em seu contexto imediato e no contexto mais amplo do ensino ou da Doutrina Social da Igreja.

1. Antes de tudo, convém chamar a atenção para o fato de que a *SRS* não foi escrita por ocasião do aniversário da *RN* de Leão XIII, como a maioria das encíclicas sociais anteriores, mas por ocasião do aniversário da *PP* de Paulo VI. E está dedicada à problemática do desenvolvimento dos povos. Mas num contexto muito diferente daquele

dos anos 1960 em que foi publicada a *PP*. Aliás, ao apresentar o "panorama do mundo contemporâneo", João Paulo II diz que "o primeiro fato a salientar é que as esperanças de desenvolvimento, então bem vivas, aparecem hoje muito longe da sua realização" (12/1) e que "a situação do mundo atual, sob o ponto de vista do desenvolvimento, nos deixa uma impressão prevalentemente negativa" (13/1). Se naqueles anos "reinava um certo otimismo difundido" com relação ao desenvolvimento dos povos (12/2), o contexto atual é bastante negativo e pessimista a esse respeito (13/1; 47/1). E, se era possível suspeitar de certo otimismo na *PP*,[45] por mais austero ou moderado que fosse (12/2), a *SRS* não deixa dúvidas a esse respeito. O propósito fundamental dessa nova encíclica é atualizar o ensino da *PP* sobre o desenvolvimento dos povos: "prolongar o seu eco, pondo esses ensinamentos em ligação com as possíveis aplicações ao presente momento histórico" (4/1), "aprofundar o ensinamento da encíclica e ponderar as suas perspectivas" (4/3).

2. O texto começa tratando da "novidade da Encíclica *Populorum Progressio*". Chama atenção para sua "relação com o Concílio Ecumênico Vaticano II" (5/2): "um documento de aplicação dos ensinamentos do concílio" (6/1); a "resposta ao apelo conciliar, contido logo no início da Constituição *Gaudium et Spes*" (6/2); a "aplicação do ensinamento conciliar em matéria social ao problema específico do desenvolvimento e do subdesenvolvimento dos povos" (7/3). E condensa sua "novidade" em "três pontos" (8/1): o primeiro é "ter salientado o caráter ético e cultural da problemática relativa ao desenvolvimento e, igualmente, a legitimidade e a necessidade de intervenção da Igreja em tal campo" (8/3). O segundo se refere à "amplitude de horizontes abertos quanto ao conjunto do que comumente se designa como 'questão social'" (9/1); embora a Encíclica *Mater et Magistra* e a Constituição Pastoral *Gaudium et Spes* já tenham aberto e assumido essa perspectiva, diz o Papa, "o magistério social da Igreja ainda não tinha chegado a afirmar com toda clareza que a 'questão social tinha adquirido uma dimensão mundial', nem tinha feito desta afirmação e da análise que a acompanha uma 'diretriz de ação'" (9/2). O terceiro ponto diz respeito ao vínculo

---

[45] ELLACURÍA, *Hacia un desarrollo liberador de los pueblos*, p. 414.

entre desenvolvimento e paz, condensado na frase/fórmula "o desenvolvimento é o novo nome da paz" (10/1).

3. Os capítulos 3-6 seguem o esquema ver-julgar-agir.[46] O cap. 3 (VER) apresenta o "panorama do mundo contemporâneo": chama atenção para o "alargamento do fosso entre a área do chamado Norte desenvolvido e a do Sul em vias de desenvolvimento" (14/1); afirma que o subdesenvolvimento "não é apenas econômico, mas é também cultural, político e simplesmente humano" (15/6), e que ele tem "causas diversas" (16/2); destaca alguns "sintomas específicos" (17/3-19/5); dedica particular atenção às "causas políticas", concretamente à "existência de dois blocos políticos contrapostos" (20-22);[47] e destaca alguns "aspectos positivos" da situação atual (26). Os capítulos 4 e 5 (JULGAR) fazem uma análise ético-teológica dessa situação: apresentam uma concepção de desenvolvimento que considera "a realidade e a vocação do homem em sua globalidade" (29/1) e realizam uma "leitura teológica" do mundo atual, destacando as "estruturas de pecado" a que ele está submetido (36-37) e propondo a "solidariedade" como "resposta" ético-cristã a essa situação (38-40). O capítulo 6 (AGIR) traz "algumas orientações particulares" a partir da Doutrina Social da Igreja, pondo em destaque a necessidade de uma "perspectiva internacional" (42/1) e a "opção ou amor preferencial pelos pobres" como princípio de ação na "vida de cada cristão" e no "campo político e econômico" (42-44).

4. Depois de apresentar um cenário prevalentemente "negativo" do mundo atual do ponto de vista do desenvolvimento (13/1), o capítulo terceiro conclui indicando alguns "aspectos positivos" na atual conjuntura (26/1): a) "plena consciência, em muitíssimos homens e mulheres, da dignidade própria e da dignidade de cada ser humano", o que se expressa na preocupação com o "respeito dos direitos humanos", no "número de associações privadas" comprometidas com essa causa e na crescente aceitação da Declaração dos Direitos do Homem pela comunidade internacional (26/2-3); b) "convicção de uma interdependência radical e, por conseguinte, da necessidade de uma solidariedade que a assuma e a traduza no âmbito moral" – "emerge progressivamente a

---

[46] Cf. CAMACHO, *Doutrina Social da Igreja*, p. 423.

[47] Cf. CAMACHO, *Doutrina Social da Igreja*, p. 428-433.

ideia de que o bem, ao qual todos somos chamados, e a felicidade, a que aspiramos, não se podem obter sem o esforço e a aplicação de todos" (26/5); c) "uma maior consciência dos limites dos recursos disponíveis e da necessidade de respeitar a integridade e os ritmos da natureza e de tê-los em conta na programação do desenvolvimento, em vez de sacrificá-los a certas concepções demagógicas" (26/7); d) o empenho de "homens de governo, políticos, economistas, sindicalistas, personalidades da ciência e funcionários internacionais" em "remediar generosamente [...] os males do mundo" (26/8).

5. A leitura teológica que o Papa faz da situação atual está estruturada em torno de dois conceitos fundamentais: "estruturas de pecado" e "solidariedade". Por um lado, afirma que "um mundo dividido em blocos, mantidos por ideologias rígidas, onde, em vez da interdependência e da solidariedade, dominam diferentes formas de imperialismo, não pode deixar de ser um mundo submetido a 'estruturas de pecado'" (36/1). Elas "radicam no pecado pessoal", mas, uma vez criadas, "reforçam-se, expandem-se e tornam-se fontes de outros pecados, condicionando o comportamento dos homens" (36/2).[48] Por outro lado, diante dessa situação, o Papa insiste na "urgente necessidade de uma mudança das atitudes espirituais" (38/3) ou de "conversão" (38/4) e concretiza essa mudança/conversão em termos de "solidariedade", entendida como "determinação firme e perseverante de se empenhar pelo bem comum" (38/6): tanto no "interior de cada sociedade" (39/1-2) quanto nas "relações internacionais" (39/3-4). Fala da solidariedade como "caminho para a paz e, ao mesmo tempo, para o desenvolvimento" (39/8), como "virtude cristã" (40/1), como contribuição para a "realização [do] desígnio divino, tanto no plano individual como no da sociedade nacional e internacional", e, também, como meio de vencer "os 'mecanismos perversos' e as 'estruturas de pecados'" do mundo (40/4).[49]

---

[48] Cf. CAMACHO, *Doutrina Social da Igreja*, p. 437-441; ELLACURÍA, Hacia un desarrollo liberador de los pueblos, p. 419s; GUTIÉRREZ, *De Leão XIII a João Paulo II*, p. 84-85.

[49] Cf. CAMACHO, *Doutrina Social da Igreja*, p. 441-443; ELLACURÍA, Hacia un desarrollo liberador de los pueblos, p. 420-422; GUTIÉRREZ, *De Leão XIII a João Paulo II*, p. 81-83.

6. Ao indicar "algumas orientações particulares", o texto deixa claro que "a Igreja não tem soluções técnicas", que "ela não propõe sistemas ou programas econômicos e políticos, nem manifesta preferências por uns ou por outros" (41/1), e que sua atuação se dá no âmbito moral, no que "concerne à dignidade do homem e dos povos" (41/3). Seu instrumento de ação aqui é a doutrina social, que oferece "princípios de reflexão", "critérios de julgamento" e "diretrizes de ação" (41/4). O Papa persiste em que "a Doutrina Social da Igreja não é uma 'terceira via' entre *capitalismo liberalista* e *coletivismo marxista*, nem sequer uma possível opção entre outras soluções menos radicalmente contrapostas", e que "sua finalidade principal é *interpretar* estas realidades, examinando a sua conformidade ou desconformidade com as linhas do ensinamento do Evangelho sobre o homem e sobre a sua vocação terrena e ao mesmo tempo transcendente" (41/7). Ela pertence, "não ao domínio da ideologia, mas da teologia e especialmente da teologia moral"; sua função não é elaborar/propor sistemas políticos e econômicos, mas "orientar o comportamento cristão" no mundo (41/7).[50] Na verdade, João Paulo II retoma e reafirma aqui algo que está presente em outras encíclicas sociais, particularmente na Encíclica *Octogesima Adveniens* de Paulo VI (*QA* 41; *PP* 13; *OA* 4, 36, 49; *LE* 1/4, 24/2).

7. Por fim, é importante destacar o fato de essa encíclica social de João Paulo II assumir aspectos centrais da reflexão teológico-pastoral da Igreja latino-americana, desenvolvida nas conferências episcopais de Medellín (1968) e Puebla (1979) e na teologia da libertação. Antes de tudo, a noção de "estruturas de pecado", que, sendo fruto do "pecado pessoal", adquirem certa objetividade e autonomia e "tornam-se fonte de outros pecados, condicionando o comportamento dos homens" (36/1-2). Em segundo lugar, "a opção ou amor preferencial pelos pobres" como "forma especial de primado da caridade cristã, testemunhada por toda a Tradição da Igreja": uma opção que concerne à "vida de cada cristão" e às nossas "responsabilidades sociais" (42/2), que deve marcar "nossa vida cotidiana" e "nossas decisões em campo político e econômico" (42/3), que toma em sério o destino universal dos bens e a "função social" da propriedade (42/4) e que implica reformas estruturais em

---

[50] Cf. CAMACHO, *Doutrina Social da Igreja*, p. 448-452.

âmbitos locais e nas relações internacionais (43-45).[51] Por fim, "uma nova maneira de enfrentar os problemas da miséria e do subdesenvolvimento que faz da libertação a categoria fundamental e o primeiro princípio de ação" (46/2). O Papa destaca aqui a "íntima conexão" entre desenvolvimento e libertação (46/3),[52] o que já fazia Ignacio Ellacuría no início da década de 1970, afirmando que mais que de *Populorum Progressio* era preciso falar em *Populorum liberatio*.[53]

IV – Referências

ALBURQUERQUE, Eugenio. *Moral social cristiana*: Camino de liberación y de justicia. Madrid: San Pablo, 2006.

ARRIGHI, Giovanni. *O longo século XX*: dinheiro, poder e as origens de nosso tempo. Rio de Janeiro/São Paulo: Contraponto/Unesp, 1996.

CAMACHO, Ildefonso. El cristiano ante las contradicones del desarrollo: La segunda encíclica social de Juan Pablo II. *Proyección* 35 (1988), p. 201-217.

CAMACHO, Ildefonso. *Doutrina Social da Igreja*: abordagem histórica. São Paulo: Loyola, 1995.

CONGREGAÇÃO PARA A DOUTRINA DA FÉ. *Libertatis Nuntius*: instrução sobre alguns aspectos da "Teologia da Libertação" (06/08/1984). Disponível em: <http://www.vatican.va/roman_curia/congregations/cfaith/documents/rc_con_cfaith_doc_19840806_theology-liberation_po.html>.

CONGREGAÇÃO PARA A DOUTRINA DA FÉ. *Libertatis Conscientia*: sobre a libertação cristã e a libertação (22/03/1986). Disponível em: <http://www.vatican.va/roman_curia/congregations/cfaith/documents/rc_con_cfaith_doc_19860322_freedom-liberation_po.html>.

---

[51] ELLACURÍA, Hacia un desarrollo liberador de los pueblos, p. 422-424.

[52] ELLACURÍA, Hacia un desarrollo liberador de los pueblos, p. 424.

[53] ELLACURÍA, Hacia un desarrollo liberador de los pueblos, p. 414.

ELLACURÍA, Ignacio. Hacia un desarrollo liberador de los pueblos. In: *Escritos Teológicos III*. San Salvador: UCA, 2002, p. 413-426.

FAGGIOLI, Massimo. *Vaticano II*: a luta pelo sentido. São Paulo: Paulinas, 2013.

GIRARDI, Giulio. *La túnica rasgada*: La identidad cristiana, hoy, entre liberación y restauración. Santander: Sal Terrae, 1991.

GUTIRREZ, Ezequiel. *De Leão XIII a João Paulo II*: cem anos de Doutrina Social da Igreja. São Paulo: Paulinas, 1995.

HOBSBAWM. *Era dos extremos*: o breve século XX (1914-1991). São Paulo: Companhia das Letras, 1995.

IVERN, Francisco. *Sollicitudo rei socialis*: posição e significação de uma encíclica. *Síntese* 43 (1988), p. 11-21.

JOÃO PAULO II. Radiomensagem *Urbi et Orbi* (17/10/1978). Disponível em: <http://www.vatican.va/content/john-paul-ii/pt/speeches/1978/documents/hf_jp-ii_spe_19781017_primo-radiomessaggio.html>.

JOÃO PAULO II. Carta aos bispos da Conferência Nacional dos Bispos do Brasil (09/04/1986). Disponível em: <http://www.vatican.va/content/john-paul-ii/pt/letters/1986/documents/hf_jp-ii_let_19860409_conf-episcopale-brasile.html>.

JOÃO PAULO II. Carta Encíclica *Sollicitudo Rei Socialis*: pelo vigésimo aniversário da Encíclica *Populorum Progressio*. São Paulo: Paulinas, 1990.

JOÃO XXIII. Discurso *Gaudet Mater Ecclesia* na abertura solene do concílio. In: VATICANO II: mensagens, discursos, documentos. São Paulo: Paulinas, 2007, p. 27-35.

LIBANIO, João Batista. *A volta à Grande Disciplina*: reflexão teológico-pastoral sobre a atual conjuntura da Igreja. São Paulo: Loyola, 1984.

MARTINA, Giacomo. *História da Igreja*: de Lutero a nossos dias. São Paulo: Loyola, 1997. v. IV.

NEIRA, Germán. Juan Pablo II: Carta Encíclica *La preocupación social*. *Theologica Xaveriana* 86/87 (1988), p. 9-30.

ONU. A samblea General: Decimosexto periodo de sesiones. Resolucuión 1710 (19/12/1961). Disponível em: <https://undocs.org/es/A/RES/1710(XVI)>.

PAULO VI. Pronunciamento na nona sessão conciliar. In: VATICANO II: mensagens, discursos, documentos. São Paulo: Paulinas, 2007, p. 118-125.

Carta Encíclica
Centesimus Annus

A Carta Encíclica *Centesimus Annus* (*CA*) do Papa João Paulo II foi publicada no dia 1º de maio de 1991, por ocasião do centenário da Encíclica *Rerum Novarum* do Papa Leão XIII. Ela marca os cem anos dessa forma de exercício do magistério social da Igreja, que são as "encíclicas sociais". Como as demais encíclicas sociais, a *CA* não apenas repete e confirma o ensino ou a doutrina presente nas encíclicas anteriores (continuidade), mas o atualiza, o matiza e o desenvolve a partir e em função do contexto e dos desafios atuais (renovação). Ela é profundamente marcada pelos acontecimentos de 1989 nos países da Europa central e oriental: a queda do "socialismo real" na então URSS ou do regime soviético. Isso se justifica pelo impacto e pelas implicações desse acontecimento na geopolítica mundial. Mas se justifica também, e não em menor medida, pelo impacto que teve na vida do Papa polonês. O entusiasmo ou mesmo a euforia de João Paulo II com a queda do regime soviético não deixa de produzir na *CA* certo distanciamento das Encíclicas *LE* e *SRS*, muito mais equilibradas na crítica ao coletivismo e ao capitalismo; ao mesmo tempo que, *mutatis mutandis*, produz uma peculiar sintonia com a Encíclica *RN*, na medida em que a oposição ao socialismo acaba levando, em algumas ocasiões, a uma ênfase excessiva na propriedade privada e/ou no mercado. Mas atenção: assim como a *RN* não é sem mais uma encíclica liberal, tampouco a *CA* pode ser tomada como uma encíclica capitalista. Uma leitura e uma análise mais atentas desses textos impedem essas afirmações simplistas e reducionistas. Ademais, assim como não se pode isolar uma determinada afirmação do conjunto do texto que a contextualiza e a matiza, tampouco se pode isolar uma encíclica do conjunto do ensino ou da Doutrina Social da Igreja.

Para ajudar na leitura e compreensão dessa nova encíclica social de João Paulo II, indicaremos em grandes linhas o *contexto* em que ela se insere, faremos uma análise do *texto*, mostrando sua estrutura e apresentando seu conteúdo, e destacaremos seus *aspectos e traços mais importantes* no contexto mais amplo da Doutrina Social da Igreja.

I – Contexto histórico

Se nenhum texto pode ser bem compreendido independentemente de seu contexto (problemática, interlocutores, modo de tratamento, linguagem, impacto etc.), menos ainda um texto escrito sob o impacto de um fato tão relevante e decisivo como é o caso da Encíclica *CA* de João Paulo II em relação à queda do socialismo/regime soviético (impacto na geopolítica mundial, impacto na vida do Papa polonês). Isso confere ao texto um caráter particularmente circunstancial, no qual o impacto sofrido e a euforia produzida acabam condicionando a reflexão: seja no sentido de uma reflexão mais militante e polêmica, seja no sentido de produzir até mesmo deslocamentos ou mudança de tom na reflexão de seu autor. E isso torna ainda mais importante e necessária a consideração do contexto histórico do texto em vista de sua adequada compreensão.

De fato, a queda do "socialismo real" na então URSS ou do regime soviético foi um acontecimento histórico decisivo na geopolítica mundial. Se a Revolução Russa de 1917 marca o início de um processo de reestruturação político-econômico-cultural do mundo que desembocará na construção e consolidação dos blocos capitalista e socialista, cuja tensão e contraposição se imporão como elemento determinante do cenário mundial pós-Segunda Guerra Mundial; a queda do regime soviético em 1989-1991 indicará o fim dessa forma de configuração e gestão das relações internacionais. Independentemente da leitura e valoração que se faça, o socialismo soviético foi um elemento/fator decisivo e determinante na história mundial no século XX, e seu desmoronamento terá um impacto enorme na configuração e gestão da geopolítica mundial.

Mas isso não aconteceu por acaso nem de uma hora para outra. O ano de 1989 marca não apenas o fim de um regime (socialismo soviético), mas a culminância de uma crise que vinha corroendo as bases desse sistema (crise do regime soviético) e que não deixa de estar vinculada e de ser parte de uma crise mundial mais ampla que se desenvolveu a partir da década de 1970 (crise do crescimento econômico). Para compreender bem a queda do regime soviético, é preciso considerá-la como culminância de uma crise interna e como parte de uma crise mundial mais ampla.

Se as décadas de 1950-1960 podem ser caracterizadas como "era de ouro" ou "anos dourados" do crescimento econômico,[1] as décadas de 1970-1980 podem ser evidenciadas como era de "desmoronamento" ou "décadas de crise" do crescimento econômico.[2] Se aquele foi um período de otimismo generalizado, não obstante o contexto de "guerra fria" e o crescimento das desigualdades sociais (crescimento da produção e do comércio, geração de emprego, estado de bem-estar social etc.), esse será um período de insegurança e incerteza (queda na produção e no comércio, desemprego estrutural, endividamento generalizado dos países do Terceiro Mundo, aumento das desigualdades sociais, ressurgimento da pobreza nos países ricos etc.).

É verdade que as consequências mais trágicas dessa crise não foram sentidas e compreendidas de imediato nem com a mesma intensidade por todos os povos. No caso dos países do Terceiro Mundo, porque seu impacto imediato parecia mais positivo e promissor: desenvolvimento industrial, geração de emprego, participação no comércio internacional etc. No caso dos países industrializados, as consequências negativas foram imediatas: queda na produção e no comércio, desemprego; mas seu impacto sobre a população não foi tão forte por causa das políticas sociais, típicas do modelo keynesiano aplicado nas décadas anteriores.

---

[1] Cf. HOBSBAWM, *Era dos extremos*, p. 253-281.
[2] Cf. HOBSBAWM, *Era dos extremos*, p. 393-420.

No caso dos países socialistas, o impacto foi amenizado pelo próprio sistema (economia centralizada e relativamente independente do comércio internacional), pela continuação de um modesto crescimento econômico e pela inundação de dólares com o aumento do preço do petróleo. Sem falar que o contexto de polarização entre capitalismo e socialismo acabava ofuscando a natureza e a dimensão da crise em função dos interesses político-ideológicos das grandes potências mundiais.

Mas, aos poucos, os efeitos e – com eles – a consciência da crise vão se impondo: seja pelas frequentes recessões econômicas, pelo desemprego estrutural, pelo aumento das desigualdades e pelo ressurgimento da pobreza e da miséria nos países ricos; seja pelo aumento do desemprego, da pobreza e da miséria e pelo endividamento generalizado dos países do Terceiro Mundo; seja pela queda do crescimento e dos indicadores sociais nos países socialistas. Fato é que a década de 1980 é marcada pelo aprofundamento dessa crise e por sua progressiva tomada de consciência. De modo que a queda do regime soviético em 1989-1991 não foi um fato isolado e casual, mas a culminância e explosão de uma crise que se arrastava e se aprofundava há pelo menos duas décadas. Ao mesmo tempo, revelou-se a dimensão da crise nos países capitalistas nos anos 1970-1980, o que produziu uma crise generalizada na geopolítica mundial da segunda metade do século XX e marcou uma nova fase do capitalismo mundial, dinamizada, não tanto pelo crescimento da produção, mas pela crescente financeirização e globalização do capital.[3]

Por ser o estopim de tudo isso, convém considerar com mais atenção o desenvolvimento dessa crise nos países socialistas do bloco soviético.[4] O "socialismo real" que se desenvolveu na URSS era um sistema baseado num "partido único fortemente hierárquico e autoritário, que monopolizava o poder do Estado [...], operando uma economia centralmente planejada e (pelo menos em teoria) impondo uma única ideologia marxista-leninista".[5] O centralismo político-econômico é a mar-

---

[3] Cf. ARRIGHI, *O longo século XX*, p. 308s.

[4] Cf. HOBSBAWM, *Era dos extremos*, p. 447-482; PONS, *A revolução global*, p. 459-553.

[5] HOBSBAWM, *Era dos extremos*, p. 365.

ca fundamental desse regime. Ele foi "projetado para industrializar o mais rapidamente possível um país muito atrasado e subdesenvolvido" e atingiu resultados impressionantes, transformando a Rússia numa "grande potência industrial": se, em 1913, "o império czarista, com 9,4% da população mundial, produzia 6% do total mundial de 'rendas nacionais' e 3,6% de sua produção industrial", em 1986, "a URSS, com menos de 6% da população global, produzia 14% da 'renda nacional' do globo e 14,6% de sua produção industrial".[6] E todo esse processo econômico foi conduzido por um sistema político fortemente centralizado e autoritário. Sua "economia de comando" é inseparável de sua "política de comando".[7] Mas, se "a possibilidade de ditadura está implícita em qualquer regime baseado num partido único, irremovível",[8] isso não implica necessariamente uma "ditadura pessoal" nem muito menos um "totalitarismo" em sentido estrito: "Foi Stalin quem transformou os sistemas políticos comunistas em monarquias não hereditárias";[9] mas, "apesar de brutal e ditatorial, o sistema soviético não era 'totalitário'" como o fascismo e o nazismo, uma vez que "não exercia efetivo 'controle da mente' e muito menos conseguia 'conversão do pensamento', mas, na verdade, despolitizou a população num grau espantoso".[10]

Assim como o sucesso do sistema soviético só se explica pela conjugação de seus aspectos econômicos e políticos, sua crise e seu desmoronamento só podem ser compreendidos como crise e desmoronamento desse sistema político-econômico. São aspectos irredutíveis, mas inseparáveis. Eles estão muito mais implicados um no outro do que pode parecer – tanto no sucesso quanto no fracasso. Politicamente, a crise e o desmoronamento do bloco soviético "começ[aram] com a morte de Stalin, em 1953, mas sobretudo com os ataques oficiais à era stalinista em geral e, mais cautelosamente, ao próprio Stalin, no XX Congresso do PCUS, em 1956".[11] Aos poucos vão surgindo e crescendo fissuras no

---

[6] HOBSBAWM, *Era dos extremos*, p. 375.

[7] HOBSBAWM, *Era dos extremos*, p. 376.

[8] HOBSBAWM, *Era dos extremos*, p. 379.

[9] HOBSBAWM, *Era dos extremos*, p. 379.

[10] HOBSBAWM, *Era dos extremos*, p. 384s.

[11] HOBSBAWM, *Era dos extremos*, p. 386s.

Pacto de Varsóvia e forças reformadoras vão ganhando espaço no regime. De fato, "tentativas de tornar o sistema mais flexível, essencialmente pela descentralização, foram feitas na década de 1960 em quase toda parte no bloco soviético".[12] O auge desse processo se dá com Gorbachev e sua "campanha para reformar o socialismo soviético com os slogans *perestroika* ou reestruturação (da estrutura econômica e política) e *glasnost* ou liberdade de informação".[13] Ele foi uma figura decisiva no processo de reforma que terminou implodindo o sistema.[14] Mas essa crise política e os intentos de reformas não se devem exclusivamente à morte de Stalin e à rejeição ao seu regime de terror. Estão ligados também e em boa medida são provocados por uma crescente crise econômica que vinha corroendo as bases do sistema.

Se, na década de 1950, a taxa de crescimento econômico da URSS superava qualquer país ocidental,[15] seu ritmo vai caindo assustadoramente nas décadas seguintes: "O PNB soviético, que crescia a uma taxa de 5,7% ao ano na década de 1950, caiu para 5,2% na década de 1960, 3,7% na primeira metade da de 1970, 2,6% na segunda metade dessa década e 2% nos últimos anos de Gorbachev";[16] se, em 1960, "suas grandes exportações eram maquinaria, equipamentos, meios de transporte e metais ou artigos de metal", em 1985, 53% de suas exportações era energia (petróleo e gás) e "60% de suas importações consistiam em máquinas, metais etc. e artigos industriais", tornando-se uma espécie de "colônia produtora de energia para economias industriais mais avançadas".[17]

Mas, se essa progressiva crise econômica impunha a necessidade de reformas profundas no modelo econômico em curso, o bônus da crise do petróleo na década de 1970 para os países produtores, como era o caso da URSS, amenizava o impacto imediato da crise e acabou

---

[12] HOBSBAWM, *Era dos extremos*, p. 389.

[13] HOBSBAWM, *Era dos extremos*, p. 465.

[14] Cf. HOBSBAWM, *Era dos extremos*, p. 461-471; VISENTINI, *Os paradoxos da revolução russa*, p. 119-139.

[15] Cf. HOBSBAWM, *Era dos extremos*, p. 255, 367.

[16] HOBSBAWM, *Era dos extremos*, p. 389.

[17] HOBSBAWM, *Era dos extremos*, p. 457.

relativizando a urgência de reformas. Não por acaso, "os anos Brejnev iriam ser chamados pelos reformadores de 'era da estagnação', essencialmente porque o regime parara de tentar fazer qualquer coisa séria em relação a uma economia em visível declínio".[18] Com tanto dólar disponível, "comprar trigo no mercado mundial [por exemplo] era mais fácil que tentar resolver a aparentemente crescente incapacidade da agricultura soviética de alimentar o povo da URSS".[19] Só que isso, além de não resolver o problema e retardar as reformas necessárias e urgentes, acabava ampliando e aprofundando ainda mais a crise econômica do sistema soviético. Por um lado, a elevação do preço do petróleo levou a um aumento dos custos da produção. E, enquanto o consumo de petróleo na Europa Ocidental caiu 40% entre 1973 e 1985, na URSS a queda foi de pouco mais de 20% nesse mesmo período, repercutindo nos "custos da produção soviética", levando a uma "aguda crise de energia" no começo da década de 1980 e produzindo "escassez de alimentos e bens manufaturados".[20] Por outro lado, a progressiva inserção da economia soviética no mercado internacional (energia, grãos, artigos industriais etc.) tornou-a muito mais vulnerável e dependente da economia mundial: "Ao contrário da URSS do entreguerras, praticamente fora da economia mundial e portanto imune à Grande Depressão, agora o socialismo estava cada vez mais envolvido nela e portanto não imune aos choques da década de 1970", tendo que enfrentar "não apenas seus próprios problemas sistêmicos insolúveis, mas também os de uma economia mundial mutante e problemática, na qual se achava cada vez mais integrado".[21]

Tudo isso ajuda a compreender que a queda do socialismo soviético em 1989-1991 não é um fato casual, mas a culminância de uma longa e progressiva crise político-econômica do sistema soviético, agravada pela postergação das reformas necessárias e urgentes e pela progressiva inserção no mercado internacional. O que parecia ser a salvação do regime soviético na década de 1970 (bônus da crise de

---

[18] HOBSBAWM, *Era dos extremos*, p. 458.

[19] HOBSBAWM, *Era dos extremos*, p. 458.

[20] Cf. HOBSBAWM, *Era dos extremos*, p. 459s.

[21] HOBSBAWM, *Era dos extremos*, p. 458.

petróleo), na verdade, só retardou as reformas necessárias e terminou levando à sua bancarrota no final da década de 1980. E sua derrocada teve um impacto tremendo na geopolítica mundial. Chegava ao fim uma forma de configuração e gestão das relações internacionais, dinamizada pela tensão e contraposição entre os blocos capitalista e socialista (guerra fria) e dominada pelas duas grandes potências internacionais (EUA e URSS). E num momento de profunda crise e transformação do sistema capitalista, cada vez mais dinamizado por um intenso processo de financeirização e globalização do capital com consequências sociais trágicas.

É nesse contexto mais amplo e complexo de transformação da geopolítica mundial, provocada pela crise do capitalismo pós-Segunda Guerra Mundial e detonada pela derrocada do regime soviético, que se insere a Encíclica *CA* do Papa João Paulo II, fazendo uma análise desse processo e indicando perspectivas que possam ajudar na reconfiguração e gestão da geopolítica mundial.

II – Texto: estrutura e conteúdo

Tendo apresentado em grandes linhas e em perspectiva histórica o acontecimento que marcaria uma nova etapa na geopolítica mundial: queda do socialismo ou regime soviético, vamos nos dedicar agora à análise da Encíclica *CA*,[22] indicando a estrutura do texto e fazendo um resumo de seu conteúdo.[23] Trata-se de um texto bastante complexo que conjuga afirmações aparentemente contraditórias, cuja compreensão exige tomá-las na tensão e matização mútuas que as caracterizam.

---

[22] Cf. JOÃO PAULO II, Carta Encíclica *Centesimus Annus*. A partir de agora, os números entre parêntesis, sem outra indicação, remetem a esta obra. O primeiro algarismo indica o número do documento e o segundo, o parágrafo do referido número.

[23] Cf. CAMACHO, *Doutrina Social da Igreja*, p. 505-516; ALBURQUERQUE, *Moral social cristiana*, p. 149-151; GUTIÉRREZ, *De Leão XIII a João Paulo II*, p. 93-103; GIRARDI, *La túnica rasgada*, p. 119-147; ÁVILA, *Centesimus Annus*, p. 149-152; BOFF, O capitalismo triunfante na visão atual de João Paulo II, p. 825-846; HASSMANN, Cultura de mercado e cultura solidária, p. 847-873; DELGADO, Sobre o status do mercado, do capital e do capitalismo na *Centesimus Annus*, p. 874-882; KLOPPENBURG, *Centesimus Annus*, p. 239-257.

Infelizmente, ainda não dispomos de informações precisas sobre o processo redacional do texto. Apoiado nos estudos de Zizola, Giulio Girardi indica que uma primeira redação teria sido preparada pela Comissão Justiça e Paz, presidida pelo Cardeal Roger Etchegaray: fazia uma crítica do socialismo e do capitalismo e insistia na necessidade de reformas ético-políticas e estruturais do capitalismo. Essa primeira versão teria sofrido mudanças profundas pela Secretaria de Estado, particularmente no que diz respeito à radicalidade da crítica e das reformas necessárias no capitalismo.[24]

1. Estrutura

O texto é composto por uma introdução e seis capítulos. Tem uma estrutura bastante clara: a *introdução* destaca a importância da *RN* e indica os objetivos da nova encíclica (1-3); o *cap. I* apresenta os "traços característicos da *RN*" (4-11); o *cap. II* chama atenção para "as 'coisas novas' de hoje" (12-21); o *cap. III* centra sua atenção no "ano 1989" (22-29); o *cap. IV* tem como tema "a propriedade privada e o destino universal dos bens" (30-43); o *cap. V* aborda as temáticas "Estado e cultura" (44-52); e o *cap. VI* conclui insistindo que "o homem é o caminho da Igreja" (53-61).

Como se vê, a Encíclica *CA* está centrada nos acontecimentos de 1989. Se prescindimos do primeiro capítulo que apresenta os "traços característicos da *RN*" e do último capítulo que mostra o homem como o "caminho da Igreja", os demais capítulos se ocupam "da queda do coletivismo e de suas consequências": fazem "uma leitura do século XX, com especial atenção para a presença nele do marxismo, e um exame dos problemas pendentes e das alternativas para resolvê-los".[25]

2. Conteúdo

Na apresentação do conteúdo da encíclica, seguiremos rigorosamente a estrutura do texto apresentada anteriormente e buscaremos o máximo de fidelidade à sua formulação teórico-conceitual. Convém advertir

---

[24] Cf. GIRARDI, *La túnica rasgada*, p. 146s.
[25] CAMACHO, *Doutrina Social da Igreja*, p. 507s.

que esse resumo não substitui nem dispensa a leitura do documento na íntegra. É apenas um aperitivo para estimular sua leitura e um guia que ajuda a não se perder em detalhes e a não perder de vista o conjunto do texto.

Introdução

O texto começa destacando a importância do centenário da *RN*, cujo "trajeto histórico foi ritmado por outros escritos que simultaneamente a reevocavam e atualizavam" (1/1). Expressa o desejo de "satisfazer o débito de gratidão" para com esse "imortal documento" e de "mostrar que a *seiva abundante*, que sobe daquela raiz, não secou com o passar dos anos, pelo contrário *tornou-se mais fecunda*" (1/2). Insere a nova encíclica no contexto mais amplo das celebrações do centenário da "encíclica leonina" que engloba também as "encíclicas e outros escritos [...] que contribuíram para a tornar presente e operante ao longo do tempo, constituindo aquela que seria chamada 'doutrina social', 'ensino social' ou ainda 'magistério social' da Igreja" (2/1).

Com a *CA*, o Papa deseja "propor uma 'releitura' da encíclica leonina" numa tríplice perspectiva: "olhar para trás" (*texto*) para "descobrir de novo a riqueza dos princípios fundamentais, nela formulados, para a solução da questão operária"; "olhar ao redor" (*contexto*) para ver "as 'coisas novas' que nos circundam e em que nos encontramos como que imersos"; "olhar ao futuro" (*perspectivas*) carregado de "incógnitas e promessas que apelam à nossa imaginação e criatividade, estimulando também a nossa responsabilidade" (3/1). Com isso, pretende não apenas confirmar o *"valor permanente do seu ensinamento"*, mas também manifestar o *"verdadeiro sentido da Tradição da Igreja*, que, sempre viva e vivificante, constrói sobre o fundamento posto pelos nossos pais na fé" (3/2). Essa nova encíclica, diz o Papa, "visa pôr em evidência a fecundidade dos princípios expressos por Leão XIII, que pertencem ao patrimônio doutrinal da Igreja", ao mesmo tempo que a solicitude pastoral o leva a "propor a análise de alguns acontecimentos da história recente" (3/5). O texto conclui advertindo que "a atenta consideração do evoluir dos acontecimentos [...] faz parte da tarefa dos pastores", mas que "tal exame não pretende dar juízos definitivos, não fazendo parte, por si, do âmbito específico do magistério" (3/5).

I – Traços caraterísticos da Rerum Nouarum

"No final do século passado, a Igreja encontrou-se diante de um processo histórico [...] que então atingia um ponto nevrálgico" (4/1). Um conjunto de "mudanças radicais" indicava a dissolução da "sociedade tradicional" e o início de uma "nova" sociedade cheia de "esperança" e de "perigos". No campo político, "nova concepção da sociedade e do Estado e da autoridade" (4/1). No campo econômico, "novas estruturas na produção dos bens de consumo"; "uma nova forma de propriedade, o capital, e uma nova forma de trabalho, o assalariado", caracterizada por "pesados ritmos de produção" (4/2) e por sua transformação em "mercadoria" (4/3). O resultado disso era a "divisão da sociedade em duas classes, separadas por um abismo profundo" e uma "acentuada alteração de ordem política": ante a uma teoria política que promovia a "total liberdade econômica", surgia "outra concepção da propriedade e da vida econômica que implicava uma nova organização política e social" (4/4). No "momento culminante dessa contraposição, quando já aparecia em plena luz a gravíssima injustiça da realidade social [...] e o perigo de uma revolução", Leão XIII intervém com um documento que "afrontava de maneira orgânica a 'questão operária'" (4/5).

As "coisas novas" a que ele se referia, diz o Papa, "estavam longe de ser positivas": "os progressos incessantes da indústria, os novos caminhos abertos ao emprego, as diversas relações entre patrões e operários"; "o acumular da riqueza nas mãos de poucos, ao lado da miséria de muitos"; o crescimento da "consciência" e da "união" dos trabalhadores; a "decadência dos costumes" – "todas essas coisas fizeram deflagrar um conflito" (5/1): "conflito entre o capital e o trabalho" ou "questão operária" (5/2).

Diante desse conflito que "opunha, quase como 'lobos', o homem ao próprio homem, exatamente no plano da sobrevivência vital de uns e da opulência de outros", o Papa intervém com a intensão de "restabelecer a paz", fazendo uma "severa condenação da luta de classes", mas insistindo que "a paz se edifica sobre o fundamento da justiça: o conteúdo essencial da encíclica foi precisamente a proclamação das condições fundamentais da justiça na conjuntura econômica e social de então" (5/3).

Com isso, Leão XIII "estabelecia um paradigma permanente para a Igreja", que tem sempre uma "palavra a dizer" perante as situações humanas, formulando "uma verdadeira doutrina, um *corpus*, que lhe permite analisar as realidades sociais, pronunciar-se sobre elas e indicar diretrizes para a justa solução dos problemas que daí derivam" (5/4). João Paulo II insiste que, "para a Igreja, ensinar e difundir a doutrina social pertence à sua missão evangelizadora e faz parte essencial da mensagem cristã" (5/6), ao mesmo tempo que reafirma com Leão XIII que "não existe verdadeira solução para a 'questão social' fora do Evangelho" (5/7).

O texto passa a indicar um conjunto de princípios presentes na *RN*, retomados e desenvolvidos em outras encíclicas sociais: a) "direitos fundamentais dos trabalhadores" – "a chave de leitura do texto leonino é a dignidade do trabalhador enquanto tal e, por isso mesmo, a dignidade do trabalho" (6/1); b) "direito à 'propriedade privada'", que "não é um valor absoluto" e que deve ser conjugado com o "destino universal dos bens" (6/2); c) "direito natural do homem" de criar "associações profissionais" ou "sindicatos" (7/1) e "direitos à 'limitação das horas de trabalho', ao legítimo repouso e a um tratamento diverso aos menores e às mulheres, no que se refere ao tipo e duração do trabalho" (7/2); d) direito ao "justo salário", que "não pode ser deixado 'ao mero livre acordo das partes'" (8/1) e que "deve ser suficiente para manter o operário e a sua família" (8/2); e) "direito de cumprir livremente os deveres religiosos" (9/1).

Junto a esses princípios, o Papa destaca ainda na *RN* a "concepção das relações entre o Estado e os cidadãos": a) "critica os dois sistemas sociais e econômicos: o socialismo e o liberalismo", reafirmando o "direito à propriedade privada" e os "deveres do Estado" com "atenção especial com os débeis e os pobres" (10/1); b) apresenta um "princípio basilar de qualquer organização política" – "quanto mais indefesos aparecem numa sociedade, tanto mais necessitam da atenção e do cuidado dos outros e particularmente da intervenção da autoridade pública" (10/2); c) ao mesmo tempo que afirma que "o Estado tem o dever de promover o bem comum", insiste sobre "necessários limites à intervenção do Estado e sobre seu caráter instrumental" (11/2).

O texto conclui advertindo que "aquilo que serve de trama e, em certo sentido, de linha condutora à encíclica, e a toda a Doutrina Social da Igreja, é a *correta concepção da pessoa humana e do seu valor único*" (11/3).

II – Rumo às "coisas novas" de hoje

O Papa inicia o capítulo afirmando que "a comemoração da *RN* não seria adequada se não olhasse também à situação de hoje" e destacando como "o quadro histórico e as previsões, aí delineadas, se revelam, à luz de quanto aconteceu no período sucessivo, surpreendentemente exatas" (12/1). Diz que Leão XIII "previa as consequências negativas [...] de uma organização da sociedade, tal como propunha o 'socialismo' [...], quando ele ainda não se apresentava sob a forma de um Estado forte e poderoso" (12/2). Destaca a "extraordinária lucidez na apresentação, em toda sua crueza, da verdadeira condição dos proletários, homens, mulheres e crianças", bem como a "clareza com que intuiu o mal de uma solução", cujo "remédio revelar-se-ia pior que a doença" (12/3).

Aprofundando a reflexão aí delineada e em sintonia com suas Encíclicas *LE* e *SRS*, o Papa afirma que "o erro fundamental do socialismo é de ordem antropológica": considera o homem como "um elemento e uma molécula do organismo social", comprometendo sua condição de "pessoa como sujeito autônomo de decisão moral, que constitui, através dessa decisão, o ordenamento social" (13/1) e anulando a "subjetividade" da sociedade (13/2). A "causa primeira" dessa concepção errada da pessoa e da sociedade é o "ateísmo" (13/2), que está "estreitamente conexo com o racionalismo iluminístico" (13/3). E dessa "mesma raiz ateísta" deriva a "escolha dos meios de ação" do socialismo condenados na *RN*: a "luta de classes" (14/1).

O Papa adverte que Leão XIII "não pretende condenar toda e qualquer forma de conflitividade" e recorda que ele mesmo, na esteira de Pio XI, já tinha destacado o "papel positivo do conflito, quando ele se configura como 'luta pela justiça social'" (14/1). Na verdade, "o que se condena na luta de classes é principalmente a ideia de um conflito que não é limitado por considerações de caráter ético ou jurídico, que se recusa a respeitar a dignidade da pessoa no outro [...] e visa [...] o interesse de uma parte que se substitui ao bem comum e quer destruir o que se lhe opõe" – uma espécie de "guerra total" (14/2).

A *RN* critica tanto a "coletivização pelo Estado dos meios de produção" quanto uma concepção do Estado que deixa totalmente a esfera da economia fora de seu campo de interesse de ação"; afirma tanto a "legítima esfera de autonomia do agir econômico" quanto a tarefa do Estado de "determinar o enquadramento jurídico [dos] relacionamentos econômicos" (15/1). Ela "aponta o caminho de justas reformas" que "restituam ao trabalho a sua dignidade de livre atividade do homem" (15/2), que assegurem "níveis salariais adequados ao sustento do trabalhador e de sua família, inclusive com uma certa margem de poupança" (15/3), que garantam o "respeito de horários 'humanos' de trabalho e de repouso, bem como o direito de exprimir a própria personalidade no lugar de trabalho ['papel dos sindicatos']" (15/4). Para isso, "o Estado deve concorrer tanto direta [princípio de subsidiariedade] como indiretamente [princípio de solidariedade]" (15/5). O texto destaca, nesse contexto, a influência da *RN* e do magistério social da Igreja na realização de reformas que garantam "maior respeito dos direitos dos trabalhadores" (15/6), juntamente com a "ação do Movimento operário" (16/1) e do "processo livre de auto-organização da sociedade" (16/2).

Relendo a *RN*, diz o Papa, percebe-se como ela "indica as consequências, no terreno econômico-social, de um erro de muito mais vastas dimensões", que consiste numa "concepção da liberdade humana que a desvincula da obediência da verdade e, por conseguinte, também do dever de respeito aos direitos dos outros" (17/1). Suas "consequências extremas" aparecem no "trágico ciclo de guerras que revolveram a Europa e o mundo entre 1914 e 1945", fruto da "luta de classes, guerras civis e ideológicas": "injustiça" – "ódio e rancor" – "ideologias" (17/2-3). Depois de 1945, vive-se "mais uma situação de não guerra do que de paz verdadeira": "metade do continente caiu sob o domínio da ditadura comunista, enquanto a outra metade se organiza para se defender de tal perigo" (18/1); "uma corrida louca aos armamentos absorve os recursos necessários para um equilibrado progresso das economias nacionais e para o auxílio às nações mais desfavorecidas" – "lógica dos blocos e dos impérios" (18/2); "ameaça de uma guerra atômica" (18/3). É necessário rejeitar a "lógica" da guerra, isto é, "a ideia de que a luta pela destruição do adversário, a contradição e a própria guerra são fatores de progresso e avanço da história" (18/3).

Diante do "estender-se do totalitarismo comunista" (19/1), foram surgindo diversas respostas: "esforço positivo para reconstruir uma sociedade democrática e inspirada na justiça social" (19/2); "sistemas de 'segurança nacional'" (19/3); "sociedade do bem-estar ou sociedade de consumo" (19/4); "diversas variantes do socialismo com um caráter nacional específico" (19/5-6); "sentimento mais vivo dos direitos humanos" e do "direito dos povos" (21/1). Mas, não obstante todo esse processo, conclui o Papa, "o balanço geral das diversas políticas de auxílio ao desenvolvimento não é sempre positivo", sem falar que "as Nações Unidas ainda não conseguiram construir instrumentos eficazes, alternativos à guerra, na solução dos conflitos internacionais" (21/2).

III – O ano 1989

Partindo da "situação mundial" descrita no capítulo anterior, pode-se compreender o "inesperado e promissor alcance dos fatos dos últimos anos", cujo "ponto mais alto é constituído pelos acontecimentos de 1989 nos países da Europa central e oriental" (22/1). Eles envolvem "um arco de tempo e um horizonte geográfico mais amplo", no qual se inserem a queda de "regimes ditatoriais e opressivos" na América Latina, África e Ásia e o início de "transição para formas políticas mais participativas e mais justas" em alguns países (22/1). O Papa destaca aqui o "empenho da Igreja na defesa e promoção dos direitos do homem" (22/1), agradece a Deus o "testemunho" de tanta gente e suplica que ampare os "esforços para construir um futuro melhor", mostrando que os "complexos problemas" obtêm "melhor resolução pelo método do diálogo e da solidariedade, do que pela luta até à destruição do adversário e pela guerra" (22/2).

Dentre os "numerosos fatores que concorreram para a queda dos regimes opressivos", três são particularmente destacados: a) "o fato decisivo é certamente a violação dos direitos do trabalho", cuja crise se inicia com os movimentos operários na Polônia e cujo resultado é fruto de uma "luta pacífica que lançou mão apenas das armas da verdade e da justiça" (23/1-2); b) "ineficácia do sistema econômico, que não deve ser considerado apenas como um problema técnico, mas sobretudo como consequência da violação dos direitos humanos à iniciativa, à propriedade e à liberdade no setor da economia"; c) "dimensão cultural e nacional", enquanto modo de enfrentar a "questão sobre o sentido da existência pessoal" e em cujo centro está o "comportamento que o homem assume diante do mistério maior: o mistério de Deus" (24/1) – "a verdadeira causa das mudanças está no vazio espiritual provocado pelo ateísmo" (24/2).

Os acontecimentos de 1989, diz o Papa, "oferecem o exemplo do sucesso da vontade de negociação e do espírito evangélico contra um adversário decidido a não se deixar vincular por princípios morais" (25/1). É certo que "não é possível ignorar os inumeráveis condicionamentos em que a liberdade do indivíduo se exerce" (25/2). Tampouco se deve esquecer de que o homem, "criado para a liberdade, leva em si a ferida do pecado original" (25/3). Mas é certo também que "onde o interesse individual é violentamente suprimido, acaba substituído por um pesado sistema de controle burocrático que esteriliza as fontes da iniciativa e criatividade", e "a política torna-se uma 'religião secular' que se ilude de poder construir o paraíso neste mundo" (25/3). Nesse contexto, ao mesmo tempo que insiste que nenhuma "sociedade política" pode ser "confundida com o Reino de Deus" (25/3), o Papa recorda também que "os caminhos do Reino de Deus têm valor e incidência na vida das sociedades temporais" e que todos os cristãos estão chamados à "tarefa de animação evangélica das realidades humanas" (25/5).

Embora esses acontecimentos tenham se dado "prevalentemente nos países da Europa oriental e central, têm todavia uma importância universal, já que deles provêm consequências positivas e negativas que interessam a toda a família humana" e que se constituem como "ocasiões oferecidas à liberdade humana para colaborar com o desígnio misericordioso de Deus que atua na história" (26/1).

Consequências para o "encontro entre a Igreja e o Movimento operário, nascido de uma reação de ordem ética e explicitamente cristã contra uma geral situação de injustiça": se, durante muito tempo, prevalecia a convicção de que "para lutar eficazmente contra a opressão, os proletários deveriam apropriar-se das teorias materialistas e economicistas" (26/2), "na crise do marxismo ressurgem as formas espontâneas da consciência operária [...] segundo a Doutrina Social da Igreja" (26/3); se, "em passado recente, o desejo sincero de se colocar da parte dos oprimidos e de não ser lançado fora do curso da história induziu muitos crentes a procurar de diversos modos um compromisso impossível entre marxismo e cristianismo", diz o Papa, "o tempo presente, enquanto supera tudo o que havia de caduco nessas tentativas, convida a reafirmar a positividade de uma autêntica teologia da libertação humana integral" (26/5).

Consequências para os povos da Europa, ante o perigo de novas explosões de "ódios e rancores" com "graves conflitos e lutas" (27/1): "passos concretos para criar ou consolidar estruturas internacionais, capazes de intervir numa arbitragem conveniente dos conflitos que se levantam entre as nações" (27/2); "grande esforço para a reconstrução moral e econômica dos países que abandonaram o comunismo" (27/2) – é um "débito de justiça" e "corresponde aos interesses e ao bem geral da Europa" (28/2); "esforços de apoio e ajuda aos países do 'Terceiro Mundo'" com recursos provenientes da "desarticulação dos enormes arsenais militares" e abandono da "mentalidade que considera os pobres como um fardo e como importunos maçadores" (28/3); "o progresso não deve ser entendido de modo exclusivamente econômico, mas num sentido integralmente humano" que tem como ponto máximo o "exercício do direito-dever de procurar Deus, de o conhecer e viver segundo tal conhecimento" (29/1).

IV – A propriedade privada e o destino universal dos bens

O texto começa recordando que "Leão XIII, com diversos argumentos, insistia fortemente, contra o socialismo do seu tempo, no caráter natural do direito de propriedade privada"; que este direito "foi sempre defendido pela Igreja"; assim como o ensino de que "a propriedade dos bens não é um direito absoluto, mas, na sua natureza de direito humano, traz inscritos os próprios limites" (30/1). Noutras palavras: "ao proclamar o direito de propriedade privada, afirmava com igual clareza que o 'uso' das coisas, confiado à liberdade, está subordinado ao seu originário destino comum de bens criados e ainda à vontade de Jesus Cristo manifestada no Evangelho" (30/2). Esse duplo ensino foi repetido pelos sucessores de Leão XIII, pelo Concílio Vaticano II e retomado pelo próprio João Paulo II: "a necessidade e, por conseguinte, a liceidade da propriedade privada e conjuntamente os limites que pesam sobre ela" (30/2).

Relendo esse duplo ensinamento no contexto atual, "pode-se colocar a questão acerca da origem dos bens que sustentam a vida do homem, satisfazem as suas carências e são objeto dos seus direitos" (31/1). Sua "origem primeira" é o "ato de Deus que criou a terra e o homem e ao homem deu a terra para que a domine com o seu trabalho e goze dos seus frutos": "Deus deu a terra a todo o gênero humano" e aqui está a "raiz do destino universal dos bens da terra"; mediante o trabalho, o homem "apropria-se de uma parte da terra" e aqui está a "origem da propriedade individual" (31/2).

Mas, se "o trabalho e a terra" estão sempre no "princípio de cada sociedade humana", nem sempre "guardam a mesma relação entre si": no passado, "a *fecundidade da natureza* [...] era o principal fator de riqueza"; atualmente, é o "trabalho humano" que se destaca como "fator produtivo das riquezas" (31/3), e a riqueza se funda cada vez mais na "propriedade do conhecimento, da técnica e do saber" (32/1). É "cada vez mais evidente e determinante o papel do trabalho humano disciplinado e criativo e – enquanto parte essencial desse trabalho – das capacidades de iniciativa empresarial" (32/2). E todo esse processo faz ver que "a riqueza principal do homem é, em conjunto com a terra, o próprio homem", que, com sua inteligência, descobre "as potencialidades produtivas da terra e as múltiplas modalidades através das quais podem ser satisfeitas as necessidades humanas" – "o seu trabalho disciplinado, em colaboração solidária, permite a criação de comunidades de trabalho cada vez mais amplas e eficientes" (32/3).

Estamos diante de um processo complexo e ambíguo. Por um lado, "a moderna economia de empresa comporta aspectos positivos, cuja raiz é a liberdade da pessoa, que se exprime no campo econômico e em muitos outros campos" (32/4). Por outro lado, "não se podem deixar de denunciar os riscos e os problemas com esse tipo de processo": marginalização de amplos setores da população que vivem aglomerados nas cidades em "situações de precariedade violenta" (33/1); "exploração desumana", com relações de trabalho semelhantes às dos "momentos mais negros da primeira fase da industrialização" ou mesmo reduzidas a "condições de semiescravatura" – mesmo nas "sociedades mais avançadas" permanecem a "carência dos bens materiais", acrescida da carência dos bens "do conhecimento e da ciência" (33/2); "acesso equitativo [dos países mais pobres] ao mercado internacional" (33/4); marginalização nos países desenvolvidos dos que não conseguem requalificação e atualização, bem como anciãos, jovens incapazes e sujeitos mais débeis (33/5); o "livre mercado" se mostra muito eficaz para as "necessidades solvíveis" e para os recursos "comercializáveis", mas "existem numerosas carências humanas sem acesso ao mercado", e é "dever de justiça e verdade impedir que as necessidades humanas fundamentais permaneçam insatisfeitas e que pereçam os homens por elas oprimidos" – "existe algo que é devido ao homem porque é homem, com base na sua eminente dignidade" (34/1); é preciso "evitar a redução do trabalho humano e do próprio homem ao nível de simples mercadoria" (34/2).

E aqui, diz o texto, abre-se "um grande e fecundo *campo de empenho e luta*, em nome da justiça, para os sindicatos e outras organizações de trabalhadores que defendem direitos e tutelam o indivíduo" (35/1). O texto reconhece que "é correto falar de luta contra um sistema econômico, visto como método que assegura a prevalência absoluta do capital, da posse dos meios de produção e da terra, relativamente à livre subjetividade do trabalho e do homem", advertindo, porém, que nessa luta "não se veja, como modelo alternativo, o sistema socialista que, de fato, não passa de um capitalismo de Estado, mas uma *sociedade do trabalho livre, da empresa e da participação*" (35/2). E faz algumas precisões e/ou ponderações: esse modelo de sociedade "não se contrapõe ao mercado, mas requer que ele seja oportunamente controlado" (35/2); "a Igreja reconhece a justa *função do lucro*, como indicador do bom funcionamento da empresa", mas associada à "consideração de *outros fatores humanos e morais*" (35/3); "é inaceitável a afirmação de que a derrocada do denominado 'socialismo real' deixe o capitalismo como único modelo de organização econômica" (35/4); é preciso "quebrar as barreiras e os monopólios que deixam tantos povos à margem do progresso e garantir, a todos os indivíduos e nações, as condições basilares [para] participar no desenvolvimento" (35/4).

O Papa passa, então, a destacar alguns problemas/desafios próprios de cada povo em vista de seu desenvolvimento integral. No caso dos países mais pobres, pesa o problema da dívida externa: "não se pode pretender que as dívidas contraídas sejam pagas com sacrifícios insuportáveis [...] é necessário encontrar modalidades para mitigar, escalonar ou até cancelar a dívida" (35/5). No caso das economias mais avançadas, chama atenção para o "fenômeno do consumismo" (36), a "questão ecológica" (37), a "ecologia humana" (38-40) e a "alienação", enquanto "inversão dos meios pelos fins" (41).

E conclui retomando a questão se, "após a falência do comunismo", deve-se "propor" o capitalismo como modelo para os antigos países comunistas e para os países do Terceiro Mundo (42/1). A resposta depende da compreensão que se tenha de capitalismo: "se indica um sistema econômico que reconhece o papel fundamental e positivo da empresa, do mercado, da propriedade privada e da conseguinte responsabilidade pelos meios de produção, da livre criatividade humana no setor da economia", a resposta é "positiva"; mas, se indica "um sistema onde a liberdade no setor da economia não está enquadrada num sólido contexto jurídico que a coloque a serviço da liberdade humana integral", a resposta é "negativa" (42/2). O Papa faz ainda duas advertências importantes: a) "a solução marxista faliu, mas permanecem no mundo fenômenos de marginalização e de exploração [...] e fenômenos de alienação humana [...], contra os quais levanta-se com firmeza a voz da Igreja" (42/3); b) "a Igreja não tem modelos a propor", porém, "oferece, como *orientação ideal indispensável,* a própria doutrina social que reconhece o valor positivo do mercado e da empresa, mas indica ao mesmo tempo a necessidade de que estejam orientados ao bem comum", bem como "a legitimidade dos esforços dos trabalhadores para conseguirem o pleno respeito de sua dignidade e espaços maiores de participação na vida da empresa" (43/1).

V – Estado e cultura

O texto começa recordando que Leão XIII "não ignorava que uma *sã teoria do Estado* é necessária para assegurar o desenvolvimento normal das atividades humanas" e que na *RN* "apresenta a organização da sociedade segundo três poderes – legislativo, executivo e judicial"; afirma que isso "reflete uma visão realista da natureza social do homem, a qual exige uma legislação adequada para proteger a liberdade de todos" e que para esse fim "é preferível que cada poder seja equilibrado por outros poderes e outras esferas de competência que o mantenham no seu justo limite" – trata-se do "Estado de direito", regido pela "lei" e não pela "vontade arbitrária dos homens" (44/1).

A essa concepção de "Estado de Direito", diz o Papa, opôs-se nos tempos modernos o "totalitarismo": ele "nasce da negação da verdade em sentido objetivo", e sua raiz "deve ser individuada na negação da transcendente dignidade da pessoa humana, imagem visível de Deus invisível" (44/2); ele "comporta também a negação da Igreja" (45/1) e tende a "absorver a Nação, a sociedade, a família, as comunidades religiosas e as próprias pessoas" (45/2). O Papa afirma que a Igreja "encara com simpatia o sistema da democracia, enquanto assegura a participação dos cidadãos nas opções políticas e garante aos governados a possibilidade quer de escolher e controlar os próprios governantes, quer de os substituir pacificamente, quando tal se torne oportuno" (46/1), advertindo, porém, que "uma autêntica democracia só é possível num Estado de Direito e sobre a base de uma reta concepção da pessoa humana", que "uma democracia sem valores converte-se facilmente num totalitarismo aberto ou dissimulado, como a história demonstra" (46/2), e insistindo na inseparabilidade entre liberdade e verdade: "a liberdade só é plenamente valorizada pela aceitação da verdade" (46/4).

É verdade que, "após a queda do totalitarismo comunista e de muitos outros regimes totalitários e de 'segurança nacional', assistimos hoje à prevalência, não sem contrastes, do ideal democrático, em conjunto com uma viva atenção e preocupação pelos direitos humanos"; mas é preciso dar à democracia "um autêntico e sólido fundamento mediante o reconhecimento explícito dos referidos direitos": seja nos "povos que estão reformando os seus regimes" (47/1), seja nos "países onde vigoram formas de governo democrático, [onde] nem sempre estes direitos são respeitados" (47/2). O Papa afirma que "a Igreja respeita a *legítima autonomia da ordem democrática*", que "não é sua atribuição manifestar preferência por uma ou outra solução institucional ou constitucional" e que sua contribuição consiste precisamente na "visão da dignidade da pessoa, que se revela em toda plenitude no Verbo encarnado" (47/3).

Ele passa a fazer algumas considerações acerca do "papel do Estado na economia". Antes de tudo, "tarefas de harmonização e condução do progresso" (48/3): garantir "segurança no tocante às garantias da liberdade individual e da propriedade, além de uma moeda estável e serviços públicos eficientes" (48/1); "vigiar e orientar o exercício dos direitos humanos no setor econômico" (48/2); "intervir quando situações particulares de monopólio criem atrasos ou obstáculos ao desenvolvimento" (48/3). Em segundo lugar, "funções de suplência em situações excepcionais" (48/3), respeitando sempre o "princípio de subsidiariedade" (48/4) – e aqui faz um excurso sobre a importância das tarefas assistenciais e do voluntariado (49).

Por fim, o texto faz algumas considerações sobre a "cultura da nação", na qual se insere a "evangelização", e o desafio de uma "cultura da paz" entre as nações (50-52): "toda atividade humana tem lugar no seio de uma cultura e integra-se nela"; a formação cultural requer a "participação do homem" e se realiza antes de tudo no "coração do homem"; aqui se insere o "contributo específico e decisivo da Igreja em favor da verdadeira cultura" (51/1), que "não se restringe" aos limites da "família", da "Nação/Estado", mas abarca a "humanidade inteira" (51/2); é preciso gritar: "Nunca mais a guerra" (52/1) e faz-se necessário levar a sério que "o outro nome da paz é o desenvolvimento": "como existe a responsabilidade coletiva de evitar a guerra, do mesmo modo há a responsabilidade coletiva de promover o desenvolvimento" – tanto a "nível interno" quanto a "nível internacional" (52/2).

VI – O homem é o caminho da Igreja

O texto começa falando da preocupação não só de Leão XIII com a "miséria do proletariado", como também de seus sucessores com a "questão social" como constitutivo da "missão" da Igreja e afirmando que "seu único objetivo era *o cuidado e a responsabilidade pelo homem*, a ela confiado pelo próprio Cristo"; adverte que "não se trata do homem 'abstrato', mas do homem real, 'concreto', 'histórico'", pois "*este homem* é o primeiro caminho que a Igreja deve percorrer na realização da sua missão" (53/1); e insiste que "esta é a inspiração que preside a Doutrina Social da Igreja" (53/2).

E passa a fazer algumas considerações sobre a Doutrina Social da Igreja: "hoje especialmente visa ao homem, enquanto inserido na complexa rede de relações das sociedades modernas" (54/1); "tem o valor de um instrumento de evangelização: enquanto tal, anuncia Deus e o mistério de salvação em Cristo a cada homem e, pela mesma razão, revela o homem a si mesmo. A esta luz, e somente nela, se ocupa do resto" (54/2); "a Igreja recebe o sentido do homem da revelação divina" (55/1); "a antropologia cristã é realmente um capítulo da teologia e, pela mesma razão, a Doutrina Social da Igreja [...] 'pertence ao campo da teologia e especialmente da teologia moral'", que se revela "necessária para resolver os problemas da convivência humana" (55/2); "é indispensável a colaboração das Igrejas locais [...] para o seu estudo, divulgação e aplicação nos múltiplos âmbitos da realidade" (56/7); "para a Igreja, a mensagem social do Evangelho não deve ser considerada uma teoria, mas sobretudo um fundamento e uma motivação para a ação" (57/1); "a Igreja está consciente hoje mais do que nunca de que sua mensagem social encontrará credibilidade primeiro no *testemunho das obras* e só depois na sua coerência lógica" (57/2); "o amor ao homem – e em primeiro lugar ao pobre, no qual a Igreja vê Cristo – concretiza-se na *promoção da justiça*" (58/1) – "não se trata apenas de 'dar o supérfluo', mas de ajudar povos inteiros, que dele estão excluídos ou marginalizados, a entrarem no círculo do desenvolvimento econômico e humano" (58); a Doutrina Social da Igreja tem uma "dimensão interdisciplinar" (59/3) e uma "dimensão prática e em certo sentido experimental" (59/4), e exige a colaboração de todos para ser posta em prática: Igreja Católica, Igrejas cristãs, religiões, pessoas de boa vontade (60); no centro da doutrina social, como se pode verificar ao longo desses cem anos, está o empenho da Igreja na "defesa do homem" (61/1).

O Papa conclui sua reflexão recordando que essa encíclica "quis olhar ao passado, mas ela está lançada para o futuro" – "como a *Rerum Novarum*, ela coloca-se quase no limiar do novo século e deseja, com a ajuda de Deus, preparar a sua vinda" (62/1), agradecendo a Deus "por ter dado à sua Igreja a luz e a força para acompanhar o homem no seu caminho terreno para o destino eterno" e afirmando que "a Igreja, também no Terceiro Milênio, permanecerá fiel no assumir como próprio o caminho do homem, sabendo que não caminha só, mas com Cristo, seu Senhor", que "fez seu o caminho do homem e o guia mesmo quando ele não se dá conta" (62/3).

III – Destaques

Apresentamos em grandes linhas o contexto histórico no qual se insere a Encíclica *Centesimus Annus*: queda do regime soviético. Fizemos um resumo de seu conteúdo. Resta agora destacar alguns pontos ou aspectos que ajudem a compreender melhor o texto em seu contexto imediato e no contexto mais amplo da doutrina ou do ensino social da Igreja desenvolvido ao longo dos últimos cem anos.

1. Inserida no contexto das celebrações do centenário da encíclica de Leão XIII, a *CA* se propõe a fazer uma "releitura" da *RN* a partir de seu desenvolvimento nas encíclicas sociais posteriores, particularmente na *Laborem Exercens* e na *Solicitudo Rei Socialis*. Já na introdução do documento, é dito claramente que essa comemoração se refere "à encíclica leonina, mas engloba depois também as encíclicas e outros escritos [papais] que contribuíram para a tornar presente e operante ao longo do tempo, constituindo aquela que seria chamada 'doutrina social', 'ensino social' ou ainda 'magistério social' da Igreja" (2/1). Seu propósito é fazer uma "releitura" da *RN* num tríplice sentido: "olhar para trás" [texto], "olhar ao redor" [coisas novas], "olhar ao futuro" [incógnitas e promessas] (3/1),[26] destacando o "valor permanente do seu ensinamento" e o "verdadeiro sentido da Tradição da Igreja" (3/2). E esse caráter de "releitura" pode ser facilmente comprovado já pela ordem e pelo enfoque dos temas da *RN*, apresentados no primeiro capítulo: relações socioeconômicas, dignidade do trabalho, direito à propriedade privada, direitos do trabalhador, relações entre Estado e cidadãos. Mais que uma apresentação objetiva do pensamento de Leão XIII, deparamo-nos aqui com o pensamento social de João Paulo II já desenvolvido em outros textos.[27]

2. O que a princípio seria um texto comemorativo do centenário da *RN*, prolongando e desenvolvendo a reflexão social de João Paulo II em suas encíclicas sociais anteriores, foi profundamente condicionado e determinado pela queda do regime soviético em 1989. Já uma simples consideração do conteúdo e da extensão dos capítulos, indica que "a análise dos acontecimentos de 1989 a 1990 terminou deslocando

---

[26] Cf. ÁVILA, *Centesimus annus*, p. 149-152.
[27] Cf. CAMACHO, *Doutrina Social da Igreja*, p. 508.

o que teria sido o motivo inicial" da encíclica: dos seis capítulos que compõem o texto, apenas um está dedicado diretamente à *RN* (cap. I) e quatro estão dedicados à análise da queda do regime soviético e de suas consequências (cap. II-V).[28] Isso se justifica pelo impacto e pela importância desse acontecimento na geopolítica mundial. Mas se justifica também, e não em menor medida, por seu impacto e por sua importância na vida do Papa polonês. E isso repercute decisivamente na análise que ele faz do século XX (cap. II) e de sua culminância em 1989 (cap. III). Basta ver as referências que faz à Polônia ao mostrar alguns fatores que contribuíram para a queda do regime (23-24) e a responsabilização unilateral do socialismo pelos grandes problemas do século XX, afastando-se, inclusive, das análises feitas nas Encíclicas *Laborem Exercens* e *Sollicitudo Rei Socialis*, muito mais equilibradas na crítica ao socialismo e ao capitalismo.[29]

3. Mas isso não significa que se possa tratar a *CA* como uma encíclica capitalista, como pretendem certas análises liberais ou críticas.[30] Há várias afirmações e indicações no texto que impedem essa identificação interessada ou apressada: "É inaceitável a afirmação de que a derrocada do denominado 'socialismo real' deixe o capitalismo como único modelo de organização econômica" (35/4); aceitação de "um sistema econômico que reconhece o papel fundamental positivo da empresa, do mercado, da propriedade privada [...], da criatividade humana no setor da economia", mas recusa de um "sistema onde a liberdade no setor da economia não está enquadrada num sólido contexto jurídico que a coloque a serviço da liberdade humana integral" (42/2); afirmação de que "a propriedade dos bens não é um direito absoluto, mas, na sua natureza, traz inscrito os próprios limites" (30/1); limites do mercado (34, 40); advertência contra o "risco de uma 'idolatria' do mercado" (40/2) em que se "confia fideisticamente" no "livre desenvolvimento das forças de mercado (42/3). Sem falar que "os princípios e critérios mais radicais

---

[28] CAMACHO, *Doutrina Social da Igreja*, p. 507s.

[29] Cf. CAMACHO, *Doutrina Social da Igreja*, p. 511s; ASSMANN, Cultura de mercado e cultura solidária, p. 852, 861.

[30] Cf. KLOPPENBURG, *Centesimus annus*, p. 239-257; GIRARDI, *La túnica rasgada*, p. 119-147; BOFF, O capitalismo triunfante na visão atual de João Paulo II, p. 825-846.

enunciados pelo Papa [destinação universal dos bens, solidariedade, subjetividade da sociedade, dignidade humana[31]] adquirem uma força peculiar e se encontram em rota de colisão com a lógica antissolidária do 'capitalismo real'".[32]

4. A derrocada do regime soviético não significa afirmação do capitalismo como alternativa para o mundo (35/4, 42). Tampouco o reconhecimento do "papel fundamental e positivo da empresa, do mercado, da propriedade privada [e] da livre criatividade humana" (42/2), significa adesão ao capitalismo liberal que é o único capitalismo que existe e que foi definido por Paulo VI na Encíclica *Populorum Progressio* como um "nefasto sistema" que considera "o lucro como o motor essencial do progresso econômico, a concorrência como lei suprema da economia, a propriedade privada dos bens de produção como direito absoluto, sem limite nem obrigações sociais correspondentes" (*PP* 26). João Paulo II defende "uma sociedade do trabalho livre, da empresa e da participação" que "não se contrapõe ao livre mercado, mas requer que ele seja oportunamente controlado pelas forças sociais e estatais, de modo a garantir a satisfação das exigências fundamentais de toda sociedade" (35/2), bem como insiste na necessidade de "quebrar as barreiras e os monopólios que deixam tantos povos à margem do progresso e garantir a todos os indivíduos e nações as condições basilares que lhes permitam participar no desenvolvimento" (35/4). Não por acaso, diz ser mais apropriado falar aqui de "economia de empresa", "economia de mercado" ou "economia livre" (42/2).

5. Para além da análise sobre o século XX e os acontecimentos de 1989 (cap. II e III), fato é que "a crise do marxismo não elimina as situações de injustiça e de opressão no mundo" (26/4). O Papa afirma que "a solução marxista faliu, mas permanece no mundo fenômenos de marginalização e de exploração, especialmente no Terceiro Mundo, e fenômenos de alienação humana, especialmente nos países mais avançados"; diz que "a queda do sistema comunista, em tantos países, elimina certamente um obstáculo para enfrentar de modo adequado e realístico os problemas, mas não basta para resolvê-los" e chega inclusive a

---

[31] HASSMANN, Cultura de mercado e cultura solidária, p. 867-872.

[32] HASSMANN, Cultura de mercado e cultura solidária, p. 848.

reconhecer e advertir contra o "risco de se difundir uma ideologia radical de tipo capitalista, que se recusa a tomá-los em conta, considerando *a priori* condenada ao fracasso toda tentativa de os encarar e confia fideisticamente a sua solução ao livre desenvolvimento das forças de mercado" (42/3). A encíclica não se limita a fazer uma análise do regime soviético e de seu fracasso (cap. II e III), mas se esforça por identificar os grandes problemas com os quais se enfrenta o mundo atual e indicar princípios que orientem na busca de soluções justas e adequadas para esses problemas (cap. IV, V e VI). Tem, portanto, um caráter analítico (análise da realidade) e propositivo-prospectivo (enfrentamento e superação dos grandes problemas).

6. Retomando uma tese presente nas Encíclicas *Quadragesimo Anno* (*QA* 41) de Pio XI, *Populorum Progressio* (*PP* 13) e *Octogesima Adveniens* (*OA* 4, 36, 49) de Paulo VI, reafirmada por ele nas Encíclicas *Laborem Exercens* (*LE* 1/4, 24/2) e *Sollicitudo Rei Socialis* (*SRS* 41), João Paulo II deixa claro que "a Igreja não tem modelos a propor" e que "os modelos reais e eficazes poderão nascer apenas no quadro das diversas situações históricas, graças ao esforço dos responsáveis que enfrentam os problemas concretos em todos os seus aspectos sociais, econômicos, políticos e culturais que se entrelaçam mutuamente" (43/1). Isso não significa que a Igreja não tenha nada a ver com isso nem tenha uma contribuição específica na busca e construção de alternativas. Ela "oferece, como *orientação ideal indispensável*, a própria doutrina social que reconhece o valor positivo do mercado e da empresa, mas indica ao mesmo tempo a necessidade de que estes sejam orientados ao bem comum", assim como "reconhece também a legitimidade dos esforços dos trabalhadores para conseguirem o pleno respeito da sua dignidade e espaços maiores de participação na empresa" (43/1). Nesse sentido, compreende-se bem a reflexão do Papa sobre "a propriedade privada e o destino universal dos bens" (cap. IV), "Estado e cultura" (cap. V) e o homem como "caminho da Igreja" (cap. VI).

7. Por fim, convém advertir que "o próprio caráter das questões tratadas nas encíclicas sociais, as condições históricas em que estas emergem e a própria concepção pessoal de cada Papa sobre as questões tratadas imprimem à Doutrina Social da Igreja um caráter híbrido de princípios éticos gerais e aplicação concreta dos mesmos", o que exige

na análise e interpretação desses textos esforço atento e rigoroso de distinção entre "questões tipicamente doutrinárias, relativas aos princípios da fé ou relacionadas com a unidade da Igreja", e "questões contingentes no campo da economia, da sociedade, da política ou das ciências sociais em geral".[33] Isso que vale para o conjunto das encíclicas sociais, vale de modo particular para a Encíclica *CA*, dado o intenso envolvimento pessoal/subjetivo/afetivo de Karol Wojtyla com a problemática em questão. Aliás, depois de indicar os objetivos da encíclica, o próprio Papa conclui a introdução do documento recordando que "a atenta consideração do evoluir dos acontecimentos, para discernir as novas exigências da evangelização, faz parte da tarefa dos pastores", advertindo, entretanto, que "tal exame não pretende dar juízos definitivos, não fazendo parte, por si, do âmbito específico do magistério" (3/5). É preciso, pois, distinguir entre os "princípios permanentes" (ético-religioso) e suas "aplicações concretas" (análises e propostas).[34]

IV – Referências

ALBURQUERQUE, Eugenio. *Moral social cristiana*: Camino de liberación y de justicia. Madrid: San Pablo, 2006.

ARRIGHI, Giovanni. *O longo século XX*: dinheiro, poder e as origens de nosso tempo. Rio de Janeiro/São Paulo: Contraponto/Unesp, 1996.

ASSMANN, Hugo. Cultura de mercado e cultura solidária. *REB* 204 (1991), p. 847-873.

ÁVILA, Fernando Bastos. "Centesimus Annus". *Pers. Teol.* 60 (1991), p. 149-52.

BOFF, Clodovis. O capitalismo triunfante na visão atual de João Paulo II. *REB* 204 (1991), p. 825-846.

CAMACHO, Ildefonso. *Doutrina Social da Igreja*: abordagem histórica. São Paulo: Loyola, 1995.

---

[33] DELGADO, Sobre o status do mercado, do capital e do capitalismo na *Centesimus Annus*, p. 874.

[34] BOFF, O capitalismo triunfante na visão atual de João Paulo II, p. 843.

DELGADO, Guilherme. Sobre o status do mercado, do capital e do capitalismo na *Centesimus Annus*. *REB* 204 (1991), p. 874-882.

GIRARDI, Giulio. *La túnica rasgada*: La identidad Cristiana, hoy, entre Liberación y restauración. Santander: Sal Terrae, 1991.

GUTIRREZ, Ezequiel. *De Leão XIII a João Paulo II*: cem anos de Doutrina Social da Igreja. São Paulo: Paulinas, 1995.

HOBSBAWM. *Era dos extremos*: o breve século XX (1914-1991). São Paulo: Companhia das Letras, 1995.

JOÃO PAULO II. Carta Encíclica *Centesimus Annus*, São Paulo: Paulinas, 2012.

KLOPPENBURG, Boaventura. "Centesimus Annus." *Teocomunicação* 93 (1991), p. 239-257.

PAULO VI. Carta Encíclica *Populorum Progressio*: sobre o desenvolvimento dos povos. São Paulo: Paulinas, 1990.

PONS, Silvio. *A revolução global*: história do comunismo internacional (1917-1991). Rio de Janeiro/Brasília: Contraponto/Fundação Astrogildo Pereira, 2014.

VISENTINI, Paulo Fagundes. *Os paradoxos da revolução russa*: ascensão e queda do socialismo soviético (1917-1991). Rio de Janeiro: Alta Books, 2017.

Carta Encíclica
Caritas in Veritate

A Carta Encíclica *Caritas in Veritate* (*CV*) do Papa Bento XVI foi publicada no dia 29 de junho de 2009. É a mais extensa de todas as encíclicas sociais já publicadas. Pensada no contexto da celebração dos quarenta anos da encíclica *Populorum Progressio* de Paulo VI (1967), apresentada como "a *Rerum Novarum* da época contemporânea", teve sua promulgação postergada por dois anos, também por conta da crise econômica mundial que explodiu em setembro de 2008, como indicou o próprio Papa na entrevista concedida aos jornalistas por ocasião de sua viagem apostólica aos Camarões e Angola no dia 17 de março de 2009.[1] Ela retoma a problemática do "desenvolvimento humano integral" no contexto de uma sociedade cada vez mais globalizada e de uma grande crise econômica. E traz a marca de seu autor: um enfoque mais teológico, um método mais dedutivo, um acento mais ético-antropológico e um destaque particular para dois temas/problemas centrais em sua reflexão: relativismo e fé e razão. O título da encíclica e a segunda parte de seu subtítulo dão o tom e o rumo da reflexão: a expressão *caritas* remete à Encíclica *Deus Caritas Est* e indica a perspectiva teológica de sua reflexão moral (Deus amor como fonte e fundamento do amor humano e do desenvolvimento humano); a expressão *caritas in veritate*, invertendo a

---

[1] Cf. BENTO XVI, Entrevista concedida aos jornalistas durante a viagem aérea para a África.

expressão paulina *veritas in caritate* (Ef 4,15), mostra a preocupação e o enfoque de seu autor (problema da "verdade" num contexto de "relativismo" e sua abordagem a partir da unidade entre "fé e razão").

Como as demais encíclicas sociais, ela deve ser considerada como parte do ensino ou da Doutrina Social da Igreja (retomada, atualização, enriquecimento) e como contribuição própria de seu autor (preocupação, enfoque, perspectivas). Mas não é um texto simples e de fácil leitura. Pelo contrário. É um texto muito denso, dirigido a um leitor bem formado e informado, cuja compreensão supõe um nível razoável de conhecimento sociopolítico e econômico, filosófico e teológico, particularmente em termos de doutrina social. Para ajudar na leitura e compreensão desse documento, indicaremos alguns traços ou características do atual contexto socioeclesial, faremos um resumo de seu conteúdo e destacaremos algumas peculiaridades dessa encíclica no contexto mais amplo de desenvolvimento do ensino ou da Doutrina Social da Igreja.

I – Contexto histórico

Se nenhum texto pode ser compreendido adequadamente fora de seu contexto, menos ainda um texto que trata explicitamente de problemas contextuais, como é o caso das encíclicas sociais. Por mais que estejam inseridas numa longa tradição com a qual dialogam e que procuram atualizar, elas tratam de problemas atuais e têm a marca de seus autores. Não podem ser compreendidas fora de seu contexto (problemática) nem independentemente de seus autores (preocupação, enfoque, postura).

A Encíclica *Caritas in Veritate* de Bento XVI expressa bem esse duplo caráter contextual do texto. Ela retoma a problemática do "desenvolvimento humano integral", tratada nas Encíclicas *Populorum Progressio* de Paulo VI (1967) e *Sollicitudo Rei Socialis* de João Paulo II (1987), num novo contexto e numa nova perspectiva. Por mais que trate da mesma problemática e tenha muito em comum com essas encíclicas (atualização), carrega a marca de seu tempo (globalização) e de seu autor (Ratzinger/Bento XVI).

Se a Encíclica *Populorum Progressio* foi escrita num contexto de *otimismo* generalizado em relação ao progresso/desenvolvimento dos povos (década de 1960)[2] e a Encíclica *Sollicitudo Rei Socialis* foi escrita num contexto de *descrédito e pessimismo* crescentes com as reais possibilidades desse progresso/desenvolvimento (década de 1980),[3] a Encíclica *Caritas in Veritate* foi escrita no contexto da nova ordem mundial que se impôs com o fim do regime soviético e da guerra fria e, mais precisamente, em meio à primeira grande crise econômica do século XXI (década de 2010).

A queda do regime soviético foi um acontecimento histórico decisivo na geopolítica mundial. Ela marca o fim de uma forma de configuração e gestão das relações internacionais, dinamizada pela tensão e contraposição entre os blocos capitalista e socialista (guerra fria) e dominada pelas duas grandes potências mundiais (EUA e URSS), ao mesmo tempo que inaugura uma nova etapa na história da humanidade que bem pode ser caracterizada em termos de globalização, não apenas no sentido de aprofundamento das relações internacionais, mas no sentido mais radical de que a vida das pessoas e dos povos está cada vez mais determinada por fatores e processos de ordem global.[4] Trata-se de um processo intenso de globalização, cujo resultado é uma sociedade globalizada.

Certamente, isso não surgiu do nada nem a toque de mágica. É fruto de um processo intenso de interdependência global, possibilitado e condicionado por fatores diversos que se aprofundaram e se implicaram ao longo das décadas de 1970-1980, no contexto de uma profunda crise do sistema capitalista: relações comerciais entre países, desenvolvimento tecnológico, processo de financeirização do capital. O fim do comunismo soviético e da guerra fria entre URSS e EUA, além de intensificar e radicalizar esse processo, criou/impôs a ilusão de uma ordem mundial de paz, democracia, direitos humanos e prosperidade, regida pela lógica do mercado e legitimada pela ideologia neoliberal: o comunismo ruiu! O capitalismo triunfou! Não há alternativa! Francis Fukuyama,

---

[2] Cf. CAMACHO, *Doutrina Social da Igreja*, p. 315-338.

[3] Cf. CAMACHO, *Doutrina Social da Igreja*, p. 421-452.

[4] Cf. GONZÁLEZ, Orden mundial y Liberación, p. 629-652.

cientista político estadunidense, assessor do então Presidente Ronald Reagan, chegou mesmo a falar em "fim da história",[5] no sentido de que, com a derrocada do regime soviético e o triunfo do capitalismo e da democracia liberal, a história da humanidade teria atingido o auge de sua evolução, criando um único mundo: o mundo capitalista liberal, regido pela lógica e pela ideologia do mercado.

Mas a realidade é mais complexa do que parece e as ideologias normalmente apresentam/vendem mais projetos que diagnósticos. É verdade que o mundo atual é dominado e regido pela lógica do mercado. Mas é verdade também que seu resultado não é tão perfeito nem tão positivo ou ideal assim.[6] Não produziu nem a paz, nem a democracia, nem os direitos humanos, nem a prosperidade que prometera. Se Eric Hobsbawm falava do século XX como a "era dos extremos",[7] Paulo F. Visentini diz que "o século XXI emerge como uma caótica era de incertezas".[8]

Não é preciso ser um especialista nem fazer muito esforço para ver a proliferação de conflitos, o aumento da pobreza e das desigualdades, a crescente violação de direitos humanos, o aprofundamento da crise ambiental e o ressurgimento de fundamentalismos político-religiosos em diferentes regiões do planeta. A nova ordem mundial não trouxe nem paz nem prosperidade. E a crise econômica mundial que explodiu em setembro de 2008 mostrou que o mercado é incapaz não só de promover uma equitativa distribuição de bens e riquezas, mas também de se manter sem o Estado. Depende dele tanto para criar e garantir as condições políticas de seu funcionamento (política econômica) quanto para alimentá-lo (pagamento de juros) e socorrê-lo em tempos/situações de crise (salvar empresas e bancos falidos) com o dinheiro público. O discurso do "Estado mínimo" não passa de uma estratégia retórica cínica para justificar políticas econômicas voltadas para os interesses dos grandes grupos econômicos.

Por isso não basta constatar que vivemos em uma sociedade globalizada. É preciso avançar na análise das características e das consequências

---

[5] Cf. FUKUYAMA, *O fim da história e o último homem.*

[6] Cf. HOBSBAWM, *Era dos extremos*, p. 537-562.

[7] Cf. HOBSBAWM, *Era dos extremos.*

[8] Cf. VISENTINI, *O caótico século XXI*, p. XI.

do processo de globalização em curso.[9] Não a globalização ideal, mas a globalização real. Trata-se certamente de um processo complexo que não se deixa simplificar nem em sua constituição e em seu dinamismo nem em sua avaliação e valoração ético-religiosa; mas um processo que se constitui e se caracteriza, em última instância, como "uma nova forma de acumulação e regulação do capital que se tornou, no sentido pleno, um sistema econômico mundial".[10] Por mais que a globalização não se reduza a uma questão econômica, sua configuração atual tem no aspecto econômico seu fator mais decisivo e determinante. Ela se caracteriza fundamentalmente como "uma nova forma de acumulação e regulação do capital".

Dentre os vários fatores que contribuíram e confluíram nesse processo, três são particularmente relevantes. Antes de tudo, a *revolução tecnológica* que fez da ciência e da técnica o eixo central do processo de produção e acumulação do capital. A "tecnologia de informação" possibilitou tanto o aumento da produtividade, mediante o que se convencionou chamar "automação flexível" do processo produtivo, quanto a aceleração e ampliação do "mercado financeiro", cada vez mais independente da economia real.[11] Em segundo lugar, o processo crescente de *financeirização do capital*. Seja ou não verdade a tese de Arrighi de que o modo de acumulação capitalista é marcado por uma alternância de épocas/fases de "expansão material" e épocas/fases de "expansão financeira" do capital,[12] fato é que "em meados da década de 1970 o volume de transações puramente monetárias realizadas nos mercados monetários *offshore* já ultrapassava em muitas vezes o valor do comércio mundial".[13] Não se trata apenas de uma "aceleração dos movimentos do capital pela unificação eletrônica dos mercados financeiros", mas,

---

[9] Cf. HÖFFE, *A democracia no mundo de hoje*; TEIXEIRA; OLIVEIRA, *Neoliberalismo e reestruturação produtiva*; HINKELAMMERT, A globalização como ideologia encobridora que desfigura e justifica os males da realidade atual, p. 686-696; OLIVEIRA, *Desafios éticos da globalização*; AQUINO JÚNIOR, *A dimensão socioestrutural do reinado de Deus*, p. 68-85.

[10] OLIVEIRA, *Desafios éticos da globalização*, p. 126s.

[11] Cf. OLIVEIRA, *Desafios éticos da globalização*, p. 82-91, 126-132, 171s.

[12] ARRIGHI, *O longo século XX*, p. 6, 309.

[13] ARRIGHI, *O longo século XX*, p. 309.

sobretudo, da "tendência da autonomização dos circuitos financeiros, que desenvolvem uma dinâmica própria, independente da economia real".[14] Em terceiro lugar, um processo progressivo e intenso de *reestruturação política dos Estados nacionais*, mediante políticas de ajustes econômicos, traçadas e impostas pelas instituições financeiras internacionais. Os Estados nacionais se tornam cada vez mais impotentes em termos de política econômica e dependentes dessas instituições financeiras que se constituem como verdadeiros governos paralelos independentes.[15]

As consequências mais trágicas desse processo de globalização, caracterizado por Manfredo Oliveira como "uma nova forma de acumulação e regulação do capital",[16] são o desemprego estrutural,[17] a subordinação da política à economia[18] e da produção à especulação,[19] o aumento da pobreza e das desigualdades,[20] a redução drástica do poder dos Estados nacionais em termos de política econômica e a ausência de um sistema mundial de regulamentação política da economia.[21] Infelizmente, a globalização da economia não foi acompanhada da criação de instituições e mecanismos políticos globais capazes de regular a economia mundial, deixando a humanidade à mercê dos interesses, das aventuras e dos riscos financeiro-especulativos dos grandes grupos econômicos mundiais, como se viu na crise econômica de 2008.[22] Sem entrar nos aspectos e dados técnicos imediatos e sistêmicos da crise, importa chamar atenção aqui para as consequências socioeconômicas trágicas da subordinação da política à economia e, no âmbito da economia, da produção à especulação, bem como para a necessidade

---

[14] Cf. OLIVEIRA, *Desafios éticos da globalização*, p. 131.

[15] Cf. OLIVEIRA, *Desafios éticos da globalização*, p. 79-102.

[16] OLIVEIRA, *Desafios éticos da globalização*, p. 126s.

[17] Cf. TEIXEIRA; OLIVEIRA, *Neoliberalismo e reestruturação produtiva*.

[18] Cf. OLIVEIRA, *Desafios éticos da globalização*, p. 133s.

[19] Cf. ARRIGHI, *O longo século XX*, p. 309; OLIVEIRA, *Desafios éticos da globalização*, p. 90s, 131.

[20] Cf. OLIVEIRA, *Desafios éticos da globalização*, p. 99-102.

[21] Cf. OLIVEIRA, *Desafios éticos da globalização*, p. 89-91, 135-137.

[22] Cf. BORÇA JÚNIOR; TORRES FILHO, Analisando a crise do *subprime*, p. 129-159; DOWBOR, Que crise é esta?, p. 1-25.

e urgência de criar mecanismos políticos globais capazes de regular a economia mundial em função da garantia das condições materiais de vida da humanidade e não em função dos interesses especulativos das elites financeiras do planeta.

É nesse contexto sócio-político-econômico que o Papa Bento XVI publica sua Encíclica *Caritas in Veritate*, "sobre o desenvolvimento humano integral na caridade e na verdade". Ele retoma a problemática do desenvolvimento humano, tratada por Paulo VI e por João Paulo II, no contexto da nova ordem mundial, em perspectiva ético-teológica e a partir de suas preocupações fundamentais. É a mesma problemática ("desenvolvimento humano integral"), tratada em um novo contexto (sociedade globalizada) e com um enfoque peculiar (*Caritas in Veritate*).

A eleição do Cardeal Ratzinger como sucessor de João Paulo II no dia 19 de abril de 2005 indicava a opção da maioria do colégio cardinalício pela continuidade do projeto eclesiológico conduzido pelo Papa polonês por quase três décadas e caracterizado por João Batista Libanio, com palavras dos Papas João Paulo I e João Paulo II, como *A volta à Grande Disciplina*.[23] Se no evento conciliar e no imediato pós-concílio, sob a liderança de João XXIII e de Paulo VI, prevaleceu uma postura mais positiva e criativa de diálogo/colaboração com o mundo e de renovação da Igreja, aos poucos, sob a liderança de João Paulo II, vai se impondo uma postura mais pessimista e reativa em relação ao mundo e ao processo de renovação eclesial em curso. Se era comum na Europa falar de "primavera eclesial" em referência ao concílio e sua imediata recepção, muitos teólogos passam a falar da situação atual da Igreja em termos de "inverno eclesial". Não se trata, evidentemente, de uma negação pura e simples do concílio, mas de seu enquadramento disciplinar pela autoridade eclesiástica: Insiste na fidelidade ao concílio, mas identifica essa fidelidade com fidelidade/submissão à autoridade eclesiástica.[24] E o Cardeal Ratzinger não só foi um dos colaboradores mais próximos e mais importantes de João Paulo II, mas, como teólogo,

---

[23] Cf. LIBANIO, *A volta à Grande Disciplina*.

[24] Cf. LIBANIO, *A volta à Grande Disciplina*, p. 131-158; LIBANIO, *Cenários de Igreja*, p. 15-47.

Prefeito da Congregação para a Doutrina da Fé, teve um papel fundamental e decisivo nessa mudança de perspectiva eclesial.

Vale a pena retomar a longa e polêmica entrevista que ele concedeu ao jornalista italiano Vittorio Messori,[25] pouco antes do Sínodo dos Bispos de 1985, convocado pelo Papa João Paulo II, por ocasião dos vinte anos de encerramento do Concílio Vaticano II. Depois de um capítulo mais introdutório, o primeiro tema da entrevista é o Concílio Vaticano II.[26] Seu diagnóstico sobre os tempos pós-conciliares é bastante pessimista. Já em 1975, afirmava que o concílio se encontrava em uma "luz crepuscular", sendo "considerado superado" pela chamada "ala progressista" e "julgado responsável pela atual decadência da Igreja Católica" pela chamada "ala conservadora".[27] E agora é ainda mais contundente: "É incontestável que os últimos vinte anos foram decididamente desfavoráveis à Igreja Católica. Os resultados que se seguiram ao concílio parecem cruelmente opostos às expectativas de todos": a) "esperavam uma nova unidade católica e, pelo contrário, caminhou-se ao encontro de uma dissenção que [...] pareceu passar da autocrítica à autodestruição"; b) "esperava-se um novo entusiasmo e, no entanto, muito frequentemente se chegou ao tédio e ao desencorajamento"; c) "esperava-se um salto para a frente e, no entanto, o que se viu foi um progressivo processo de decadência que se veio desenvolvendo, em larga medida, sob o signo de um presumido 'espírito do Concílio'".[28]

Certamente, para ele, "os danos encontrados nestes últimos anos não são atribuíveis ao concílio 'verdadeiro'", mas a forças adversas internas ("otimismo fácil" com a modernidade) e externas ("revolução cultural") à Igreja.[29] Daí sua insistência em "voltar aos textos autênticos do Vaticano II autêntico",[30] sua aversão ao "autointitulado 'espírito do

---

[25] Cf. RATZINGER; MESSORI, *A fé em crise?*; GIRARDI, *La túnica rasgada*, p. 69-107; BEOZZO, *O Vaticano II e a Igreja latino-americana*, p. 51-86.

[26] Cf. RATZINGER; MESSORI, *A fé em crise?*, p. 15-28.

[27] RATZINGER; MESSORI, *A fé em crise?*, p. 15s.

[28] RATZINGER; MESSORI, *A fé em crise?*, p. 16s.

[29] RATZINGER; MESSORI, *A fé em crise?*, p. 17.

[30] RATZINGER; MESSORI, *A fé em crise?*, p. 18.

Concílio' que, na verdade, é o seu verdadeiro 'antiespírito'", e sua oposição decidida ao "esquematismo de um *antes* e um *depois* na história da Igreja".[31] Chega mesmo a falar em "restauração", não no sentido de um "voltar para trás", mas no sentido de "busca de um novo equilíbrio após [o que considera] os exageros de uma indiscriminada abertura ao mundo [e] as interpretações por demais positivas de um mundo agnóstico e ateu"; diz que "uma tal 'restauração' é absolutamente almejável e, aliás, está em ação na Igreja", marcando uma nova etapa na vida da Igreja: "pode-se dizer que se encerrou a primeira fase após o Concílio Vaticano II".[32]

Isso expressa bem sua sintonia e sua colaboração decisiva com essa nova fase de recepção do concílio que tem no Sínodo dos Bispos de 1985 um marco fundamental.[33] Está em jogo, como no concílio, a compreensão mesma da Igreja e sua missão no mundo. Mais precisamente, a interpretação da compreensão conciliar da Igreja. Pensando na Encíclica *CV*, convém destacar na entrevista sua reação ao que qualifica como "otimismo fácil" com a modernidade e à "revolução cultural" ocidental "com sua ideologia liberal-radical, marcada pelo individualismo, racionalismo e hedonismo".[34] Isso é fundamental para compreender sua abordagem filosófico-teológica do "desenvolvimento humano": seja no diagnóstico (relativismo), seja no enfoque ou na perspectiva (caridade na verdade, fé-razão, ética). A problemática da Verdade em sua relação essencial com a revelação e a fé constitui um fator determinante de sua reflexão.[35] Não por acaso, intitula sua encíclica social *Caritas in Veritate*, invertendo a expressão paulina *veritas in caritate* (Ef 4,15) e pondo o acento na problemática da Verdade. Mais que um tema/ponto entre outros, trata-se aqui de um elemento determinante de sua reflexão que indica tanto sua preocupação (problema da "verdade" num contexto de "relativismo") quanto seu enfoque (unidade entre "fé e razão") fundamentais.

---

[31] RATZINGER; MESSORI, *A fé em crise?*, p. 21.

[32] RATZINGER; MESSORI, *A fé em crise?*, p. 23.

[33] Cf. COMBLIN, *O povo de Deus*, p. 115-132.

[34] RATZINGER; MESSORI, *A fé em crise?*, p. 17.

[35] Cf. HABERMAS; RATZINGER, *Dialética da secularização*.

II – Texto: estrutura e conteúdo

Tendo apresentado alguns aspectos do contexto sócio-político-econômico em que se insere a Encíclica *Caritas in Veritate*,[36] bem como do contexto, da perspectiva e das preocupações eclesiais de seu autor, podemos passar agora à leitura do texto, destacando sua estrutura e oferecendo uma síntese de seu conteúdo.[37]

1. Estrutura

O texto tem uma introdução, seis capítulos e uma conclusão: A *Introdução* contextualiza a encíclica e apresenta seu objetivo e seu enfoque fundamental (1-9); o *Capítulo I* recolhe "a mensagem da *Populorum Progressio*" (10-20); o *Capítulo II* trata do "desenvolvimento humano no nosso tempo" (21-33); o *Capítulo III* aborda os temas "fraternidade, desenvolvimento econômico e sociedade civil" (34-42); o *Capítulo IV* segue com os temas "desenvolvimento dos povos, direitos e deveres, ambiente" (43-52); o *Capítulo V* insiste na "colaboração da família humana" (53-67); o *Capítulo VI* está dedicado à questão do "desenvolvimento dos povos e a técnica" (68-77); e a *Conclusão* retoma e reafirma o enfoque teológico da abordagem da problemática do desenvolvimento humano (78-79).

Parece uma estrutura bastante simples, clara e coerente. Mas uma leitura mais atenta do texto mostra que a coisa é bem mais complexa do que parece. Por um lado, os títulos dos capítulos nem sempre indicam com clareza a "mensagem ou a estrutura do texto".[38] Por outro lado, a essa organização do texto em capítulos subjaz uma estrutura teórica mais fundamental e decisiva que consiste numa forma específica de

---

[36] Cf. BENTO XVI. *Caritas in Veritate*. A partir de agora, os números entre parênteses, sem outra indicação, remetem a esse documento. O primeiro algarismo indica o número do documento e o segundo, o parágrafo do referido número, quando houver mais de um parágrafo.

[37] Cf. SCHNEIDER, *Caritas in Veritate*, p. 772-796; GASDA, *Caritas in Veritate*, p. 797-818; DOSSIER "CARITAS IN VERITATE"; CAMACHO, De *Populorum Progressio* a *Caritas in Veritate*, p. 421-442; CAMACHO, Primera encíclica social de Benedicto XVI, p. 629-654.

[38] CAMACHO, Primera encíclica social de Benedicto XVI, p. 634.

abordagem teológica que, distanciando-se do método "ver-julgar-agir",[39] parte de grandes princípios doutrinais e busca sua aplicação em determinadas situações ou realidades: "Tal maneira de proceder supõe um método mais dedutivo que contrasta com o método mais indutivo que pareceu se impor desde João XXIII".[40]

2. Conteúdo

Para ajudar na compreensão da encíclica, faremos uma síntese de seu conteúdo, seguindo rigorosamente sua estrutura e buscando o máximo de fidelidade possível à sua formulação. Ela não substitui a leitura do texto, por mais densa e exigente que seja, mas, como uma espécie de guia de leitura, ajuda a não perder a visão do conjunto do texto, a riqueza de seu conteúdo e a especificidade de sua abordagem e de seu enfoque.

Introdução

O texto inicia com uma afirmação programática que indica tanto o assunto a ser tratado quanto o enfoque de sua abordagem: "A caridade na verdade [...] é a força propulsora principal para o desenvolvimento de cada pessoa e da humanidade inteira" (1). E segue explicitando a expressão "caridade na verdade", que é a chave de leitura fundamental do documento: a *caridade* é uma "força extraordinária que impele as pessoas a se comprometerem [...] no campo da justiça e da paz", uma força que "tem a sua origem em Deus, Amor eterno e Verdade absoluta", que se "rejubila com a verdade" e se revela plenamente em Jesus Cristo" (1); ela é "a via mestra da Doutrina Social da Igreja", sendo "princípio não só das microrrelações [amigos, família, pequeno grupo], mas também das macrorrelações [sociais, econômicas, políticas]" (2/1); dados os "desvios e esvaziamentos de sentido" da caridade e o risco de sua "irrelevância para interpretar e orientar as responsabilidades morais", insiste na "necessidade de conjugar a caridade com a verdade, não só na direção assinalada por Paulo da *veritas in caritate*, mas também na direção inversa e complementar da *caritas in veritate*" (2/2); a *verdade* é

---

[39] CAMACHO, De *Populorum Progressio* a *Caritas in Veritate*, p. 430.
[40] CAMACHO, Primera encíclica social de Benedicto XVI, p. 650.

a "luz que dá sentido e valor à caridade" – "luz da razão e dá fé, através das quais a inteligência chega à verdade natural e sobrenatural da caridade" (3); ela "liberta a caridade dos estrangulamentos do emotivismo [...] e do fideísmo", refletindo a "dimensão pessoal e pública da fé no Deus bíblico, que é *Agápe* e *lógos*" (3); no contexto de relativização da verdade, "viver a caridade na verdade leva a compreender que a adesão aos valores do cristianismo é um elemento útil e mesmo indispensável para a construção de uma boa sociedade e de um verdadeiro desenvolvimento humano integral" (4); "a caridade é amor recebido e dado" (5/1), e nessa dinâmica se insere a Doutrina Social da Igreja, enquanto "proclamação da verdade do amor de Cristo na sociedade": "serviço da caridade, mas, na verdade", "verdade da fé e da razão" (5/2); *caritas in veritate* é "um princípio em volta do qual gira a Doutrina Social da Igreja, princípio que ganha forma operativa em critérios orientadores da ação moral", dentre os quais dois são particularmente relevantes no contexto de uma "sociedade em vias de globalização" (6/1): a "justiça" (6/2) e o "bem comum" (7).

Referindo-se à Encíclica *PP* de Paulo VI, Bento XVI afirma que ela "iluminou o grande tema do desenvolvimento dos povos com o esplendor da verdade e com a luz suave da caridade de Cristo" (8/1) e que, passados mais de quarenta anos, pretende retomar "seus ensinamentos sobre o desenvolvimento humano integral" e colocar-se na "senda traçada" por eles para "os atualizar nos dias que correm" (8/2). Chega mesmo a dizer que ela "merece ser considerada como 'a *Rerum Novarum* da nossa época', que ilumina o caminho da humanidade em vias de unificação" (8/2), insistindo que "o amor na verdade é um grande desafio para a Igreja num mundo em crescente e incisiva globalização" e que "só através da caridade, iluminada pela luz da razão e da fé, é possível alcançar objetivos de desenvolvimento dotados de uma valência mais humana e humanizadora" (9/1). E conclui recordando que "a Igreja não tem soluções técnicas para oferecer e não pretende 'de modo algum se imiscuir na política dos Estados', mas tem uma missão a serviço da verdade para cumprir a favor de uma sociedade à medida do homem, da sua dignidade, da sua vocação", que "esta missão a serviço da verdade é irrenunciável" e que "sua doutrina social é um momento singular deste anúncio" (9/2).

I – A mensagem da Populorum Progressio

O Papa começa afirmando que a "releitura" da *PP* "incita a permanecer fiéis à sua mensagem de caridade e de verdade, considerando-a no âmbito do magistério específico de Paulo VI e, mais em geral, dentro da tradição da Doutrina Social da Igreja", e buscando "avaliar os termos diferentes em que hoje, diversamente de então, se coloca o problema do desenvolvimento". Seu "ponto de vista" é a "Tradição da fé apostólica" (10).

Como fez João Paulo II na Encíclica *Sollicitudo Rei Socialis* (*SRS* 6-7), também Bento XVI destaca "a importância que o concílio teve na encíclica de Paulo VI e em todo o sucessivo magistério dos Sumos Pontífices". Ele aprofundou uma "verdade da fé" sobre a Igreja: "estando a serviço de Deus, [ela] serve ao mundo em termos de amor e de verdade". Partindo daqui, Paulo VI comunica "duas grandes verdades": a) "a Igreja inteira, em todo o seu ser e agir, quando anuncia, celebra e atua na caridade, tende a promover o desenvolvimento integral do homem"; b) "o autêntico desenvolvimento do homem diz respeito unitariamente à totalidade da pessoa em todas as suas dimensões". Isso tem muitas implicações: a Igreja "tem um papel público que não se esgota nas suas atividades de assistência ou de educação"; "sem a perspectiva de uma vida eterna, o progresso humano neste mundo fica privado de respiro"; "o desenvolvimento humano integral é primariamente vocação e, por conseguinte, exige uma livre e solidária assunção de responsabilidade por parte de todos" e "requer uma visão transcendente da pessoa, tem necessidade de Deus" (11). O Papa adverte que "a ligação entre a *PP* e o Concílio Vaticano II não representa um corte entre o magistério social de Paulo VI e o dos pontífices seus predecessores": afirma que "não existem duas tipologias de doutrina social – uma pré-conciliar e outra pós-conciliar – diversas entre si, mas um *único ensinamento, coerente e simultaneamente sempre novo*"; fala de uma "fidelidade dinâmica" que conjuga "peculiaridade" e "coerência do *corpus* doutrinal inteiro", "luz imutável" e "problemas novos", "permanente e histórico" (12).

Além dessa ligação da *PP* com o concílio e toda a Doutrina Social da Igreja, Bento XVI afirma que ela está "intimamente conexa com o magistério global de Paulo VI e, de modo particular, com seu magistério social": "reafirmou a exigência imprescindível do Evangelho para a construção da sociedade segundo liberdade e justiça" e "indicou o desenvolvimento, humana e cristãmente entendido, como o coração da mensagem social cristã e propôs a caridade cristã como principal força ao serviço do desenvolvimento" (13); na Carta *Octogesima Adveniens*, "tratou o tema do sentido da política e do *perigo de visões utópicas e ideológicas* que prejudicavam a sua qualidade ética e humana", dentre as quais, a "ideologia tecnocrática, hoje particularmente radicada" (14); a Encíclica *Humanae Vitae* "sublinha o significado conjuntamente unitivo e procriativo da sexualidade", indicando os "fortes laços existente entre ética da vida e ética social" (15/2); na Exortação *Evangelii Nuntiandi*, afirma que "entre evangelização e promoção humana – desenvolvimento, libertação – existem de fato laços profundos", destacando a "relação entre o anúncio de Cristo e a promoção da pessoa e da sociedade" (15/3); na *PP* ele "quis dizer-nos, antes de mais nada, que o progresso é, na sua origem e na sua essência, uma vocação" e que "é precisamente esse fato [para além dos aspectos técnicos] que legitima a intervenção da Igreja nas problemáticas do desenvolvimento" (16/1).

Tratar o "desenvolvimento como vocação" implica "reconhecer que o mesmo nasce de um apelo transcendente e que é incapaz por si mesmo de atribuir-se o próprio significado último". Para Bento XVI, "essa visão do desenvolvimento é o coração da *PP* e motiva todas as reflexões de Paulo VI sobre a liberdade, a verdade e a caridade no desenvolvimento", e é também a "razão principal" de sua atualidade (16/2). Enquanto "vocação", o desenvolvimento humano integral "*supõe a liberdade responsável* das pessoas e dos povos" (17), exige que "*se respeite a sua verdade*" na sua "integralidade", que "compreende tanto o plano natural como o plano sobrenatural" (18), e "inclui a *centralidade da caridade*", uma vez que "as causas do subdesenvolvimento não são primariamente de ordem material", mas de outra ordem: "vontade", "pensamento" e, sobretudo, "falta de fraternidade entre os homens e entre os povos", cuja superação tem como fundamento último a "unidade na caridade de Cristo" (19). Essas perspectivas, diz Bento XVI, "permanecem fundamentais para dar amplitude e orientação ao nosso compromisso a favor do desenvolvimento dos povos"; os "grandes problemas da injustiça" e os apelos da "caridade na verdade" impõem a "urgência" de reformas e exigem de nós compreensão e mobilização para "fazer avançar os atuais processos econômicos e sociais para metas plenamente humanas" (20).

II – O desenvolvimento humano no nosso tempo

O texto começa afirmando que "Paulo VI tinha uma visão articulada do desenvolvimento", com dimensões econômica, social e política, cujo objetivo era "fazer sair os povos da fome, da miséria, das doenças endêmicas e do analfabetismo". Quarenta anos depois, contemplando "as evoluções e as perspectivas das crises que foram sucedendo nesse período", interroga-se "até que ponto as expectativas de Paulo VI tenham sido satisfeitas pelo modelo de desenvolvimento que foi adotado nos últimos decênios" e reconhece que "eram fundadas as preocupações da Igreja acerca das capacidades do homem meramente tecnológico conseguir impor-se objetivos realistas e saber gerir, sempre adequadamente, os instrumentos à sua disposição". E faz uma série considerações importantes: "o lucro é útil se, como meio, for orientado para um fim que lhe indique o sentido e o modo como o produzir e utilizar"; "o desenvolvimento foi e continua a ser um fator positivo", mas é preciso reconhecer que ele "foi e continua a ser molestado por anomalias e problemas dramáticos, evidenciados ainda mais pela atual situação de crise"; estamos diante de uma série de problemas "novos" e com "impacto decisivo no presente e futuro da humanidade" que requerem "novos esforços de enquadramento global e uma nova síntese humanista"; "a crise torna-se ocasião de discernimento e elaboração de nova planificação" (21).

Analisando a situação atual, constata que "o quadro do desenvolvimento é policêntrico", que "os atores e as causas tanto do subdesenvolvimento como do desenvolvimento são múltiplos, as culpas e os méritos são diferenciados" (22). E passa a fazer uma série de considerações sobre essa situação. Do *ponto de vista econômico*, insiste que "não é suficiente progredir do ponto de vista econômico e tecnológico; é preciso que o desenvolvimento seja, antes de mais nada, verdadeiro e integral", e constata que o apelo de João Paulo II a uma "nova planificação global do desenvolvimento" continua "uma obrigação real que precisa ser satisfeita" (23). Do *ponto de vista político*, atesta que o Estado se enfrenta com "as limitações que lhe são impostas à sua soberania pelo novo contexto econômico comercial e financeiro internacional" e, tirando lições da crise econômica em curso, advoga "uma renovada avaliação de seu poder e de seu papel" para "fazer frente aos desafios do mundo atual" (24). Do *ponto de vista social*, chama atenção para a "redução das redes de proteção social", provocada pelas "novas formas de competição" no mercado global e pelas "políticas [de] orçamento" fomentadas pelas "instituições financeiras internacionais"; para as dificuldes de atuação das "organizações sindicais" (25/1); e para a "mobilidade laboral, associada à generalizada desregulamentação" (25/2). Do *ponto de vista cultural*, destaca o crescimento das "possibilidades de interação das culturas" e adverte contra o perigo do "ecletismo cultural" e do "nivelamento cultural": eles "convergem no fato de separar a cultura da natureza humana" e acabam por "reduzir o homem a um simples dado cultural" (26).

Continuando a análise da situação atual, o Papa destaca três aspectos do desenvolvimento que exigem atenção e empenho. Antes de tudo, a *fome* que "ceifa ainda inúmeras vítimas entre os muitos Lázaros" e que "não depende tanto de uma escassez material, como sobretudo de escassez de recursos sociais, o mais importante dos quais é de natureza institucional". O desafio aqui é duplo: "dar de comer aos famintos é um imperativo ético para toda Igreja" e "eliminar a fome tornou-se também um objetivo a alcançar para preservar a paz e a subsistência da terra". Ele deve ser enfrentado "numa perspectiva a longo prazo, eliminando as causas estruturais que o provocam e promovendo o desenvolvimento agrícola dos países mais pobres" com "infraestruturas", "equitativa reforma agrária" e "consciência solidária" (27). Um segundo aspecto importante, ligado ao problema do "controle demográfico", é o tema do *respeito pela vida* que "não pode de modo algum ser separado das questões relativas ao desenvolvimento dos povos" e que nos obriga a "alargar os conceitos de pobreza e subdesenvolvimento às questões relacionadas com o acolhimento da vida, sobretudo onde o mesmo é de várias maneiras impedido" (28/1). Por fim, o problema da negação do *direito à liberdade religiosa*, ligado não apenas às "lutas e conflitos que ainda se disputam no mundo por motivações religiosas", mas também à "promoção programada da indiferença religiosa ou do ateísmo prático" que "contrasta com as necessidades do desenvolvimento dos povos, subtraindo-lhe recursos espirituais e humanos" (29).

Tudo isso aponta para a necessidade de um "desenvolvimento humano integral" que considere a "correlação entre os seus vários elementos" e proporcione uma interação dos "diversos níveis do saber humano", que nunca se reduz a "cálculo e experiência", mas que deve "ser 'temperado' com o 'sal' da caridade", pois "a ação é cega sem o saber, e esse é estéril sem o amor" (30). É preciso desenvolver, de modo articulado e harmônico, "ponderações morais" e "pesquisa científica" e "a Doutrina Social da Igreja, que tem 'uma importante dimensão interdisciplinar, [e] pode desempenhar, nesta perspectiva, uma função de extraordinária eficácia" (31). A situação atual exige "novas soluções", e estas "hão de ser procuradas conjuntamente no respeito das leis próprias de cada realidade e à luz de uma visão integral do homem que espelhe os vários aspectos da pessoa humana, contemplada com o olhar purificado da caridade" (32/1). E isso "requer uma nova e profunda reflexão sobre o sentido da economia e dos seus fins, bem como uma revisão profunda e clarividente do modelo de desenvolvimento, para se corrigirem as suas disfunções e desvios" (32/4). O texto conclui afirmando que, quarenta anos depois da *PP*, a questão do progresso "permanece ainda um problema aberto" (33/1) e que sua principal novidade hoje é a "explosão da interdependência mundial [ou] globalização" (33/2).

III – Fraternidade, desenvolvimento econômico e sociedade civil

Confrontando-nos com a "admirável experiência do dom", o capítulo insiste na importância fundamental da "lógica do dom" para o desenvolvimento humano: afirma que "o ser humano está feito para o dom, que exprime e realiza a sua dimensão de transcendência"; constata que "por vezes o homem moderno convence-se, erroneamente, de que é o único autor de si mesmo, da sua vida e da sociedade", fruto de uma "presunção que provém do pecado das origens"; recorda que "a Igreja sempre propôs que se tivesse em conta o pecado original mesmo na interpretação dos fatos sociais e na construção da sociedade"; indica seus "efeitos perniciosos" no campo da economia: "identificar a felicidade e a salvação com formas imanentes de bem-estar material" e "abusar dos instrumentos econômicos até mesmo de forma destrutiva", eliminando, dessa forma, a "esperança cristã", que é um "poderoso recurso social a serviço do desenvolvimento humano integral, procurado na liberdade e na justiça", mas que, "sendo dom de Deus [...] transcende qualquer norma de justiça" – "sua regra é a excedência" (34/1); insiste que, "enquanto dom recebido por todos, a caridade na verdade é uma força que constitui a comunidade, unifica os homens segundo modalidades que não conhecem nem barreiras nem confins", mas que "nasce da convocação da Palavra de Deus Amor"; e faz uma dupla advertência: a) "a lógica do dom não exclui a justiça nem se justapõe a ela num segundo tempo e de fora", b) "o desenvolvimento econômico, social e político precisa [...] dar espaço ao princípio da gratuidade como expressão da fraternidade" (34/2).

O mercado é importante como "instituição econômica que permite o encontro entre as pessoas na sua dimensão de operadores econômicos", mas não suficiente para a coesão social e nem sequer para o seu próprio funcionamento. Por isso, ademais da "justiça comutativa", a doutrina social sempre destacou a importância da "justiça distributiva" e da "justiça social": "sem formas internas de solidariedade e de confiança recíproca, o mercado não pode cumprir plenamente a própria função econômica" (35/1). A "lógica mercantil" tem como "finalidade" a "persecução do bem comum, do qual deve se ocupar a comunidade política". Daí que não se deva separar o "agir econômico" [produção] do "agir político" [distribuição] (36/1): "a área econômica não é nem eticamente neutra nem de natureza desumana e antissocial" (36/3). O grande desafio aqui é fazer valer na atividade econômica tanto os "princípios tradicionais da ética social" [transparência, honestidade, responsabilidade] quanto "o princípio da gratuidade e da lógica do dom como expressão da fraternidade" (36/4).

Bento XVI recorda que "a Doutrina Social da Igreja sempre defendeu que a justiça diz respeito a todas as fases da atividade econômica, porque esta sempre tem a ver com o homem e com as suas exigências": cada decisão econômica tem consequências de caráter moral" (37/1); a "vida econômica" necessita tanto de "contrato", quanto de "leis justas e formas de redistribuição", quanto do "espírito do dom" (37/2). Na Encíclica *CA*, João Paulo II "destacou a necessidade de um sistema de três sujeitos: o mercado, o Estado e a sociedade civil", identificando na sociedade civil "o âmbito mais apropriado para uma economia da gratuidade e da fraternidade, mas sem pretender negá-la nos outros dois âmbitos" (38). Na *PP*, Paulo VI "pedia que se configurasse um modelo de economia de mercado capaz de incluir, pelo menos intencionalmente, todos os povos e não apenas aqueles adequadamente habilitados". E isso que a doutrina social sempre defendeu é "hoje requerido também pelas dinâmicas características da globalização" (39/1). A "vitória sobre o subdesenvolvimento" exige conjugar mercado, Estado e sociedade civil com suas respectivas lógicas: intercâmbio [dar para ter], transferência [dar por dever], solidariedade [gratuidade/comunhão] (39/2). Isso tem muitas consequências para a atividade empresarial (40-41/1), bem como para o significado e o exercício da "autoridade política", que é "uma das vias mestras para chegar a poder orientar a globalização econômica e é também o modo de evitar que esta mine realmente os alicerces da democracia" (41/2).

Diante de "atitudes fatalistas a respeito da globalização, como se as dinâmicas em ato fossem produzidas por forças impessoais anônimas e por estruturas independentes da vontade humana", o Papa insiste que não se trata apenas de um "processo socioeconômico", mas de "uma humanidade que se torna cada vez mais interligada" e que é preciso "empenhar-se sem cessar para favorecer uma orientação cultural personalista e comunitária, aberta à transcendência, do processo de integração mundial" (42/1). Afirma que, "não obstante algumas limitações estruturais", a globalização *a priori* não é boa nem má" e "será aquilo que as pessoas fizerem dela". Considera que "opor-se-lhe cegamente seria uma atitude errada", pois ela pode favorecer tanto uma "grande redistribuição de riqueza a nível mundial" quanto "fazer crescer pobreza e desigualdade, bem como contagiar com uma crise o mundo inteiro". E defende que só uma consideração "pluridimensional e polivalente" permitirá "viver e orientar uma globalização da humanidade em termos de relacionamento, comunhão e partilha" (42/2).

IV – Desenvolvimento dos povos, direitos e deveres, ambiente

O texto começa afirmando com Paulo VI que "a solidariedade é para nós não só um fato e um benefício, mas também um dever". Ante a tendência de muitas pessoas se considerarem "titulares só de direitos", diz que "os direitos pressupõem deveres, sem os quais o seu exercício se transforma em arbítrio", adverte que "a exasperação dos direitos desemboca no esquecimento dos deveres" e insiste que "a partilha dos deveres recíprocos mobiliza muito mais do que a mera reivindicação de direitos" (43). Com essa concepção de direitos-deveres, abordará três temas ou aspectos importantes do desenvolvimento.

Antes de tudo, a problemática do *crescimento demográfico*: "um aspecto muito importante do verdadeiro desenvolvimento porque diz respeito aos valores irrenunciáveis da vida e da família"; não pode ser considerado como a "causa primeira do subdesenvolvimento"; é preciso respeitar também os "valores humanos" no "uso da sexualidade", que não pode ser considerada "uma simples fonte de prazer" nem "regulada com políticas de planificação forçada dos nascimentos"; há que se reconhecer a "competência primária das famílias neste campo, relativamente ao Estado e às suas políticas restritivas, e também uma apropriada educação dos pais" (44/1); "a abertura moralmente responsável à vida é uma riqueza social e econômica"; a redução da natalidade "põe em crise os sistemas de assistência social", "reduz a disponibilidade de trabalhadores qualificados" e pode "empobrecer as relações sociais [familiares]"; "os Estados são chamados a instaurar políticas que promovam a centralidade e a integridade da família [...], preocupando-se também com seus problemas econômicos e fiscais, no respeito da sua natureza relacional" (44/2). E isso tem "importantes e benéficas" consequências éticas para atividade econômica (45) e empresarial (46).

Ligada à atividade empresarial, está a problemática da *cooperação com o desenvolvimento*: "importante avançar com projetos de subsidiariedade devidamente concebida e gerida que tendam a potenciar direitos, mas [...] também a assunção das correlativas responsabilidades"; "nas intervenções em prol do desenvolvimento, há que salvaguardar o princípio da centralidade da pessoa humana, que é o sujeito que primariamente deve assumir o dever do desenvolvimento"; "são os povos os autores e primeiros responsáveis do próprio desenvolvimento, mas não o poderão realizar isolados", menos ainda com o "processo de progressiva integração que se vai consolidando na terra" (47/1); "a cooperação internacional precisa de pessoas que partilhem o processo de desenvolvimento econômico e humano, através da solidariedade feita de presença, acompanhamento, formação e respeito"; "os próprios organismos internacionais deveriam interrogar-se sob a real eficácia dos seus aparatos burocráticos e administrativos, frequentemente muito dispendiosos" (47/2).

Por fim, a problemática do *relacionamento do homem com o ambiente natural*: "foi dado por Deus a todos, constituindo o seu uso uma responsabilidade que temos para com os pobres, as gerações futuras e a humanidade inteira" (48/1); "a natureza expressa um desígnio de amor e de verdade" – "está à nossa disposição [...] como um dom do Criador que traçou os seus ordenamentos intrínsecos": nem pode ser considerada "mais importante do que a pessoa humana" nem reduzida a "matéria de que dispor a nosso bel-prazer" (48/2); o contexto atual exige particular consideração pelas "problemáticas energéticas" (49/1) e uma "renovada solidariedade, especialmente nas relações entre os países em vias de desenvolvimento e os países altamente industrializados" (49/2). Trata-se de uma responsabilidade "global" que exige um "governo responsável sobre a natureza", que leve a sério o "dever de entregar a terra às novas gerações", que se empenhe em "reforçar aquela *aliança entre ser humano e ambiente* que deve ser espelho do amor criador de Deus" (50). O Papa adverte que "as modalidades com que o homem trata o ambiente influem sobre as modalidades com que trata a si mesmo e vice-versa" e insiste na necessidade de uma "real mudança de mentalidade que nos induza a adotar novos estilos de vida" (51/1). Diz que "a Igreja sente o seu peso de responsabilidade pela criação" e faz algumas considerações sobre o exercício dessa responsabilidade: como "a degradação da natureza está estreitamente ligada à cultura que molda a convivência humana", não se pode separar a "ecologia ambiental" da "ecologia humana" (51/2); "não basta intervir com incentivos ou punições econômicas, nem é suficiente uma instrução adequada [...] o problema decisivo é a solidez moral da sociedade em geral" (51/3). E conclui recordando e reafirmando que "a verdade e o amor que a mesma desvenda não se podem produzir, mas apenas acolher" e que "a sua fonte última não é – nem pode ser – o homem, mas Deus, aquele que é Verdade e Amor" (52).

V – A colaboração da família humana

O texto começa afirmando que "uma das pobrezas mais profundas que o homem pode experimentar é a solidão", que "as outras pobrezas, incluindo a material, também nasceram do isolamento, de não ser amado ou da dificuldade de amar" e que as pobrezas em geral nascem da "recusa do amor de Deus, de uma originária e trágica reclusão do homem em si próprio". Constata que "a humanidade aparece, hoje, muito mais interativa do que no passado" e diz que "esta maior proximidade deve transformar-se em verdadeira comunhão", pois "o desenvolvimento dos povos depende sobretudo do reconhecimento de que são uma só família" (53/1). Isso exige um "aprofundamento crítico e axiológico da categoria relação", o que requer não apenas a contribuição das "ciências sociais", mas também de "ciências como a metafísica e a teologia para ver lucidamente a dignidade transcendente do homem" (53/2): "de natureza espiritual, a criatura humana realiza-se nas relações interpessoais" e "isso vale também para os povos" (53/3).

Insistindo que "o tema do desenvolvimento coincide com o da inclusão relacional de todas as pessoas e de todos os povos na única comunidade da família humana, que se constrói na solidariedade tendo por base os valores fundamentais da justiça e da paz", o Papa afirma que "esta perspectiva encontra um decisivo esclarecimento na relação entre as Pessoas da Trindade na única Substância divina", que "Deus quer-nos associar também a esta relação de comunhão" e que "a Igreja é sinal e instrumento desta unidade" (54). Reconhece que "também outras culturas e outras religiões ensinam a fraternidade e a paz", advertindo, porém, que "não faltam comportamentos religiosos e culturais em que não se assumem plenamente os princípios do amor e da verdade" (55/1), o que exige "adequado discernimento" baseado no "critério da caridade e da verdade" (55/2). Defende que "a religião cristã e as outras religiões só podem dar o seu contributo para o desenvolvimento, se Deus encontrar lugar também na esfera pública, notadamente nas dimensões cultural, social, econômica e particularmente política", ao mesmo tempo que insiste que "a exclusão da religião do âmbito público e, na vertente oposta, o fundamentalismo religioso impedem o encontro entre as pessoas e a sua colaboração para o progresso da humanidade" – "a razão tem sempre necessidade de ser purificada pela fé" e "a religião precisa sempre ser purificada pela razão" (56).

O "diálogo fecundo entre fé e razão", além de "tornar mais eficaz a ação da caridade na sociedade", diz o Papa, "constitui o quadro mais apropriado para incentivar a colaboração fraterna entre crentes e não crentes na perspectiva comum de trabalhar pela justiça e a paz da humanidade" (57). E, aqui, dois princípios são particularmente relevantes no contexto da globalização e das ajudas internacionais: "subsidiariedade" (57) e "solidariedade"; princípios que se implicam mutuamente, pois, "se a subsidiariedade sem solidariedade decai no particularismo social, a solidariedade sem subsidiariedade decai no assistencialismo que humilha o sujeito necessitado" (58).

Se esses princípios são muito importantes quando se enfrentam "temáticas referentes às ajudas internacionais destinadas ao desenvolvimento" (58), convém recordar que "a cooperação no desenvolvimento não deve limitar-se apenas à dimensão econômica, mas deve tornar-se uma grande ocasião de encontro cultural e humano", fundado nas "singulares e variadas convergências éticas" presentes em todas as culturas que são "expressão de uma mesma natureza humana querida pelo Criador e que a sabedoria ética da humanidade chama lei natural" – "um fundamento firme de todo diálogo cultural, religioso e político" (59). E isso tem muitas consequências, não apenas no âmbito econômico (60), mas também em muitos outros âmbitos como educação (61/1), turismo (61/2), migrações (62), trabalho (63-64) e finanças (65-66).

No contexto de um "crescimento incessante da interdependência mundial", o capítulo conclui falando da "urgência de uma reforma quer da Organização das Nações Unidas, quer da arquitetura econômica e financeira internacional" e, também, da "urgência de encontrar formas inovadoras para atuar o princípio da responsabilidade de proteger e para atribuir também às nações mais pobres uma voz eficaz nas decisões comuns". Está em jogo "um ordenamento político, jurídico e econômico que incremente e guie a colaboração internacional para o desenvolvimento solidário de todos os povos", o que implica a "presença de uma verdadeira Autoridade política mundial": regulada pelo "direito", atenta aos "princípios de subsidiariedade e solidariedade", orientada para a "consecução do bem comum" e comprometida com a "realização de um autêntico desenvolvimento humano integral inspirado nos valores da caridade na verdade" (67).

VI – O desenvolvimento dos povos e a técnica

O último capítulo faz uma reflexão ética sobre a técnica e o desenvolvimento dos povos no contexto atual (68). O texto começa constatando que "o problema do desenvolvimento está estreitamente unido com o progresso tecnológico" e recordando que a técnica é "um dado profundamente humano, ligado à autonomia e à liberdade do homem", é o "aspecto objetivo do agir humano, cuja origem e razão de ser estão no elemento subjetivo: o homem que atua", está inserida no "mandato [divino] de 'cultivar e guardar a terra'" e "há de ser orientada para reforçar aquela aliança entre ser humano e ambiente em que se deve refletir o amor criador de Deus" (69). Adverte que "o desenvolvimento tecnológico pode induzir à ideia de autossuficiência da própria técnica, quando o homem, interrogando-se apenas sobre o *como*, deixa de considerar os muitos *porquês* pelos quais é impelido a agir", produzindo um "horizonte cultural tecnicista" ou uma "mentalidade tecnicista que faz coincidir a verdade com o factível"; afirma que, "quando o único critério de verdade é a eficiência e a utilidade, o desenvolvimento acaba automaticamente negado"; e insiste na "urgência de uma formação para a responsabilidade ética no uso da técnica" (70).

Isso se mostra hoje claramente nas questões do *desenvolvimento* e da *paz*: ante a tendência a reduzir o desenvolvimento dos povos a um "problema apenas técnico", recorda que ele é "impossível sem homens retos, sem operadores econômicos e sem homens políticos que sintam intensamente em suas consciências o apelo ao bem comum" (71); "também a paz corre o risco de ser considerada apenas uma produção técnica, fruto apenas de acordos entre governos ou de iniciativas tendentes a assegurar ajudas econômicas eficientes", mas não se deve esquecer de que, "para que tais esforços possam produzir efeitos duradouros, é necessário que se apoiem sobre valores radicados na verdade da vida" (71). Pode ser observado também na "crescente presença dos *meios de comunicação social*": eles "estão de tal modo encarnados na vida do mundo, que parece verdadeiramente absurda a posição de quantos defendem a sua neutralidade, reivindicando em consequência a sua autonomia relativamente à moral", daí a necessidade de uma "atenta reflexão sobre a sua influência principalmente na dimensão ético-cultural da globalização e do desenvolvimento solidário dos povos" (73). E pode ser visto de modo particular no campo da *bioética*: "um campo primário e crucial da luta cultural entre o absolutismo da técnica e a responsabilidade moral do homem, onde se joga radicalmente a própria possibilidade de um desenvolvimento humano integral" (74).

Se Paulo VI reconheceu e indicou o "horizonte mundial da questão social", hoje é preciso afirmar que "a questão social tornou-se radicalmente antropológica, enquanto toca o próprio modo não só de conceber mas também de manipular a vida, colocada cada vez mais nas mãos do homem pelas biotecnologias" e destinada a "alimentar uma concepção material e mecanicista da vida humana" (75). Ante essa tendência reducionista do "espírito tecnicista moderno", marcada por uma "profunda incompreensão da vida espiritual", o Papa recorda e insiste que "não há desenvolvimento pleno nem bem comum universal sem o bem espiritual e moral das pessoas, consideradas em sua totalidade de alma e corpo" (76). E isso "requer olhos novos e um coração novo, capaz de superar a visão materialista dos acontecimentos humanos e entrever no desenvolvimento um 'mais além' que a técnica não pode dar" (77).

Conclusão

O texto conclui recordando e insistindo que não há verdadeiro desenvolvimento sem verdadeiro humanismo nem há verdadeiro humanismo sem Deus: "Sem Deus, o homem não sabe para onde ir nem consegue sequer compreender quem seja"; "o homem não é capaz de gerir sozinho o próprio progresso, porque não pode fundar verdadeiro humanismo"; "o humanismo que exclui a Deus é um humanismo desumano"; "é a consciência do Amor indestrutível de Deus que nos sustenta no fatigoso e exaltante compromisso a favor da justiça, do desenvolvimento dos povos" (78); "o desenvolvimento tem necessidade de cristãos com os braços levantados para Deus em atitude de oração, cristãos movidos pela consciência de que o amor cheio de verdade, do qual procede o desenvolvimento autêntico, não produzimos nós, mas é-nos dado" (79).

III – Destaques

Tendo contextualizado a Encíclica *Caritas in Veritate* do Papa Bento XVI e apresentado um resumo de seu conteúdo, vamos destacar alguns pontos que ajudem a compreender sua especificidade e sua novidade no contexto mais amplo do ensino ou da Doutrina Social da Igreja, desenvolvido nas encíclicas sociais.

1. A *Caritas in Veritate* foi escrita por ocasião dos quarenta anos da Encíclica *Populorum Progressio* (8). Ambas as encíclicas tratam da problemática do "desenvolvimento humano integral", mas em contextos e de modos bem distintos. Se Paulo VI já falava da "universalidade da questão social" (*PP* 3), Bento XVI escreve no contexto de uma sociedade globalizada (9/1, 33/2).[41] Se a década de 1960 ainda era marcada por otimismo generalizado com relação ao desenvolvimento, o final da década de 2010 é caracterizado por uma profunda crise econômico-financeira (33/1, 36/4).[42] Também o tipo de abordagem e o método de reflexão são muito distintos. Paulo VI tem um estilo menos especulativo, uma postura mais positiva em relação ao mundo moderno e uma preocupação e orientação mais práticas. Já Bento XVI tem um estilo bastante especulativo, um enfoque filosófico-teológico mais desenvolvido, uma postura mais crítica ou mesmo pessimista com relação ao mundo moderno e uma orientação de cunho mais ético-antropológico. Quanto ao método de reflexão, há na nova encíclica um claro distanciamento do método ver-julgar-agir em favor de um método mais dedutivo, que "parte de grandes princípios para deduzir uma visão do homem e uma série de consequências para ordenar a atividade econômica e social, especialmente no que diz respeito ao desenvolvimento dos povos".[43]

2. Se a expressão com que se inicia uma encíclica e que a intitula tem em geral uma importância muito grande, enquanto indicativo de sua problemática, de seu enfoque ou de seu objetivo, mais ainda no caso de uma encíclica de um teólogo sistemático como Ratzinger.

---

[41] Cf. CAMACHO, *De Populorum Progressio* a *Caritas in veritate*, p. 435-437.

[42] Cf. BORÇA JÚNIOR; TORRES FILHO, Analisando a crise do *subprime*, p. 129-159; DOWBOR, Que crise é esta?, p. 1-25.

[43] CAMACHO, Primera encíclica social de Benedicto XVI, p. 650.

Não há dúvidas de que a expressão *Caritas in Veritate* indica o "núcleo substancial"[44] ou a "tese central"[45] da reflexão desenvolvida nessa nova encíclica social e, enquanto tal, deve ser tomada como seu *leitmotiv* ou como sua "chave" fundamental de interpretação.[46] Sua importância se mostra não apenas na frequência com que aparece, seja o termo "caridade na verdade", sejam os termos "caridade" e "verdade",[47] mas, sobretudo, na forma teórica de abordagem dos vários temas que aparecem na encíclica.[48] Trata-se de uma abordagem filosófico-teológica, marcada pela insistência na unidade radical entre fé e razão. A introdução da encíclica é fundamental e decisiva para se compreender o sentido e o alcance dessa expressão, cuja concretização na problemática do desenvolvimento humano aparece formulada em suas primeiras linhas: "A caridade na verdade, que Jesus Cristo testemunhou com sua vida terrena e sobretudo com sua morte e ressurreição, é a força propulsora principal para o verdadeiro desenvolvimento de cada pessoa e da humanidade inteira" (1).

3. A formulação da "questão social" em termos de *Caritas in Veritate* é indicativo claro de um enfoque estrita e explicitamente teológico e de uma preocupação e quase obsessão com a problemática da verdade no mundo contemporâneo. Dois traços bastante destacados na encíclica. Antes de tudo, seu caráter explícita e insistentemente teológico, típico de um Papa teólogo, sistematicamente vinculado às Encíclicas *Deus Caritas Est* e *Spe Salve*.[49] É um esforço de mostrar como o "verdadeiro desenvolvimento de cada pessoa e da humanidade inteira" tem em Deus – "Amor eterno e Verdade absoluta" – sua "origem" e sua "força propulsora principal" (1). Parece ser o "principal aporte de Bento XVI para a Doutrina Social da Igreja".[50] Camacho chega a afirmar que

---

[44] GASDA, *Caritas in Veritate*, p. 801.

[45] CAMACHO, De *Populorum Progressio* a *Caritas in Veritate*, p. 429.

[46] CAMACHO, De *Populorum Progressio* a *Caritas in Veritate*, p. 429.

[47] Cf. CAMACHO, Primera encíclica social de Benedicto XVI, p. 638s.

[48] Cf. GASDA, *Caritas in Veritate*, p. 802s.

[49] Cf. SCHNEIDER, *Caritas in Veritate*, p. 775s; GASDA, *Caritas in Veritate*, p. 801-808; CAMACHO, Primera encíclica social de Benedicto XVI, p. 631s, 652-654.

[50] CAMACHO, De *Populorum Progressio* a *Caritas in Veritate*, p. 422.

esta é a "primeira encíclica social com um claro enfoque teológico".[51] Inseparável desse enfoque teológico é sua preocupação/obsessão com o problema da verdade num contexto que qualifica como relativismo cultural e moral (2/2, 4, 26, 61/1).[52] Daí a importância que confere à noção de lei/plano/ordem natural (18, 59, 68, 75) e a insistência na relação intrínseca entre fé-razão (3, 5/2, 9/1, 57, 74, 75). Essa preocupação com a verdade é tamanha que o leva a inverter o enfoque paulino da *"veritas in caritate"* (Ef 4,15) em *"caritas in veritate"* (2/2) – claro deslocamento de acento da caridade para a verdade.

4. Tudo isso confere à abordagem do desenvolvimento humano nessa encíclica um enfoque e um caráter claramente teoantropológicos. Trata-se de mostrar que não há verdadeiro desenvolvimento sem verdadeiro humanismo nem verdadeiro humanismo sem Deus (1, 78). Daí a importância, necessidade e urgência de uma adequada compreensão do ser humano (antropologia) que leve a sério sua dimensão espiritual e seu fundamento em Deus (teologia). No contexto atual de desenvolvimento tecnológico com seu "horizonte cultural tecnocrático" e sua "mentalidade tecnicista" (70), Bento XVI afirma que "a questão social tornou-se radicalmente antropológica, enquanto toca o próprio modo não só de conceber mas também de manipular a vida" (75). E, articulando desenvolvimento-antropologia-teologia ou sociedade-pessoa-Deus, faz uma leitura antropológico-teológica da encíclica de Paulo VI, centrada na noção de desenvolvimento como vocação/chamado (16) que, por sua vez, exige "resposta livre e responsável" (17) e respeito à sua verdade integral (18). Esse enfoque antropológico-teológico e essa noção de desenvolvimento explicam a importância fundamental na encíclica de categorias como dom e gratuidade, relação e fraternidade.[53] E indicam um enfoque, não contrário, mas bem distinto do enfoque de Paulo VI na *Populorum Progressio* (16).[54]

---

[51] CAMACHO, Primera encíclica social de Benedicto XVI, p. 643.

[52] Cf. CAMACHO, Primera encíclica social de Benedicto XVI, p. 638-642; CAMACHO, De *Populorum Progressio* a *Caritas in Veritate*, p. 429-430.

[53] Cf. CAMACHO, Primera encíclica social de Benedicto XVI, p. 642-649; CAMACHO, De *Populorum Progressio* a *Caritas in Veritate*, p. 437-439.

[54] Cf. CAMACHO, Primera encíclica social de Benedicto XVI, p. 643; CAMACHO, De *Populorum Progressio* a *Caritas in Veritate*, p. 421, 40s, 434.

5. Essa antropologia do dom e da gratuidade, fundada em Deus (1), inclui e supera a justiça (6, 34/2) e é "princípio não só das microrrelações [...] mas também das macrorrelações" (2). Ela pode desempenhar um papel fundamental na reorientação da economia, como indica o capítulo III.[55] Se João Paulo II destacava a "necessidade de um sistema com [...] o mercado, o Estado e a sociedade civil" e identificava na sociedade civil o "âmbito mais apropriado para uma economia da gratuidade e da fraternidade, mas sem pretender negá-la nos outros dois âmbitos", Bento XVI insiste que em todas as dimensões da vida econômica "deve estar presente, embora em medida diversa e com modalidades específicas, o aspecto da reciprocidade fraterna" (38). Ele afirma que "o binômio exclusivo mercado-Estado corrói a sociabilidade, enquanto as formas econômicas solidárias [...] criam sociabilidade" (39). Não se trata de substituir, mas de complementar o *mercado* e sua lógica mercantil (troca/contrato) e o *Estado* e sua lógica redistributiva (transferência/justiça) com a *solidariedade* e sua lógica do dom/gratuidade (comunhão) (36/1, 37/2, 39/2). É preciso tomar em sério que "o desenvolvimento econômico, social e político precisa, se quiser ser autenticamente humano, dar espaço ao princípio da gratuidade como expressão da fraternidade" (34/2).

6. Dentre os vários temas vinculados ao desenvolvimento, três são particularmente relevantes no contexto atual: A) *Relacionamento do homem com o ambiente natural*: recorda que "a natureza é expressão de um desígnio de amor e verdade" (48/2); chama atenção para as "problemáticas energéticas" (49/1), para a "urgente necessidade moral de uma renovada solidariedade [entre os países]" (49/2) e de um "governo responsável sobre a natureza" (50); e insiste no nexo entre "ecologia humana" e ecologia ambiental" (51). B) *Reforma da ONU e da arquitetura econômica e financeira internacional*: necessidade/urgência vinculada ao "crescimento incessante da interdependência mundial" e à "real concretização do conceito de família das nações"; "autoridade política mundial", regulada pelo direito, atenta aos princípios de subsidiariedade e solidariedade, orientada para o bem comum, reconhecida por

---

[55] Cf. CAMACHO, Primera encíclica social de Benedicto XVI, p. 635, 646s; CAMACHO, De *Populorum Progressio* a *Caritas in Veritate*, p. 437-439.

todos e com poder efetivo (67). C) *Desenvolvimento tecnológico*: "um dado profundamente humano, ligado à autonomia e à liberdade do homem", inserido no "mandato divino de 'cultivar e guardar a terra'" (69); "fisionomia ambígua" com risco de reducionismo ao "como" em prejuízo dos "porquês", fazendo "coincidir a verdade com o factível" – eficiência e utilidade; "urgência de uma formação para a responsabilidade ética no uso da técnica" (70).

7. Por fim, convém destacar na encíclica a preponderância do aspecto moral (papel das pessoas, valores) sobre o aspecto institucional (reforma das estruturas/instituições). Certamente, há indicativos de reformas estruturais: instituições internacionais (67), formas de empresa (40-41/1), papel do Estado (41/2). Mas não há dúvidas de que "Bento XVI põe em primeiro plano o papel das pessoas e os valores que as inspiram"; que sua encíclica é, antes de tudo, "uma chamada à consciência individual de cada um para que se volte aos princípios cristãos" e que ela "presta menor atenção à ação social e à reforma das estruturas e instituições".[56] Isso se pode verificar ao longo do texto e em diversos temas como desenvolvimento integral (11), desenvolvimento – subdesenvolvimento (17), mercado (35), globalização (42), problemas ambientais (48) e crise financeira (40, 65). Chama atenção o fato de esse enfoque teoantropológico aparecer tão claramente formulado no contexto da abordagem da globalização: "tanto o mercado como a política precisam de pessoas abertas ao dom recíproco" (39/2); "é preciso empenhar-se sem cessar por favorecer uma orientação cultural personalista e comunitária, aberta à transcendência, do processo de integração mundial" (42/1). Esse enfoque mais pessoal que estrutural revela maior sintonia com a reflexão de João Paulo II que de João XXIII e Paulo VI.

IV – Referências

AQUINO JÚNIOR, Francisco. *A dimensão socioestrutural do reinado de Deus*: escritos de teologia social. São Paulo: Paulinas, 2011.

---

[56] CAMACHO, De *Populorum Progressio* a *Caritas in Veritate*, p. 439s.

ARRIGHI, Giovanni. *O longo século XX*: dinheiro, poder e as origens de nosso tempo. Rio de Janeiro/São Paulo: Contraponto/UNESP, 1996.

BENTO XVI. *Caritas in Veritate*: sobre o desenvolvimento humano integral na caridade e na verdade. São Paulo: Paulinas, 2009.

BENTO XVI. Entrevista concedida aos jornalistas durante a viagem aérea para a África (17/03/2009). Disponível em: <https://www.vatican.va/content/benedict-xvi/pt/speeches/2009/march/documents/hf_ben-xvi_spe_20090317_africa-interview.html>.

BEOZZO, José Oscar (org.). *O Vaticano II e a Igreja latino-americana*. São Paulo: Paulinas, 1985.

BORÇA JÚNIOR, Gilberto Rodrigues; TORRES FILHO, Ernani Teixeira. Analisando a crise do *subprime*. *Revista do BNDS* 15/30 (2008), p. 129-159.

CAMACHO, Ildefonso. *Doutrina Social da Igreja*: abordagem histórica. São Paulo: Loyola, 1995.

CAMACHO, Ildefonso. De *Populorum Progressio* a *Caritas in Veritate*: Continuidad y avance. *Proyección* LVII (2010), p. 421-442.

CAMACHO, Ildefonso. Primera encíclica social de Benedicto XVI: Claves de comprensión. *Revista de Fomento Social* 64/256 (2010a), p. 629-654.

COMBLIN, José. *O povo de Deus*. São Paulo: Paulus, 2002.

DOSSIER "CARITAS IN VERITATE". *Revista de Fomento Social* 64/256 (2009), p. 623-734.

DOWBOR, Ladislau. Que crise é esta? *Ponto-e-Vírgula* 17 (2015), p. 1-25.

FUKUYAMA, Francis. *O fim da história e o último homem*. Rio de Janeiro: Rocco, 1992.

GASDA, Élio Estanislau. *Caritas in Veritate*: ética do Reino frente à hegemonia do capital. *REB* 280 (2010), p. 797-818.

GIRARDI, Giulio. *La túnica rasgada*: La identidad Cristiana, hoy, entre Liberación y restauración. Santander: Sal Terrae, 1991.

GONZÁLEZZ, Antonio. Orden mundial y Liberación. *Estudios Centroamericanos* 549 (1994), p. 629-652.

HINERLAMMERT, Franz. A globalização como ideologia encobridora que desfigura e justifica os males da realidade atual. *Concilium* 37 (2001), p. 686-696.

HOBSBAWM, Eric. *Era dos extremos*: o breve século XX (1914-1991). São Paulo: Companhia das Letras, 1995.

HÖFFE, Otfried. *A democracia no mundo de hoje*. Rio de Janeiro: Martins Fontes, 2005.

LIBANIO, João Batista. *A volta à Grande Disciplina*. São Paulo: Loyola, 1984.

OLIVEIRA, Manfredo Araújo de. *Desafios éticos da globalização*. São Paulo: Paulinas, 2001.

RATZINGER, Joseph; MESSORI, Vittorio. *A fé em crise?*: o Cardeal Ratzinger se interroga. São Paulo: EPU, 1985.

SCHNEIDER, José Odelso. *Caritas in Veritate*: uma bússola para o século XXI. *REB* 280 (2010), p. 772-796.

TEIXEIRA, Francisco José Soares; OLIVEIRA, Manfredo Araújo de (orgs.). *Neoliberalismo e reestruturação produtiva*: as novas determinações do mundo do trabalho. São Paulo/Fortaleza: Cortez/UECE, 1996.

VISENTINI, Paulo Fagundes. *O caótico século XXI*. Rio de Janeiro: Alta Books, 2015.

Carta Encíclica
Laudato Si'[1]

A Carta Encíclica *Laudato Si'* (*LS*) do Papa Francisco, "sobre o cuidado da casa comum", foi assinada no dia 24 de maio de 2015. É a mais extensa das encíclicas sociais até então publicadas, a primeira que não tem um título em latim e uma das mais impactantes. Há quem diga que, "assim como o Papa Leão XIII assombrou o mundo de outrora com a Encíclica *Rerum Novarum*: sobre a condição operária, hoje, é o Papa Francisco, com a *Laudato Si'*: sobre o cuidado da casa comum, que provoca esse mesmo 'assombro'".[2] Ao mesmo tempo que ele aborda um dos maiores dramas da humanidade na virada do milênio (crise ecológica), marca uma nova etapa no magistério social da Igreja: seja pela ampliação da questão social (socioambiental), seja pelo enfoque da questão (ecologia integral), seja pela radicalidade da abordagem (sistêmico-estrutural), seja pelo estilo ou postura no enfrentamento dos problemas, semelhante ao estilo/postura de João XXIII e de Paulo VI (otimista/dialogal/pastoral). O tema não é novo no magistério social da Igreja, como se pode comprovar nas encíclicas sociais de João XXIII, Paulo VI, João Paulo II e Bento XVI.[3] Mas é a primeira vez que um Papa

---

[1] Publicado em: *Fronteiras* 5/1 (2022), p. 87-116.

[2] PESSINI, Reflexões bioéticas sobre a questão ecológica hoje, p. 321.

[3] BHIGHENTI, A evolução do conceito de ecologia no ensino social da Igreja, p. 52-64; MAÇANEIRO, A ecologia e o ensino social da Igreja, p. 230-283.

trata de modo abrangente a questão ambiental, chegando a dedicar uma encíclica a essa problemática. Em sua abordagem do tema, Francisco recolhe as reflexões e orientações até então desenvolvidas pelo magistério da Igreja, enriquecendo-as com a contribuição de outras igrejas e seguimentos da sociedade e situando-as num horizonte mais amplo e sistêmico que articula o ambiental e o social na perspectiva de uma "ecologia integral".

Para ajudar na leitura e compreensão dessa nova encíclica social, indicaremos alguns traços do contexto socioeclesial em que ela se insere, faremos uma breve apresentação da estrutura e do conteúdo do texto e destacaremos alguns aspectos que revelam sua peculiaridade e novidade no contexto mais amplo das encíclicas sociais.

I – Contexto Histórico

Se todo texto tem um contexto que o marca e o condiciona em alguma medida, mais ainda um texto como uma encíclica social que, por sua própria natureza, trata de uma "questão social" a partir da fé cristã. Por mais que suponha e contenha aspectos que extrapolam seu contexto imediato, toda encíclica social, além de ter a marca de seu autor, enquanto resposta a determinado problema social, está referida ao contexto/problema que a suscita e ao qual procura compreender e responder a partir da fé. Assim como não se pode compreender a Encíclica *RN* de Leão XIII sem considerar a "condição dos operários" no final do século XIX, tampouco se pode compreender a Encíclica *LS* de Francisco sem considerar a crise socioambiental que ameaça a humanidade no início de século XXI.

Discorrendo sobre a crise socioambiental ou crise ecológica, falamos do contexto mais amplo em que se insere a primeira encíclica social de Francisco e da problemática fundamental com a qual ele se enfrenta, procurando compreendê-la em seus sintomas e em sua raiz e indicando caminhos para seu enfrentamento e superação.

Embora a degradação ambiental não seja um fenômeno absolutamente recente, ela adquiriu em nosso tempo, com o desenvolvimento técnico-científico, dimensões e proporções tão grandes que põem em risco a vida no planeta:[4] se "as sociedades tradicionais e mesmo a sociedade industrial em seu início causavam problemas ambientais em nível local e frequentemente com resultados circunscritos a recursos naturais específicos", na sociedade atual "as agressões tendem a ganhar um impacto global e, por sua intensidade, ter um forte efeito sistêmico".[5] Relatórios da Rede da Pegada Global (*Global Footprint Network*), organização internacional que monitora a demanda humana por recursos naturais, mostram como cada vez mais a demanda anual sobre a natureza supera sua capacidade regenerativa. O chamado "Dia de Sobrecarga da Terra" (*Overshoot Day*), quando se consomem os recursos naturais existentes para o ano inteiro, chega cada vez mais cedo: 5 de outubro em 2000; 13 de agosto em 2015. Isso significa um consumo de quase 50% além da capacidade anual do planeta. Seria necessário 1,5 planeta para sustentar esse ritmo/padrão de consumo de bens naturais.[6]

E, por mais que essa problemática não seja tão nova, sua consciência ou pelo menos a consciência de sua dimensão e profundidade é relativamente recente. Explodiu na década de 1970 e se impôs como problema fundamental na esfera pública na década de 1990. Ela é fruto da confluência e interação de uma série de fatores, iniciativas e processos, nos quais estão implicados movimentos e organizações socioambientais, setores importantes da comunidade científica, instituições/organismos políticos nacionais e internacionais e outros setores/seguimentos da sociedade.

O primeiro e mais fundamental sinal de alerta vem dos impactos sociais das mudanças climáticas e das catástrofes ambientais. Eles atingem cada vez mais amplos setores da sociedade e mesmo amplas regiões do planeta, mas suas primeiras e maiores vítimas são, sem dúvida, os *pobres* – muito mais dependentes dos bens naturais e muito mais vulneráveis às catástrofes socioambientais. Seu grito de desespero, sobretudo quando provoca organização e mobilização sociais, são o

---

4 RIBEIRO NETO, O diálogo entre catolicismo e ambientalismo a partir da *Laudato Si'*, p. 10-11; BOFF, A encíclica do Papa Francisco não é "verde", é integral, p. 16-18; OLIVEIRA, Ética e técnica, p. 51-57.

5 RIBEIRO NETO, O diálogo entre catolicismo e ambientalismo a partir da *Laudato Si'*, p. 11.

6 REDE WWW. Chegamos ao limite! 8 de agosto – Dia de Sobrecarga da Terra.

primeiro e mais fundamental sinal de alerta, de convocação e de mobilização da sociedade.[7]

Esse sinal de alerta mais fundamental que vem das vítimas das catástrofes socioambientais acaba provocando a *comunidade científica* a analisar os fatos (efeitos e causas) e indicar caminhos de enfrentamento dos problemas (imediatos e estruturais), bem como a *comunidade política* a construir e implementar políticas imediatas (gestão das catástrofes) e estruturais (gestão dos bens naturais, padrão de produção e consumo, modelo econômico) de enfrentamento dos problemas socioambientais. E, de fato, a problemática socioambiental, não sem tensões e conflitos, cada vez mais tem ganhado espaço na comunidade científica e nos debates políticos pelo mundo afora.

Dentre as publicações que marcaram o despertar da comunidade internacional para a problemática ambiental, convém destacar, em primeiro lugar, o livro da cientista e escritora estadunidense Rachel Carson, *A primavera silenciosa* (1962).[8] Ela faz um alerta sobre o uso agrícola de pesticidas químicos e destaca a necessidade de respeitar o ecossistema em que vivemos para proteger a saúde humana e o meio ambiente. Em segundo lugar, destaca-se o famoso relatório do "Clube de Roma" sobre os *Limites do crescimento* (1972).[9] Por mais discutível e criticável que seja sua perspectiva política, centrada na redução e no controle da taxa de natalidade[10] (sem tocar no modelo de produção, distribuição e consumo que se impôs nos últimos séculos), teve um papel importante na consciência dos "limites do crescimento". Essas obras tiveram um grande impacto nos EUA e em muitos países da Europa, desencadeando e/ou fortalecendo movimentos ambientalistas, abrindo uma nova pauta de investigação na comunidade científica e repercutindo nos espaços e organismos políticos da sociedade. Nas últimas décadas, surgiram muitos organismos e instituições (acadêmicos, sociais e políticos) dedicados ao estudo e monitoramento da situação socioambiental. Os resultados desses estudos (dados, análises, projeções etc.)

---

[7] ALIER, *Ecologismo dos pobres*; BRUM, *Banzeiro òkòtó*.

[8] CARSON, *A primavera silenciosa*.

[9] MEADOWS; MEADOWS; RANDERS; BEHRENS III, *Limites do crescimento*.

[10] MEADOWS; MEADOWS; RANDERS; BEHRENS III, *Limites do crescimento*, p. 156.

têm sido fundamentais para a compreensão da dimensão e complexidade do problema, bem como para a mobilização da sociedade, dos órgãos de Estado e dos governos no enfrentamento político do problema.

Do ponto de vista político, sem entrar nos ritmos e processos de cada país, convém chamar atenção para a crescente importância dessa problemática no âmbito da Organização das Nações Unidas. Por mais limitados, ambíguos e até fracassados que sejam seus intentos, não se pode negar a importância de seus organismos e eventos para a transformação da problemática ambiental em agenda/pauta política mundial com suas implicações e seus desdobramentos nas agendas/pautas políticas nacionais. O marco inicial foi a Conferência de Estocolmo, na Suécia, em 1972. Ela abre/inaugura um espaço/processo de discussão sobre a problemática ambiental no âmbito da Nações Unidas. Mas é com a Conferência sobre o Meio Ambiente e o Desenvolvimento, no Rio de Janeiro, em 1992 (ECO-92 ou Rio-92 ou "Cúpula da Terra"), que a questão ambiental ganha visibilidade e projeção e se impõe como pauta política fundamental e decisiva para a vida no planeta. Aí surgiu a chamada "Agenda 21". Dez anos depois, em 2002, acontece em Joanesburgo, África do Sul, a Cúpula Mundial sobre Desenvolvimento Sustentável (Rio+10). Em 2012, novamente no Rio de Janeiro, acontece a Conferência sobre Desenvolvimento Sustentável (Rio+20). Em setembro de 2015, acontece em Nova York a Cúpula do Desenvolvimento Sustentável, onde se definiu a chamada "Agenda 2030 para o Desenvolvimento Sustentável". E, em dezembro desse mesmo ano, acontece em Paris a 21ª Assembleia das Nações Unidas sobre Mudanças Climáticas (COP-21).[11] Tudo isso tem contribuído decisivamente, não obstante as ambiguidades e a pouca eficácia, vale repetir, para a transformação da problemática socioambiental em pauta/agenda política fundamental e em fator de mobilização política da sociedade.

Na América Latina, a problemática ambiental emerge e se consolida no contexto das lutas e organizações dos povos tradicionais na defesa de seus territórios e das populações pobres em meio aos conflitos e às

---

[11] ORGANIZAÇÃO DAS NAÇÕES UNIDAS, A ONU e o meio ambiente; PESSINI, Reflexões bioéticas sobre a questão ecológica hoje, p. 287-305.

"catástrofes" socioambientais.[12] Nasce como uma problemática socioambiental em sentido estrito, tratando os problemas ambientais a partir de suas primeiras e maiores vítimas (povos tradicionais, populações pobres) e superando universalismos e abstrações nada objetivos/neutros, identificando seus primeiros e maiores responsáveis (elites econômico-políticas, setores dominantes). Nem todos são igualmente vítimas e responsáveis pelos problemas ambientais nem têm as mesmas condições e possibilidades de enfrentamento de seus impactos sociais. Uma abordagem social dos problemas ambientais, ao mesmo tempo que põe em evidência suas raízes socioeconômicas, revela também suas maiores vítimas e seus maiores responsáveis. Do ponto de vista social e simbólico, um marco fundamental entre nós foi a luta e o martírio de Chico Mendes (22 de dezembro 1988), em quem a defesa da Amazônia e dos povos da floresta constituiu uma única e mesma causa/luta.[13] Do ponto de vista teórico, a referência maior entre nós é, sem dúvida, Leonardo Boff. Desde o início dos anos 1990, ele tem se dedicado a essa problemática e tem sido um elo importante de articulação da América Latina com o movimento ecológico mundial, participando, inclusive, da redação da "Carta da Terra", assumida oficialmente pela UNESCO (Organização das Nações Unidas para a Educação, a Ciência e a Cultura), em 2003.[14] Retomando e aprofundando a percepção da inseparabilidade ou da mútua implicação entre o ambiental e o social, Leonardo Boff ajudou a construir uma compreensão de ecologia que articula o "grito da terra" com o "grito dos pobres", título de sua mais importante obra sobre a problemática socioambiental: *Ecologia: grito da terra, grito dos pobres.*[15]

A confluência e interação de todos esses fatores e processos, não sem tensões e conflitos, tornaram possível uma compreensão mais ampla da problemática ambiental em seus efeitos (vítimas, dados, dimensão, proporção) e em suas causas (elites econômico-políticas, modelo

---

[12] LEFF, *A aposta pela vida*; PORTO-GONÇALVES, A ecologia política na América Latina, p. 16-50.

[13] GRZYBOWSKI, *O testamento do homem da floresta.*

[14] BOFF, *Ecologia*: grito da terra, grito dos pobres, p. 445-460.

[15] BOFF, *Ecologia*: grito da terra, grito dos pobres.

econômico, civilização moderna), possibilitando uma maior/melhor percepção e articulação do vínculo ambiental-social, bem como da assimetria entre as maiores vítimas e os maiores responsáveis da problemática socioambiental.[16] E tudo isso favoreceu a construção de uma ampla agenda sócio-político-ambiental que implica e articula movimentos socioambientais de base (direitos dos povos tradicionais e das populações pobres) com processos políticos (gestão dos bens naturais, controle e limite do crescimento, novos padrões de produção, legislação socioambiental) e com o desafio de gestar/cultivar/difundir um novo padrão civilizatório que supere o antropocentrismo moderno, mas sem cair num biocentrismo cínico que, na prática, termina relativizando e abafando o grito dos pobres da terra (nova cosmovisão).[17]

É nesse contexto amplo e complexo que aparece a encíclica de Francisco "sobre o cuidado da casa comum". Ao mesmo tempo que ela supõe e se apropria de todo esse processo, oferece uma síntese peculiar que situa a problemática ecológica num novo patamar/status que articula o ambiental com o social, o grito do pobre com o grito da terra, o local com o global, o econômico com o sociopolítico e o cultural-religioso, o conjuntural com o estrutural na perspectiva de uma ecologia integral.

Mas isso não é tudo. Certamente, a Encíclica *LS* é resultado de todo esse processo que esboçamos em grandes linhas. Mas ela é fruto também da sensibilidade socioambiental de Francisco e se insere no processo mais amplo de retomada da renovação conciliar da Igreja que caracteriza seu ministério/magistério como bispo de Roma. Assim como a eleição de João Paulo II em 1978 marca uma nova etapa no processo de recepção do concílio, caracterizada por uma progressiva perda do otimismo conciliar com relação ao diálogo com o mundo e à reforma da Igreja e por uma espécie de "volta à grande disciplina";[18] a eleição de Francisco em 2013 denota uma nova etapa na vida da Igreja, caracterizada pela retomada do processo de renovação conciliar (interrompido!?,

---

[16] ACSELRAD; MELLO; BEZERRA, *O que é justiça ambiental*.
[17] CAPRA, *O ponto de mutação*; OLIVEIRA, Ampliação do sentido da libertação, p. 273-284; BOFF, O desafio ecológico à luz da *Laudato Si'* e da COP21 de Paris, p. 24-43; ACOSTA, *O bem viver*; SOLÓN, *Alternativas sistêmicas*.
[18] Cf. LIBANIO, *A volta à Grande Disciplina*.

arrefecido!?), tanto no que se refere ao envolvimento com os problemas do mundo atual quanto no que se refere ao dinamismo interno da Igreja como povo de Deus.

De fato, a renúncia de Bento de XVI (28 de fevereiro de 2013) e a eleição de Francisco (13/03/2013) são um marco na história recente da Igreja. O contexto de crise em que se dá a renúncia de Bento XVI e no qual se realiza o conclave que elege Francisco aponta a necessidade e urgência de reformas profundas na Igreja. E é isso que tem caracterizado e suscitado o ministério de Francisco desde o início.[19] Já a escolha do nome "Francisco", pensando nos pobres, na paz e na criação,[20] indica um verdadeiro programa de vida e ministério voltado para os grandes problemas e desafios da humanidade. E sua Exortação Apostólica *Evangelii Gaudium*, "sobre o anúncio do Evangelho no mundo atual", tem claramente um caráter programático, marcado por uma "transformação missionária da Igreja" (cap. I), num contexto de "crise do compromisso comunitário" (cap. II), centrado no "anúncio do Evangelho" (cap. III), destacando a "dimensão social da evangelização" (cap. IV) e a necessidade de "evangelizadores com espírito" (cap. V).[21]

Com seu carisma pessoal e com suas preocupações e orientações pastorais – não obstante tensões, resistências e conflitos internos e externos[22] –, Francisco vem resgatando o espírito e o processo de renovação/reforma conciliar e de sua recepção latino-americana. Ele inaugura uma "nova primavera" na Igreja que bem pode ser caracterizada como uma nova fase/etapa no processo de recepção do concílio, indicada por uma retomada da eclesiologia do povo de Deus (Igreja sinodal) e do seu dinamismo missionário (Igreja em saída para as periferias). Um aspecto fundamental e decisivo de todo esse processo é, sem dúvida nenhuma, a insistência na "dimensão social da evangelização" e na centralidade da "opção preferencial pelos pobres" – a marca mais visível e importante de seu ministério/magistério pastoral. E isso confere novo vigor e nova centralidade ao ensino ou Doutrina Social da Igreja.

---

[19] PASSOS; SOARES, *Francisco: renasce a esperança*; SILVA, *Papa Francisco*: perspectivas e expectativas de um papado; AQUINO JÚNIOR, *Renovar toda a Igreja no Evangelho*.

[20] FRANCISCO, Encontro com os representantes dos meios de comunicação social.

[21] FRANCISCO, Exortação Apostólica *Evangelii Gaudium*.

[22] PASSOS, Papa Francisco e o fim do mundo, p. 520-540.

Inserida nesse processo mais amplo de "transformação missionária da Igreja" que caracteriza o ministério pastoral de Francisco, a Encíclica *LS*, sua primeira encíclica social, ao mesmo tempo que alarga os horizontes da "questão social" (questão socioambiental) e radicaliza seu enfoque (necessidade de mudança estrutural/sistêmica),[23] indica/alarga os horizontes da atuação missionária da Igreja: uma atuação descentrada de si mesma (*Igreja em saída*) e centrada no "cuidado da casa comum" que se efetiva sempre a partir da "opção preferencial pelos pobres", que são as primeiras e maiores vítimas da crise ecológica e os destinatários privilegiados da ação evangelizadora da Igreja (*saída para as periferias*).

II – Texto: estrutura e conteúdo

Tendo indicado em grandes linhas o contexto social (crise ecológica) e eclesial (retomada do processo de renovação/reforma conciliar) em que se insere a *LS*,[24] faremos a seguir uma apresentação panorâmica do texto em sua estrutura e em seu conteúdo. A consideração do *contexto* é fundamental para perceber a relevância e dimensão do problema, o que justifica sua abordagem em uma encíclica social, assim como a leitura atenta do *texto* é decisiva para compreender a percepção que o Papa tem do problema e as perspectivas que indica para o seu enfrentamento.[25]

Mas, antes de passarmos à apresentação do texto, embora não tenhamos maiores informações sobre seu processo de elaboração,[26]

---

[23] SORGE, *Breve curso de doutrina social*, p. 11-20; BENTO, Adeus reformismo, p. 509-523; ANDRADE, Um novo paradigma na Doutrina Social da Igreja, p. 615-636.

[24] FRANCISCO. Carta Encíclica *Laudato Si'*. A partir de agora, os números entre parênteses, sem outra indicação, remetem à numeração desse documento.

[25] CAMACHO, *Laudato Si'*: el clamor de la tierra y el clamor de los pobres, p. 59-79; MURAD; TAVARES, *Cuidar da casa comum*; RIBEIRO NETO, O diálogo entre catolicismo e ambientalismo a partir da *Laudato Si'*, p. 8-23; BAKKER, *Laudato Si'*: rumo a uma nova antropologia, p. 158-170; BARROS, Convite para unir o céu e a terra, p. 171-183; SOUZA, A *Laudato Si'* na perspectiva do método: "ver, julgar e agir", p. 145-161; SILVA, Aprendei com os lírios dos campos..., p. 688-704; THOMASSET, Uma necessária conversão para uma "ecologia integral"!, p. 14-34.

[26] CAMACHO, *Laudato Si'*: el clamor de la tierra y el clamor de los pobres, p. 60-61; AIZEN, Historia secreta: cómo se gestó la encíclica ambiental del Papa.

convém recordar brevemente com Francisco o desenvolvimento de sua "consciência ecológica" e o contexto imediato de publicação da encíclica. Sua "tomada de consciência" dessa problemática "começou a germinar" na Conferência de Aparecida, no Brasil, em 2007. Como membro do comitê de redação do Documento Final da Conferência, Francisco confessa que a princípio ficou "um pouco incomodado com o fato de os bispos brasileiros e alguns de outros países quererem tantas referências à Amazônia nesse documento". Parecia-lhe "excessivo". Nos anos seguintes, porém, foi "vendo algumas notícias" e, "depois de muitos encontros, diálogos e acontecimentos", diz ele, "[seus] olhos foram se abrindo, como num acordar". Já como Papa, pediu ajuda a "especialistas sobre clima e ambiente" acerca do "estado do nosso planeta" e pediu a "alguns teólogos" que "refletissem sobre esses dados, em diálogo com especialistas de todas as partes do mundo" – "teólogos e cientistas trabalharam juntos até chegarem a uma síntese". Assim foi se gestando a encíclica. Com relação à publicação do texto, Francisco recorda o pedido da então ministra do Meio Ambiente da França, Ségolène Royal, durante sua viagem em 2014 a Estrasburgo para discursar no Conselho da Europa, para que "publicasse [a encíclica] antes da reunião dos chefes de Estado que aconteceria em dezembro de 2015, em Paris".[27]

1. Estrutura

A estrutura do texto é bastante clara: a *Introdução* apresenta o problema, as inspirações, o apelo e a estrutura da encíclica (1-16); o *Capítulo I* faz uma breve consideração sobre "o que está acontecendo com a nossa casa" (17-61); o *Capítulo II* apresenta as convicções da fé judaico--cristã em termos de "evangelho da criação" (62-100); o *Capítulo III* trata da "raiz humana da crise ecológica" (101-162); o *Capítulo IV* propõe "uma ecologia integral" (137-162); o *Capítulo V* indica "algumas linhas de orientação e ação" (163-201); o *Capítulo VI* aborda o desafio de uma "educação e espiritualidade ecológicas" (202-245); e conclui propondo duas orações: uma "oração pela nossa terra" e uma "oração cristã com a criação" (246).

---

[27] FRANCISCO. *Vamos sonhar juntos*, p. 37-39.

Francisco retoma o método ver-julgar-agir, usado por João XXIII, por Paulo VI e parcialmente por João Paulo II. Embora se possa discutir se o capítulo III é parte do "ver" ou do "julgar", em seu conjunto o texto tem essa estrutura: *ver* (cap. I e III), *julgar* (cap. II), *agir* (cap. IV-VI).[28] Ademais, como adverte Francisco no final da introdução, "embora cada capítulo tenha a sua temática própria e uma metodologia específica", há "alguns eixos que atravessam a encíclica inteira" e que são "constantemente retomados e enriquecidos" (16). Isso faz com que a ordem clara/lógica dos capítulos (ver-julgar-agir) não possa ser tomada de modo estanque, mas, pelo contrário, tenha que ser considerada em sua complexidade, dinamicidade e interligação (eixos transversais).

2. Conteúdo

Seguindo a estrutura do texto indicada anteriormente, apresentaremos a seguir um resumo de seu conteúdo, procurando ser o mais fiel possível ao texto em sua abordagem, em sua compreensão e em sua formulação do tema. Importante advertir e insistir que isso não substitui a leitura direta e integral do texto, mas é como um "guia" que ajuda a não perder a visão de conjunto nem a riqueza de conteúdo da encíclica.

Introdução

Com Francisco de Assis, *Laudato Si', mi Signore*, o texto começa comparando "nossa casa comum" com uma "irmã" e com uma "boa mãe" (1) e fazendo eco de seu clamor "contra o mal que lhe provocamos por causa do uso irresponsável e do abuso dos bens que Deus nela colocou"; sentimo-nos "seus proprietários e dominadores, autorizados a saqueá-la" e "esquecemo-nos de que nós mesmos somos terra" (2).

Assim como João XXIII, em meio à crise nuclear, escreveu a Encíclica *Pacem in Terris* (1963), "na qual não se limitava a rejeitar a guerra, mas quis transmitir uma proposta de paz", Francisco, "à vista da deterioração global do ambiente", através da Encíclica *Laudado Si'*, pretende

---

[28] CAMACHO, *Laudato Si'*: el clamor de la tierra y el clamor de los pobres, p. 60; SILVA, Aprendei com os lírios dos campos..., p. 691; SOUZA, A *Laudato Si'* na perspectiva do método: "ver, julgar e agir", p. 145-161; AQUINO JÚNIOR, Fé cristã e superação da crise ecológica, p. 26.

"entrar em diálogo com todos acerca da nossa casa comum" (3). Retoma as contribuições de Paulo VI (4), João Paulo II (5) e Bento XVI (6) para a compreensão e enfrentamento do problema: elas "recolhem a reflexão de inúmeros cientistas, filósofos, teólogos e organizações sociais que enriqueceram o pensamento da Igreja sobre estas questões" (7). Reconhece a "preocupação" e a "reflexão valiosa" que se têm desenvolvido "noutras Igrejas e Comunidades Cristãs – bem como noutras religiões" (7), destacando a contribuição do Patriarca Ecumênico Bartolomeu (8-9). Invoca o "santo padroeiro de todos os que estudam e trabalham no campo da ecologia" (10). Insiste em que "o urgente desafio de proteger a nossa casa comum inclui a preocupação de unir toda a família humana na busca de um desenvolvimento sustentável e integral" (13) e lança "um convite urgente a renovar o diálogo sobre a maneira como estamos construindo o futuro do planeta" (14).

Por fim, expressa o desejo de "que esta carta encíclica, que se insere no magistério social da Igreja, nos ajude a reconhecer a grandeza, a urgência e a beleza do desafio que temos pela frente" (15) e faz uma apresentação panorâmica do texto, considerando a ordem dos capítulos (15) e destacando "alguns eixos que atravessam a encíclica inteira" e são "constantemente retomados e enriquecidos" (16).

I – O que está acontecendo com a nossa casa

O primeiro capítulo se confronta com "o contexto atual no que este tem de inédito para a história da humanidade", fazendo uma breve consideração sobre "o que está acontecendo com nossa casa comum" (17). Parte de uma dupla constatação: ao mesmo tempo que reconhece que, "embora a mudança faça parte da dinâmica dos sistemas complexos, a velocidade que hoje lhe impõem as ações humanas contrasta com a lentidão natural da evolução biológica", com o agravante de que "os objetivos desta mudança rápida e constante não estão necessariamente orientados para o bem comum e para um desenvolvimento humano sustentável e integral" (18), constata também "uma crescente sensibilidade relativamente ao meio ambiente e ao cuidado da natureza" (19).

E passa, então, a fazer "uma resenha, certamente incompleta, das questões que hoje nos causam inquietação e que já não se podem esconder debaixo do tapete" com o objetivo de ajudar a "tomar dolorosa consciência, ousar transformar em sofrimento pessoal aquilo que acontece com o mundo e, assim, reconhecer a contribuição que cada um lhe pode dar" (19): "poluição e mudanças climáticas" (20-26); "a questão da água" (27-31); "perda da biodiversidade" (32-42); "deterioração da qualidade de vida humana e degradação social" (43-47); "desigualdade planetária" (48-52).

Ao mesmo tempo que Francisco comprova que "estas situações provocam gemidos da irmã terra, que se unem aos gemidos dos abandonados do mundo, com um lamento que reclama de nós outro rumo" (53), toma conhecimento também da "fraqueza das reações" (53-59) e "diversidade de opiniões" sobre o problema e suas possíveis soluções (60-61). Por um lado, fala da carência de uma "cultura necessária para enfrentar esta crise" e da "necessidade de construir lideranças que apontem caminhos" (53), da "fraqueza da reação política internacional" – "a submissão da política à tecnologia e à economia demonstra-se na falência das cúpulas mundiais sobre o meio ambiente" (54) –, dos limites dos avanços (55), de como "o meio ambiente fica indefeso perante os interesses do mercado divinizado, transformados em regra absoluta" (56), do risco de se criar "um cenário favorável a novas guerras, disfarçadas sob nobres reivindicações" (57), dos "exemplos positivos" (58) e do crescimento de "uma ecologia superficial ou aparente" que "serve para mantermos os nossos estilos de vida, produção e consumo" (59). Por outro lado, acerca da "diversidade de opiniões", afirma que, entre as posições extremas, "a reflexão deveria identificar possíveis cenários futuros, porque não existe só um caminho de solução" (60) e que, embora "sobre muitas questões concretas, a Igreja não tem motivo para propor uma palavra definitiva e entende que deve escutar e promover o debate honesto entre os cientistas", quanto ao problema ambiental, "basta, porém, olhar a realidade com sinceridade, para ver que há uma grande deterioração de nossa casa comum" – "o atual sistema mundial é insustentável" (61).

II – O Evangelho da criação

O texto começa problematizando e justificando a inclusão de um "capítulo referente às convicções de fé" num documento "dirigido a todas as pessoas de boa vontade". Reconhecendo que alguns "rejeitam decididamente a ideia de um criador ou consideram-na irrelevante", relegando o aporte das regiões para o "reino do irracional" ou tratando-o como uma "subcultura que se deve simplesmente tolerar", Francisco insiste que "a ciência e a religião, que fornecem diferentes abordagens da realidade, podem entrar num diálogo intenso e frutuoso para ambas" (62). Adverte que "a complexidade da crise ecológica e as suas múltiplas causas" exigem "reconhecer que as soluções não podem vir de uma única maneira de interpretar e transformar a realidade", sendo necessário "recorrer também às diversas riquezas culturais dos povos, à arte e à poesia, à vida interior e à espiritualidade" (63). E destaca a importância de "mostrar desde o início como as convicções de fé oferecem aos cristãos – e em parte também a outros crentes – motivações importantes para cuidar da natureza e dos irmãos e irmãs mais frágeis" (64).

E passa, então, a recolher a "sabedoria das narrações bíblicas", com o intuito de "saber o que nos dizem as grandes narrações bíblicas sobre a relação do ser humano com o mundo" (65). Essas narrações bíblicas sugerem que "a existência humana se baseia sobre três relações fundamentais intimamente ligadas: as relações com Deus, com o próximo e com a terra", ao mesmo tempo que mostram como "a harmonia entre o Criador, a humanidade e toda a criação foi destruída por termos pretendido ocupar o lugar de Deus, recusando reconhecer-nos como criaturas" e distorcendo "a natureza de 'dominar' a terra e de a 'cultivar e guardar'" (66). Isso permite ao Papa responder a acusação ao pensamento judaico-cristão de que ele "favoreceria a exploração selvagem da natureza, apresentando uma imagem do ser humano como dominador e devastador": "esta não é uma interpretação correta da Bíblia" (67). Pelo contrário. Os textos bíblicos nos convidam a "cultivar e guardar" o jardim: "Esta responsabilidade perante uma terra que é de Deus implica que o ser humano, dotado de inteligência, respeite as leis da natureza e os delicados equilíbrios entre os seres deste mundo" (68).

Isso tem muitas implicações para a compreensão do "mistério do universo": a) "dizer 'criação' é mais do que dizer natureza, porque tem a ver com um projeto do amor de Deus, onde cada criatura tem um valor e um significado" (76) – "a criação pertence à ordem do amor" (77); b) "todo o universo material é uma linguagem do amor de Deus, do seu carinho sem medida por nós" (84); c) "isto não significa igualar todos os seres vivos e tirar do ser humano aquele seu valor peculiar que, simultaneamente, implica uma tremenda responsabilidade" (90) – "exige-se uma preocupação pelo meio ambiente, unida ao amor sincero pelos seres humanos e a um compromisso constante com os problemas da sociedade" (91); d) "toda abordagem ecológica deve integrar uma perspectiva social que tenha em conta os direitos fundamentais dos mais desfavorecidos", considerando o "princípio da subordinação da propriedade privada ao destino universal dos bens e, consequentemente, o direito universal ao seu uso" (93). E tudo isso alcança sua plenitude no "mistério de Cristo", no qual "as criaturas deste mundo já não nos aparecem como uma realidade meramente natural, porque o ressuscitado as envolve misteriosamente e guia para um destino de plenitude" (100).

III – A raiz humana da crise ecológica

O texto começa afirmando que "para nada serviria descrever os sintomas, se não reconhecêssemos a raiz humana da crise ecológica" que está ligada a "um modo desordenado de conceber a vida e a ação do ser humano que contradiz a realidade até o ponto de arruiná-la". E passa a refletir sobre o "paradigma tecnocrático dominante" e sobre o "lugar que ocupa nele o ser humano e sua ação no mundo" (101).

A propósito do "paradigma tecnocrático dominante", começa falando da tecnologia em termos de "criatividade e poder" (102-105) e da "encruzilhada" em que nos encontramos atualmente: "É justo que nos alegremos com estes progressos e nos entusiasmemos à vista das amplas possibilidades que nos abrem estas novidades interessantes, porque 'a ciência e a tecnologia são um produto estupendo da criatividade humana que Deus nos deu" (102); "não podemos, porém, ignorar que a energia nuclear, a biotecnologia, a informática, o conhecimento do nosso próprio DNA e outras potencialidades que adquirimos" constituem um "poder tremendo" e dão "àqueles que detêm o conhecimento e, sobretudo, o poder econômico para desfrutá-lo, um domínio impressionante sobre o conjunto do gênero humano e do mundo inteiro" (104).

Mas o "problema fundamental" mesmo diz respeito ao "modo como realmente a humanidade assumiu a tecnologia e o seu desenvolvimento, juntamente com um paradigma homogêneo e unidimensional", centrado numa "técnica de posse, domínio e transformação" – daí o nome "paradigma tecnocrático" (106). Seu interesse é "extrair o máximo possível das coisas por imposição da mão humana, que tende a ignorar ou esquecer a realidade que tem à sua frente", passando daqui facilmente à "ideia de um crescimento infinito ou ilimitado", fundado na "mentira da disponibilidade infinita dos bens do planeta, o que leva a 'espremê-lo' até o limite e para além do mesmo" (106). Trata-se de "um paradigma de compreensão que condiciona a vida das pessoas e o funcionamento da sociedade": cria uma "trama" que condiciona os "estilos de vida", orienta "as possibilidades sociais na linha dos interesses de determinados grupos de poder" (107) e "tende a exercer o domínio também sobre a economia e a política" (109).

Esse "paradigma tecnocrático" está ligado a um "antropocentrismo" que "debilita o valor intrínseco do mundo" (115) e vai minando "toda a referência a algo de comum e qualquer tentativa de reforçar os laços sociais" (116). Na verdade, "a falta de preocupação por medir os danos à natureza e o impacto ambiental das decisões é apenas o reflexo evidente do desinteresse em reconhecer a mensagem que a natureza traz inscrita nas suas próprias estruturas", comprometendo a "própria base da sua existência" (117): quando "não [se] reconhece aos outros seres um valor próprio", termina-se por "negar qualquer valor peculiar ao ser humano" (118). Ecologia e antropologia são inseparáveis: "não há ecologia sem uma adequada antropologia"; "um antropocentrismo desordenado não deve necessariamente ser substituído por um biocentrismo" (118); "se a crise ecológica é uma expressão ou uma manifestação externa da crise ética, cultural e espiritual da modernidade, não podemos iludir-nos de sanar nossa relação com a natureza e o meio ambiente, sem curar todas as relações humanas fundamentais" (118). Nesse contexto, o Papa adverte contra o "relativismo prático", que é "ainda mais perigoso que o doutrinal" (122-123), fala da "necessidade de defender o trabalho" (124-129) e chama atenção para os riscos e a necessidade de limites no que se refere à "inovação biológica a partir da pesquisa" (130-136). O texto conclui insistindo que "a técnica separada da ética dificilmente será capaz de autolimitar o seu poder" (136).

IV – Uma ecologia integral

Partindo do princípio de que "tudo está intimamente relacionado e que os problemas atuais requerem um olhar que tenha em conta todos os aspectos da crise mundial", Francisco propõe uma reflexão sobre "os diferentes elementos de uma *ecologia integral*, que incluía claramente as dimensões humanas e sociais" (137).

–   *Ecologia ambiental, econômica e social* (138-142): se "a ecologia estuda as relações entre os organismos vivos e o meio ambiente onde se desenvolvem", é preciso "pensar e discutir acerca das condições de vida e de sobrevivência de uma sociedade, com a honestidade de pôr em questão modelos de desenvolvimento, produção e consumo" (138); "não há duas crises separadas: uma ambiental e outra social; mas uma única e complexa crise socioambiental" (139); "há uma interação entre os ecossistemas e entre os mundos de referência social" (141); "também o estado de saúde das instituições de uma sociedade tem consequências no ambiente e na qualidade de vida humana" (142).

–   *Ecologia cultural* (143-146): "a ecologia envolve também o cuidado das riquezas culturais da humanidade, no seu sentido mais amplo", e isso exige que "se preste atenção às culturas locais, quando se analisam questões relacionadas com o meio ambiente, fazendo dialogar a linguagem técnico-científica com a linguagem popular" (143); "o desaparecimento de uma cultura pode ser tanto ou mais grave do que o desaparecimento de uma espécie animal ou vegetal" (145); "é indispensável prestar uma atenção especial às comunidades aborígenes com suas tradições culturais" (146).

–   *Ecologia da vida cotidiana* (147-155): importante "analisar o espaço onde as pessoas transcorrem a sua existência" (147); "é louvável a ecologia humana que os pobres conseguem desenvolver no meio de tantas limitações" (148) – "experiência de salvação comunitária" (149); é preciso considerar a "relação entre os espaços urbanizados e o comportamento humano" (150), "cuidar dos espaços comuns" (151), da habitação (152), do transporte (153), das áreas rurais (154) e da "relação necessária da vida do ser humano com a lei moral inscrita na sua própria natureza" (155).

- *Princípio do bem comum* (156-158): "a ecologia humana é inseparável da noção de bem comum" (156) que "pressupõe o respeito pela pessoa humana enquanto tal, com direitos fundamentais e inalienáveis orientados para o seu desenvolvimento" (157); "nas condições atuais da sociedade mundial", isso se torna "um apelo à solidariedade e uma opção preferencial pelos mais pobres", o que "implica tirar as consequências do destino comum dos bens da terra" e, sobretudo, "contemplar a imensa dignidade do pobre à luz das mais profundas convicções de fé" (158).

- *Justiça intergeracional* (159-162): "a noção de bem comum engloba também as gerações futuras" – "já não se pode falar de desenvolvimento sustentável sem uma solidariedade intergeracional" (159); "que tipo de mundo queremos deixar a quem vai suceder-nos, às crianças que estão crescendo?" (160); "a dificuldade em levar a sério este desafio tem a ver com a deterioração ética e cultural, que acompanha a deterioração ecológica" – individualismo, egoísmo, consumismo, indiferença (162).

V – Algumas linhas de orientação e ação

Depois de "examinar a situação atual da humanidade, tanto nas feridas do planeta que habitamos, como nas causas mais profundamente humanas da crise ambiental", que, por si mesma, indica a "necessidade de mudança de rumo" e de "algumas ações", Francisco passa a "delinear grandes percursos de diálogo que nos ajudem a sair da espiral de autodestruição, onde estamos afundando" (163).

- *Diálogo sobre o meio ambiente na política internacional* (164-175): "a interdependência obriga-nos a pensar em um mundo único, em um projeto comum" (164); as cúpulas mundiais sobre o meio ambiente não alcançaram "acordos ambientais globais realmente significativos e eficazes" (166); há "experiências positivas" (168-169), mas "algumas estratégias" acabam impondo aos países pobres "uma nova injustiça sob a capa do cuidado do meio ambiente" (170) e podem levar a "uma nova forma de especulação" (171); os países pobres devem priorizar "a erradicação da miséria e o desenvolvimento social de seus habitantes" (172); urgência de "acordos internacionais" (173) e de "instituições internacionais mais fortes e eficazmente organizadas, com autoridades designadas de maneira imparcial [...] e dotadas de poder de sancionar" (175).

– *Diálogo para novas políticas nacionais e locais* (176-181): "vencedores e vencidos dentro dos países pobres" e importância das "políticas nacionais e locais" (176); papel do Estado (177); desafio de superação de uma política centrada em "resultados imediatos" e "interesses eleitorais" (178); importância das "cooperativas para a exploração de energias renováveis" (179); "não se pode pensar em receitas uniformes, porque há problemas e limites específicos de cada país ou região"; "o realismo político pode exigir medidas e tecnologias de transição"; "a nível nacional e local há sempre muito o que fazer" (180); "indispensável é a continuidade" (181).

– *Diálogo e transparência nos processos decisórios* (182-188): "a previsão do impacto ambiental dos empreendimentos e projetos requer processos políticos transparentes e sujeitos ao diálogo" (182); "no debate, devem ter lugar privilegiado os moradores locais" e todos devem ser "informados sobre os vários aspectos e os diferentes riscos e possibilidades" (183); as decisões devem ser baseadas num "confronto entre riscos e benefícios possíveis" (184); "princípio de precaução" (186); "a rentabilidade não pode ser o único critério a ter em conta" (187); "a Igreja não pretende definir as questões científicas nem substituir-se à política", mas convida a "um debate honesto e transparente, para que as necessidades particulares ou as ideologias não lesem o bem comum" (188).

– *Política e economia em diálogo para a plenitude humana* (189-198): "a política não deve submeter-se à economia, e esta não deve submeter-se aos ditames e ao paradigma eficientista da tecnocracia" (189); "a proteção ambiental não pode ser assegurada somente com base no cálculo financeiro de custos e benefícios" (190); "reduzir um determinado ritmo de produção e consumo pode dar lugar a outra modalidade de progresso e desenvolvimento" (191); "não é suficiente conciliar, a meio-termo, o cuidado da natureza com o ganho financeiro" – é preciso "redefinir o progresso" (194); "o princípio da maximização do lucro [...] é uma distorção conceitual da economia" (195); "uma política que pense com visão ampla e leve em frente um reformulação integral, abrangendo num diálogo interdisciplinar os vários aspectos da crise" (197).

– *As religiões no diálogo com as ciências* (199-201): "não se pode sustentar que as ciências empíricas expliquem completamente a vida, a essência íntima de todas as criaturas e o conjunto da realidade" – "os textos religiosos clássicos podem oferecer significado para todas as épocas, possuem uma força motivadora que abre sempre novos horizontes" (199); insuficiência das soluções técnicas para os "graves problemas do mundo", importância das religiões e responsabilidade dos crentes (200); necessidade de diálogo entre as religiões, entre as ciências, entre os movimentos ecológicos – "a gravidade da crise ecológica obriga-nos, a todos, a pensar no bem comum e a prosseguir pelo caminho do diálogo que requer paciência, ascese e generosidade" (201).

VI – Educação e espiritualidade ecológicas

O último capítulo da encíclica aborda a falta e a necessidade de "consciência de uma origem comum, de uma recíproca pertença e de um futuro partilhado por todos", o que "permitiria o desenvolvimento de novas convicções, atitudes e estilos de vida". Põe-nos diante de um "grande desafio cultural, espiritual e educativo que implicará longos processos de regeneração" (202).

Começa falando na necessidade de "apontar para outro estilo de vida" (203-208). Ao mesmo tempo que constata que "o consumismo obsessivo é o reflexo subjetivo do paradigma tecnoeconômico" (203) e que "a situação atual do mundo 'gera um sentido de precariedade e insegurança, que, por sua vez, favorece formas de egoísmo coletivo'" (204); insiste que "nem tudo está perdido, porque os seres humanos, capazes de tocar o fundo da degradação, podem também se superar, voltar a escolher o bem e regenerar-se, para além de qualquer condicionalismo psicológico e social" (205), e que "uma mudança nos estilos de vida poderia chegar a exercer uma pressão salutar sobre quantos detêm o poder político, econômico e social" (206) – "quando somos capazes de superar o individualismo, pode-se realmente desenvolver um estilo de vida alternativo e torna-se possível uma mudança relevante na sociedade" (208).

Isso nos põe diante do desafio de "educar para a aliança entre a humanidade e o ambiente" (209-215): "a consciência da gravidade da crise cultural e ecológica precisa traduzir-se em novos hábitos" (209); a educação ambiental tem que incluir uma "crítica dos 'mitos' da modernidade baseados na razão instrumental" e "recuperar os distintos níveis de equilíbrio ecológico" e necessita de "educadores capazes de reordenar os itinerários pedagógicos de uma ética ecológica" (210); não basta "informar" nem criar "leis e normas", é preciso "maturar hábitos", cultivar "virtudes sólidas" (211); "vários são os ambientes educativos": escola, família, meios de comunicação, política, Igreja etc. (213-214); atentar para a relação entre uma "educação estética" e "ambiente sadio" (215).

Essa educação ambiental implica uma verdadeira "conversão ecológica" (216-221). Convencido de que a espiritualidade cristã "constitui uma magnífica contribuição para o esforço de renovar a humanidade", Francisco propõe "algumas linhas de espiritualidade ecológica que nascem das convicções da nossa fé (216): "a crise ecológica é um apelo a uma profunda conversão interior" (217); "uma sã relação com a criação, como dimensão da conversão integral da pessoa" (218); mas "não basta cada um ser melhor" – "aos problemas sociais responde-se não com a mera soma de bens individuais, mas com redes comunitárias" (219); "comporta várias atitudes que se conjugam para ativar um cuidado generoso e cheio de ternura" (220).

Essa espiritualidade produz "alegria e paz" (222-227) e gera "amor civil e político" (228-232): "a espiritualidade cristã propõe uma forma alternativa de entender a qualidade de vida, encorajando um estilo de vida profético e contemplativo, capaz de gerar profunda alegria sem estar obcecado pelo consumo" (222); "o cuidado da natureza faz parte de um estilo de vida que implica capacidade de viver juntos e em comunhão" (288), e isso "toca não só as relações entre os indivíduos, mas também 'as macrorrelações como relacionamentos sociais, econômicos, políticos'" (231).

Francisco chama atenção ainda para "os sinais sacramentais e o descanso celebrativo" (233-237); mostra como "acreditar em um Deus único que é comunhão trinitária, leva a pensar que toda a realidade contém em si mesma uma marca propriamente trinitária" (239) – "o mundo, criado segundo o modelo divino, é uma trama de relações" (240); fala de Maria como "rainha de toda a criação" (241-242); aponta um horizonte "além do sol" (243-245): "na expectativa da vida eterna, unimo-nos para tomar a nosso cargo esta casa que nos foi confiada, sabendo que aquilo de bom que há nela será assumido na festa do céu" – "que as nossas lutas e a nossa preocupação com este planeta não nos tirem a alegria da esperança" (244); e conclui com uma "oração pela nossa terra" e uma "oração cristã com a criação" (246).

III – Destaques

Depois de indicar em grandes linhas o contexto socioeclesial em que se insere a Encíclica *LS* e de fazer uma apresentação da estrutura e do conteúdo do documento, destacaremos a seguir alguns aspectos que ajudam a perceber sua importância e suas peculiaridades no atual contexto histórico e no contexto mais específico do magistério social da Igreja, desenvolvido nas encíclicas sociais.

1. A Encíclica *Laudato Si'*, como indica seu subtítulo, trata do "cuidado da casa comum". No contexto da crise ecológica global atual, Francisco pretende "entrar em diálogo com todos acerca da nossa casa comum" (3) e lança um "convite urgente a renovar o diálogo sobre a maneira como estamos construindo o futuro do planeta" (14). Ele espera que "esta carta encíclica, que se insere no magistério social da Igreja, nos ajude a reconhecer a grandeza, a urgência e a beleza do desafio que temos pela frente" (15). É sua primeira encíclica social. Ao mesmo tempo que se enfrenta com um dos maiores problemas/dramas do mundo atual, Francisco alarga e indica os horizontes da missão da Igreja. Não se pode desvincular essa encíclica do contexto eclesial mais amplo de retomada do processo de renovação/reforma conciliar que caracteriza

seu ministério pastoral: "transformação missionária da Igreja". Nem se pode compreendê-la sem considerar a sensibilidade e a perspectiva socioambiental de Francisco: seja no que se refere a seu estilo/espírito otimista, dialogal, prospectivo e processual; seja no que se refere a seu pensamento complexo/integral que articula ambiental e social, político/econômico e cultural/religioso, ciência e outro saberes (filosofia, poesia, religião, sabedoria popular), conjuntural e estrutural.

2. Francisco retoma nessa encíclica o método ver-julgar-agir[29] que caracteriza a reflexão social de João XXIII e de Paulo VI, que foi usado por João Paulo II em sua Encíclica *SRS* e abandonado por Bento XVI na Encíclica *CV*. Isso se pode verificar já na estrutura/sequência/lógica dos capítulos. E foi claramente indicado por ele no final da introdução do documento: fará uma "breve resenha dos vários aspectos da atual crise ecológica" [ver]; retomará "algumas argumentações que derivam da tradição judaico-cristã" e procurará identificar as "raízes da situação atual" [julgar]; proporá, por fim, uma "ecologia integral", "algumas grandes linhas de diálogo de ação" e "algumas linhas de maturação humana inspiradas no tesouro da experiência espiritual cristã" [agir] (15). Mas, além dessa estrutura mais básica de reflexão (ver-julgar-agir), Francisco chama atenção para alguns "eixos que atravessam a encíclica inteira", como a "relação íntima entre os pobres e a fragilidade do planeta", a "convicção de que tudo está estreitamente interligado", a "crítica do novo paradigma e das formas de poder que derivam da tecnologia", o "convite a procurar outras formas de entender a economia e o progresso", o "valor de cada criatura", o "sentido humano da ecologia", a "necessidade de diálogo honesto e sincero" etc. (16).

3. A Encíclica *Laudato Si'* marca/inaugura uma nova fase no magistério social da Igreja: seja pela ampliação da chamada "questão social", seja pela radicalidade de seu enfoque. Antes de tudo, ela alarga os horizontes da "questão social": enquanto a *RN* de Leão XIII se enfrenta com a "questão operária", a *QA* de Pio XI se enfrenta com a questão da

---

[29] CAMACHO, *Laudato Si'*: el clamor de la tierra y el clamor de los pobres, p. 60; SILVA, Aprendei com os lírios dos campos..., p. 691; SOUZA, A *Laudato Si'* na perspectiva do método: "ver, julgar e agir", p. 145-161; AQUINO JÚNIOR, Fé cristã e superação da crise ecológica, p. 26.

"ordem social", as encíclicas sociais de João XXIII (*MM* e *PT*), Paulo VI (*PP* e *OA*), João Paulo II (*LE, SRS, CA*) e Bento XVI (*CV*) se enfrentam com questões de ordem internacional e/ou mundial, e a Encíclica *LS* trata do "cuidado da casa comum". Vemos, aqui, claramente, uma ampliação da questão social: *questão operária – ordem social – âmbito internacional e/ou mundial – questão socioambiental*. Mas, além de ampliar a questão social, Francisco radicaliza sua abordagem, tanto no que se refere às causas/raízes do problema quanto ao seu enfrentamento. Ele rompe com a linguagem reformista (reforma do sistema) que caracteriza o magistério social da Igreja. Fala da perversidade e insustentabilidade do atual sistema (52, 61, 161). E, com uma "posição profundamente crítica, antissistêmica em relação ao capitalismo",[30] defende não apenas a necessidade e razoabilidade de redução/limite do crescimento e do consumo (129, 186, 191, 193), mas também a necessidade de mudanças estruturais (139, 189, 194, 197).

4. Poderíamos sintetizar o aporte mais importante dessa encíclica em torno de três conceitos fundamentais que, em certo sentido, estruturam toda a reflexão: a) *paradigma tecnocrático* como "raiz humana da crise ecológica" (cap. III).[31] Francisco não se contenta em descrever os "sintomas" da crise, mas busca identificar sua "raiz", que tem a ver com "um modo desordenado de conceber a vida e a ação do ser humano, que contradiz a realidade até ao ponto de a arruinar" (101), e o qual é formulado em termos de "paradigma tecnocrático" e "antropocentrismo moderno"; b) *Evangelho da criação*, referente às convicções/motivações/ exigências da fé judaico-cristã para o cuidado da casa comum (cap. II).[32] Francisco mostra como a Escritura apresenta uma visão relacional do ser humano (66) e nos convida a "cultivar e guardar" o jardim do mundo (67), insiste no valor de toda criatura (84-88) e na peculiaridade do ser humano (89-92); c) *ecologia integral* como resposta/alternativa ao "paradigma tecnocrático dominante" (cap. II).[33] Para Camacho, esse

---

[30] BENTO, Adeus reformismo: Papa Francisco e a Doutrina Social da Igreja, p. 510.

[31] OLIVEIRA, O paradigma tecnocrático, p. 129-145.

[32] AQUINO JÚNIOR, Fé cristã e superação da crise ecológica, p. 24-39.

[33] BOFF, A encíclica do Papa Francisco não é "verde", é integral, p. 19-22.

é o "aporte mais nuclear do documento".[34] A insistência em que tudo está "interligado" (16, 91, 117, 138, 240) leva a reconhecer "uma única e complexa crise socioambiental" e a tomar em sério a "relação entre a natureza e a sociedade que a habita" ou as "interações dos sistemas naturais entre si e com os sistemas sociais" (139).

5. Francisco não só insiste no vínculo intrínseco entre o natural/ambiental e o humano/social, mas o faz a partir dos pobres e marginalizados da sociedade. Ao apresentar o conteúdo e a estrutura do texto, fala da "relação íntima entre os pobres e a fragilidade do planeta" como um dos "eixos que atravessam a encíclica inteira" (16). Chama atenção ao longo do texto sua preocupação em destacar sempre as consequências trágicas da crise ecológica na vida dos pobres, insistindo em que "uma verdadeira abordagem ecológica sempre se torna uma abordagem social, que deve integrar a justiça nos debates sobre o meio ambiente, para ouvir tanto o clamor da terra como o clamor dos pobres" (49). E, ao indicar caminhos de superação da crise, afirma que "as diretrizes para a solução requerem uma abordagem integral para combater a pobreza, devolver a dignidade aos excluídos e, simultaneamente, cuidar da natureza" (139), fala da "opção preferencial pelos mais pobres" (158), insiste que a prioridade dos países pobres deve ser "a erradicação da miséria e o desenvolvimento social de seus habitantes" (172) e que as religiões devem dialogar entre si "visando ao cuidado da natureza, à defesa dos pobres, à construção duma trama de respeito e fraternidade" (201). Em última instância, *LS* é um apelo a ouvir os gritos/clamores/gemidos da terra e dos pobres (49, 53, 117).

6. Uma leitura atenta do texto revela a riqueza e complexidade de aspectos e dimensões considerados na análise da crise ecológica e nas perspectivas indicadas para seu enfrentamento e superação. E isso tem sido destacado nas análises de vários comentadores. Destaca-se a "emergência de um novo paradigma", no qual o "ambientalismo" é superado por uma "ecologia integral".[35] Destaca-se a presença de uma "nova antropologia" que surge da consciência de que "tudo está

---

[34] CAMACHO, *Laudato Si'*: el clamor de la tierra y el clamor de los pobres, p. 64.

[35] BOFF, O desafio ecológico à luz da *Laudato Si'* e da COP21 de Paris, p. 25-29; BOFF, A encíclica do Papa Francisco não é "verde", é integral, p. 19-22.

interligado" e que é condição para o "cuidado da casa comum" – "não há ecologia sem uma adequada antropologia" (118).[36] Destaca-se a importância e necessidade de uma "espiritualidade ecológica" que aponte/dinamize "outro estilo de vida", o que implica "educação ecológica" e "conversão ecológica".[37] Destaca-se a dimensão ecumênica e inter-religiosa da encíclica: seja pelo fato de "tratar de situações que afligem toda a humanidade" e pelas "referências explícitas no texto à contribuição de outras igrejas e religiões",[38] seja pela sintonia com o movimento ecumênico mundial na busca por justiça, paz e integridade da criação,[39] seja pelo convite/apelo ao diálogo e à cooperação entre as religiões.[40] E destaca-se também sua sintonia com os movimentos socioambientais,[41] o que se vai fortalecendo nos encontros mundiais do Papa com os movimentos populares.

7. Por fim, convém destacar o caráter profundamente espiritual – esperançoso e prospectivo do texto. Se é impactante o realismo com que Francisco trata os "efeitos" e as "causas" da crise ecológica, não menos impactante são a esperança e o otimismo com que ele se enfrenta com essa crise. É um texto dramático, mas não catastrófico. Um texto perpassado de esperança do começo ao fim: esperança que nos convida a "reconhecer que sempre há uma saída, sempre podemos mudar de rumo, sempre podemos fazer alguma coisa para resolver os problemas" (61); esperança fundada em Deus que, com seu Espírito, "encheu o universo de potencialidades que permitem que, do próprio seio das coisas, possa brotar sempre algo novo" (80), e que sempre oferece à humanidade a "possibilidade de um novo início" (71). Isso permite/possibilita que Francisco enfrente de forma tão realista o drama socioambiental sem perder a lucidez e a esperança. E o leva a buscar e discernir sinais e indícios de novidade ou alternativa no mundo, não obstante seus limites

---

[36] BAKKER, *Laudato Si'*: rumo a uma nova antropologia, p. 158-170.

[37] SILVA, Aprendei com os lírios dos campos..., p. 688-704; BINGEMER, Louvor, responsabilidade e cuidado, p. 169-181.

[38] RIBEIRO, *Evangélicos e o papa*, p. 14.

[39] CUNHA, *Laudato Si'*: o eco papal de uma busca ecumênica, p. 115-128.

[40] BARROS, Convite para unir terra e céu, p. 171-183.

[41] MOREIRA, *Laudato Si'* e as lutas dos movimentos socioambientais, p. 197-217.

e ambiguidades (26, 34, 35, 7, 54, 55, 58, 111, 112, 167, 168, 169, 179, 180, 206, 211), sem, porém, iludir-se com soluções aparentes ou cínicas (170, 171, 194, 197). Não só insiste na necessidade de mudanças estruturais (139, 189, 194, 197), mas também na necessidade e importância de "gerar processos" (178, 202).

IV – Referências

ACOSTA, Alberto. *O bem viver*: uma oportunidade para imaginar outros mundos. São Paulo: Autonomia Literária, Elefante, 2016.

ACSELRAD, Henri; MELLO, Cecilia Campello do Amaral; BEZERRA, Gustavo das neves. *O que é justiça ambiental*. Rio de Janeiro: Garamond, 2009.

AIZEN, Marina. Historia secreta: cómo se gestó la encíclica ambiental del Papa. *Diário Clarín* (21/06/2015). Disponível em: <https://www.clarin.com/sociedad/cambio_climatico-enciclica-francisco_0_H11xTvvtwml.html>.

ALIER, Joan Martínez. *Ecologismo dos pobres*. São Paulo: Contexto, 2007.

ANDRADE, Paulo Fernando Carneiro. Um novo paradigma na Doutrina Social da Igreja. *REB* 314 (2019), p. 615-636.

AQUINO JÚNIOR. Fé cristã e superação da crise ecológica: Abordagem teológica. In: MURAD, Afonso; TAVARES, Sinivaldo (orgs.). *Cuidar da casa comum*: chaves de leitura teológicas e pastorais da *Laudato Si'*. São Paulo: Paulinas, 2016, p. 24-39.

AQUINO JÚNIOR, Francisco de. *Renovar toda a Igreja no Evangelho*: desafios e perspectivas para a conversão pastoral da Igreja. Aparecida: Santuário, 2019.

BAKKER, Nicolau João. *Laudato Si'*: rumo a uma nova antropologia. *REB* 301 (2016), p. 158-170.

BARROS, Marcelo. Convite a unir o céu e a terra. A Encíclica *Laudato Si'* e a espiritualidade macroecumênica. *REB* 301 (2016), p. 171-183.

BENTO, Fábio Régio. Adeus reformismo: Papa Francisco e a Doutrina Social da Igreja. *PT* 50/3 (2018), p. 509-523.

BINGEMER, Maria Clara. Louvor, responsabilidade e cuidado. Premissas para uma espiritualidade ecológica. In: MURAD, Afonso; TAVARES, Sinivaldo (orgs.). *Cuidar da casa comum*: chaves de leitura teológicas e pastorais da *Laudato Si'*. São Paulo: Paulinas, 2016, p. 169-181.

BOFF, Leonardo. *Ecologia*: grito da terra, gritos dos pobres. Dignidade e direitos da mãe terra. Petrópolis: Vozes, 2015.

BOFF, Leonardo. A encíclica do Papa Francisco não é "verde", é integral. In: MURAD, Afonso; TAVARES, Sinivaldo (orgs.). *Cuidar da casa comum*: chaves de leitura teológicas e pastorais da *Laudato Si'*. São Paulo: Paulinas, 2016, p. 15-23.

BOFF, Leonardo. O desafio ecológico à luz da *Laudato Si'* e da COP21 de Paris. *REB* 301 (2016) p. 24-43.

BRIGHENTI, Agenor. A evolução do conceito de ecologia no ensino social da Igreja. Da *Rerum Novarum* à *Laudato Si'*. In: MURAD, Afonso; TAVARES, Sinivaldo (orgs.). *Cuidar da casa comum*: chaves de leitura teológicas e pastorais da *Laudato Si'*. São Paulo: Paulinas, 2016, p. 52-64.

BRUM, Eliane. *Banzeiro òkòtó*: uma viagem à Amazônia centro do mundo. São Paulo: Companhia das Letras, 2021.

CAMACHO, Ildefonso. *Laudato Si'*: el clamor de la tierra y el clamor de los pobres. Una encíclica más que ecológica. *Revista de Fomento Social* 71 (2016), p. 59-79.

CAPRA, Fritjof. *O ponto de mutação*: a ciência, a sociedade e a cultura emergente. São Paulo: Cultrix, 1989.

CARSON, Rachel. *A primavera silenciosa*. São Paulo: Gaia, 2010.

CUNHA, Magali do Nascimento. *Laudato Si'*: o eco papal de uma busca ecumênica. In: MURAD, Afonso; TAVARES, Sinivaldo (orgs.). *Cuidar da casa comum*: chaves de leitura teológicas e pastorais da *Laudato Si'*. São Paulo: Paulinas, 2016, p. 115-128.

FRANCISCO. Encontro com os representantes dos meios de comunicação social (16/03/2013). Disponível em: <https://www.vatican.

va/content/francesco/pt/speeches/2013/march/documents/papa-
-francesco_20130316_rappresentanti-media.html>.

FRANCISCO. Exortação Apostólica *Evangelii Gaudium*: sobre o anúncio do Evangelho no mundo atual. São Paulo: Paulinas, 2013.

FRANCISCO. Carta Encíclica *Laudato Si'*: sobre o cuidado da casa comum. São Paulo: Paulinas, 2015.

FRANCISCO. *Vamos sonhar juntos*: o caminho para um futuro melhor. Rio de Janeiro: Intrínseca, 2000.

GRZYBOWSKI, Cândido (org.). *O testamento do homem da floresta*: Chico Mendes por ele mesmo. Rio de Janeiro: Fase, 1989.

LEFF, Enrique. *A aposta pela vida*: imaginação sociológica e imaginários sociais nos territórios ambientais do sul. Petrópolis: Vozes, 2016.

LIBANIO, João Batista. *A volta à Grande Disciplina*: reflexão teológico-pastoral sobre a atual conjuntura da Igreja. São Paulo: Loyola, 1984.

MAÇANEIRO, Marcial. A ecologia e o ensino social da Igreja: inscrição e alcances de um paradigma. In: ZACHARIAS, Ronaldo; MANZINI, Rosana (org.). *Magistério e Doutrina Social da Igreja*: continuidade e desafios. São Paulo: Paulinas, 2016, p. 230-283.

MEADOWS, Donella; MEADOWS, Dennis; RANDERS, Jorgen; BEHRENS III, William. *Limites do crescimento*: um relatório para o projeto do Clube de Roma sobre o dilema da humanidade. São Paulo: Perspectiva, 1973.

MOREIRA, Gilvander Luís. *Laudato Si'* e as lutas dos movimentos socioambientais. In: MURAD, Afonso; TAVARES, Sinivaldo (orgs.). *Cuidar da casa comum*: chaves de leitura teológicas e pastorais da *Laudato Si'*. São Paulo: Paulinas, 2016, p. 115-128.

MURAD, Afonso; TAVARES, Sinivaldo (orgs.). *Cuidar da casa comum*: chaves de leitura teológicas e pastorais da *Laudato Si'*. São Paulo: Paulinas, 2016.

OLIVEIRA, Manfredo Araújo de. Ampliação do sentido da libertação. *Perspectiva Teológica* 81 (1998), 273-284.

OLIVEIRA, Manfredo Araújo de. Ética e técnica. In: *Ética, direito e democracia*. São Paulo: Paulus, 2010, p. 39-76.

OLIVEIRA, Manfredo Araújo de. O paradigma tecnocrático. In: MURAD, Afonso; TAVARES, Sinivaldo (orgs.). *Cuidar da casa comum*: chaves de leitura teológicas e pastorais da *Laudato Si'*. São Paulo: Paulinas, 2016, p. 129-145.

ORGANIZAÇÃO DAS NAÇÕES UNIDAS. A ONU e o meio ambiente. Disponível em: <https://brasil.un.org/pt-br/91223-onu-e-o-meio-ambiente>.

PASSOS, João Décio; SOARES, Afonso Maria Ligorio. *Francisco*: renasce a esperança. São Paulo: Paulinas, 2013.

PASSOS, João Décio. Papa Francisco e o fim do mundo; aspectos socio-eclesiais de uma conjuntura histórica. *REB* 314 (2019), p. 520-540.

PESSINI, Leo. Reflexões bioéticas sobre a questão ecológica hoje: em busca do respeito e do cuidado com a casa comum da humanidade. In: ZACHARIAS, Ronaldo; MANZINI, Rosana (org.). *Magistério e Doutrina Social da Igreja*: continuidade e desafios. São Paulo: Paulinas, 2016, p. 284-332.

PORTO-GONÇALVES, Carlos Walter. A ecologia política na América Latina: reapropriação social da natureza e reinvenção dos territórios. *INTERthesis* 9 (2012), p. 16-50. Disponível em: <https://periodicos.ufsc.br/index.php/interthesis/article/view/1807-1384.2012v9n1p16/23002>.

REDE WWW. Chegamos ao limite! 8 de agosto – Dia de Sobrecarga da Terra (08/08/2016). Disponível em: <https://www.wwf.org.br/natureza_brasileira/especiais/pegada_ecologica/overshootday2/#:~:text=%E2%80%8BPegada%20Ecol%C3%B3gica%20no%20Brasil&text=Isso%20significa%20que%20se%20todas,da%20capacidade%20anual%20do%20planeta.>

RIBEIRO, Claudio de Oliveira (org.). *Evangélicos e o Papa*: olhares de lideranças evangélicas sobre a Encíclica *Laudato Si'*, do Papa Francisco. São Paulo: Reflexão, 2016.

RIBEIRO NETO, Francisco Borba. O diálogo entre catolicismo e ambientalismo a partir da *Laudato Si'*. *REB* 301 (2016), p. 8-23.

SILVA, José Maria (org.). *Papa Francisco*: perspectiva e expectativas de um papado. Petrópolis: Vozes, 2014.

SILVA, João Justino de Medeiros. Aprendei com os lírios dos campos... Apontamentos para uma espiritualidade ecológica a partir da *Laudato Si'. REB* 307 (2017), p. 688-704.

SOLÓN, Pablo (org.). *Alternativas sistêmicas*: bem viver, decrescimento, comuns, ecofeminismo, direitos da terra e desglobalização. São Paulo: Elefante, 2019.

SORGE, Bartolomeo. *Breve curso de doutrina social*. São Paulo: Paulinas: 2018.

SOUZA, José Nivaldo. A *Laudato Si'* na perspectiva do método: "ver, julgar e agir". *Perspectiva Teológica* 48 (2016), p. 145-161.

THOMASSET, Alain. Uma necessária conversão para uma "ecologia integral"! *Fronteiras* 2/1 (2019), p. 14-34.

Carta Encíclica
Fratelli Tutti

A Carta Encíclica *Fratelli Tutti* (*FT*) do Papa Francisco, "sobre a fraternidade e a amizade social", foi assinada no dia 3 de outubro de 2020, na cidade de Assis, junto ao túmulo do santo dos pobres, da paz e da ecologia. Sua redação coincide com a explosão da pandemia da Covid-19, que parou o mundo, ceifou milhões de vidas e manifestou com toda evidência as patologias e a insustentabilidade do modelo/padrão civilizatório que se desenvolveu nos últimos séculos e se impôs nas últimas décadas como forma de vida e gestão das relações sociais, econômicas, políticas, culturais e ambientais no planeta. A pandemia da Covid-19 é inseparável da pandemia do sistema dominante. Por mais que tenha sua especificidade como crise sanitária concreta, essa pandemia é inseparável da sociedade global em que emerge e da qual é resultado e expressão, ao mesmo tempo que agrava ainda mais seu dinamismo fraticida e seu poder mortal.

Com essa nova encíclica social, que é inseparável da Encíclica *Laudato Si'*, "sobre o cuidado da casa comum", e que pode ser considerada como retomada e síntese de seu magistério social mais amplo, Francisco se confronta com as consequências trágicas de um "mundo fechado" (lógica do individualismo) e convida a pensar e gerar um "mundo aberto" (lógica da fraternidade): "Com posicionamentos diretos, linguagem clara e tom profético expõe as exigências da fraternidade humana em tempos de crise planetária".[1] O tema da fraternidade é bastante caro a Francisco.[2] Não por acaso, sua primeira mensagem para a Jornada Mundial da Paz, em 2014, tem como tema "fraternidade, fundamento e caminho para a paz", abordando vários temas que serão aprofundados posteriormente em outras ocasiões e que são retomados nessa encíclica: paz, pobreza, economia, guerra, corrupção e crime organizado, natureza.[3] E, não por acaso, há quem veja nessa encíclica uma retomada e uma síntese de seu magistério social.[4]

Para ajudar na leitura e compreensão do documento, apresentaremos em grandes linhas o *contexto* em que ele se insere, faremos uma síntese do *texto* e destacaremos sua *especificidade* no contexto mais amplo do magistério social nas encíclicas sociais.

I – Contexto histórico

O fim do socialismo soviético marca o fim de um século que Eric Hobsbawm caracterizou como "era dos extremos",[5] polarizada por dois regimes (socialismo x capitalismo) e duas potências (URSS x EUA) que, numa espécie de "guerra fria", configuravam e determinavam a geopolítica mundial. Nascia uma nova era, não mais polarizada por potências e regimes contrapostos, mas como um mundo único (mundo globalizado), regido por um único sistema (capitalismo neoliberal) e comandado por uma única potência (EUA). Não obstante a multiplicidade de conflitos, o caos e a indefinição da geopolítica mundial e as enormes desigualdades entre países/povos que caracterizavam esse período da nossa história, ele foi saudado e apregoado pelos arautos do capitalismo como o início de uma era mundial de paz, democracia e justiça social.

Francis Fukuyama, cientista político estadunidense, assessor do então Presidente Ronald Reagan, chegou mesmo a falar em "fim da

---

[1] PASSOS, *Fratelli Tutti*, p. 783.

[2] Cf. CAMACHO, Encíclica sobre la fraternidad, p. 10.

[3] Cf. FRANCISCO, Fraternidade, fundamento e caminho para a paz.

[4] Cf. CAMACHO, Encíclica sobre la fraternidad, p. 13; CAMACHO, Leyendo *Fratelli Tutti* desde Europa, p. 82s; PASSOS, *Fratelli Tutti*, p. 785.

[5] Cf. HOBSBAWM, *Era dos extremos*.

história",[6] no sentido de que, com a derrocada do regime soviético e o triunfo do capitalismo e da democracia liberal, a história da humanidade teria atingido o auge de sua evolução, criando um único mundo: o mundo capitalista neoliberal, regido pela lógica e pela ideologia do mercado. Mas a realidade é mais complexa, mais dinâmica e mais dura do que parece. A última década do século XX e as primeiras décadas do século XXI mostram que a nova ordem mundial não conseguiu pôr fim às guerras e impor uma governança democrática, nem acabar com a miséria e fome, e menos ainda diminuir as imensas desigualdades sociais entre pessoas e povos e garantir um equilíbrio socioambiental no planeta.[7]

Não por acaso, Paulo Fagundes Visentini se refere ao início do século XXI como "caótica era de incertezas":[8] seja no que se refere aos conflitos bélicos (antigos e novos), seja no que se refere a projetos políticos (esquerda x direita), seja no que se refere à geopolítica mundial (antigos e novos atores), seja no que se refere a outros grandes problemas (desemprego, concentração de renda, meio ambiente). Ironia da história, não deixa de ser emblemático o fato de o novo século começar com a questionável eleição de George W. Bush à presidência dos EUA em 2000 e com os atentados terroristas de 11 de setembro de 2001 em Nova Iorque e Washington, seguidos da chamada "guerra contra o terrorismo" no Afeganistão e no Oriente Médio, deflagrada pelos EUA.[9]

Aos poucos foram caindo por terra as "previsões ufanistas que assinalavam o início de uma Nova Ordem Mundial, fundada na paz, prosperidade e democracia": a) "em lugar da paz, seguiram-se anos de guerras, conflitos civis e padrões de violência de novo tipo"; b) "a prosperidade não ocorreu, ao menos para a grande maioria das pessoas e países"; c) "a globalização, ainda que lançando bases para um crescimento ulterior, gerou desemprego estrutural, recessão em vários países (com retrocesso da produção industrial) e instabilidade financeira mundial, em meio à concentração de renda"; d) embora a "democracia

---

[6] Cf. FUKUYAMA, *O fim da história e o último homem*.

[7] Cf. HOBSBAWM, *Era dos extremos*, p. 537-562.

[8] Cf. VISENTINI, *O caótico século XXI*, p. XI.

[9] Cf. VISENTINI, *O caótico século XXI*, p. XI.

liberal" tenha sido adotada pela maioria dos países, "o que se observa é o maior grau de despolitização e descrédito nas instituições políticas desde o advento da democracia";[10] e) sem falar numa série de problemas que, se não são absolutamente novos, ganharam, em todo caso, dimensões e proporções muito maiores como os "problemas ambientais", as "caóticas megacidades", os "narcotráficos" etc.[11] Tudo isso aponta para a "crise de um modelo que foi proposto como o 'fim da história'".[12]

A palavra "crise" se tornou, aliás, uma das expressões mais utilizadas para se referir à situação do mundo atual. O economista Ladislau Dowbor, por exemplo, fala do contexto atual como a "era do capital improdutivo", caracterizada por uma "nova arquitetura do poder, sob dominação financeira, sequestro da democracia e destruição do planeta".[13] Não se trata apenas de uma crise pontual ou regional, mas "de uma convergência impressionante de tendências críticas, da sinergia de um conjunto de comportamentos até compreensíveis, mas profundamente irresponsáveis e frequentemente criminosos, que assolam nossa pequena espaçonave".[14] Dowbor fala, aqui, da articulação de "três dinâmicas que desequilibram de maneira estrutural o desenvolvimento e a qualidade de vida no mundo":[15] a "dinâmica ambiental", a "desigualdade crescente" e a "esterilização dos recursos financeiros".[16] Trata-se, portanto, de uma crise ambiental, social, econômica e política. Ela se manifesta no "drama ambiental", na "tragédia social" e no "caos financeiro".[17] E põe como desafio central a superação da "disritmia sistêmica" ou do "hiato profundo" entre nossos "avanços tecnológicos" (economia global) e nossa "capacidade de convívio civilizado" (política nacional)[18] e a "geração de uma nova governança"[19] que possa

---

[10] VISENTINI, *O caótico século XXI*, p. 141s.

[11] VISENTINI, *O caótico século XXI*, p. 146-148.

[12] VISENTINI, *O caótico século XXI*, p. 142.

[13] Cf. DOWBOR, *A era do capital improdutivo*.

[14] DOWBOR, *A era do capital improdutivo*, p. 9.

[15] DOWBOR, *A era do capital improdutivo*, p. 17.

[16] DOWBOR, *A era do capital improdutivo*, p. 17-37.

[17] DOWBOR, *A era do capital improdutivo*, p. 36.

[18] DOWBOR, *A era do capital improdutivo*, p. 9s.

[19] DOWBOR, *A era do capital improdutivo*, p. 37.

"reorientar os recursos para financiar as políticas sociais destinadas a gerar uma economia inclusiva e, também, financiar a reconversão de processos de produção e de consumo que permitam reverter a destruição do meio ambiente".[20]

O aspecto político da crise ocupa aqui um lugar central, por ser decisivo no enfrentamento dos problemas e na gestão das relações sócio-político-econômicas. Mas aparece de um modo bastante paradoxal: por um lado, a "disritmia sistêmica" ou o "hiato profundo" entre a ordem política baseada nos Estados Nacionais e a nova ordem econômica mundial torna a política incapaz de atuar em âmbito mundial e acaba subordinando sua atuação às ordens do capital mundial. Por outro lado, a ausência de organismos com capacidade e poder de governança mundial e a subordinação da política à economia não deixam de ser uma opção/decisão política. Basta ver a mudança e/ou manipulação da legislação nacional, o atentado a governos democráticos e até mesmo o uso da força militar para impor e/ou manter os interesses do capital.

Embora sempre se apresente como um sistema democrático, o capitalismo se adapta e convive bem tanto com regimes de democracia liberal quanto com regimes autoritários/ditatoriais. Desde que favoreça e seja útil a seus interesses, qualquer regime é compatível com o capitalismo. Por isso, não deve causar estranheza que os defensores da ordem do capital, quando não conseguem se impor pelas urnas, fazem de tudo para desestabilizar e derrubar governos que, embora eleitos democraticamente, possam de alguma forma contrariar/limitar seus interesses. Também aqui é muito emblemático o fato de os Estado Unidos se apregoarem como arautos da democracia, enquanto atentam contra governos eleitos segundo as regras da democracia liberal, promovendo instabilidade política e favorecendo/apoiando golpes militares e/ou jurídico-parlamentares, como se pode verificar na América Latina no passado e nos tempos mais recentes.

O caráter violento e autoritário de governos recentes de extrema direta, como Trump (EUA), Salvini (Itália), Bolsonaro (Brasil), Orbán (Hungria) e Erdogan (Turquia), mais que uma anomalia ou

---

[20] DOWBOR, *A era do capital improdutivo*, p. 36.

desvirtuação, é apenas uma expressão mais grosseira e agressiva da *estratégia* de "guerra civil" que caracteriza o neoliberalismo desde sua origem.[21] Trata-se de uma guerra para *impor e defender* a ordem do mercado e *eliminar* qualquer força sociopolítica que lhe pareça hostil ou represente alguma ameaça. E uma guerra que pode assumir *diferentes expressões*: jurídica, política, cultural-religiosa, repressão estatal, guerra contra países/governos. Trata-se, em todo caso, de impor e garantir a "ordem do mercado", mediante o "estabelecimento de um Estado forte e a repressão do conjunto de forças e movimentos sociais que se opõem a esse projeto".[22] O "mercado concorrencial" funciona aqui como "um imperativo categórico que permite legitimar as medidas mais excessivas, inclusive o recurso à ditadura militar, se preciso", e é "esse ponto fixo que, paradoxalmente, assegura a própria plasticidade da estratégia neoliberal".[23] O *inimigo* a ser eliminado pode ser caricaturizado de muitas formas: comunista, sindicalista, terrorista, feminista, ideologia de gênero, imigrante etc. A *estratégia* de guerra também pode variar bastante: intervenção na ordem jurídica, golpe militar ou parlamentar, aliança de classes, detração moral, guerra cultural etc.[24] Mas o objetivo é sempre o mesmo: a "ordem do mercado". Noutras palavras, as "guerras do neoliberalismo" são sempre "guerras *pela* concorrência e *contra* a igualdade".[25]

E assim como se adéqua bem tanto a regimes democráticos quanto a regimes autoritários, desde que seja útil/conveniente para a defesa de seus interesses, o capitalismo pode assumir tanto um discurso e formato laicos e até laicistas quanto um discurso e mesmo um formato religiosos. Se, em décadas passadas, foi conveniente manter certa distância do universo religioso e se aliar a movimentos culturais renovadores, capturando amplos setores de esquerda que acabaram reduzindo sua pauta política a políticas identitárias, o que vemos atualmente é uma onda de extrema direita que apela ao universo religioso para legitimar

---

[21] Cf. DARDOT, *A escolha da guerra civil*, p. 33-36, 313s.

[22] DARDOT, *A escolha da guerra civil*, p. 35.

[23] DARDOT, *A escolha da guerra civil*, p. 36.

[24] DARDOT, *A escolha da guerra civil*, p. 316s.

[25] DARDOT, *A escolha da guerra civil*, p. 40.

suas políticas neoliberais que, por sua vez, aparecem como garantia e salvaguarda dos princípios e valores "religiosos" da sociedade.

João Décio Passos se refere a esses movimentos/governos em termos de (neo)teocracias.[26] Ante a "ilusão iluminista" de uma superação histórica da teocracia nos tempos e regimes democráticos, chama atenção para a "sobrevivência de perspectivas e práticas teocráticas em plena modernidade".[27] Não fala sem mais de "teocracias", mas de "neoteocracias", destacando com o prefixo "neo" o que elas têm de novidade e irredutibilidade em relação às formas clássicas de "teocracia".[28] São movimentos e governos que, por um lado, operam "com uma narrativa religiosa e, ao mesmo tempo, com uma estrutura laica" e, por outro lado, vão instaurando "uma funcionalidade teocrática efetiva que foi sendo traduzida em políticas públicas".[29] Fato é que "os mitos políticos atuais praticam teocracias inseridas nas burocracias modernas e delas fazem uso nos mais diversos aspectos".[30] E fazem isso instrumentalizando o universo religioso (discurso, imagens, lideranças etc.) numa "guerra cultural" em função dos interesses do grande capital[31] e em clara oposição e afronta ao Evangelho de Jesus Cristo, que é o anúncio de um Reino de fraternidade, justiça e paz.[32]

Tudo isso mostra a dimensão e o alcance da crise em que nos encontramos. Não se trata apenas de um problema pontual ou regional, mas de um problema sistêmico que envolve aspectos econômicos, sociais, ambientais, políticos, culturais e religiosos e que diz respeito em última instância ao próprio modelo/padrão civilizatório que caracteriza a ordem mundial vigente, que é a ordem do capital. Essa ordem mundial não só não realizou as promessas de paz, democracia e bem-estar, como aumentou e acirrou os conflitos, aprofundou as desigualdades sociais e a crise ambiental, submeteu a política ao capital financeiro-especulativo,

---

[26] Cf. PASSOS, *No lugar de Deus*.

[27] PASSOS, *No lugar de Deus*, p. 47.

[28] PASSOS, *No lugar de Deus*, p. 56-58.

[29] PASSOS, *No lugar de Deus*, p. 44.

[30] PASSOS, *No lugar de Deus*, p. 172.

[31] Cf. DARDOT, *A escolha da guerra civil*, p. 204-225.

[32] Cf. PASSOS, *No lugar de Deus*, p. 18s, 111, 122, 222-224.

fragilizando os vínculos de fraternidade e solidariedade e impondo um dinamismo cultural individualista de intolerância, indiferença e descarte.

O caráter pandêmico e a gravidade desse sistema de morte se revelaram com toda força na pandemia da Covid-19, que parou o mundo, ceifou milhões de vidas, provocou muito desemprego e fome, aumentou ainda mais a desigualdade entre pessoas e povos e manifestou com toda força e evidência o estado patológico-pandêmico da nova ordem mundial ou sua insustentabilidade socioambiental.[33] Ao mesmo tempo que essa pandemia é inseparável do atual padrão/modelo civilizatório, regido pela lógica do capital, agrava ainda mais seu quadro pandêmico e seu poder mortal.

E é nesse contexto generalizado de crise ou de crise sistêmica que aparece a Encíclica *Fratelli Tutti* do Papa Francisco. Em profunda sintonia com sua Encíclica *Laudato Si'*, "sobre o cuidado da casa comum" (2015),[34] e desenvolvendo mais e melhor a dimensão sociopolítica da crise atual, Francisco se enfrenta nessa nova encíclica social com os dramas de um "mundo fechado" (lógica do individualismo) e o desafio de sonhar/pensar e gestar um "mundo aberto" (lógica da fraternidade).[35] Em ambas as encíclicas estão em jogo o modelo/padrão de vida da atual ordem mundial e o desafio de sonhar e gestar um novo modelo/padrão de convivência no planeta.

Não se trata de meras reformas pontuais num sistema saudável (reformismo), mas da transformação de um sistema eco-fraticida (mudança estrutural). E é nesse sentido que se tem reconhecido no magistério social de Francisco a superação de uma postura meramente reformista por uma postura radical e sistêmica.[36] Essa postura é observada, em tom profético, em sua programática Exortação *Evangelii Gaudium*: "Não a uma economia da exclusão"! "Não à nova idolatria do dinheiro"! "Não

---

[33] Cf. GONZÁLEZ, La enfermedad del mundo, p. 74-78; PASSOS, *A pandemia do coronavírus*; BOFF, *Covid-19*.

[34] Cf. FRANCISCO, Carta Encíclica *Laudato Si'*.

[35] Cf. CAMACHO, Encíclica sobre la fraternidad, p. 28; CAMACHO, Leyendo *Fratelli tutti desde Europa*, p. 84; BOFF, *Habitar a terra*, p. 31-48.

[36] BENTO, Adeus reformismo, p. 509-523.

a um dinheiro que governa em vez de servir"! "Não à desigualdade social que gera violência"![37] É retomada em diversas ocasiões e com linguagens diversas[38]. Tem nas Encíclicas *LS* e *FT* sua expressão mais desenvolvida e elaborada. E é a marca mais peculiar e original de seu magistério social que, por sua vez, constitui o coração de seu ministério pastoral.

João Décio Passos tem razão quando afirma que "o magistério social é o clima, o rumo e o método dos ensinamentos de Francisco" e quando situa/fundamenta essa afirmação no contexto mais amplo de sua reforma eclesial, proposta e formulada em termos de "Igreja em saída"[39] – para ser mais preciso, deveria falar de "Igreja em saída para as periferias". De fato, Francisco insiste na natureza missionária da Igreja ("Igreja em saída"), destacando a dimensão e o lugar sociais da missão cristã ("saída para as periferias").[40] O social aparece aqui como constitutivo da missão cristã e não como mero apêndice ou mera consequência. Aliás, o capítulo IV da Exortação *Evangelii Gaudium* fala precisamente da "dimensão social da evangelização".[41] E é a partir daqui que se pode compreender a preocupação de Francisco com os problemas do nosso mundo e a centralidade que ele confere a esses problemas na missão evangelizadora da Igreja. Está em jogo aqui a compreensão mesma da Igreja e sua missão no mundo.

II – Texto: estrutura e conteúdo

Tendo esboçado em grandes linhas o contexto socioeclesial em que se insere e no qual deve ser lida a Encíclica *Fratelli Tutti* do Papa Francisco, "sobre a fraternidade e a amizade social",[42] passaremos agora à

---

[37] FRANCISCO, Exortação Apostólica *Evangelii Gaudium*, n. 53-60.
[38] Cf. AQUINO JÚNIOR; ABDALLA; SÁVIO, *Papa Francisco com os movimentos populares*; FRANCISCO, Curar o mundo.
[39] PASSOS, *Fratelli Tutti*, p. 785s.
[40] Cf. AQUINO JÚNIOR, *Renovar toda a Igreja no Evangelho*.
[41] Cf. FRANCISCO, Exortação Apostólica *Evangelii Gaudium*, n. 176-258.
[42] Cf. FRANCISCO, Carta Encíclica *Fratelli Tutti*. A partir de agora, os números entre parêntesis, sem outra indicação, remetem à numeração desse documento.

leitura e análise do texto, explicitando sua estrutura e apresentando resumidamente seu conteúdo. Isso é fundamental para compreendermos a leitura que Francisco faz da situação atual, o modo como reage a essa situação e as perspectivas e os caminhos que propõe para seu enfrentamento e sua superação.

1. Estrutura

A estrutura do texto é bastante clara. Depois de uma *Introdução* que apresenta o tema, a inspiração, o contexto e o propósito da encíclica (1-8), o conteúdo do texto está organizado em oito capítulos: o *Capítulo I* descreve "as sombras de um mundo fechado" (9-55); o *Capítulo II* chama atenção para "um estranho no caminho" que oferece luz e linhas de ação (56-86); o *Capítulo III* convida a "pensar e gerar um mundo aberto" (87-127); o *Capítulo IV* destaca a importância de "um coração aberto ao mundo inteiro" (128-153); o *Capítulo V* fala da necessidade de desenvolver "a melhor política" (154-197); o *Capítulo VI* insiste no "diálogo e amizade social" (198-224); o *Capítulo VII* indica "caminhos de um novo encontro" (225-270); o *Capítulo VIII* trata "as religiões a serviço da fraternidade no mundo" (271-285). Por fim, numa breve *Conclusão*, o Papa destaca as inspirações de sua reflexão sobre a fraternidade universal e termina com uma "oração ao Criador" e uma "oração cristã ecumênica" (286-287).

Não é difícil perceber que o desenvolvimento do conteúdo nessa sequência de capítulos segue uma forma já bastante conhecida e consolidada de reflexão social na Igreja. Trata-se do método ver-julgar-agir, desenvolvido pela Ação Católica, proposto por João XXIII em sua Carta Encíclica *Mater et Magistra* (*MM* 232) e, a partir de então, assumido, de modo mais ou menos explícito, em vários documentos do magistério social da Igreja, particularmente na Igreja latino-americana. E esse é o método fundamental da Encíclica *Fratelli Tutti*:[43] começa tratando da situação do mundo atual no primeiro capítulo (ver), oferece princípios e critérios de discernimento ético-teológicos nos capítulos segundo e terceiro (julgar) e indica linhas de atuação nos capítulos seguintes (agir).

---

[43] Cf. CAMACHO, Encíclica sobre la fraternidad, p. 11s; PASSOS, *Fratelli Tutti*, p. 782, 783; PASSOS; SANCHES, *Todos irmãos*, p. 7.

2. Conteúdo

Tendo explicitado a estrutura do documento, faremos a seguir uma apresentação resumida de seu conteúdo, seguindo o desenvolvimento/ ordem do texto e buscando ser o mais fiel possível à sua formulação do conteúdo. Isso não dispensa nem substitui a leitura do texto em sua íntegra, mas, como uma espécie de guia de leitura, ajuda a não perder de vista o conjunto e a unidade da reflexão nem da riqueza de seu conteúdo.[44]

Introdução

O texto começa indicando a inspiração e o propósito da encíclica. A expressão *Fratelli Tutti* é tomada das admoestações de São Francisco de Assis a seus irmãos, propondo "uma forma de vida com o sabor do Evangelho" (1). Dentre os conselhos oferecidos, o Papa destaca o "convite a um amor que ultrapassa as barreiras da geografia e de espaço" ou a uma "fraternidade aberta que permite reconhecer, valorizar e amar todas as pessoas, independentemente da sua proximidade física, do ponto da terra em que cada um nasceu ou habita" (1). O mesmo "santo do amor fraterno, da simplicidade e da alegria" que o inspirou na Encíclica *LS*, volta a inspirá-lo na Encíclica *FT* (2). Particularmente relevante e inspirador aqui é "sua visita ao sultão Malik-al-Kamil, no Egito" – "um episódio que nos mostra o seu coração sem fronteiras, capaz de superar as distâncias de proveniência, nacionalidade, cor ou religião" (3). Coerente com o que pedia a seus irmãos, "não fazia guerra dialética impondo doutrinas, mas comunicava o amor de Deus" e, assim, "foi pai fecundo que suscitou o sonho de uma sociedade fraterna" (4).

Francisco afirma que "as questões relacionadas com a fraternidade e a amizade social sempre estiveram entre as [suas] preocupações", que se referiu a elas repetidamente e em várias ocasiões e que, nessa encíclica,

---

[44] Cf. PASSOS; SANCHEZ; *Todos irmãos*; MENDONZA-ÁLVAREZ, Carta Encíclica *Fratelli Tutti*; CAMACHO, Encíclica sobre la fraternidad, p. 9-29; CAMACHO, Leyendo *Fratelli Tutti* desde Europa, p. 81-103; PASSOS, *Fratelli Tutti*, p. 782-801; MIRANDA, Fraternidade: uma noção universal?, p. 264-279; SANCHEZ, A Encíclica *Fratelli Tutti* e o diálogo inter-religioso, p. 280-294; GUIMARÃES, Comunicação na *Fratelli Tutti*, p. 4-15; SANTOS, Solidariedade, p. 16-23; BARROS, A Encíclica *Fratelli Tutti*, migrações e acolhida, p. 1-15.

"quis reunir muitas dessas intervenções, situando-as em um contexto mais amplo de reflexão" (5). Recorda seu encontro com o Grande Imã Ahmad Al-Tayyeb em Abu Dhabi e o documento que publicaram juntos "sobre a fraternidade humana em prol da paz mundial e da convivência comum"[45] e diz que a *FT* "reúne e desenvolve grandes temas expostos naquele documento" e acolhe também a contribuição de "tantas pessoas e grupos de todo o mundo" (5).

Por fim, adverte que "não [pretende] resumir a doutrina sobre o amor fraterno, mas [detém-se] na sua dimensão universal, na sua abertura a todos" e que, "embora a tenha escrito a partir de [suas] convicções cristãs, [procurou] fazê-lo de tal maneira que a reflexão se abra ao diálogo com todas as pessoas de boa vontade" (6). Recorda que, "enquanto redigia esta carta, irrompeu de forma inesperada a pandemia da Covid-19 que deixou descobertas as nossas falsas seguranças" (7). E conclui expressando seu ardente desejo de que, "reconhecendo a dignidade de cada pessoa humana, possamos reacender, entre todos, um anseio mundial de fraternidade" (8).

I – As sombras de um mundo fechado

"Sem pretender efetuar uma análise exaustiva nem levar em consideração todos os aspectos da realidade em que vivemos", Francisco destaca "algumas tendências do mundo atual que dificultam o desenvolvimento da fraternidade universal" (9).

– Os esforços de "integração" desenvolvidos nas últimas décadas na Europa, na América Latina e em outros países e regiões parecem "sonhos desfeitos aos pedaços" (10): "reacendem-se conflitos anacrônicos que se consideravam superados, ressurgem nacionalismos fechados, exacerbados, ressentidos e agressivos" (11); "a política torna-se cada vez mais frágil perante os poderes econômicos transnacionais que aplica o lema 'divide e reinarás'" (12); tudo isso "provoca uma desagregação ainda maior" (13) e favorece "novas formas de colonialismo cultural" (14).

---

[45] Cf. FRANCISCO; AHMAD AL-TAYYEB, Documento sobre a fraternidade humana em prol da paz mundial e da convivência comum.

– Encontramo-nos em um mundo "sem um projeto para todos": "a política deixou de ser um debate saudável sobre projetos a longo prazo para o desenvolvimento de todos e o bem comum" (15); "partes da humanidade parecem sacrificáveis em benefício de uma seleção que favorece um setor humano digno de viver sem limites" (18); "persistem hoje no mundo inúmeras formas de injustiça" (22): mulheres (23), escravidão (24), tráfico de pessoas (25); a violência assume contornos de uma "terceira guerra mundial em pedaços" (25), gera "medo e desconfiança" (26), favorece uma "cultura dos muros" (27) e cria um "terreno favorável para o crime organizado" com uma "pedagogia mafiosa" (28).

– Um mundo de "globalização e progresso sem rumo comum": os "avanços positivos" da ciência e da técnica são acompanhados de uma "deterioração da ética, que condiciona a atividade internacional e um enfraquecimento dos valores espirituais e do sentido de responsabilidade" (29); "esmorecem os sentimentos de pertença à mesma humanidade e o sonho de construir juntos a justiça e a paz parece uma utopia de outros tempos" (30); descobrimos "planetas longínquos", mas não descobrimos as "necessidades do irmão e da irmã que orbitam ao nosso redor" (31).

– Situação agravada pelas "pandemias e outros flagelos da história": a pandemia da Covid-19 ajudou a perceber que somos uma "comunidade mundial", na qual "o mal de um prejudica a todos" (32); "se tudo está interligado, é difícil pensar que esse desastre mundial não tenha a ver com nossa maneira de encarar a realidade" (34); "passada a crise sanitária, a pior reação seria cair ainda mais em um consumismo febril e em novas formas de autoproteção egoísta" (35); "o princípio do 'salve-se quem puder' traduzir-se-á rapidamente no lema 'todos contra todos' e isso será pior que uma pandemia" (36).

– Particularmente trágica é a situação dos que vivem "sem dignidade nas fronteiras": vítimas de "regimes políticos populistas" e de "abordagens econômico-liberais" que defendem "evitar a todo custo a chegada de pessoas migrantes" e "limitar ajuda aos países pobres" para que adotem "medidas de austeridade" (37); vítimas de "traficantes inescrupulosos" (38) e de "alarmes e temores, muitas vezes fomentados e explorados para fins políticos" e até partilhados por cristãos (39); "as migrações constituirão uma pedra angular do futuro do mundo" (40).

– Acrescente-se a tudo isso a "ilusão da comunicação" digital: "tudo se torna uma espécie de espetáculo que pode ser espiado, observado, e a vida acaba exposta a um controle constante" (42), favorecendo "movimentos digitais de ódio e destruição" e "risco de dependência, isolamento e perda progressiva de contato com a realidade" (43); "a agressividade social encontra [aí] um espaço de ampliação incomparável" (44); "estão em jogo enormes interesses econômicos" (45); difunde-se "informação sem sabedoria", uma vez que esta pressupõe o "encontro com a realidade" (47) e a escuta do outro (48).

– Por fim, os processos de "sujeição e autodepreciação", alimentados pela apresentação de países economicamente bem-sucedidos como "modelos culturais" a serem seguidos, "em vez de procurar que cada um cresça com seu estilo peculiar" (51); não se deve esquecer de que "uma maneira fácil de dominar alguém é destruir sua autoestima" e que "por trás dessas tendências que visam uniformizar o mundo, afloram interesses de poder que se aproveitam da baixa autoestima, ao mesmo tempo em que [...] procuram criar uma nova cultura a serviço dos mais poderosos" (52).

O Papa conclui, afirmando que, "apesar dessas sobras densas que não se devem ignorar", há "caminhos de esperança", pois "Deus continua a espalhar sementes de bem na humanidade" (54) e convidando a caminharmos na esperança (55).

II – Um estranho no caminho

"Com a intensão de procurar uma luz no meio do caminho que estamos vivendo e antes de propor algumas linhas de ação", Francisco dedica esse capítulo à parábola do bom samaritano (Lc 10,25-37), e o faz de tal maneira que, independentemente das convicções religiosas, "qualquer um de nós pode deixar-se interpelar por ela" (56).

Essa parábola "recolhe uma perspectiva de séculos" acerca das "relações entre nós" que aparece nos relatos sobre Caim e Abel (57), no livro de Jó (58), nas tradições judaicas (59) e, sobretudo, no Novo Testamento, onde "ressoa intensamente o apelo ao amor fraterno" (61). Isso ajuda a compreender o valor da parábola: "ao amor não interessa se o irmão ferido vem daqui ou de acolá", pois ele "rompe as cadeias que nos isolam e separam, lançando pontes" e permitindo "construir uma grande família" (62).

A parábola nos apresenta três personagens: um "homem ferido", os que "passaram a seu lado, mas foram embora", e um que "parou, ofereceu-lhe proximidade..." (63) e "uma pergunta sem rodeios": "com quem você se identifica" ou "a qual deles você se assemelha" (64)? Infelizmente nos habituamos a "olhar para o outro lado, a passar à margem, a ignorar as situações, até elas nos caírem diretamente em cima" (64). A parábola do bom samaritano nos convida a ser "construtores de um novo vínculo social" (66). Ela é "um ícone iluminador, capaz de manifestar a opção fundamental que precisamos fazer para reconstruir nosso mundo ferido": "A única via de saída é ser como o bom samaritano. Qualquer outra opção nos deixa ou com os salteadores ou com os que passam ao largo" (67). E nos recorda que a plenitude "só se alcança no amor" (68).

Trata-se de "uma história que se repete": ela "contém toda a dinâmica de uma luta interior que se verifica na elaboração de nossa identidade", ao mesmo tempo que "define todos os projetos econômicos, políticos, sociais e religiosos", pondo-nos diante da "opção de sermos bons samaritanos ou caminhantes indiferentes" (69).

Não podemos ficar indiferentes diante dos feridos. Somos chamados a agir: "Não devemos esperar tudo daqueles que nos governam [...] Gozamos de um espaço de corresponsabilidade capaz de iniciar e gerar novos processos e transformações" (77); "é possível começar de baixo e, caso a caso, lutar pelo mais concreto e local, e então expandir para os confins de nossos países e do mundo" (78); "todos temos uma responsabilidade pelo ferido que é o nosso povo e todos os povos da terra" (79).

Respondendo à pergunta "quem é o meu próximo", Jesus subverte a compreensão e prática habituais da sociedade de seu tempo (80):

"A proposta é fazer-se presente a quem precisa de ajuda, independentemente de fazer parte ou não do próprio círculo de pertença" (81). Aliás, "esse encontro misericordioso entre um samaritano e um judeu é uma forte provocação" (83). E o próprio Jesus se identifica com o "forasteiro" (84), obrigando-nos a reconhecê-lo em "cada irmão abandonado ou excluído" (85).

O Papa expressa tristeza pelo fato de, "apesar de estar dotada de tais motivações, a Igreja ter demorado tanto tempo a condenar energicamente a escravidão e várias formas de violência" e de ainda haver cristãos que defendam "várias formas de nacionalismo fechado e violento, atitudes xenófobas, desprezo e até maus-tratos àqueles que são diferentes" (86). E conclui exortando a que se inclua na catequese e na pregação "o sentido social da existência, a dimensão fraterna da espiritualidade, a convicção sobre a dignidade inviolável de cada pessoa e as motivações para amar e acolher a todos" (86).

III – Pensar e gerar um mundo aberto

Se, no capítulo anterior, o Papa busca na parábola do bom samaritano luz e inspiração para uma fraternidade universal, neste capítulo desenvolve os pressupostos e as implicações antropológicas dessa fraternidade universal que é o fundamento de um "mundo aberto". O ser humano é um ser de relação: só se realiza no "dom de si mesmo" aos outros e só reconhece sua verdade no "encontro com outros" (87).

O ser humano tem um dinamismo de abertura e relação: "feitos para o amor, existem em cada um de nós 'uma espécie de lei de *êxtase*: sair de si mesmo para encontrar nos outros um acréscimo de ser'" (88); "a nossa relação, se é sadia e autêntica, abre-nos aos outros, que nos fazem crescer e enriquecem" (89). E esse "dinamismo de abertura e união com os outros", diz o Papa, é a "caridade infundida por Deus" (91). Daí que "a estatura espiritual de uma vida humana é medida pelo amor" (92) – "um movimento que centra a atenção no outro, considerando-o um só comigo mesmo" (93) e que nos impele a "procurar o melhor para sua vida" (94).

O amor tem um dinamismo de "progressiva abertura". Ele nos coloca em "tensão para a comunhão universal" – "por sua própria dinâmica, o amor exige uma progressiva abertura [...] em uma aventura sem fim" (95). E "essa necessidade de ir além dos próprios limites vale também para as diferentes regiões e países" (96). Exige a construção de "sociedades abertas que integrem a todos" – "periferias", "exilados ocultos" (97-98). E essa é a base da fraternidade universal: "se for genuína, a amizade social dentro de uma sociedade é condição para possibilitar uma verdadeira abertura universal" (99).

Isso demanda "superar um mundo de sócios" (101-105), no qual só importa "aquele que é associado para determinados interesses" (102) e se criam "mundos fechados" (104), regidos pelo individualismo, que é "o vírus mais difícil de vencer" (105). E requer um "amor universal que promove as pessoas" (106-111): "todo ser humano tem direito de viver com dignidade e desenvolver-se integralmente" (107); "a simples proclamação da liberdade econômica, enquanto as condições *reais* impedem que muitos possam efetivamente ter acesso a ela [...], torna-se um discurso contraditório" (110).

O Papa insiste na necessidade de "promover o bem moral" (112-113), destacando o "valor da solidariedade", enquanto "virtude moral e comportamento social" (114), praticada de modo especial pelos menos favorecidos (116): "pensar e agir em termos de comunidade, de prioridade da vida de todos sobre a apropriação dos bens por parte de alguns"; "lutar contra as causas estruturais da pobreza"; "fazer face aos efeitos destrutivos do império do dinheiro"; "uma forma de fazer história" (116).

E insiste igualmente na necessidade de "repropor a função social da propriedade" (118-127), recordando com os padres e o magistério da Igreja que "o mundo existe para todos" (118) e que "o direito de propriedade privada só pode ser considerado um direito natural secundário e derivado do princípio do destino universal dos bens criados" (120). Os direitos "prioritários e primordiais" são "direitos sem fronteiras", de modo que "os limites e as fronteiras dos Estados não podem impedir que isso se cumpra" (121) e o desenvolvimento deve estar voltado para assegurar "os direitos humanos, pessoais e sociais, econômicos e políticos, incluindo os direitos das nações e dos povos" (122). E, falando dos "direitos dos povos", o Papa persiste na necessidade de "outra maneira de compreender as relações e o intercâmbio entre países" (125), de "uma nova rede de relações internacionais" (126), regidas por "outra lógica" (127).

IV – Um coração aberto ao mundo inteiro

A fraternidade universal, "se não é apenas abstração, mas se materializa e se concretiza, coloca-nos uma série de desafios que nos movem, nos obrigam a assumir novas perspectivas e a produzir novas relações" (128). Dentre esses desafios, Francisco destaca nesse capítulo o "limite das fronteiras" e a relação "local e universal".

Em primeiro lugar, "o limite das fronteiras" – migrantes/migrações. O "ideal" seria "evitar migrações desnecessárias", criando "reais possibilidades de viver e crescer com dignidade nos países de origem" (129). Mas, enquanto isso não acontece, temos o "dever" de respeitar o "direito" de todo ser humano de encontrar um "lugar" para "satisfazer as necessidades básicas dele e de sua família" e de "realizar-se plenamente como pessoa"; devemos nos esforçar por "acolher, proteger, promover e integrar" os migrantes (129). E isso implica "respostas indispensáveis, sobretudo em benefício daqueles que fogem de graves crises humanitárias" (130), mas também a aplicação do "conceito de cidadania" e a renúncia do "uso discriminatório do termo minorias" para "aqueles que chegaram a bastante tempo e fazem parte do tecido social" (131). Ademais, é necessário "estabelecer projetos de médio e longo prazo" que favoreçam tanto a "integração dos migrantes nos países de acolhimento" quanto o "desenvolvimento dos países de origem" (132).

Francisco destaca aqui a reciprocidade de dons que a migração possibilita: "A chegada de pessoas diferentes, que provém de um contexto vital e cultural distinto, transforma-se em um dom", afinal, "as histórias dos migrantes são histórias também de encontro entre pessoas e entre culturas" (133). Basta ver a presença de latinos nos Estados Unidos e de italianos da Argentina (135) e a relação entre Ocidente e Oriente (136). Isso favorece um "intercâmbio fecundo" (137-138), sobretudo se não se reduz a uma "forma de utilitarismo", mas é vivido na lógica da "gratuidade". Afinal, se "a ajuda mútua entre países acaba por beneficiar a todos" (137), "a verdadeira qualidade dos diferentes países do mundo mede-se por [sua] capacidade de se pensar não só como país, mas também como família humana" (141).

O desafio da migração nos põe diante do desafio mais amplo das relações entre os povos – tensão/relação "local e universal". Francisco começa lembrando que "entre globalização e localização também se gera uma tensão", que as "duas coisas unidas" impedem de cair em dois extremos: "um universalismo abstrato e globalizante" e "um museu folclórico de eremitas globalistas", e que "a fraternidade universal e a amizade social dentro de cada sociedade são dois polos inseparáveis e ambos essenciais" (142). Não se pode renunciar/negar o "sabor local": "tal como não dialoga com o outro sem identidade pessoal, assim também não há abertura entre povos senão a partir do amor à terra, ao povo, aos próprios traços culturais" (143); isso é um "pressuposto para intercâmbios sadios e enriquecedores" (144); "é preciso alargar sempre o olhar [...] mas há que o fazer sem se evadir nem se desenraizar" (145). Mas é preciso abrir-se a um "horizonte universal": os "narcisismos bairristas" escodem um "espírito fechado"; "toda cultura saudável é, por natureza, aberta e acolhedora" (146); "uma sã abertura nunca ameaça a identidade", mas a enriquece com novos elementos, promovendo "uma nova síntese que, em última análise, beneficia a todos" (148); sem esquecer de que "nenhum povo, nenhuma cultura, nenhum indivíduo podem obter tudo de si mesmo" e que "os outros são, constitutivamente, necessários para a construção de uma vida plena" (150).

Francisco insiste aqui que é preciso "partir da própria região", destacando a importância do "intercâmbio regional" (151), do espírito de "vizinhança" em "bairros populares" e entre "países vizinhos" (152). Afirma que "existem países poderosos e empresas grandes que lucram com [o] isolamento e preferem negociar com cada país separadamente", persistindo na necessidade de "países pequenos ou pobres" alcançarem "acordos regionais com seus vizinhos, que lhe permitam negociar em bloco" (153).

V – A melhor política

Este capítulo trata da "melhor política" para "tornar possível o desenvolvimento de uma comunidade mundial capaz de realizar a fraternidade a partir de povos e nações que vivem a amizade social" (154).

Começa alertando contra "populismos e liberalismos" que promovem o "desprezo pelos vulneráveis" (155). Partindo do sentido profundo da categoria "povo" – "identidade comum" e "projeto comum" (158), distingue entre "líderes populares" que se colocam a serviço de um "projeto duradouro de transformação e desenvolvimento" e líderes "populistas" que instrumentalizam politicamente a cultura de um povo "a serviço de seu projeto pessoal e de sua permanência no poder" (159) e se voltam para a "busca do interesse imediato" com o fim de garantir "os votos ou o apoio do povo" (161), deixando bem claro que não propõe nenhum "populismo irresponsável" de cunho assistencialista (161) e que "a grande questão é o trabalho" (162). Por outro lado, adverte contra "visões liberais individualistas" que "consideram a sociedade como mera soma de interesses que coexistem", que costumam "acusar como populistas aqueles que defendem os direitos dos mais frágeis da sociedade" (163), opondo "vida privada" e "ordem pública" (164), sem reconhecer que "o mercado, *per se*, não resolve tudo, embora às vezes nos queiram fazer crer nesse dogma de fé neoliberal" (168), e que sem os movimentos populares "a democracia atrofia, torna-se um nominalismo, uma formalidade" (169).

Referindo-se ao "poder internacional", recorda a "crise financeira" de 2007-2008 e lamenta não ter havido uma "reação que fizesse repensar os critérios obsoletos que continuam a governar o mundo" (170). Constata a "perda de poder dos Estados nacionais" ante o capital financeiro internacional e defende "instituições internacionais mais fortes e eficazmente organizadas, com autoridade designada de maneira imparcial" (172). Fala de reforma da ONU e da "arquitetura econômica e financeira internacional" (173). Diz que isso exige "coragem e generosidade para estabelecer livremente certos objetivos comuns e assegurar o cumprimento em todo o mundo de algumas normas essenciais" (174) e dá graças a Deus pelos "muitos grupos e organizações da sociedade civil [que] ajudam a compensar as debilidades da Comunidade Internacional" (175).

O texto passa, então, a falar da "caridade social e política". Começa constatando que "muitos possuem uma noção ruim da política" e que isso se deve tanto a erros, corrupção e ineficiência de alguns políticos quanto a "estratégias que visam enfraquecê-la, substituí-la pela economia ou dominá-la por alguma ideologia" (176). Fala da "política necessária", insistindo que "a política não deve submeter-se à economia, e esta não deve submeter-se aos ditames e ao paradigma eficientista da tecnocracia" (177), e que é preciso atuar "com base em grandes princípios e pensando no bem comum a longo prazo" (178). Reafirma a importância e grandeza do "amor político" – "uma sublime vocação" e "uma das formas mais preciosas de caridade, porque busca o bem comum" (180). E persiste na eficácia do amor social, que "não é um sentimento estéril", mas uma "força capaz de suscitar novas vias para enfrentar os problemas do mundo de hoje e renovar profundamente [...] as estruturas, organizações sociais, ordenamentos jurídicos" (183).

Dando um passo a mais na reflexão, trata da "atividade do amor político", insistindo que "é caridade acompanhar uma pessoa que sofre, mas é caridade também tudo o que se realiza [...] para modificar as condições sociais que provocam o seu sofrimento" (186). Isso exige tanto um "amor preferencial pelos pobres" (187), que se traduz na "urgência de encontrar uma solução para tudo o que atenta contra os direitos humanos fundamentais" (188), a começar pela eliminação da fome e do tráfico de pessoas (189), quanto uma "abertura a todos", favorecendo o "encontro", a "convergência" e o "intercâmbio de dons a favor do bem comum" (190).

O capítulo conclui recordando que, "ao mesmo tempo que tem atividades incansáveis, cada político permanece um ser humano, chamado a viver o amor nas suas relações interpessoais diárias" (193). O Papa persiste aqui que "na política, há lugar também para amar com ternura" (194), ao mesmo tempo que destaca a nobreza de quem é "capaz de desencadear processos cujos frutos serão colhidos por outros, com a esperança colocada na força secreta do bem que se semeia" (196).

VI – Diálogo e amizade social

Este capítulo trata do diálogo como caminho para a amizade social: "Para nos encontrarmos e ajudar-nos mutuamente, precisamos dialogar" (198).

O texto começa falando do "diálogo social para uma nova cultura": defende que, "entre a indiferença egoísta e o protesto violento, há uma opção sempre possível: o diálogo" (199); adverte para não confundir "diálogo" com "monólogo", como no caso da "troca de opiniões exaltadas nas redes sociais, muitas vezes causada por uma informação da mídia nem sempre confiável" (200) e instrumentalizada politicamente em função dos "interesses dos detentores de maior poder" (201), bem como para não reduzir esse diálogo a "meras negociações visando à obtenção de poder e de maiores vantagens possíveis, sem uma busca conjunta capaz de gerar o bem comum" (202); afirma que "o diálogo social autêntico inclui a capacidade de respeitar o ponto de vista do outro, admitindo a possibilidade de que nele contenha convicções ou interesses legítimos" e que "o debate público, se verdadeiramente der espaço a todos e não manipular nem ocultar informações, [...] permite alcançar de forma mais adequada a verdade ou, pelo menos, exprimi-la melhor" (203).

Chama atenção para a "base dos consensos". Começa afirmando que "o relativismo não é a solução" e justificando essa afirmação: "sob o pretexto de uma presumível tolerância, acaba-se por deixar que os valores morais sejam interpretados pelos poderosos segundo as conveniências de momento" (206); o futuro de uma sociedade depende de um "vivo respeito pela verdade da dignidade humana, à qual nos submetemos" (207); é preciso "desmascarar as várias formas de manipulação, distorção e ocultação da verdade nas esferas pública e privada" (208); sem "fundamentos mais sólidos que sustentam nossas escolhas e nossas leis" (208), resta apenas "um cálculo de vantagens e desvantagens" e "triunfa a lógica da força" (210). E insiste num consenso à base da verdade: "Em uma sociedade pluralista, o diálogo é o caminho mais adequado para reconhecer o que sempre deve ser afirmado e respeitado e que vai além do consenso ocasional" – diálogo e verdade (211); "não é necessário contrapor a conveniência social, o consenso e a realidade de uma verdade objetiva" (212); "isso não estabelece um fixismo ético, nem abre caminho à imposição de um sistema moral, uma vez que os princípios morais fundamentais e universalmente válidos podem dar origem a várias normativas práticas", deixando sempre "um espaço para o diálogo" (214).

Nesse contexto, Francisco fala de uma "nova cultura", renovando seu apelo a "desenvolver uma cultura do encontro que supere as dialéticas que colocam uns contra outros" por um "estilo de vida que tende a formar aquele poliedro que tem muitas faces, muitos lados, mas todos compõem uma unidade rica de matizes" (215) – "falar de 'cultura do encontro' significa que, como povo, somos apaixonados por querer encontrar-nos, procurar pontos de contato, construir pontes, planejar algo que envolva a todos" (216); importa "gerar *processos* de encontro", armar os filhos com as "armas do diálogo", ensinar-lhes o "bom combate do encontro" (217). O Papa persiste aqui no "prazer de reconhecer o outro", o que implica o "hábito de reconhecer ao outro o direito de ser ele próprio e de ser diferente" e torna possível a "criação de um pacto social" (218) que deve ser também um "pacto cultural" (219).

O texto conclui com um apelo a "recuperar a amabilidade" no contexto de um "individualismo consumista" (222): "a amabilidade é uma libertação da crueldade que às vezes penetra nas relações humanas, da ansiedade que não nos deixa pensar nos outros, da urgência distraída que ignora os outros que também têm direito de ser felizes"; quando se torna "cultura", transforma profundamente a "sociedade" (224).

VII – Caminhos de um novo encontro

Este capítulo destaca a importância e necessidade de buscar "caminhos de um novo encontro". Parte de uma constatação: "Em muitas partes do mundo, faltam caminhos de paz que levem a curar as feridas, há necessidade de artesãos da paz prontos a gerar, com engenhosidade e ousadia, processos de cura e de encontros renovados" (225). E faz uma dupla advertência: a) é preciso "recomeçar a partir da verdade": "novo encontro não significa voltar ao período anterior aos conflitos"; precisamos "aprender a cultivar uma memória penitencial, capaz de assumir o passado para libertar o futuro"; trata-se de um trabalho paciente de busca da verdade e da justiça, que honra a memória das vítimas e abre, passo a passo, para uma esperança comum, mais forte que a vingança" (226); b) "a arquitetura e o artesanato da paz": um processo lento e complexo (228) que se alcança de "maneira proativa", na luta pela "justiça através do diálogo" (229), no cultivo de um "sentimento fundamental de pertença" (230), na capacidade de "negociar e, assim, desenvolver caminhos concretos para a paz" (231), no envolvimento de todos (231), sobretudo os "menos favorecidos" ou os "setores mais pobres e vulneráveis" (233) – "quando se trata de recomeçar, sempre há de ser a partir dos últimos" (235).

O Papa passa a falar sobre "o valor e o significado do perdão" (236-245): "o perdão e a reconciliação são temas de grande importância no cristianismo e [...] em outras religiões", mas não devem ser entendidos de modo que "acabem por alimentar o fatalismo, a inércia ou a injustiça e, por outro lado, a intolerância e a violência" (237); é preciso suportar o "conflito inevitável" (237-240), sem renunciar às "lutas legítimas" (241-243) – "amar um opressor não significa consentir que continue a oprimir", mas "procurar [...] que deixe de oprimir" (241) e fazer isso não por ódio e vingança (242), mas no esforço de superar "o mal pelo bem" (243); "a verdadeira reconciliação não escapa do conflito, mas alcança--se *dentro* do conflito, superando-o através do diálogo e de negociações transparentes, sinceras e pacientes" (244).

Mas insiste também que o perdão nunca se alcança sacrificando a "memória" (246-254): "ninguém pode [impor a reconciliação] ao conjunto da sociedade, embora a deva promover" (246); não se pode esquecer a Shoah (247), Hiroshima e Nagasaki, o comércio de escravos, os massacres étnicos e tantos outros horrores da humanidade (248); não se deve cair na "tentação de virar a página" – é preciso manter viva a "memória dos horrores", mas também a "recordação daqueles que [...] optaram pela solidariedade, pelo perdão, pela fraternidade" (249); "o perdão não significa esquecimento" (250-251) nem "impunidade", mas "permite buscar a justiça sem cair no círculo vicioso da vingança, nem na injustiça do esquecimento" (252).

Por fim, adverte contra "a guerra e a pena de morte" (255-270). Elas podem parecer "soluções em circunstâncias particularmente dramáticas", mas são "respostas falsas" que "não resolvem os problemas" e não fazem senão "acrescentar novos fatores de destruição ao tecido da sociedade nacional e mundial" (255).

Começa falando da "injustiça da guerra": ela é "a negação de todos os direitos e uma agressão dramática ao meio ambiente" (257); a Igreja reconhece a "possibilidade de uma legítima defesa por meio da força militar", mas não se deve cair numa "interpretação muito ampla desse possível direito", e, com o desenvolvimento de "armas nucleares, químicas e biológicas" e seu "poder destrutivo incontrolável", diz o Papa, "já não podemos pensar a guerra como solução" (258); no atual contexto de globalização, "já não existem só 'pedaços' de guerra em um país ou em outro, mas vive-se uma 'guerra mundial em pedaços'" (259); "toda guerra deixa o mundo pior do que encontrou" – representa "um fracasso da política e da humanidade, uma rendição vergonhosa, uma derrota diante das forças do mal"; a verdade na guerra está em suas vítimas (261).

Quanto à "pena de morte", a reflexão do magistério nos últimos tempos leva Francisco a afirmar que "a pena de morte é inadmissível" e que "a Igreja compromete-se decididamente a propor que ela seja abolida em todo o mundo" (263); fundamenta essa postura na Escritura (264), na Tradição (265) e no desenvolvimento da sociedade (267); recorda "argumentos contrários à pena de morte" e afirma que "todos os cristãos e homens de boa vontade são chamados hoje a lutar não só pela abolição da pena de morte, legal ou ilegal, em todas as suas formas, mas também para melhorar as condições carcerárias", lembrando que "a prisão perpétua é uma pena de morte escondida" (268) e que "nem o homicida perde a sua dignidade pessoal e o próprio Deus é o seu fiador" (269).

VIII – As religiões a serviço da fraternidade no mundo

O último capítulo destaca que "as várias religiões [...] oferecem uma preciosa contribuição para a construção da fraternidade e para a defesa da justiça na sociedade" e que "o diálogo entre pessoas de diferentes religiões não se faz apenas por diplomacia, amabilidade ou tolerância", mas para "estabelecer amizade, paz, harmonia e partilhar valores e experiências morais e espirituais em espírito de verdade e amor" (271).

Começa falando da importância e necessidade de um "fundamento último" para a fraternidade. Expressa a convicção crente de que, "sem uma abertura ao Pai de todos, não pode haver razões sólidas e estáveis para o apelo à fraternidade", reafirmando com Bento XVI que "a razão, por si só, é capaz de ver a igualdade entre os homens e estabelecer uma convivência cívica entre eles, mas não consegue fundar a fraternidade" (272), e que "se não existe uma verdade transcendente, [...] não há qualquer princípio seguro que garanta relações justas entre os homens" (273). Diz que "buscar a Deus de coração sincero [...] ajuda a reconhecer-nos como companheiros de estrada, verdadeiramente irmãos" (274), que "entre as causas da crise do mundo moderno se encontram uma consciência humana anestesiada e o afastamento dos valores religiosos, bem como o predomínio do individualismo e das filosofias materialistas" (275), e que, "embora a Igreja respeite a autonomia da política, não relega sua própria missão para a esfera do privado" (276). Ao mesmo tempo que "valoriza a ação de Deus nas outras religiões", afirma a identidade cristã: "outros bebem de outras fontes; para nós, essa fonte de dignidade humana e de fraternidade está no Evangelho de Jesus Cristo" (277), defendendo a "liberdade religiosa para as pessoas [...] de todas as religiões" (279) e pedindo a Deus que "fortaleça a unidade da Igreja" e o "encontro entre as várias confissões cristãs" (280).

Aborda a problemática da relação entre "religião e violência": a) defende que, "entre as religiões, é possível um caminho de paz" (281) e que "os que creem precisam encontrar espaços para dialogar e atuar juntos pelo bem comum e pela promoção dos mais pobres" (282); b) afirma que "o culto sincero e humilde a Deus 'não leva à discriminação, ao ódio e à violência, mas ao respeito pela sacralidade da vida, ao respeito pela dignidade e pela liberdade dos outros e a um solícito compromisso em prol do bem-estar de todos" (283); c) reconhece que "às vezes, a violência fundamentalista desencadeia-se em alguns grupos de qualquer religião pela imprudência de seus líderes", mas insiste que "o mandamento da paz está inscrito nas profundezas das tradições religiosas" e que os líderes religiosos são "chamados a ser verdadeiros 'dialogantes', a agir na construção da paz" (284).

Reafirmando a declaração conjunta com o Grande Imã Ahmad Al--Tayyeb e renovando o "apelo à paz, à justiça e à fraternidade" que fizeram naquela ocasião (285), o texto conclui indicando as inspirações da reflexão sobre a fraternidade universal na encíclica [Francisco de Assis, Martin Luther King, Desmond Tutu, Gandhi e Charles de Foucauld] e com uma "oração ao Criador" e uma "oração cristã ecumênica" (286-287).

III – Destaques

Indicamos em grandes linhas o contexto socioeclesial em que se insere a Encíclica *Fratelli Tutti*. Apresentamos a estrutura do texto e fizemos um resumo de seu conteúdo. Destacaremos, a seguir, alguns pontos que nos parecem fundamentais para uma adequada compreensão do documento, tanto em seu conteúdo próprio quanto no contexto mais amplo do magistério social da Igreja, desenvolvido nas encíclicas sociais.

1. Convém começar a ressaltar alguns traços do magistério social de Francisco que são decisivos para a compreensão da encíclica. Antes de tudo, a inspiração de São Francisco de Assis.[46] Isso que vale para o conjunto de seu ministério/magistério pastoral, vale de modo particular para seu magistério social, como se pode verificar já pelo título de suas duas encíclicas sociais: *Laudato Si'* e *Fratelli Tutti* (1-4). Em segundo lugar, o método ver-julgar-agir:[47] começa tratando da situação do mundo atual (cap. I); oferece princípios e critérios de discernimento ético-teológicos (cap. II e III) e indica algumas linhas de atuação (cap. IV-VIII). Em terceiro lugar, o assunto da encíclica: "fraternidade e amizade social". Trata-se de um tema muito relevante para Francisco, como ele mesmo afirma na introdução do documento: "As questões relacionadas com a fraternidade sempre estiveram entre as minhas preocupações", e "a elas me referi repetidamente nos últimos anos e em vários lugares", chegando a apresentar a encíclica como esforço de "reunir muitas destas intervenções, situando-as em um contexto mais amplo de reflexão" (5). Isso confere à *Fratelli Tutti* um caráter/valor de documento-síntese.[48] Por fim, é importante destacar o modo (estilo e linguagem) direto, pastoral, dialogal, propositivo e profético de Francisco de abordar os grandes problemas do mundo atual.[49]

2. Há uma profunda sintonia e unidade da *FT* com a *LS*. Não só pela inspiração comum (2), nem por ser o texto mais citado (22 citações),[50] mas sobretudo pela perspectiva global e integral de abordagem da crise atual:[51] Como bem indica Passos, "*Fratelli Tutti* forma um par coerente com a Encíclica *Laudato Si'* ao oferecer um diagnóstico político da realidade global e indicar saídas possíveis da crise planetária".[52]

---

[46] Cf. CAMACHO, Encíclica sobre la fraternidad, p. 10; PASSOS, *Fratelli Tutti*, p. 787.

[47] Cf. CAMACHO, Encíclica sobre la fraternidad, p. 11s; PASSOS, *Fratelli Tutti*, p. 782, 783; PASSOS; SANCHES, *Todos irmãos*, p. 7.

[48] Cf. CAMACHO, Encíclica sobre la fraternidad, p. 10, 13; CAMACHO, Leyendo *Fratelli Tutti* desde Europa, p. 83s; PASSOS, *Fratelli Tutti*, p. 785, 789.

[49] Cf. CAMACHO, Encíclica sobre la fraternidad, p. 12; PASSOS, *Fratelli Tutti*, p. 783; SANCHEZ, A Encíclica *Fratelli Tutti* e o diálogo inter-religioso, p. 281.

[50] Cf. CAMACHO, Encíclica sobre la fraternidad, p. 13.

[51] Cf. PASSOS, *Fratelli Tutti*, p. 788.

[52] PASSOS, *Fratelli Tutti*, p. 782.

Ela "confirma e avança"[53] a reflexão anterior. Em certo sentido, pode--se mesmo afirmar que "o objeto da encíclica é um desfecho natural que acolhe os desafios políticos lançados pela *Laudato Si'* e reúne de modo sistemático os ensinamentos teóricos e práticos de Francisco a respeito das relações sociais e políticas de cada cidadão e das nações entre si".[54] Essa perspectiva global e integral comum se mostra aqui de modo emblemático no diagnóstico que faz da crise atual ("mundo fechado" – lógica do individualismo) e na perspectiva e nos caminhos de superação que indica ("mundo aberto" – lógica da fraternidade). Para Camacho, "a Encíclica *Fratelli Tutti* pode ser lida a partir do contraste entre um *mundo fechado* (a realidade que vivemos) e um *mundo aberto* (a proposta alternativa)".[55] Chega mesmo a postular que a "tese central" e/ou a "chave última" de toda a encíclica está na contraposição "individualismo *versus* fraternidade".[56]

3. A perspectiva global e integral da *Fratelli Tutti* se mostra de modo particular no caráter radical e sistêmico de sua abordagem da crise atual. Talvez aqui esteja uma das marcas mais originais e proféticas do magistério social de Francisco. Há quem fale aqui de ruptura com a tendência reformista, que caracteriza o magistério social da Igreja.[57] Para o Papa, não se trata apenas de "melhorar os sistemas e regras já existentes" (7). Está em jogo o sistema enquanto tal.[58] Ele ataca diretamente as "pilastras que sustentam o atual sistema mundial":[59] a) "o *mercado, per si*, não resolve tudo, embora às vezes nos queiram fazer crer nesse dogma de fé neoliberal"; b) "o *neoliberalismo* reproduz-se sempre igual a si mesmo, recorrendo à mágica teoria do 'derrame' ou do 'gotejamento' – sem nomeá-la – como única via para resolver os problemas sociais" (168); c) "o *individualismo* não nos torna mais

---

[53] PASSOS, *Fratelli Tutti*, p. 784.

[54] PASSOS, *Fratelli Tutti*, p. 789.

[55] CAMACHO, Leyendo *Fratelli Tutti* desde Europa, p. 81.

[56] CAMACHO, Leyendo *Fratelli Tutti* desde Europa, p. 81; CAMACHO, Encíclica sobre la fraternidad, p. 28.

[57] BENTO, Adeus reformismo, p. 509-523.

[58] Cf. AQUINO JÚNIOR, Fraternidade universal e opção pelos pobres, p. 161-164.

[59] BOFF, *Habitar a terra*, p. 33s.

livres, mais iguais, mais irmãos [...] o individualismo radical é o vírus mais difícil de vencer" (105). Mais que reformas num sistema saudável, é preciso transformar o próprio sistema.[60] Isso já aparece na Exortação *Evangelii Gaudium*.[61] É retomado nos encontros com os movimentos populares.[62] E ganha novo vigor e novos desenvolvimentos com a pandemia da Covid-19, como se pode verificar tanto nas catequeses "curar o mundo"[63] quanto na *Fratelli Tutti* (7, 32-36).

4. Tanto a crítica a um "mundo fechado" quanto o apelo a pensar e gerar um "mundo aberto" estão inspirados e fundados na fé cristã (parábola do bom samaritano), que, por sua vez, supõe/implica uma compreensão do ser humano (antropologia).[64] Os capítulos II e III têm um papel fundamental na encíclica, já que constituem a referência fundamental (ponto de vista, critério, perspectiva) da reflexão sobre a fraternidade universal. Independentemente da convicção religiosa que se tenha, a parábola do bom samaritano é como uma "luz" que faz ver o que "estamos vivendo" e possibilita traçar algumas "linhas de ação" (56); impõe-se como "um ícone iluminador, capaz de manifestar a opção que precisamos fazer para reconstruir nosso mundo ferido" – ou agimos como o bom samaritano ou como os salteadores ou os que passam ao largo (67). Ela revela um dado antropológico fundamental: o ser humano é um ser de relação que só se *realiza* "por um dom sincero de si mesmo" e só reconhece sua *verdade* no "encontro com os outros" (87); existe em cada pessoa "uma espécie de lei de 'êxtase': sair de si para encontrar nos outros um acréscimo de ser" (88); "a estatura espiritual de uma vida humana é medida pelo amor" (92) que nos coloca em "tensão para a comunhão universal" (95), gerando "sociedades abertas que integram a todos", começando pelas "periferias" (97-98).[65]

---

[60] Cf. AQUINO JÚNIOR, Fraternidade universal e opção pelos pobres, p. 166.

[61] FRANCISCO, Exortação Apostólica *Evangelii Gaudium*, n. 53-60.

[62] Cf. AQUINO JÚNIOR; ABDALLA; SÁVIO, *Papa Francisco com os movimentos populares*.

[63] Cf. FRANCISCO, Curar o mundo.

[64] CAMACHO, Encíclica sobre la fraternidad, p. 16-20; PASSOS, *Fratelli Tutti*, p. 793s.

[65] Cf. AQUINO JÚNIOR, Fraternidade universal e opção pelos pobres.

5. A construção da fraternidade é um processo tanto pessoal quanto sócio-político-cultural. Por isso mesmo, Francisco dirige seu apelo tanto às pessoas quanto à sociedade; fala tanto de processos pessoais quanto de processos sociais e políticos. Insiste numa concepção relacional do ser humano (cap. III) que é condição e fundamento da "melhor política" (cap. V) e de uma nova cultura (cap. VI-VI). Aliás, "seus textos, embora sejam sociais, vão além da análise ético-social e chegam a interpelar as pessoas. Há uma mensagem de fundo em todos eles que se poderia formular assim: o mundo não muda se as pessoas não mudam".[66] Não por acaso, ao comentar a parábola do bom samaritano, destaca sua capacidade de interpelar qualquer pessoa (56). Mas insiste igualmente na necessidade de uma "política colocada a serviço do verdadeiro bem comum" (154). Criticando os "populismos e liberalismos" que se caracterizam pelo "desprezo pelos vulneráveis" (155-169), convida a "revalorizar a política", que é "uma das formas mais preciosas de caridade" (180); adverte que "a política não deve submeter-se à economia" (177), mas reger-se por "grandes princípios e pensando no bem comum" (178); e defende que seu exercício deve ser marcado por um "amor preferencial pelos menos favorecidos" (187) e pela "abertura a todos" em favor do "bem comum" (190).[67]

6. Um ponto central na construção da fraternidade é o "diálogo"[68] que supõe/implica "aproximar-se, expressar-se, ouvir-se, olhar-se, conhecer-se, esforçar-se por entender-se, procurar pontos de contato" (198). Francisco insiste que, "entre a indiferença egoísta e o protesto violento, há uma opção sempre possível: o diálogo" (199). Ele é tanto o caminho para construir o bem comum (199-205) como para alcançar e expressar a verdade que deve ser a "base dos consensos" sociais (206-214): "em uma sociedade pluralista, o diálogo é o caminho mais adequado para reconhecer o que sempre deve ser afirmado e respeitado e que vai além do consenso ocasional" (211). E é caminho de perdão e reconciliação que nem negam o "conflito inevitável" (237-240) nem

---

[66] CAMACHO, Encíclica sobre la fraternidad, p. 16.

[67] Cf. CAMACHO, Encíclica sobre la fraternidad, p. 21-25; AQUINO JÚNIOR, Fraternidade universal e opção pelos pobres, p. 166-169.

[68] CAMACHO, Encíclica sobre la fraternidad, p. 18-21.

as "lutas necessárias" (241-243): "a verdadeira reconciliação não escapa do conflito, mas alcança-se *dentro* do conflito, superando-o através do diálogo e de negociações transparentes, sinceras e pacientes" (244). O diálogo autêntico supõe "capacidade de respeitar o ponto de vista do outro, admitindo a possibilidade de que nele contenha convicções ou interesses legítimos" (203); supõe "colocar-se no lugar do outro para descobrir o que há de autêntico ou pelo menos de compreensível no meio das suas motivações e interesses" e, até mesmo, "aceitar a possibilidade de ceder algo para o bem comum" (221).

7. Por fim, é preciso reconhecer a importância que Francisco confere às religiões e ao diálogo entre elas na construção da fraternidade no mundo.[69] Além de dedicar um capítulo a esse tema, destaca a inspiração de seu encontro com o Grande Imã Ahmad Al-Tayyeb (5) e de outros irmãos não católicos (286) em sua reflexão sobre a fraternidade. Mesmo sem referência explícita, há profunda sintonia com a tese de Hans Küng de que "não haverá paz no mundo sem paz entre as religiões" e que "não haverá paz religiosa sem diálogo religioso".[70] Por um lado, Francisco insiste que as religiões "oferecem uma preciosa contribuição para a construção da fraternidade e para a defesa da justiça na sociedade" (271): fala da necessidade de um "fundamento último" para a fraternidade (272-276); "valoriza a ação de Deus nas outras religiões", sem comprometer a "identidade cristã" (277). Por outro lado, reconhece que "a violência fundamentalista desenvolve-se em alguns grupos de qualquer religião pela imprudência de seus líderes" (284), ponderando que "a violência não encontra fundamento algum nas convicções religiosas fundamentais, mas na suas deformações" (283). E insiste na necessidade do diálogo entre as religiões em vista do "bem comum" e da "promoção dos mais pobres" (282), bem como no papel dos "líderes religiosos" na "construção da paz" (284).

---

[69] F. CAMACHO, Encíclica sobre la fraternidad, p. 14; PASSOS, *Fratelli Tutti*, p. 796-798; AQUINO JÚNIOR, Fraternidade universal e opção pelos pobres, p. 169s; SANCHEZ, A Encíclica *Fratelli Tutti* e o diálogo inter-religioso, p. 280-294.

[70] Cf. KÜNG, *Projeto de ética mundial*.

IV – Referências

AQUINO JÚNIOR, Francisco de. *Renovar toda a Igreja no Evangelho*: desafios e perspectivas para a conversão pastoral na Igreja. Aparecida: Santuário, 2019.

AQUINO JÚNIOR, Francisco de. Fraternidade universal e opção pelos pobres. In: PASSOS, João Décio; SANCHEZ, Wagner Lopes (org.). *Todos irmãos*: reflexões interdisciplinares sobre a Encíclica *Fratelli Tutti*. São Paulo: Paulinas, 2021, p. 156-172 (livro eletrônico).

AQUINO JÚNIOR, Francisco de; ABDALLA, Maurício; SÁVIO, Robson (orgs.). *Papa Francisco e os movimentos populares*. São Paulo: Paulinas, 2018.

BARROS, Wellington da Silva. A Encíclica *Fratelli Tutti*, migrações e acolhida. *Espaços – Revista de Teologia e Cultura* 29 (2021), p. 1-15.

BENTO, Fábio Régio. Adeus reformismo: Papa Francisco e a Doutrina Social da Igreja. *Perspectiva Teológica* 50 (2018), p. 509-523.

BOFF, Leonardo. *Covid-19*: a Mãe Terra contra-ataca a humanidade. Advertências da pandemia. Petrópolis: Vozes, 2020.

BOFF, Leonardo. *Habitar a terra*: qual o caminho para a fraternidade universal? Petrópolis: Vozes, 2022.

CAMACHO, Ildefonso. Encíclica sobre la fraternidad: guía para la lectura. *Proyección* LXVIII (2021), p. 9-29.

CAMACHO, Ildefonso. Leyendo *Fratelli Tutti* desde Europa. *Revista Iberoamericana de Teología* 34 (2022), p. 8-103.

DARDOT, Pierre [et al.]. *A escolha da guerra civil*: uma outra história do neoliberalismo. São Paulo: Elefante, 2021.

DOWBOR, Ladislau. *A era do capital improdutivo*: a nova arquitetura do poder, sob dominação financeira, sequestro da democracia e destruição do planeta. São Paulo: Autonomia Literária, 2007.

FRANCISCO. Exortação Apostólica *Evangelii Gaudium*: sobre o anúncio do Evangelho no mundo atual. São Paulo: Paulinas, 2013.

FRANCISCO. Fraternidade, fundamento e caminho para a paz: mensagem para a celebração do XLVII Dia Mundial da Paz (01/01/2014). Disponível em: <https://www.vatican.va/content/francesco/pt/messages/peace/documents/papa-francesco_20131208_messaggio-xlvii-giornata-mondiale-pace-2014.html>.

FRANCISCO. Carta Encíclica *Laudato Si'*: sobre o cuidado da casa comum. São Paulo: Paulinas, 2015.

FRANCISCO; AHMAD AL-TAYYEB. Documento sobre a fraternidade humana em prol da paz mundial e da convivência comum (04/02/2019). Disponível em: <https://www.vatican.va/content/francesco/pt/travels/2019/outside/documents/papa-francesco_20190204_documento-fratellanza-umana.html>.

FRANCISCO. Carta Encíclica *Fratelli Tutti*: sobre a fraternidade e a amizade social. São Paulo: Paulinas, 2020.

FRANCISCO. Curar o mundo. Catequeses sobre a pandemia (setembro – outubro 2020). Disponível em: <https://www.vaticannews.va/pt/papa/news/2020-10/papa-francisco-audiencia-geral-catequeses-pandemia-curar-mundo.html>.

FUKUYAMA, Francis. *O fim da história e o último homem*. Rio de Janeiro: Rocco, 1992.

GONZÁLEZ, Antonio. La enfermedad del mundo. *Perifèria* 7 (2020), p. 74-78.

GUIMARÃES, Joaquim Giovani Mol. Comunicação na *Fratelli Tutti*: sobre a fraternidade a amizade social. *Vida Pastoral* 339 (2021), p. 4-15.

HOBSBAWM, Eric. *Era dos extremos*. O breve século XXI: 1914-1991. São Paulo: Companhia das Letras, 1995.

KÜNG, Hans. *Projeto de ética mundial*: uma moral ecumênica em vista da sobrevivência humana. São Paulo: Paulinas, 1993.

MENDOZA-ÁLVAREZ, Carlos (coord.). Carta Encíclica *Fratelli Tutti*: una recepción crítica desde América Latina y el Caribe. Valencia: Tirant Humanidades, 2021.

MIRANDA, Mário de França. Fraternidade: Uma noção universal? *REB* 319 (2021), p. 264-279.

PASSOS, João Décio (org.). *A pandemia do coronavírus*: onde estivemos? Para onde vamos? São Paulo: Paulinas, 2020.

PASSOS, João Décio. *Fratelli Tutti*: uma encíclica renovadora sobre as coisas novas e urgentes. *Horizonte* 59 (2021), p. 782-801.

PASSOS, João Décio; SANCHEZ, Wagner Lopes (org.). *Todos irmãos*: reflexões interdisciplinares sobre a Encíclica *Fratelli Tutti*. São Paulo: Paulinas, 2021a (livro eletrônico).

SANCHEZ, Wagner Lopes. A Encíclica *Fratelli Tutti* e o diálogo inter-religioso. *REB* 319 (2021), p. 280-294.

SANTOS, Claudiano Avelino. Solidariedade: considerações à luz da Encíclica *Fratelli Tutti*, do Papa Francisco. *Vida Pastoral* 339 (2021), p. 16-23.

VISENTINI, Paulo Fagundes. *O caótico século XXI*. Rio de Janeiro: Alta Books, 2015.

Considerações finais

A leitura atenta do conjunto das encíclicas sociais em seus respectivos contextos socioeclesiais ajuda a compreender a especificidade de cada encíclica, mas também a perceber a lógica e o dinamismo do desenvolvimento do magistério social da Igreja, que tem nas encíclicas sociais sua expressão mais elaborada e emblemática. Enquanto "guia de leitura" das encíclicas sociais, este estudo está centrado na especificidade de cada encíclica em seu respectivo contexto. Mas, na medida em que essas encíclicas sociais estão inseridas no contexto mais amplo do magistério social da Igreja, precisam ser compreendidas no dinamismo e na lógica que presidem o desenvolvimento histórico do magistério social da Igreja.

Concluindo este estudo de caráter mais histórico-analítico, queremos destacar alguns traços ou características do desenvolvimento do magistério social da Igreja nas encíclicas sociais. Ao mesmo tempo que o magistério social da Igreja vai se concretizando e se desenvolvendo nas encíclicas sociais, vai inserindo essas mesmas encíclicas num dinamismo teórico-prático, sem o qual não se poderia compreender nem a necessidade nem a especificidade e relevância das encíclicas. Trata-se de algo que só se percebe bem com a leitura e análise do conjunto das encíclicas, mas que oferece uma luz importante para entender bem as várias encíclicas.

Antes de tudo, é preciso destacar que o magistério social é apreendido e desenvolvido como *parte e dimensão da missão evangelizadora da Igreja.* Ao abordarem questões e desafios sociais próprios de cada época, refletindo sobre eles à luz da fé, os Papas recordam que isso faz parte da missão da Igreja (dimensão social da evangelização) e do seu ministério pastoral (magistério social da Igreja). O Compêndio de Doutrina Social da Igreja afirma com todas as letras que "a doutrina social é parte integrante do ministério de evangelização da Igreja".[1] Não é um desvio da missão religiosa da Igreja, mas sua concretização no campo social. Tampouco se trata de assumir para si algo para o qual não tem competência. Nesse sentido, várias encíclicas advertem que a Igreja não tem competência técnica nem os meios necessários para analisar ou propor modelos e projetos econômicos e políticos, ao mesmo tempo que insistem que os problemas econômicos, políticos, sociais e culturais não são meramente técnicos, mas têm uma dimensão antropológico-social e ético-moral fundamentais, para a qual a Igreja tem competência e pode oferecer uma contribuição valiosa (*QA* 4; *PP* 13; *OA* 4; *LE* 1; *SRS* 41; *CA* 43; *CV* 9). Insistem no direito e dever da Igreja de atuar no campo social, destacando o caráter antropológico-social e ético-moral de sua atuação.

Uma característica fundamental do magistério social da Igreja é seu *caráter histórico-contextual fundamental.* Isso que vale para a missão e para o magistério da Igreja como um todo, vale de modo particular para a dimensão social da evangelização e para o magistério social da Igreja. Por mais que se possa e se deva reconhecer e destacar no magistério social aspectos que transcendem e perpassam contextos históricos diversos e que funcionam como princípios e critérios de discernimento ético-teológico desses contextos, não se pode esquecer de que eles estão sempre referidos a contextos históricos bem concretos e que só no confronto com esses contextos ganham relevância e mostram sua eficácia e permanente atualidade. Nenhuma encíclica social pode ser compreendida fora do seu contexto. Todas elas tratam de problemas muito concretos. Não se pode entender a *RN* (Leão XIII) sem considerar a *condição dos operários* no final do século XIX, como não se pode apreender a *LS* e a *FT* (Francisco) sem considerar a *crise ecológica* e a

---

[1] PONTIFÍCIO CONSELHO JUSTIÇA E PAZ. *Compêndio da Doutrina Social da Igreja.* São Paulo: Paulinas, 2011, n. 66.

crise sociopolítica que marcam o início do século XXI. Por isso, contextualizar bem as encíclicas sociais é de fundamental importância para compreender bem o seu texto, tanto no que tem de mais conjuntural (problema, abordagem, linguagem) quanto no que tem de mais permanente (princípios, valores, perspectivas).

Esse caráter histórico-contextual faz do magistério social da Igreja algo *dinâmico, aberto e processual.* Por mais que se possa falar de um "corpo doutrinal" coerente e sistemático (*LE* 2; *SRS* 1; *CV* 12), nunca se pode perder de vista seu caráter dinâmico, aberto e processual. Primeiro, por se tratar de uma reflexão desenvolvida e enriquecida ao longo do tempo: cada nova encíclica retoma, atualiza, aprofunda e desenvolve a reflexão anterior em seu contexto específico. Segundo, pela estrutura teórica desse tipo de reflexão, caracterizada por uma tensão dinâmica entre "continuidade" e "renovação constante" (*LE* 3; *SRS* 3; *CV* 12). Bento XVI fala aqui de "fidelidade criativa", no contexto mais amplo da "Tradição sempre viva da Igreja" (*CV* 12). O exemplo mais emblemático desse caráter dinâmico, aberto e processual do magistério social, é o tema da propriedade: se na *RN* ele aparece quase como um direito absoluto, a partir da *QA* vai progressivamente sendo ponderado e subordinado ao princípio mais fundamental e tradicional da destinação universal dos bens. Isso nos ajuda a compreender que o magistério social "não é um sistema abstrato, fechado e definido de uma vez por todas, mas concreto, dinâmico e aberto" – "trata-se de uma obra sempre em construção, aberta às interpelações das novas realidades e dos novos problemas que surgem nesses setores".[2]

Ao mesmo tempo que o caráter histórico-contextual faz do magistério social algo dinâmico, aberto e processual, exige discernir em cada encíclica *aspectos mais permanentes* (princípios e valores ético-doutrinais) e *aspectos mais contingentes* (análises, juízos, orientações) (*GS* 1). Assim como não se pode tomar uma afirmação pontual de uma encíclica sem considerar seu contexto histórico imediato e seu desenvolvimento posterior, tampouco se pode atribuir a mesma importância e autoridade a todos os elementos e afirmações de uma encíclica.

---

[2] CONGREGAÇÃO PARA A EDUCAÇÃO CATÓLICA. *A Doutrina Social da Igreja na formação sacerdotal.* Petrópolis: Vozes, 1989, n. 27.

O Compêndio de Doutrina Social da Igreja destaca um conjunto de princípios (bem comum, destinação universal dos bens, subsidiariedade, participação, solidariedade) e valores (verdade, liberdade, justiça) que foram sendo explicitados e elaborados ao longo da história e que são fundamentais para o discernimento eclesial das questões sociais.[3] Em cada encíclica, é preciso distinguir princípios e valores (comuns e permanentes) e análises e juízos dos acontecimentos históricos (específicos e contingentes). E, como adverte João Paulo II, por mais que a consideração dos acontecimentos históricos e o discernimento das novas exigências da evangelização façam "parte da tarefa dos pastores", esse exame "não pretende dar juízos definitivos, não fazendo parte, por si, do âmbito específico do Magistério" (*CA* 3).

Dentre os elementos mais contingentes do magistério social, desenvolvido nas encíclicas sociais, merecem destaque os *aspectos mais contextuais e biográficos*. Por mais que estejam revestidas de autoridade magisterial, as encíclicas têm a marca de seu contexto (problemas, perspectivas, desafios, linguagem) e de seus autores (sensibilidade, preocupações, enfoques, interlocutores, orientações). Cada encíclica social se confronta com problemas bem concretos em contextos bem concretos (aspectos contextuais). E cada Papa tem uma forma de encarar e de enfrentar os problemas de seu tempo (aspectos biográficos). Isso explica em boa medida o dinamismo do magistério social da Igreja. Na medida em que se enfrenta com problemas novos (contexto) e faz isso com uma nova sensibilidade e uma nova perspectiva (autor), o magistério social da Igreja vai adquirindo novas características, novas dimensões e novos horizontes. Por isso mesmo, vale insistir, não se pode isolar e absolutizar uma determinada afirmação de uma determinada encíclica, sem considerar seu contexto imediato e seu desenvolvimento posterior. Nem se deve esquecer de que a mudança de contexto e de enfoque possibilita e exige abordagens, juízos e perspectivas novos,[4] aprofundando, ampliando e enriquecendo abordagens anteriores, sempre na tensão "continuidade e renovação" (*SRS* 3).

---

[3] PONTIFÍCIO CONSELHO JUSTIÇA E PAZ. *Compêndio da Doutrina Social da Igreja*. São Paulo: Paulinas, 2011, n. 160-203.

[4] CONGREGAÇÃO PARA A EDUCAÇÃO CATÓLICA. *A Doutrina Social da Igreja na formação sacerdotal*. Petrópolis: Vozes, 1989, n. 53.

Esses aspectos contextuais e biográficos são fundamentais para a análise e entendimento de cada encíclica, mas ajudam também a compreender o *desenvolvimento histórico do magistério social no conjunto das encíclicas*, como se pode verificar nos intentos de visão panorâmica oferecidos por diferentes autores. Tomando como referencial a "questão da justiça social", João Paulo II afirma que, se da *RN* à *QA*, "o ensino da Igreja se concentra sobretudo em torno da justa solução da chamada questão operária no âmbito de cada uma das nações", posteriormente "o mesmo ensino alarga o horizonte às dimensões do mundo inteiro" (*LE* 2). Bartolomeo Sorge, considerando a mudança da "questão social" e o progresso da "reflexão teológica", distingue cinco fases no desenvolvimento da doutrina social da Igreja: fase da "ideologia católica" (1891-1931), fase da "nova cristandade" (1931-1958), fase do "diálogo" (1958-1978), fase de um novo "humanismo global" (1978-2013) e a "revolução" do Papa Francisco.[5] Fábio Régio Bento, por sua vez, considerando a postura da Igreja em relação ao sistema capitalista, afirma que com Francisco se dá a passagem de uma postura "reformista" para uma postura "antissistêmica".[6] Esses vários enfoques se complementam e ajudam a perceber o dinamismo e o desenvolvimento do magistério social da Igreja.

Por fim, convém destacar um aspecto fundamental do magistério social nas encíclicas sociais: sua *perspectiva e orientação práticas*. O que vale para o conjunto do magistério da Igreja, vale, de modo muito particular, para o magistério social. Ele existe em função do discernimento e da atuação dos cristãos no campo social: "A Doutrina Social da Igreja tem a finalidade de comunicar um saber não só teórico, mas também prático e orientador da ação pastoral".[7] Ao abordarem problemas e desafios concretos, as encíclicas sempre oferecem princípios e critérios de discernimento ético-teológicos e diretrizes para a atuação social dos cristãos e do conjunto da Igreja (*MM* 8; *OA* 4; *SRS* 3). Algumas dessas

---

[5] SORGE, Bartolomeo. *Breve curso de doutrina social*. São Paulo: Paulinas, 2018, p. 13-20.

[6] BENTO, Fábio Régio. Adeus reformismo: Papa Francisco e a Doutrina Social da Igreja. *Perspectiva Teológica* 50 (2018), p. 509-523.

[7] CONGREGAÇÃO PARA A EDUCAÇÃO CATÓLICA. *A Doutrina Social da Igreja na formação sacerdotal*. Petrópolis: Vozes, 1989, n. 47.

diretrizes têm se mostrado bastante fecundas e eficazes: método ver-julgar-agir (*MM* 232); importância e papel das comunidades cristãs na análise da realidade e no discernimento das diretrizes de ação (*OA* 4); duplo papel de "iluminar os espíritos" e "difundir, com real solicitude de serviço e de eficácia, as energias do Evangelho" (*OA* 48; *CA* 26); importância dos movimentos e organizações populares (*RN* 31; *QA* 91-96; *MM* 56-64, 143; *PT* 15s, 79s; *OA* 14; *LE* 8, 20; *CA* 7, 35; *CV* 25; *LS* 14; *FT* 116, 169); opção preferencial pelos pobres (*SRS* 42; *CA* 11; *LS* 158; *FT* 187, 234), ouvir o clamor/lamento/grito da terra e dos pobres (*LS* 49, 53, 117).

Tudo isso nos ajuda no entendimento de que as encíclicas sociais estão inseridas no contexto mais amplo da *Tradição viva* da Igreja. São parte constitutiva da *Tradição* (dimensão social da fé e da evangelização) que, enquanto *processo vivo e dinâmico*, vai sendo enriquecida ao longo da história no discernimento das novas situações e no enfrentamento dos novos desafios ("continuidade e renovação"). Nesse sentido, as encíclicas sociais precisam ser tomadas sempre como "ponto de chegada" e como novo "ponto de partida" do magistério social da Igreja: algo que recebemos do passado (patrimônio/herança/dom) para conservar e fazer frutificar no presente (tarefa/responsabilidade/missão). Enriquecidos e auxiliados por ele, podemos discernir melhor os "sinais dos tempos", buscando analisar e compreender o que se passa em nosso mundo e contribuir na construção de uma sociedade mais justa e fraterna – sinal (sempre limitado e ambíguo, mas real e eficaz) do reinado de Deus neste mundo. Não é uma doutrina morta e fria para se decorar e repetir, mas uma luz que ajuda a ver e discernir a realidade e uma força que convoca e lança a uma ação transformadora do mundo.

Rua Dona Inácia Uchoa, 62
04110-020 – São Paulo – SP (Brasil)
Tel.: (11) 2125-3500
http://www.paulinas.com.br – editora@paulinas.com.br
Telemarketing e SAC: 0800-7010081